Schwerpunktbereich Heiderhoff · Europäisches Privatrecht

Schwerpunkte

Eine systematische Darstellung der wichtigsten Rechtsgebiete anhand von Fällen
Begründet von Professor Dr. Harry Westermann †

Europäisches Privatrecht

von

Dr. Bettina Heiderhoff

Professorin an der Universität Hamburg

3., völlig neu bearbeitete Auflage

 C.F. Müller

Bibliografische Information der Deutschen Nationalbibliothek
Die Deutsche Nationalbibliothek verzeichnet diese Publikation in der Deutschen National-
bibliografie; detaillierte bibliografische Daten sind im Internet über http://dnb.d-nb.de abrufbar.

Bei der Herstellung des Werkes haben wir uns zukunftsbewusst für umweltverträgliche und
wiederverwertbare Materialien entschieden. Der Inhalt ist auf elementar chlorfreies Papier ge-
druckt.

ISBN 987-3-8114-9889-1

E-Mail: kundenbetreuung@hjr-verlag.de
Telefon: +49 89/2183-7928
Telefax: +49 89/2183-7620

© 2012 C.F. Müller, eine Marke der Verlagsgruppe Hüthig Jehle Rehm GmbH
Heidelberg, München, Landsberg, Frechen, Hamburg

www.cfmueller-campus.de
www.hjr-verlag.de

Satz: preXtension GbR, Grafrath
Druck: Beltz Druckpartner, Hemsbach

Vorwort

Die 3. Auflage des vorliegenden Werks bringt gleich drei wesentliche Veränderungen mit sich. Die ersten beiden fallen schon von außen ins Auge.

In der 2. Auflage hieß dieses Buch noch „Gemeinschaftsprivatrecht" und es erschien in einem auf europäisches und internationales Recht spezialisierten Verlag, nämlich bei selp (sellier european law publishers). Der Titel des Buchs hat sich geändert, weil die Europäische Gemeinschaft (EG) mit dem Inkrafttreten des Vertrags von Lissabon am 1.12.2009 in die Europäische Union (EU) überführt wurde. Anstelle von Gemeinschaftsprivat- muss daher jetzt von EU-Privatrecht oder Unionsprivatrecht gesprochen werden, ohne dass sich dadurch eine inhaltliche Veränderung ergibt. Dass ich, im besten Einvernehmen, den Verlag gewechselt habe, sagt etwas über seine Bedeutung aus: Aus dem EU-Privatrecht ist inzwischen eine Materie geworden, die in Lehrbuchreihen der großen juristischen Verlage anzusiedeln ist.

Das EU-Privatrecht bleibt als Gegenstand für ein Lehrbuch dennoch ungewöhnlich, weil es in hohem Maße eine Querschnittsthematik ist. Von Grundlagen des Rechts der EU bis zu Details des Rechts der AGB und zu Fragen des IPR sind viele Dinge miteinander zu verknüpfen. Dabei ist das Ziel des Buchs ehrgeizig: Ich habe versucht, Elemente eines Lehrbuchs, nämlich Anschaulichkeit und Beispielsreichtum, mit Elementen von Wissenschaftlichkeit zu verbinden. Die unendlich vielen offenen Auslegungsfragen, die das EU-Privatrecht bereithält, mit Hilfe von Grundlagenverständnis und Hintergrundwissen selbst lösen zu können, dazu sollen die Leserinnen und Leser befähigt werden.

Um das Begreifen des vielschichtigen Stoffs und die Anwendbarkeit des Wissens im Studium noch zu fördern, ist die dritte große Änderung erfolgt. Das Buch wurde um zahlreiche Fallbeispiele erweitert, die jeweils mit Lösungshinweisen versehen sind.

Ich bin vielen Personen zu Dank verpflichtet. Das gilt zunächst für Herrn Pittrich von selp für das Verständnis und die Kooperation beim Verlagswechsel. Und es gilt meinen Mitarbeiterinnen und Mitarbeitern. *Ina Riewert, Birthe Schekahn, Julius Everling, Yann Romund* und *Antonia Sommerfeld* haben mir mit ihren vielen hervorragenden Ideen, ihrem großen Fleiß und ihrer beeindruckenden Sorgfalt bei der Aktualisierung und der Erweiterung des Manuskripts für diese 3. Auflage sehr geholfen.

Hamburg, August 2012   *Bettina Heiderhoff*

Inhaltsverzeichnis

§ 1 Vorüberlegungen

A. Was heißt EU-Privatrecht?

Gegenstand des vorliegenden Buchs sind das Recht der EU, soweit es das deutsche   1
Privatrecht prägt, sowie das deutsche Privatrecht, soweit es vom Recht der EU geprägt ist. Das EU-Privatrecht bezeichnet somit kein einschichtiges, vollständiges Privatrecht, wie es etwa das BGB darstellt, sondern vereinigt bruchstückhafte und auf
verschiedenen Ebenen wirkende Rechtsbausteine. Den „inneren Kern" des EU-Privatrechts, also seine wesentlichen materiellen Regelungen, findet man in den eigentlichen Rechtsakten der EU. Dazu gehören vor allem die **privatrechtlichen europäischen Richtlinien**, die konkrete Regelungen zu speziellen Rechtsfragen enthalten.

Da die europäischen Richtlinien in nationales Recht umgesetzt werden müssen, um
Geltung für den privaten Rechtsverkehr in den Mitgliedstaaten zu erlangen, bleibt
aber das Privatrecht, welches den Bürger betrifft, meist das im nationalen Gesetzbuch
enthaltene Recht. Wer sich mit „EU-Privatrecht" befasst, hantiert daher viel, vielleicht sogar überwiegend, mit Normen, die **formal nationales Recht** sind. Inhaltlich
allerdings ist dieses nationale Recht gleichsam „ferngesteuert", steht also unter dem
Einfluss des „echten" EU-Privatrechts im engen Sinne. Die wichtigste Aufgabe besteht darin, diesen Einfluss zu erkennen und richtig zu deuten.

B. Zielsetzung und Aufbau des Buchs

Das Privatrecht der EU ist bereits gegenwärtig sehr umfangreich und gleichzeitig in   2
ständigem Wachstum begriffen. Dieses Buch möchte keine umfassende Sammlung
von Einzelregelungen bieten, sondern es kann nur einen knappen, aber zugleich wei-
terführenden Einblick in wichtige Bereiche des EU-Privatrechts geben. Es soll ein
Leitfaden für das Verständnis und die selbstständige Arbeit mit dem privatrechtsbe-
zogenen Europarecht und insbesondere mit den Richtlinien und den sie umsetzenden
Normen sein. Daher liegt ein Schwerpunkt auf der Vermittlung **allgemeiner Grundgedanken und Zielsetzungen** des EU-Rechts.

In einem ersten Teil (§ 2 und § 3) werden die europarechtlichen Grundlagen des Privatrechts dargestellt. Welche Kompetenzen hat die EU im Bereich des Privatrechts,
wie gelangt es zur Geltung, wie ist EU-Privatrecht auszulegen und wie weit reicht die
Zuständigkeit des EuGH?

Im zweiten Teil (§ 4 und § 5) wird ein Überblick über die Inhalte des existierenden
EU-Privatrechts gegeben. Dabei erfolgt eine Beschränkung auf den Bereich des allgemeinen Privatrechts. Das Arbeits-, Gesellschafts- und Wettbewerbsrecht, das Bank-
und Kapitalmarktrecht, das Urheber- und Markenrecht, das Agrar- und Beihilferecht
der EU sind nicht aufgenommen worden. Diese Rechtsgebiete sind auf europäischer
Ebene teilweise bereits deutlich weiterentwickelt und nehmen mehr Raum ein, als das
allgemeine EU-Privatrecht und ihre Darstellung muss der Spezialliteratur vorbehalten
bleiben. In diesem zweiten Teil ist der Blick auf die Auswirkungen des EU-Rechts
auf die konkrete Rechtsanwendung gerichtet. Es geht also darum, das deutsche Recht

im Lichte des EU-Rechts zu begreifen. Dazu werden zunächst allgemeine, immer wieder verwendbare Grundgedanken des EU-Privatrechts vorgestellt.

Sodann werden in einem dritten Teil (§ 6) die wichtigsten Einzelfragen des EU-Privatrechts in der auch vom BGB gewählten Reihenfolge angesprochen. Angefangen beim Vertragsschluss bis zu einzelnen sachenrechtlichen Fragen und schließlich zum IPR werden verschiedene konkrete Problembereiche und Regelungsschwerpunkte dargelegt, wobei immer auf die Argumentationsstrukturen geachtet wird.

Im vierten Teil (§ 7) wird das Projekt eines europäischen Vertragsgesetzbuchs näher vorgestellt.

C. Informationsquellen zum EU-Privatrecht

I. Informationen in diesem Buch

3   Um die vertiefte Auseinandersetzung mit den angesprochenen Fragen zu ermöglichen, enthält das vorliegende Werk mehr Fußnotenverweise, als es für ein Lehrbuch üblich ist. Neben den Primärquellen und der wichtigsten Rechtsprechung werden teils auch ausgewählte vertiefende Aufsätze oder sogar Monographien angegeben.

Zudem befindet sich im Anhang I des Buchs eine Liste der wichtigsten Richtlinien mit kurzen Zusammenfassungen des Inhalts sowie der wesentlichen dazu ergangenen Urteile des EuGH. Im Anhang II sind die wesentlichen privatrechtlichen Verordnungen aufgelistet. Anhang III erläutert zentrale Fachbegriffe, die im Prozess der (möglichen) Entstehung eines europäischen Vertragsrechts bedeutsam sind.

II. Weitere wichtige Quellen

1. Die Richtlinien

4   Die europäischen Richtlinien sind inzwischen recht leicht zugänglich. In Großkommentaren sind sie vielfach mit abgedruckt und es gibt verschiedene Textsammlungen. Auch auf nichtstaatliche Normkataloge ausgerichtet ist der Band „Europäisches Privatrecht – Basistexte", Hrsg. Schulze/Zimmermann, 4. Auflage Nomos 2012. Dagegen bietet der Band „Europäisches Schuldrecht", Hrsg. Magnus, Sellier European Law Publishers 2011, die Besonderheit, dass die Richtlinientexte auch in den englischen und französischen Originalfassungen abgedruckt sind. Für Studierende eignet sich auch gut die breiter angelegte Textsammlung von Artz/Staudinger, „Europäisches Verfahrens-, Kollisions- und Privatrecht", C.F. Müller, 2010. Das Werk „Zivilrecht unter Europäischem Einfluss", Hrsg. Gebauer/Wiedmann, 2. Aufl. Boorberg 2010 enthält Kommentierungen aller wichtigen Richtlinien und Verordnungen.

2. Rechtsprechung des EuGH

5   Für das EU-Recht sind die Entscheidungen des EuGH, der das Auslegungsmonopol hat und auch Rechtsfortbildung betreibt, von großer Bedeutung. Die Entscheidungen sind über das Internet auf der Seite http://eur-lex.europa.eu im Volltext allgemein zugänglich und können dort auch mit Hilfe von Stichwörtern gefunden werden. Für die Entscheidungen ab 1997 gibt es auch auf der Seite des EuGH eine Suchmaske (http://curia.europa.eu/jurisp/cgi-bin/form.pl?lang=de).

3. Lehrbücher

Es gibt einige Bücher zum EU-Privatrecht, die sich besonders an Studierende richten. **6**
Vor allem sind zu nennen: Riesenhuber, „Europäische Methodenlehre", 2. Auflage de Gruyter 2010 sowie der von Langenbucher herausgegebene Band „Europarechtliche Bezüge des Privatrechts", 2. Auflage Nomos 2008. Ein riesiges, enzyklopädisches Werk ist das von Basedow/Hopt/Zimmermann herausgegebene „Handwörterbuch des Europäischen Privatrechts", Mohr Siebeck 2009. Es ist in Stichwörter gegliedert und erfasst rechtsvergleichende sowie EU-rechtliche Fragen. Rechtsvergleichend richten sich an Studierende die Werke von Alpa/Andenas, „Grundlagen des Europäischen Privatrechts", Springer 2009, Kötz, „Europäisches Vertragsrecht", Springer 1996 sowie Ranieri, „Europäisches Obligationenrecht", 3. Auflage Mohr Siebeck 2009.

4. Weiterführende Informationen im Internet

Die EU betreibt mehrere Seiten im Internet, auf denen umfassende Informationen zur **7**
Verfügung gestellt werden. Dort sind nicht nur alle Richtlinientexte, sondern auch die Entwürfe und Materialien zu finden. Leider wechselt die Struktur der Seiten derzeit noch häufig, so dass die Suche mühsam sein kann. Das allgemeine Portal findet sich – nun wohl längerfristig – unter der Adresse http://europa.eu.

Für rein rechtliche Informationen ist die Seite http://eur-lex.europa.eu vorgesehen. Interessant für vergleichende Rechtsfragen im Bereich der Umsetzung der Verbraucherschutzrichtlinien ist die Seite http://www.eu-consumer-law.org. Das nationale Recht der Mitgliedstaaten ist Gegenstand der 2007 geöffneten, aber weiterhin nicht ganz vollständigen Seite http://n-lex.europa.eu.

Empfehlenswert sind einige hervorragende, stets aktuelle Informationsseiten, die von deutschen Wissenschaftlern betreut werden. Genannt seien die Seite von Prof. Dr. Mansel, Universität Köln (http://www.uni-koeln.de/jur-fak/instipr/) und die Seite von Prof. Dr. Oliver Remien, Universität Würzburg (http://www.jura.uni-wuerzburg.de/Lehrstuehle/Remien/).

§ 2 Überblick über das bestehende Privatrecht der EU

A. Privatrecht im primären EU-Recht

8 Mit dem Begriff Europarecht wird in aller Regel zunächst öffentliches Recht assoziiert. Tatsächlich besteht das Europarecht zu einem sehr großen Anteil aus öffentlich-rechtlichen Normen. Der öffentlich-rechtliche Charakter ist jedoch kein Muss. Das Europarecht findet seine Identität vielmehr darin, dass es das – entweder von den Organen der EU oder auch von den Mitgliedstaaten gemeinsam geschaffene – Recht der Europäischen Union ist. Es enthält sowohl öffentlich-rechtliche als auch privatrechtliche Normen. Dabei ist das Europarecht nach herrschender Ansicht eine **Rechtsordnung sui generis**, also weder Völkerrecht noch nationales Recht.[1] Der Vertrag von Lissabon stellt mehr dar als einen bloßen Staatsvertrag.[2] Das gesamte EU-Recht hat **Anwendungsvorrang** vor dem nationalen Recht (näher dazu auch Rn. 29 ff.).[3]

Das in den so genannten Gründungsverträgen der EU und in den sonstigen unmittelbar zwischen den Mitgliedstaaten abgeschlossenen Verträgen enthaltene Recht wird als **primäres EU-Recht** bezeichnet.[4] Gerade hier findet sich ganz überwiegend öffentliches Recht. Aber im Vertrag über die Arbeitsweise der europäischen Union (AEUV) selbst sind auch einige privatrechtliche oder wenigstens für den Privatrechtsverkehr unmittelbar relevante Normen enthalten. So enthalten die wettbewerbs- und kartellrechtlichen Vorschriften in den Art. 101 ff. AEUV privatrechtliche Elemente. Ohnehin richten sie sich nicht an die Mitgliedstaaten, sondern an die Unternehmen. Zumeist enthalten sie allerdings hoheitliche Verbote. Privatrechtlichen Charakter trägt Art. 101 Abs. 2 AEUV, der die Nichtigkeit verbotener Vereinbarungen bestimmt. Viele weitere Normen sind zwar nicht privatrechtlicher Art, betreffen aber dennoch unmittelbar den Rechtsverkehr Privater. So ist es mit den Grundfreiheiten (dazu unten Rn. 41 ff.) und Diskriminierungsverboten (dazu unten Rn. 45).

Bei anderen Normen des AEUV ist es umstritten, ob sie Wirkungen zwischen Privaten entfalten. So wird teilweise behauptet, aus Art. 169 AEUV könne der Verbraucher ein Recht auf Information gegen seinen privaten Vertragspartner ableiten.[5]

Zum primären Recht der Union gehören auch die **allgemeinen Rechtsgrundsätze**, die ebenfalls privatrechtlich (oder ganz allgemein) gelten können. Ein Beispiel ist das Verbot des Rechtsmissbrauchs. Die Existenz dieser Rechtsgrundsätze ist im Einzelfall allerdings oft sehr streitig (so ganz besonders für ein privatrechtliches Diskriminierungsverbot, dazu unten Rn. 74 und Rn. 255).

---

1 Zur Darstellung des Streitstands *Streinz*, Europarecht, Rn. 118 ff. (letztlich für Völkerrecht).
2 *EuGH* Slg. 1964, S. 1269 3. LS: „eigene Rechtsordnung" (Costa); BVerfGE 22, 292; *Oppermann*, Europarecht, § 4 Rn. 2; § 6 Rn. 5; Lenz/Borchardt/*Lenz*, EU/EG-Vertrag Kommentar, Art. 1 Rn 2 f.
3 Unstreitig, vgl. vorerst nur Lenz/Borchardt/*Lenz*, EU/EG-Vertrag Kommentar, Art. 1 Rn. 3.
4 Zur Unterscheidung nur *Oppermann*, Europarecht, § 10 Rn. 21 ff.
5 *Reich*, VuR 1999, S. 3, 6 ff.; *Reich/Micklitz*, Europäisches Verbraucherrecht, S. 25 ff.; ablehnend die überwiegende Auffassung, vgl. nur Grabitz/Hilf/*Pfeiffer*, Das Recht der EU, Art. 153 Rn. 15.

B. Privatrecht im sekundären EU-Recht

I. Arten sekundären EU-Privatrechts

Als geltendes EU-Privatrecht wesentlich bedeutsamer als die soeben dargestellten   **9**
Normen des primären EU-Rechts sind die **sekundären Normen des EU-Rechts**. In
Art. 288 AEUV sind die der EU zur Verfügung stehenden „Maßnahmen" sekundärer
Rechtsschaffung aufgeführt. Es gibt Verordnungen, Richtlinien und Entscheidungen
sowie Empfehlungen und Stellungnahmen. Für das Privatrecht ragt die Richtlinie als
meistgenutztes Rechtssetzungsinstrument heraus.

II. Die Richtlinie

Die Richtlinie ist dadurch geprägt, dass sie gemäß Art. 288 S. 3 AEUV **keine Direkt-**   **10**
wirkung entfaltet. Das in der Richtlinie Geregelte ist also nicht unmittelbar im
Rechtsverkehr anwendbares Recht. Vielmehr richtet sich die Richtlinie an die Mitgliedstaaten, welche die Vorgaben der Richtlinie innerhalb eines vorgegebenen Zeitraums in nationales Recht umsetzen müssen. Erst durch diese Umsetzung werden die
in den Richtlinien vorgesehenen Regelungen zu in den Mitgliedstaaten geltendem,
anwendbarem Recht (näher zum Ganzen unten Rn. 77 ff.).

Ein weiteres Charakteristikum der Richtlinie besteht darin, dass sie stets eine **sektor-**
spezifische Regelung ist. Sie betrifft immer einen bestimmten Politikbereich. Die ersten wichtigen privatrechtlichen Richtlinien betrafen alle das Arbeitsrecht. Ein wichtiges Beispiel ist die Richtlinie zur Gleichbehandlung von Mann und Frau von 1976.[6]
Auch viele verbraucherschützende Richtlinien waren bereits in dieser Zeit entworfen
worden. Es dauerte jedoch bis 1985, ehe die erste dieser Richtlinien, nämlich die
Haustürgeschäfte-RL[7] in Kraft trat. Heute gibt es eine Vielzahl von privatrechtlichen
Richtlinien. Sie betreffen insbesondere das Verbraucherschutzrecht, das Arbeitsrecht,
das Wettbewerbsrecht und das Gesellschaftsrecht. Das Tempo der Richtliniengebung
hat sich derzeit etwas verlangsamt. Dafür fließen viele Energien in die Systematisierung.[8] Eine Übersicht über die existierenden Richtlinien und Richtlinienvorschläge
des allgemeinen Privatrechts findet sich im Anhang dieses Buchs.

III. Die Verordnung

Das zweite für das Privatrecht relevante Rechtssetzungsinstrument ist die in Art. 288   **11**
S. 2 AEUV beschriebene Verordnung. Die Verordnung gilt, anders als die Richtlinie,
unmittelbar. Während die Verordnung im Zivilprozessrecht und im IPR mittlerweile
viel verwendet wird, kommt ihr im eigentlichen materiellen Privatrecht immer noch

---

6   Richtlinie 76/207/EWG (Gleichbehandlungs-RL). Sie wurde 2006 durch die Gleichbehandlungs-RL
    (Beruf) ersetzt.
7   Siehe zu allen privatrechtlichen Richtlinien die genaueren Angaben im Anhang I.
8   Näher unten Rn. 551 ff.

eine sehr geringe Rolle zu. Der wichtigste Grund für diese gering bleibende Bedeutung der Verordnung besteht in der fehlenden Praktikabilität. Es ist wohl kaum möglich, einzelne privatrechtliche Normen zu schaffen, die sich unmittelbar in die Rechtsordnungen aller Mitgliedstaaten integrieren lassen, ohne dass es zu deutlichen Systembrüchen kommt.[9]

Zudem ist die EU dem **Verhältnismäßigkeitsprinzip** verpflichtet (Art. 5 Abs. 1 S. 2 EUV) und die Richtlinie, welche den Mitgliedstaaten Umsetzungsspielraum lässt, ist zumeist das gegenüber der Verordnung gleichermaßen geeignete, aber mildere Mittel. Schließlich ist EU-Recht und besonders das verbraucherschützende EU-Privatrecht dem **Grundsatz der Transparenz** verpflichtet. Dem stünde es entgegen, wenn die privatrechtlichen Normen in einzelnen, nicht in das nationale Recht integrierten Verordnungen enthalten wären.

Anders ist es, wenn komplexe Regelungen für **in sich geschlossene Rechtsbereiche** geschaffen werden sollen. So sind die Regelungen über die Europäische Aktiengesellschaft, die Societas Europaea (kurz: SE), sowie über die Europäische Wirtschaftliche Interessenvereinigung (EWIV) in einer Verordnung enthalten.[10] Im internationalen Privat- und Verfahrensrecht ist die Verordnung ebenfalls die übliche Regelungsform.

---

9 Eine Liste der wichtigsten privatrechtlichen Verordnungen findet sich in Anhang II.
10 Zur SE die Verordnung (EG) Nr. 2157/2001 des Rates vom 8. Oktober 2001 über das Statut der europäischen Gesellschaft – auch hier wurden Einzelgebiete, wie die Arbeitnehmermitbestimmung, einer Richtlinie vorbehalten. Zur EWIV die Verordnung (EWG) Nr. 2137/85 des Rates vom 25.7.1985 über die Schaffung einer Europäischen Wirtschaftlichen Interessenvereinigung (EWIV).

§ 3 Europarechtliche Grundlagen für die Privatrechtssetzung

A. Kompetenz der EU zur Rechtssetzung im Bereich des Privatrechts

Literaturhinweise: *Reich*, ZEuP 2010, S. 7; *Roth*, EWS 2012, S. 12.

12

> **Beispiel 1:** Die Kommission hat erfahren, dass viele kleine Unternehmen, die Waren bei Internetauktionen anbieten, verunsichert sind, weil die Rechtslage in den Mitgliedstaaten trotz der Fernabsatz-RL (künftig Verbraucherrechte-RL) sehr unterschiedlich ist. Die Unternehmen beklagen sich darüber, dass sie in jedem Mitgliedstaat unterschiedliche Informationspflichten befolgen und unterschiedliche Belehrungen erteilen müssen. Insbesondere wird das in Deutschland, anders als in den meisten anderen Mitgliedstaaten, auch für Internetauktionen geltende Widerrufsrecht genannt. Weil Internetauktionen eine für den grenzüberschreitenden Handel wichtige Rolle spielen, will die Kommission eine Verordnung erlassen, welche diese Geschäfte in allen IEinzelheiten regelt.

I. Grundlagen in EUV und AEUV

1. Grundsätzliches

Die EU hat nicht automatisch die Kompetenz – also die Zuständigkeit – zur Rechtssetzung. Sie darf nach Art. 5 Abs. 1 EUV vielmehr nur soweit rechtssetzend tätig werden, wie sie durch eine spezielle Zuständigkeitsregel dazu ermächtigt ist (**Grundsatz der Einzelermächtigung**).

13

Die wichtigste Grundlage für die Rechtssetzung im allgemeinen Privatrecht bildet Art. 114 Abs. 1 AEUV (früher Art. 95 EG). Diese Norm enthält die allgemeine Kompetenz für Maßnahmen zur Rechtsangleichung, welche den Binnenmarkt verbessern. Sie erfordert ein Rechtssetzungsverfahren nach Art. 294 AEUV und somit nur eine einfache Mehrheit im Parlament sowie eine qualifizierte Mehrheit im Rat.[1] Darin unterscheidet sich Art. 114 Abs. 1 AEUV von dem früher für die Rechtsangleichung genutzten Art. 94 EG (Art. 115 AEUV) und von der „Flexibilitätsklausel" in Art. 352 AEUV. Diese beiden heute für das Privatrecht kaum noch relevanten Normen[2] erforderten die einstimmige Entscheidung des Rates über jede verabschiedete Maßnahme.

Für einige Gebiete des Privatrechts bestehen besondere Kompetenzgrundlagen, die bei den sogenannten **„Politiken" der Gemeinschaft** geregelt sind. Dies gilt vor allem

---

1 Bei Auseinanderfallen der Standpunkte von Parlament und Rat wird die absolute Mehrheit im Parlament erforderlich.
2 Teils wird Art. 352 AEUV als Grundlage für ein europäisches Vertragsgesetzbuch in Erwägung gezogen, nur Grabitz/Hilf/*Winkler*, Das Recht der EU, Art. 308 EG Rn. 147 ff. Nach dem Lissabon-Urteil des *BVerfG* (NJW 2009, S. 2267) würde das aber jeweils einen legislativen Akt in Deutschland voraussetzen, vgl. höchst kritisch *Basedow*, EuZW 2010, S. 41. Art. 115 AEUV stellt nur noch eine subsidiäre Auffangnorm dar, Calliess/Ruffert/*Kahl*, EUV/AEUV Kommentar, Art. 115 AEUV Rn. 3.

für das Arbeitsrecht (Art. 153 AEUV). Auch für das Verbraucherschutzrecht gibt es zwar eine Spezialnorm (Art. 169 AEUV). Diese wird aber von der ganz h.A. gerade nicht als eigenständige Kompetenzgrundlage für verbraucherschützende Richtlinien verstanden, sondern **nur als ergänzende Zielbestimmung** für die Privatrechtssetzung. Die weit in das Privatrecht hinein wirkenden Gleichbehandlungs-RL wurden auf Art. 13 EG (heute Art. 19 AEUV) gestützt, was erheblich kritisiert wird.[3] Vereinzelt lassen sich Kompetenzgrundlagen für privatrechtliche Regelungen auch unmittelbar bei den Grundfreiheiten finden. So verhält es sich etwa für das Gesellschaftsrecht mit Art. 50 Abs. 1 iVm Abs. 2 lit g AEUV, auf den zB die Verordnung über die Societas Europaea gestützt wurde.

2. Reichweite des Art. 114 AEUV

a) Allgemeines

14 Art. 114 Abs. 1 S. 2 AEUV gibt dem Parlament und dem Rat die Kompetenz zum Erlass von Maßnahmen zur Angleichung der Rechtsvorschriften, welche „die Errichtung und das Funktionieren des **Binnenmarkts**" zum Gegenstand haben. Zwar gibt es viele dieser Norm vorgehende spezielle Ermächtigungsgrundlagen, zB im Bereich der Freizügigkeit, und es gibt auch einige Bereichsausnahmen wie das Steuerrecht (Art. 114 Abs. 2 AEUV). Dennoch ist die Vorschrift für das allgemeine Privatrecht von umfassender Bedeutung. Lange Zeit bestand eine Neigung dazu, diese Norm sehr weit zu verstehen. Da im Grunde jeder Rechtsakt der Union zugleich auch eine Rechtsangleichung in den Mitgliedstaaten bewirkt, und da die Rechtsangleichung schon als solche die Funktion des Binnenmarkts betrifft, schien Art. 114 AEUV (früher Art. 95 EG) beinahe immer zu passen. Der EuGH hat aber in seiner Entscheidung zur Tabakwerbeverbots-RL deutlich ausgesprochen, dass die bloße Angleichung von Vorschriften nicht reicht, um eine Maßnahme auf Art. 114 AEUV stützen zu können. Vielmehr muss mit der Maßnahme zugleich eine über die bloße Angleichung selbst hinausgehende, *erkennbare* Verbesserung des Binnenmarkts angestrebt werden.[4] In dieser sehr bekannten Entscheidung, mit welcher die erste Tabakwerbeverbots-RL für nichtig erklärt wurde, hat der EuGH geprüft, ob mit der Richtlinie Handelshemmnisse abgebaut oder Wettbewerbsverzerrungen beseitigt würden. Beides hat der EuGH im konkreten Fall verneint. Ein teilweises Verbot von Werbung für Zigaretten, welches darüber hinaus weitergehende nationale Verbote zulasse, diene nicht der Marktverbesserung.[5]

15 Zusammenfassend lässt sich also sagen, dass nicht jede rechtsangleichende Maßnahme unter Art. 114 AEUV fällt. Insgesamt bleibt es aber dabei, dass Art. 114 Abs. 1 S. 2 AEUV einen **breiten Anwendungsbereich** hat. Denn auf der einen Seite ist der Binnenmarktbegriff sehr weit, auf der anderen Seite hat der EuGH in der Entschei-

---

3 Differenzierend Schwarze/*Holoubek*, EU-Vertrag Kommentar, Art. 13 Rn. 6.
4 *EuGH* Slg. 2000, S. 8419 Rn. 83 (Tabakwerbeverbot I); Von der Groeben/Schwarze/*Pipkorn/Bardenhewer-Rating/Taschner*, EU/EG-Vertrag, Art. 95 Rn. 31; Grabitz/Hilf/*Tietje*, Das Recht der EU, Band II, Art. 95 EG Rn. 15 f. meint noch konkreter, dass die Maßnahme immer auf die Erleichterung der Grundfreiheiten gerichtet sein müsse.
5 *EuGH* Slg. 2000, S. 8419 Rn. 83 (Tabakwerbeverbot I).

dung Imperial Tobacco klärend ausgesprochen, dass Art. 114 Abs. 1 S. 2 AEUV immer dann als Kompetenzgrundlage zu verwenden ist, wenn die Maßnahme auch nur *unter anderem* das Ziel der Binnenmarktverbesserung hat.[6] Er hat außerdem betont, dass es auch schon reiche, wenn dem wahrscheinlichen Entstehen von Handelshemmnissen vorgebeugt werden solle.[7]

Man sollte insgesamt nicht übersehen, dass die Kompetenz der EU – wiewohl vom Prinzip der Einzelermächtigung geprägt und ausführlich geregelt – letztlich recht flexibel und ausgesprochen durch die rechtspolitische Stimmung geprägt ist.

b) Art. 114 AEUV als Kompetenzgrundlage für privatrechtliche Richtlinien

Art. 114 AEUV ist die bei weitem am meisten genutzte Kompetenzgrundlage für privatrechtliche Regelungen der EU. Das bedeutet, wenn man die soeben angestellten Überlegungen zugrunde legt, dass diese Regelungen für sich in Anspruch nehmen, **nicht nur rechtsangleichend, sondern auch marktfördernd** zu wirken. Für manche Richtlinie ist das ganz eindeutig. So hat die Zahlungsverzugs-RL das Ziel, die Zahlungsmoral in der gesamten Union zu verbessern, damit der Handel erleichtert wird.[8] **16**

Etwas mehr Probleme stellen sich im Verbrauchervertragsrecht, welches einen großen Teil der privatrechtlichen Richtlinien ausmacht. Vielfach scheint Verbraucherschutz den Handel eher zu erschweren und den Wettbewerb zu beschränken. Leider sind auch die Begründungen in den Präambeln der älteren Richtlinien gelegentlich so konfus, dass es nicht verwundern kann, wenn immer wieder schon die Kompetenz der EU für bestimmte Regelungen angezweifelt wird.[9] Noch in dem ersten Vorschlag für die neue Verbraucherkredit-RL aus dem Jahr 2002 hieß es gänzlich unklar: „Die Maßnahme hat die Errichtung und das Funktionieren des Binnenmarkts zum Gegenstand. Sie trägt zur Erreichung des Zieles bei, die Verbraucher zu schützen, indem sie im Rahmen der Errichtung des Binnenmarkts eine Harmonisierung bewirkt. Aus diesem Grund wurde Art. 95 EG (heute Art. 114 AEUV) als Rechtsgrundlage herangezogen."[10] Seitdem hat die Kommission jedoch viel dazugelernt. Letztlich ist die Kompetenz der EU gerade für das Verbrauchervertragsrecht nämlich sehr deutlich. Die Begründung dafür, dass Verbraucherschutz der Verbesserung des Binnenmarkts dient, wird folgendermaßen konstruiert: Indem in allen Mitgliedstaaten ein einheitliches Verbraucherrecht mit einem hohen Schutzniveau entsteht, steigt das **Vertrauen des Verbrauchers**. Er konsumiert verstärkt und schreckt insbesondere nicht mehr vor grenzüberschreitenden Rechtsgeschäften, wie zB Einkäufen oder der Kreditaufnahme im Ausland, zurück.[11] Dieser Gedankengang findet sich deutlich in der aktuel- **17**

---

6   *EuGH* Slg. 2002, S. 11453 (Imperial Tobacco u. a.). In der betroffenen Richtlinie ging es um die Aufmachung von Tabakerzeugnissen – hier vor allem die Verdeutlichung des gesundheitlichen Risikos – und damit zugleich um den Gesundheitsschutz; bestätigend auch *EuGH* Slg. 2006, S. 11631 Rn. 39 (Tabakwerbeverbot II).

7   *EuGH* Slg. 2006, S. 11631 Rn. 37 ff. (Tabakwerbeverbot II); *EuGH* Slg. 2004, S. 11893 (Swedish Match).

8   Vgl. insbesondere die Erwägungen 7-12 der Präambel.

9   Dies gilt besonders für die Haustür-RL (künftig von der Verbraucherrechte-RL umfasst); so etwa Grabitz/Hilf/*Micklitz*, Band IV, Vor A 2 Rn. 19; deutlich auch *Roth*, JZ 2001, S. 475, 477.

10 Vgl. KOM (2002) 443, Punkt 2.2.

11 Vgl. ganz deutlich die Erwägungen 4 und 5 der Präambel der Verbrauchsgüterkauf-RL.

len verbraucherpolitischen Strategie.[12] Auch in der Endfassung der neuen Verbraucherkredit-RL wird er ausdrücklich genannt.[13]

3. Subsidiaritätsprinzip und Verhältnismäßigkeitsgrundsatz als Kompetenzschranken

a) Umrisse

18 Die Zuständigkeit der EU für die Rechtssetzung ist nur selten eine ausschließliche. Zumeist konkurriert sie mit der weiter bestehenden Zuständigkeit der Mitgliedstaaten.[14] Die EU und die Mitgliedstaaten dürfen also **grundsätzlich gleichermaßen rechtssetzend** tätig werden. Im Bereich dieser konkurrierenden Rechtssetzungskompetenz wird die Zuständigkeit der EU durch das in Art. 5 Abs. 1 S. 2 EUV verankerte Subsidiaritätsprinzip begrenzt.[15] Außerdem ist die Union danach an den Verhältnismäßigkeitsgrundsatz gebunden und muss daher zusätzlich stets das mildeste Mittel zur Erreichung ihres Ziels wählen. Nach Art. 5 Abs. 3 EUV reicht die Zuständigkeit der EU nur soweit, wie die zu verwirklichenden Ziele auf nationaler Ebene nicht ausreichend erreicht werden können.[16]

b) Rechtsangleichung und Subsidiaritätsprinzip

19 **aa) Geltung des Subsidiaritätsgrundsatzes im Rahmen des Art. 114 AEUV.** Gelegentlich ist behauptet worden, die Rechtsangleichungskompetenz im Sinne des Art. 114 AEUV sei eine ausschließliche Kompetenz der EU. Das beruht darauf, dass die *Angleichung* von Recht zwischen den Mitgliedstaaten – gleichsam aus der Natur der Sache heraus – ausschließlich von der EU und nicht von den Einzelstaaten erreicht werden kann.[17] In diesem Fall würde sich das Subsidiaritätsprinzip von vornherein nicht auf die aus Art. 114 Abs. 1 AEUV folgende Rechtssetzungskompetenz der EU auswirken. Die herrschende, auch von der Kommission selbst[18] und vom EuGH vertretene Gegenauffassung geht demgegenüber im Ansatz davon aus, dass Art. 114 AEUV **nicht zu den wenigen ausschließlichen Kompetenzen** der EU gehört. Damit unterliegt sie also dem Subsidiaritätsgrundsatz.[19] Obwohl diese Ansicht einräumen muss, dass die Angleichung des Rechts der Mitgliedstaaten im Allgemeinen nicht von

---

12 „Stärkung der Verbraucher – Verbesserung des Verbraucherwohls – wirksamer Verbraucherschutz" (2007-2013), KOM (2007) 99, S. 4.

13 Erwägung 8.

14 Eine ausschließliche Zuständigkeit gibt es nur für bestimmte Gebiete, wie die gemeinsame Außenhandelspolitik und den Agrarmarkt, vgl. näher Von der Groeben/Schwarze/*Zuleeg*, EU/EG-Vertrag, Art. 5 EG Rn. 8; auch BVerfGE 123, S. 167 Rn. 371 (Lissabon-Urteil).

15 Das Subsidiaritätsprinzip wurde durch den Maastrichter Vertrag (1992) in den EG-Vertrag aufgenommen.

16 Dazu näher *Oppermann*, Europarecht, § 12 Rn. 23 ff.; *Schweitzer/Hummer/Obwexer*, Europarecht, Rn. 639 ff.

17 *Müller-Graff*, ZHR 159 (1995), S. 34, 68 ff.; *Reich*, Festschrift Däubler, 1999, S. 884, 887 f.; auch Generalanwalt *Fennelly* in *EuGH* Slg. 2000, S. 8423, Schlussanträge Rn. 135 ff. (Tabakwerbeverbot I).

18 Vorschlag für eine Richtlinie des Europäischen Parlaments und des Rates über Rechte der Verbraucher, KOM (2008) 614/4, S. 7.

19 *EuGH* Slg. 2000, S. 8419 Rn. 95 (Tabakwerbeverbot I); *EuGH* Slg. 2002, S. 11453 Rn. 181 (Imperial Tobacco); Lenz/Borchardt/*Fischer*, EU/EG-Vertrag Kommentar, Art. 95 Rn. 11.

den einzelnen Mitgliedstaaten durchgeführt werden kann, führt dies zu gewissen praktischen Unterschieden. Diese ergeben sich zum einen, wenn es um Regelungen von Details in den Richtlinien geht.[20] Insbesondere aber ist die Unterscheidung wichtig, wenn es darum geht, ob der Grundsatz der Minimalharmonisierung (Mindeststandardprinzip) aufgegeben werden darf.

bb) Mindeststandardgrundsatz.

bb) Mindeststandardgrundsatz. Fast alle früheren Richtlinien zum Verbrauchervertragsrecht folgten dem Mindeststandardgrundsatz. Der Mindeststandardgrundsatz bedeutet, dass den Mitgliedstaaten die Freiheit eingeräumt wird, im nationalen Recht einen *höheren* Schutzstandard vorzusehen, als die Richtlinie es zwingend vorschreibt. Aus deutscher Sicht ist das sehr bedeutsam, da hier häufig über das Schutzniveau der Richtlinien hinausgegangen wird (zB Widerrufsrecht bei Internetversteigerungen[21]).   **20**

Meist wird der Mindeststandardgrundsatz aus dem Subsidiaritätsprinzip abgeleitet.[22] Daraus kann man aber nicht den Schluss ziehen, dass alle Richtlinien an dem Mindeststandardgrundsatz festhalten müssen. Das Subsidiaritätsprinzip zwingt nämlich nicht in jedem Fall zu einer solchen Öffnung. Wenn gerade die wirklich, also auch nach oben hin, *einheitliche* Regelung eines Sachverhalts nötig ist, dann können die Mitgliedstaaten insofern keine Restkompetenz behalten und aus dem Subsidiaritätsprinzip kann kein Regelungsfreiraum für die Mitgliedstaaten abgeleitet werden.

Der Mindeststandardgrundsatz hat allerdings wohl noch eine zweite Wurzel: Er begründet sich auch aus der **inhaltlichen Zielsetzung** der Richtlinien. Durch diese soll (meist) ein möglichst hohes Schutzniveau erreicht werden, und damit steht es im Widerspruch, wenn einige Mitgliedstaaten aufgrund der Richtlinien ihren nationalen (Verbraucher-)schutzstandard senken müssen.[23]

In den neueren Richtlinien ist die Beschränkung auf einen Mindeststandard dennoch oft nicht mehr für ausreichend angesehen worden.   **21**

So wie im **Beispiel 1** (Rn. 12) beschrieben, kann es für die Unternehmer nämlich sehr nachteilig sein, wenn in allen Mitgliedstaaten unterschiedliche, über den Standard der Richtlinie hinausgehende Einzelvorschriften bestehen, deren Beachtung ihnen abverlangt wird. Solche Unterschiede im nationalen Recht können insbesondere für kleinere Unternehmen zu recht hohen rechtlichen und letztlich finanziellen Risiken im grenzüberschreitenden Handel führen und sie möglicherweise von grenzüberschreitenden Geschäften ganz abhalten.

So ist es derzeit gerade auch bei den Internetversteigerungen. Bei diesen besteht nach überwiegender Lesart der Fernabsatz-RL *kein* Widerrufsrecht, so dass es in den meisten Mitgliedstaaten auch von den nationalen Gerichten nicht angenommen wurde. Der BGH dagegen hielt es nach § 312d BGB für gegeben (dazu auch noch unten Rn. 328).

---

20 Insbesondere *Armbrüster*, RabelsZ 60 (1996), S. 72, 83 ff.
21 So – unter Bezugnahme auf den Mindeststandardgrundsatz – *BGH* NJW 2005, S. 53.
22 Grabitz/Hilf/*Martinek*, Das Recht der EU, Band IV, A 13 Rn. 247; *Lurger*, Regulierung und Deregulierung, 1997, S. 115 (aus dem Erforderlichkeitsgebot); *Geiger/Khan/Kotzur*, EUV/AEUV, 4. Auflage, Art. 5 Rn. 14; Grabitz/Hilf/*Micklitz*, Das Recht der EU, Band IV, Vor A 2 Rn. 27 leitet es dagegen aus dem Grundsatz des Rechtspluralismus ab; kritischer *Rösler*, Europäisches Konsumentenvertragsrecht, 2004, S. 201 f., der meint, es handele sich um einen kleinsten gemeinsamen Nenner, der durch die Schwäche der Gemeinschaft verursacht sei.
23 Deutlich *EuGH*, Slg. 2010, S. 4785 (Caja de Ahorros).

22 Da somit die Mindeststandardregeln nicht immer ideal zur Binnenmarktförderung geeignet sind, wird nunmehr in der Regel eine **Vollharmonisierung** angestrebt. Konkret für die Internetauktionen wurde in der Verbraucherrechte-RL auch die Ausnahmeregelung der Fernabsatz-RL geändert. Ausgenommen sind, wie es Erwägung 24 der Präambel ausdrücklich erläutert, nun nur noch die klassischen Versteigerungen, bei denen der Käufer die Möglichkeit hat, anwesend zu sein. Für Internetauktionen wird also zukünftig europaweit ein Widerrufsrecht bestehen.

Um zugleich zu sichern, dass die Mitgliedstaaten nicht von tradierten Schutzinstrumenten Abschied nehmen müssen, welche die Richtlinien nicht vorsehen, gibt es häufig eine **Beschränkung des vollharmonisierten Bereichs auf bestimmte Instrumente** (wie das Widerrufsrecht in seiner konkreten Ausgestaltung oder den Informationskatalog). Dem Grundsatz der Vollharmonisierung folgt etwa die Verbraucherkredit-RL (Erwägung 9) und die FAF-RL.[24] Auch die Verbraucherrechte-RL verfolgt einen Vollharmonisierungsansatz. In der Begründung des Entwurfs erläutert die Kommission ausführlich, warum die Vollharmonisierung mit dem Subsidiaritätsprinzip im Einklang steht.[25] In Erwägung 5 der Präambel der Verbraucherrechte-RL wird besonders betont, dass grenzüberschreitender Direktvertrieb nur durch eine Vollharmonisierung gefördert werden könne.

Um auch für die bereits geltenden Richtlinien eine gewisse Verbesserung zu erreichen, soll es den grenzüberschreitend tätigen Unternehmen außerdem in Zukunft erleichtert werden, sich über die Rechtsunterschiede zu informieren. Dazu sehen Art. 32 und 33 Verbraucherrechte-RL vor, dass die Mitgliedstaaten die Kommission über alle konkreten Klauselverbote und alle über die Verbrauchsgüterkauf-RL hinausgehenden Schutzvorschriften informieren müssen.

4. Art. 114 AEUV als Rechtsgrundlage für ein europäisches Vertragsgesetzbuch

23 Viel diskutiert wird die Frage, ob Art. 114 AEUV als Kompetenzgrundlage für die Schaffung eines kompletten europäischen Vertragsgesetzbuchs, zum Beispiel in der Form einer Verordnung, ausreichen würde. Dies wird teils bejaht,[26] teils aus verschiedenen Gründen verneint. Dann wird meist auf Art. 352 AEUV verwiesen, der als Auffangnorm eine einstimmige Verabschiedung durch den Rat mit Zustimmung des Parlaments vorsehen würde.[27]

24 Der sehr offene Streit darüber, ob Art. 114 AEUV ein Vertragsgesetzbuch tragen kann oder nicht, macht eine allgemeine Problematik des Art. 114 AEUV deutlich: Die Norm ist trotz der eben dargestellten Rechtsprechung des EuGH immer noch sehr weit und unterliegt daher starken **rechts- und wirtschaftspolitischen Einflüssen**. Ein konkreter empirischer Nachweis dafür, dass ein Vertragsgesetzbuch den Binnenmarkt erkennbar verbessern würde, ist im Rahmen des Art. 114 AEUV nicht erforder-

---

24 Ebenso die neue Teilzeitnutzungsrechte-RL.
25 Vorschlag für eine Richtlinie des Europäischen Parlaments und des Rates über Rechte der Verbraucher, KOM (2008) 614/4, S. 7.
26 *Schulte-Nölke*, JZ 2001, S. 917; *Reich/Micklitz*, EWS 2011, S. 114.
27 Nur *Leible*, NJW 2008, S. 2558, 2561.

lich (näher soeben Rn. 15). Bedenkt man, wie schwierig ein solcher Nachweis zu erbringen wäre (und das gilt nicht nur für das Vertragsgesetzbuch, sondern auch für
manchen anderen Rechtsakt), so ist diese Offenheit der Norm aber **kein Nachteil, sondern eine Notwendigkeit**. Sie führt allerdings zu dem Ergebnis, dass Art. 114 AEUV
die Kompetenz für jedweden Rechtsakt enthält, der in nicht ganz unbegründeter Weise
auf eine Verbesserung des Marktes abzielt. Wenn also die Mitgliedstaaten der EU –
und damit der Rat – von dieser marktverbessernden Wirkung des Vertragsgesetzbuchs
überzeugt sind, so können sie sich für seinen Erlass auf Art. 114 AEUV stützen.

Das Subsidiaritätsprinzip und der Verhältnismäßigkeitsgrundsatz können dann, wenn   **25**
einmal entschieden ist, dass gerade ein europäisches Vertragsgesetzbuch als Instrument zur Verbesserung des Marktes verwendet werden soll, dabei keine Schranke
mehr bilden. Denn dieses Vertragsgesetzbuch kann weder von den Mitgliedstaaten
einzeln erreicht werden, noch gibt es ein milderes Mittel dafür.[28] Ohne dass damit in
der rechtspolitischen Auseinandersetzung über die Notwendigkeit und Sinnhaftigkeit
eines einheitlichen europäischen Vertragsgesetzbuchs Position bezogen wird, wird
man einräumen müssen, dass Art. 114 AEUV letztendlich als passende Rechtsgrundlage angesehen werden kann.[29]

5. Zusammenfassung

Zusammenfassend lässt sich also sagen, dass zwar nicht jede rechtsangleichende   **26**
Maßnahme unter Art. 114 AEUV fällt. Trotz des notwendigen Binnenmarktbezugs
bleibt für Art. 114 AEUV aber ein **sehr weiter Anwendungsbereich**. Denn zum
einen ist der Binnenmarktbegriff sehr weit, zum anderen kann Art. 114 AEUV immer
schon dann als Kompetenzgrundlage dienen, wenn die Maßnahme auch nur *unter anderem* das Ziel der Binnenmarktverbesserung hat.

II. Auswirkungen fehlender Kompetenz

1. Nichtigkeitsklage

Nach Art. 263 Abs. 2 AEUV können Mitgliedstaaten, die geltend machen wollen,   **27**
dass eine Richtlinie in Kompetenzüberschreitung gesetzt worden ist, Nichtigkeitsklage beim EuGH erheben. Sie müssen dies jedoch gemäß Art. 263 Abs. 5 AEUV binnen zwei Monaten ab Bekanntgabe der Richtlinie tun.[30] Deutschland hat vor einigen
Jahren mit Erfolg eine solche Nichtigkeitsklage gegen die erste Tabakwerbeverbots-
RL erhoben.[31] Natürliche und juristische Personen können die Nichtigkeitsklage
gemäß Art. 263 Abs. 4 AEUV zwar gegen Verordnungen erheben, von denen sie unmittelbar und individuell betroffen sind, dagegen in der Regel (nämlich soweit nicht
unmittelbare Wirkung vorliegt) nicht gegen Richtlinien.[32]

---

28 Im Ergebnis wie hier *Lurger*, Grundfragen der Vereinheitlichung des Vertragsrechts, 2002, S. 118 ff.
29 Näher zu den aktuellen Entwicklungen unten Rn. 580.
30 Näher Von der Groeben/Schwarze/*Gaitanides*, EU-/EG-Vertrag, Art. 230 EG Rn. 105 ff.
31 *EuGH* Slg. 2000, S. 8419 (Tabakwerbeverbot I). Die Nichtigkeitsklage gegen die zweite Tabakwerbe-
    verbotsrichtlinie (2003/33/EG) ist gescheitert, dazu oben Rn. 14 f.
32 Näher gerade zum neuen Recht *Frenz/Distelrath*, NVwZ 2010, S. 162; *Streinz/Ohler/Herrmann*, Der
    Vertrag von Lissabon zur Reform der EU, 3. Aufl. 2010, S. 115 f.

2.   Rüge der Kompetenz im Wege des Vorabentscheidungsverfahrens (Imperial Tobacco)

28   Der EuGH hat außerdem bejaht, dass auch Private schon vor der Umsetzung einer Richtlinie überprüfen lassen dürfen, ob diese innerhalb der Kompetenzen der EU ergangen ist. In dem zu entscheidenden Fall hatten mehrere Tabakkonzerne im Vereinigten Königreich gegen die Umsetzung der Richtlinie 2001/37/EG über die Herstellung, die Aufmachung und den Verkauf von Tabakerzeugnissen[33] geklagt. Sie meinten, die Richtlinie dürfe nicht umgesetzt werden, weil sie außerhalb der Kompetenzen der EU ergangen sei. Das angerufene britische Gericht legte dem EuGH im Wege des *Vorabentscheidungsverfahrens*[34] die Frage vor, ob die Richtlinie innerhalb der Kompetenz der EU ergangen sei. Der EuGH hielt diese Vorgehensweise für zulässig.[35]

B.   Vorrang des EU-Rechts

29   **Literaturhinweise:** *Preis/Temming*, Der EuGH, das BVerfG und der Gesetzgeber – Lehren aus Mangold II, NZA 2010, S. 185 (mit Bezügen zum deutschen Arbeitsrecht); *Proelß*, Zur verfassungsgerichtlichen Kontrolle der Kompetenzmäßigkeit von Maßnahmen der Europäischen Union: Der „ausbrechende Rechtsakt" in der Praxis des BVerfG; EuR 2011, S. 241; auch *Koch/Ilgner*, JuS 2011, S. 540 (Klausur).

Beispiel 2 – nach EuGH, Slg. 2010, S. 365 (Kücükdeveci); beachte auch EuGH Mangold, dazu näher unten Rn. 251: Die Arbeitnehmerin A war seit ihrem vollendeten 18. Lebensjahr bei der Firma F angestellt. Im Alter von 28 Jahren wurde sie unter Einhaltung einer Kündigungsfrist von einem Monat entlassen. Denn F hatte die vor der Vollendung des 25. Lebensjahrs liegenden Beschäftigungszeiten bei der Berechnung der Kündigungsfrist nicht berücksichtigt (§ 622 Abs. 2 S. 2 BGB). A macht geltend, dass diese Regelung eine EU-rechtlich verbotene Diskriminierung wegen des Alters darstelle.

I.   Grundsatz

30   EU-Recht hat Vorrang vor nationalem Recht.[36] Für das Privatrecht bedeutet das, dass **jede unionsrechtliche Norm**, welche einen bestimmten privatrechtlichen Sachverhalt betrifft, den Regelungen des nationalen Rechts – einschließlich des Grundgesetzes – vorgeht.[37] Der Vorrang des EU-Rechts geht aber noch weiter. Auch die **Auslegungs- und Rechtsfortbildungsakte des EuGH** gehen dem nationalen Privatrecht

---

33   ABl. EG L 194, S. 26.
34   Näher zu diesem Verfahren unten Rn. 132 ff..
35   Inhaltlich zu der Klage schon oben Rn. 14.
36   Das ist allgemein anerkannt. Es wurde vom *EuGH* erstmals in *EuGH* Slg. 1964, S. 1259, 1269 ff. (Costa/ENEL) ausführlich dargelegt und ist seitdem ständige Rechtsprechung; vgl. aus neuerer Zeit nur *EuGH* Slg. 1999, S. 2517 (Ciola); dem folgt weitestgehend auch das *BVerfG*, vgl. BVerfGE 73, 339; 75, 223 und 89, 155. Aus der Literatur nur beispielhaft *Oppermann*, Europarecht, § 11 Rn. 3 ff.; Schwarze/*Hatje*, EU-Kommentar, Art. 10 EGV Rn. 20 ff.
37   Der *EuGH* lässt daher auch die nationalen Grundrechte außer Acht und bezieht sich nur auf die europäischen Grundrechte in der EMRK, näher sogleich Rn. 35.

insgesamt vor. Das BVerfG meint dazu im Grundsatz, dem EuGH müsse auch die Rechtsfortbildung zugestanden werden, da es nicht angehen könne, dass der EuGH Kompetenzen abgesprochen bekäme, die den nationalen Gerichten in Europa traditionell zugebilligt würden.[38]

Der Vorrang des Rechts der EU, und insbesondere der Rechtsprechung des EuGH, **31** endet jedoch dort, wo *inhaltlich* deren Kompetenzen enden. Auch hierbei ist aber Fingerspitzengefühl gefragt. In dem wichtigen Urteil Honeywell zur Mangold Entscheidung des EuGH hat das BVerfG sehr deutlich gemacht, dass der **Grundsatz der Europarechtsfreundlichkeit** dazu führt, dass ein kompetenzüberschreitender, sogenannter „ausbrechender" Rechtsakt nur mit äußerster Zurückhaltung angenommen werden dürfe. Es meint wörtlich: „Wenn jeder Mitgliedstaat ohne Weiteres für sich in Anspruch nähme, durch eigene Gerichte über die Gültigkeit von Rechtsakten der Union zu entscheiden, könnte der Anwendungsvorrang praktisch unterlaufen werden, und die einheitliche Anwendung des Unionsrechts wäre gefährdet."[39] Der EuGH ist danach generell selbst zuständig dafür, über die Frage der Kompetenz zu entscheiden, und seine Entscheidungen sind erst dann unbeachtlich, wenn sie das Europarecht offensichtlich und erheblich verletzen.[40]

II. Wirkungsweise des Vorrangs

Allerdings handelt es sich um einen Anwendungsvorrang, nicht um einen Geltungs- **32** vorrang.[41] Daraus folgt, dass nationales Recht durch das Inkrafttreten einer entgegenstehenden unionsrechtlichen Norm oder eines sonstigen Rechtsakts **nicht insgesamt unwirksam, sondern nur unanwendbar** wird. Unanwendbar wird die Norm dabei jeweils nur, soweit in dem konkreten Anwendungsfall überhaupt die Vorgabe des EU-Rechts verletzt wird. Wann das der Fall ist, ist nicht immer leicht festzustellen. So ist für die im primären EU-Recht enthaltenen Grundfreiheiten sehr umstritten, wann nationale Normen – insbesondere des Privatrechts – gegen diese verstoßen (dazu näher unten Rn. 53 ff.).

Weicht das nationale Recht von einer unionsrechtlichen Vorgabe ab, die in einer pri- **33** vatrechtlichen Richtlinie enthalten ist, so wird dies zumeist überhaupt nicht zur Unanwendbarkeit der nationalen Regelung führen. Sonst würde nämlich die Regelungsform der Richtlinie – die gerade keine unmittelbare Wirkung für sich beansprucht – unterlaufen[42] (näher zur Wirkung der Richtlinie unten Rn. 77 ff.).

---

38 So schon BVerfGE 75, 223, 243; auch *Jarass/Pieroth*, Art. 23 GG Rn. 27.

39 Jetzt *BVerfG* NJW 2010, S. 3422 Rn. 57 (Honeywell); außerdem heißt es (Rn. 78): „zu einem ersichtlichen Verstoß im Hinblick auf das Prinzip der begrenzten Einzelermächtigung würde auch eine unterstellte, rechtsmethodisch nicht mehr vertretbare Rechtsfortbildung des EuGH erst dann, wenn sie auch praktisch kompetenzbegründend wirkte". Zu Mangold unten Rn. 251.

40 *BVerfG* NJW 2010, S. 3422 Rn. 61.

41 Von der Groeben/Schwarze/*Schmidt*, EU/EG-Vertrag, Art. 249 Rn. 6; *Schweitzer/Hummer*, Europarecht, Rn. 849; *Jarass*, Grundfragen der innerstaatlichen Bedeutung des EG-Rechts, S. 3; *EuGH* Slg. 1978, S. 629, 644 (Simmenthal); *EuGH* Slg. 1999, S. 2517, 2518 (Ciola); BVerfGE 123, 267, Rn. 335.

42 Nur *Jarass*, Grundfragen der innerstaatlichen Bedeutung des EG-Rechts, S. 4 f.

34   In dem einleitenden **Beispiel 2** (Rn. 29), entschied der EuGH aber, dass das EU-Recht § 622 Abs. 2 S. 2 BGB verdränge und diese Norm daher vom deutschen Gericht nicht angewendet werde dürfe. Somit gilt für die Kündigung eine Viermonatsfrist, weil A bereits seit zehn Jahren bei F arbeitet.

Bei näherer Analyse bringt die Entscheidung erheblichen Diskussionsstoff mit. Denn der EuGH verwendet hier eine Kombinationsargumentation, die nicht ganz leicht nachvollziehbar ist. Er stützt die Nichtigkeit der Norm *nicht* darauf, dass § 622 Abs. 2 S. 2 BGB unmittelbar gegen die Richtlinie verstoße.[43] Er meint auch *nicht*, dass die Norm unwirksam sei, weil sie gegen den allgemeinen europäischen Rechtsgrundsatz verstoße, dass Altersdiskriminierung verboten sei.[44] Vielmehr verlangt er hier und in einigen weiteren Entscheidungen gleichsam beides zugleich: Für eine Verdrängung des nationalen Rechts durch eine Richtlinie muss hinter der Richtlinie ein allgemeiner Rechtsgrundsatz stehen (hier Altersdiskriminierung). Umgekehrt sagt der EuGH: Ein allgemeiner Rechtsgrundsatz des Unionsrechts kann nur Vorrang vor nationalem Recht entfalten, wenn er durch eine Richtlinie (hier Richtlinie 2000/78/EG) *konkretisiert* wird.[45] Darauf, in welchen weiteren Fällen diese Kombinationslösung greift, wird noch einzugehen sein (Rn. 84).

III. Vorrang des EU-Rechts und Grundrechte

1. Konflikt

35   Das EU-Recht kann auch mit dem Grundgesetz und mit den dort garantierten Grundrechten in Konflikt geraten. Auch dann gilt als Ausgangspunkt der Vorrang des EU-Rechts.[46] Meist sind die Grundrechte geschützt, weil auch der EuGH eine Grundrechtskontrolle durchführt. Diese nimmt er allerdings nicht anhand der mitgliedstaatlichen, sondern **allein anhand europäischer Grundrechte** vor (Charta, EUV, EMRK).[47] Die komplexen verfassungsrechtlichen Fragen, die sich stellen, wenn die europäischen Rechte hinter dem deutschen Grundgesetz zurückbleiben, müssen hier ausgeklammert werden. Es sei nur angedeutet, dass das BVerfG sich etwas schwer damit tut, dass auch das Demokratieprinzip und der Grundsatz der Gewaltenteilung durch das EU-Recht berührt sein können. Durch den schon im Jahr 1992 neu gefassten Art. 23 Abs. 1 GG wird – plakativ dargestellt – festgeschrieben, dass Voraussetzung der Mitwirkung in der EU ist, dass auch die EU „demokratischen, rechtsstaatlichen, sozialen und föderativen Grundsätzen" verpflichtet ist.[48]

---

43   Kritisch gerade zu diesem Punkt *Mörsdorf*, NJW 2010, S. 1046.
44   *EuGH* NJW 2010, S. 427; näher unten Rn. 255.
45   Jüngst etwa *EuGH* NJW 2011, S. 2187 (Römer).
46   Von der Groeben/Schwarze/*Schmidt*, EU-/EG-Vertrag, Art. 249 EGV Rn. 3 ff.
47   In der Entscheidung Schmidberger, *EuGH* Slg. 2003, S. 5659 ging es darum, ob die österreichischen Gerichte gegen die Warenverkehrsfreiheit verstoßen hatten, indem sie eine Demonstration auf dem Brenner nicht verboten. Der *EuGH* wog hier die Verletzung der Grundfreiheiten mit dem Recht auf Versammlungsfreiheit aus Art. 11 EMRK ab. In der Entscheidung Schecke, EuZW 2010, S. 939, ging es um den Datenschutz. Der *EuGH* stützte sich hier vor allem auf Art. 8 der Charta.
48   Auch schon BVerfGE 89, 155 (Maastricht-Urteil); zu Gegenstimmen siehe zB *Schachtschneider/Emmerich-Fritsche/Beyer*, JZ 1993, S. 751; *Kirchner/Haas*, JZ 1993, S. 760.

Durch das **Lissabon-Urteil** hat das BVerfG zwar die verfassungsrechtlichen Grenzen betont, die sich für den europäischen Integrationsprozess aus dem Demokratieprinzip und aus der Souveränität Deutschlands ergeben. Insbesondere gelte es, den von den Grundrechten geschützten „privaten Raum der Eigenverantwortung und der persönlichen und sozialen Sicherheit" zu erhalten. Der Vorrang des Rechts der EU ist dadurch jedoch nicht unmittelbar beeinträchtigt, sondern es ist eher der Kontrollmaßstab, der präzisiert wurde.[49]

Erst wenn der Konflikt zwischen Grundgesetz und EU-Recht sich zuspitzt, wenn also **36** zB, wie eben zitiert, die Eigenverantwortung, oder andere wichtige Grundrechte im Rahmen des EU-Rechts *strukturell* nicht mehr geschützt sind, erlangt das nationale Recht seine Bedeutung zurück.

Nun sind **Grundrechtsbeeinträchtigungen durch privatrechtliche Richtlinien** **37** vorstellbar. Canaris hat beispielsweise in der Klausel-RL eine Beeinträchtigung der Vertragsfreiheit gesehen.[50] Auch der Gleichbehandlungsgrundsatz des Art. 3 GG könnte entscheidenden Einfluss auf die Auslegung und Anwendbarkeit von EU-Recht haben. Indem die Richtlinien oftmals isoliert nur grenzüberschreitende Vorgänge regeln, kann es zur Inländerdiskriminierung kommen (dazu auch noch Rn. 54). Daher sei noch ein konkreter Blick auf diesen Konflikt zwischen Richtlinienrecht und Grundrechten geworfen.

2. Zurücktreten der Grundrechte hinter die Richtlinien

Unter bloßer Anwendung des Vorstehenden kann der aufgezeigte Konflikt zwischen **38** den Richtlinien und den nationalen Grundrechten leicht aufgelöst werden. Der Vorrang des EU-Rechts gilt zunächst auch, soweit Grundrechte betroffen sind. Eine Richtlinie muss daher den deutschen Grundrechten nicht entsprechen. Das BVerfG nimmt zwar keinen unbegrenzten Vorrang des EU-Rechts vor den deutschen Grundrechten an. Schon seit dem sogenannten Solange II-Beschluss nimmt es jedoch solange keine eigene Grundrechtskontrolle abgeleiteten EU-Rechts vor, wie durch den EuGH *generell* ein wirksamer Schutz der Grundrechte gewährleistet ist.[51] Es war daher formuliert worden, nur in „zu vernachlässigenden Ausnahmefällen" seien Hoheitsakte der EU aufgrund nationalen Verfassungsrechts zu überprüfen.[52] Zwar hat das BVerfG im Lissabon-Urteil diese Rechtsprechung neu formuliert und ausgesprochen, dass der unantastbare Kerngehalt des Grundgesetzes (und damit der Grundrechte) nicht verletzt sein dürfe.[53] Dennoch kann ein **eigenständiger, genügender Grundrechtsschutz vom EuGH** üblicherweise erwartet werden. Das bedeutet im Ergebnis, dass die Grundrechte des GG zu keiner praktisch relevanten Beschränkung

---

49 BVerfGE 123, 267 = NJW 2009, S. 2267; anders mag es im Bereich des vom *EuGH* durch Rechtsfortbildung entwickelten (primären) Rechts sein, dazu nur *Terhechte*, EuZW 2009, S. 724, 726.

50 *Canaris*, Festschrift Lerche, 1993, S. 873, 889.

51 BVerfGE 73, 339, 340; BVerfGE 102, 147 zur Bananenmarktordnung; eine etwas engere Haltung war teils nach dem Maastricht-Urteil vermutet worden, dazu BVerfGE 89, 155, 156; zum Lissabon-Urteil sogleich.

52 *Schwarze*, JZ 1998, S. 1077, 1083; *Kloepfer*, JZ 1988, S. 1089, 1193; *Lecheler*, JuS 2001, S. 120, 123; auch *Nickel*, JZ 2001, S. 625, 628.

53 BVerfGE 123, 267 Rn. 240.

der Regelungsfreiheit des EU-Gesetzgebers bzw der Anwendung des geltenden EU-Rechts führen werden.[54]

3. Keine nationale Grundrechtskontrolle *umgesetzten* Rechts

39 Der Vorrang des EU-Rechts gilt für alle Hoheitsakte der Gemeinschaft. Bei Richtlinien wirkt er sich jedoch wie angesprochen nicht unmittelbar aus, weil sie – im Regelfall – keine unmittelbare Wirkung entfalten.[55] Interessant ist aber die Frage, ob das nationale Recht, welches zur Umsetzung der Richtlinie geschaffen wurde, der Grundrechtskontrolle unterliegt.

Soweit die Umsetzung sich genau an der Richtlinie orientiert und keine eigenen Inhalte enthält, muss dies abgelehnt werden. Eine Kontrolle von umgesetztem Recht wäre in diesem Bereich nämlich inhaltlich doch **immer eine Kontrolle der zugrundeliegenden Richtlinie**. Anders ist es aber, wenn das umsetzende Gesetz über die Richtlinie hinausgeht. Dann unterliegt der überschießende Teil der ganz normalen Kontrolle anhand des Grundgesetzes.[56]

Denkbar bleibt damit nur noch eine Kontrolle umgesetzten Rechts *in dessen Verhältnis* zum unveränderten nationalen Recht anhand des Art. 3 GG. Diese Kontrolle kann aber **Konsequenzen nur für das tradierte nationale Recht** und niemals für das der Richtlinie entsprechende neue Gesetz haben. Das heißt, dass unter Umständen das bisher unveränderte nationale Recht ebenfalls an die von der Richtlinie vorgegebenen Inhalte angepasst werden muss. Dies kann beispielsweise dann nötig werden, wenn die Umsetzung der Richtlinie dazu führt, dass grenzüberschreitende Transaktionen bevorzugt, reine Inlandsgeschäfte somit benachteiligt werden.[57]

4. Zusammenfassung

40 Der Vorrang des Rechts der EU bewirkt also, dass nationale Normen, die gegen das Recht der EU verstoßen, unanwendbar sind. Schwierigkeiten treten auf, wenn es fraglich ist, wieweit die Kompetenzen der EU reichen bzw welche ungeschriebenen, allgemeinen Rechtsgrundsätze das Recht der EU umfasst. Aktuell besonders viel diskutiert wird der **Grundsatz der Nichtdiskriminierung**.

---

54 Aus europäischer Sicht jüngst nochmals *EuGH* Slg. 2000, S. 69 (Kreil). Anders aber *Canaris*, Festschrift Lerche, 1993, S. 873, 889 f., der nach einer Solange III-Rechtsprechung ruft; ebenso *Scholz*, NJW 1990, S. 941, 943 ff., der ebenfalls die Defizite im europäischen Grundrechtsschutz für untragbar hält; ähnlich *Dauses*, EuZW 1997, S. 705.

55 Schon oben Rn. 3.

56 Vgl. *BVerfG* EuR 1989, S. 270: Bei der Ausschöpfung der Umsetzungs*freiräume* sind die nationalen Grundrechte zu beachten.

57 So erfolgte die Aufhebung des Rabattgesetzes zwar nicht unmittelbar mit Blick auf Art. 3 GG aber doch zur Verhinderung von Inländerungleichbehandlung, vgl. BT-Drucks. 14/5441, S. 6; zur Inländerdiskriminierung auch sogleich Rn. 54.

C. Grundfreiheiten, Diskriminierungsverbot, Unionsbürgerschaft und Privatrecht

Literaturhinweis: *Bachmann,* AcP 210 (2010), S. 424. **41**

> **Beispiel 3** – nach EuGH Slg. 2008, S. 7639 (Grunkin-Paul): Herr Müller und Frau Meier sind ein deutsches Ehepaar. Bei der Geburt ihres ersten Kindes leben sie in Dänemark. Das Kind wird mit dem Nachnamen Meier-Müller ins dänische Geburtsregister eingetragen. Nun zieht die Familie zurück nach Flensburg und bekommt die Mitteilung, dass das Kind nur einen der beiden Nachnamen tragen dürfe (§ 1617 BGB, Art. 10 Abs. 1 EGBGB). Können Herr Müller und Frau Meier sich wehren?

I. Inhalt und Wirkungsweise der Grundfreiheiten

1. Die Grundfreiheiten

Ein spezieller Bereich, in dem der Vorrang des (primären) EU-Rechts sich auch auf **42** das Privatrecht auswirken kann, ist die Wahrung und Sicherung der Grundfreiheiten.

Die vier Grundfreiheiten[58] bilden einen **zentralen Kern des Binnenmarkts**. Die in Art. 26 Abs. 2 AEUV genannten und im weiteren Vertragstext konkretisierten Freiheiten umfassen die Freiheit des Warenverkehrs gemäß Art. 28 f., 34 f. AEUV, die Freiheit des Dienstleistungsverkehrs gemäß Art. 56 AEUV, die Kapitalverkehrsfreiheit gemäß Art. 64 AEUV und die Freiheit des Personenverkehrs gemäß Art. 21 AEUV. Letztere enthält auch die Niederlassungsfreiheit (Art. 49 AEUV) und die Arbeitnehmerfreizügigkeit (Art. 45 AEUV).

2. Überblick zur Wirkungsweise der Grundfreiheiten

a) Deregulierungs- und Angleichungsgebot

Die vier Grundfreiheiten sollen im Binnenmarkt gewährleistet werden. Vereinfacht **43** gesagt sollen also Waren, Dienstleistungen und Kapital innerhalb der EU frei gehandelt und transferiert werden können, Personen sollen sich frei bewegen können. Formal wird diese Freiheit auf unterschiedliche Art erreicht. Zunächst sind insbesondere alle behindernden Normen *zu beseitigen.* Soweit in den Rechtsordnungen der Mitgliedstaaten Normen enthalten sind, welche die Grundfreiheiten beeinträchtigen, sind sie **gemäß der allgemeinen Regel des Vorrangs des EU-Rechts unanwendbar**. Ein Deutschland betreffendes bekanntes Beispiel war das Gesetz, welches den Verkauf von nicht nach dem Reinheitsgebot gebrautem Bier in Deutschland verbot. Das Verbot erschwerte den Import ausländischen Bieres und verstieß gegen Art. 34 AEUV (damals Art. 30 EWGV).[59] Diese Wirkung der Grundfreiheiten wird (in Anlehnung an die Grundrechtsdogmatik) als Abwehrrecht oder – mit einem allgemeiner auf den

---

58 Teilweise wird von fünf oder sechs Grundfreiheiten gesprochen. Damit sind nicht weitere Grundfreiheiten gemeint, sondern es werden lediglich die hier genannten weiter aufgespalten.
59 *EuGH* Slg. 1987, S. 1227 Rn. 27 (Kommission/Deutschland).

Abbau unterschiedlicher nationaler Regelungen gerichteten Begriff – als *Deregulierungs*gebot bezeichnet.[60]

Die Wirkung der Grundfreiheiten geht aber noch weiter. So können sie neue, die Grundfreiheiten erst gewährende Regelungen notwendig machen. Sie enthalten also in gewisser Weise auch ein *Schutzrecht*, oder konkreter, ein *Angleichungsgebot*.[61] Die Einzelheiten sind in diesem Bereich sehr streitig.[62]

b) Diskriminierungs- und Beschränkungsverbot

44 Eine andere Einteilung der Wirkungsweise der Grundfreiheiten ist die Unterscheidung in das Diskriminierungs- und in das Beschränkungsverbot.

Die Grundfreiheiten verbieten jedenfalls **jede *diskriminierende* Regelung**. Als diskriminierend können Normen verstanden werden, die entweder direkt an die Nationalität oder den Aufenthaltsort anknüpfen oder die zwar auf andere Merkmale abstellen, indirekt aber doch zu einer (gewollten) Unterscheidung nach Nationalität oder Aufenthaltsort führen.

Aber auch Regelungen, die nicht diskriminierend sind, sondern sich nur faktisch negativ auf eine der Grundfreiheiten auswirken, werden in großem Umfang von den Grundfreiheiten erfasst. Die Grundfreiheiten sind also ein Maßstab, an dem sich auch solche Normen messen lassen müssen, die grundsätzlich auf Inlandssachverhalte bzw. unterschiedslos auf alle inländischen und grenzüberschreitenden Sachverhalte zugeschnitten sind. Ein Verstoß gegen die Grundfreiheiten liegt vor, wenn durch diese Normen der **grenzüberschreitende Verkehr tatsächlich schlechter gestellt** wird als der inländische.[63] Diese Wirkung der Grundfreiheiten auf das nicht diskriminierende nationale Recht wird als *Beschränkungsverbot* bezeichnet. Für die näheren Einzelheiten ist dabei zu beachten, dass die vier Grundfreiheiten – gerade in Hinblick auf die Beschränkungswirkung – nicht alle auf die gleiche Weise wirken.[64]

Durch das Verständnis der Grundfreiheiten als Beschränkungsverbote und die Erstreckung ihrer Wirkungen auf nicht diskriminierendes Recht kam die Frage auf, inwieweit die Grundfreiheiten auch das Privatrecht erfassen.

II. Allgemeines Diskriminierungsverbot

45 Das klassische binnenmarktbezogene Diskriminierungsverbot in Art. 18 AEUV bezieht sich nicht auf die bereits angesprochene Gleichbehandlung in Hinblick auf per-

---

60 Callies/Ruffert/*Kingreen*, Art. 28 ff. EG Rn. 10 f.; in diesem Sinne auch *Streinz*, Europarecht, Rn. 839, der von Handlungs- und Unterlassungspflichten der Mitgliedstaaten spricht.
61 *Riesenhuber*, Europäisches Vertragsrecht, Rn. 148 f.; *Rösler*, Europäisches Konsumentenvertragsrecht, 2004, S. 78, spricht von einem „Rechtsaufbau"; die Grundfreiheiten sind aber nicht zugleich Kompetenzgrundlage; besonders weitgehend *Remmert*, Jura 2003, S. 13, 16 ff.
62 Grabitz/Hilf/Nettesheim/*Leible*, Das Recht der EU, Art. 34 AEUV Rn. 15.
63 Seit *EuGH* Slg. 1974, S. 837 (Dassonville); vgl. nur *Schweitzer/Hummer*, Europarecht, Rn. 107 – dazu näher unten Rn. 50.
64 Teils wird die Terminologie insgesamt angegriffen, etwa Calliess/Ruffert/*Kingreen*, Art. 28 ff. EG, Rn. 151–155; mit einem Überblick aus privatrechtlicher Perspektive *Bachmann*, AcP 210 (2010), S. 424, 430.

sönliche Merkmale wie Geschlecht, Rasse oder Alter, sondern allein auf die Diskriminierung wegen der Staatsangehörigkeit. Die Grundfreiheiten sind lex specialis zu dem in Art. 18 AEUV enthaltenen allgemeinen Diskriminierungsverbot.[65] Das Diskriminierungsverbot wird also erst wichtig, wenn eine nationale Regelung eine Person aufgrund der Staatsangehörigkeit diskriminiert, **ohne zugleich gegen eine der Grundfreiheiten zu verstoßen**. In einem solchen Fall wäre die Norm nach Art. 18 AEUV unanwendbar.

Der EuGH nimmt seit Langem an, dass Art. 18 AEUV Drittwirkung entfaltet. Auch Private dürfen also nicht andere Private wegen ihrer Staatsangehörigkeit diskriminieren.[66] Die Norm verbietet daher etwa auch Diskriminierungen durch Verbände oder Arbeitgeber.[67]

Es gibt in der EU auch ein ungeschriebenes, allgemeines Diskriminierungsverbot, dazu unten Rn. 256.

III. Unionsbürgerschaft

Noch neu und etwas beunruhigend sind Tendenzen in der Rechtsprechung des EuGH, aus der Unionsbürgerschaft als solcher Rechte abzuleiten, selbst wenn im konkreten Fall eine Diskriminierung oder eine Verletzung der Grundfreiheiten nicht begründet werden kann. Besonders deutlich ist dies in der Entscheidung Zambrano hervorgetreten.[68] Dort wurde die Ausweisung eines Drittstaatenangehörigen aus Belgien als Verstoß gegen Art. 20 AEUV gewertet. Dies geschah dem Wortlaut der Entscheidung nach, weil der Betroffene seinen beiden belgischen Kindern zum Unterhalt verpflichtet war und es ihm wohl nur in Belgien möglich war, ausreichend zu verdienen. Eigentlich meinte der EuGH aber wohl, den belgischen Kindern werde durch die Ausweisung des Elternteils selbst der Aufenthalt in Belgien entzogen, weil sie ihre Eltern begleiten müssten. Damit sei ihnen der Kernbestand ihrer sich aus der Unionsbürgerschaft ergebenden Rechte verwehrt. Man muss sich klar machen, dass dieser Fall **keinen wirklichen Binnenmarktbezug** aufweist. Er spielt sich bei unbefangener Sicht allein zwischen Belgien und einem Drittstaatenangehörigen ab. Hätte der EuGH dies gemeint (zumindest bezieht er nicht genauer Stellung), so läge in der Rechtsprechung eine wirkliche Abkehr von dem alten Grundsatz, dass die Unionsbürgerschaft sich in internen Sachverhalten nicht auswirke.[69]

46

---

65 Schwarze/*Holoubek*, EU-Kommentar, Art. 12 Rn. 8.
66 *EuGH* Slg. 1974, S. 1405 (Walrave*)*.
67 Näher Schwarze/*Holoubek*, EU-Kommentar, Art. 12 Rn. 26 f.; zum Thema „Drittwirkung" vgl. auch die ausführlichen Erläuterungen unten Rn. 48.
68 *EuGH* NJW 2011, S. 2033.
69 *EuGH* Slg. 2003, S. 11613 (Garcia Avello) „Die ... Unionsbürgerschaft bezweckt jedoch nicht, den sachlichen Anwendungsbereich des Vertrags auf interne Sachverhalte auszudehnen, die keinerlei Bezug zum Gemeinschaftsrecht aufweisen." Anders *Graf Vitzthum*, EuR 2011, S. 550, der meint, es sei für den *EuGH* darauf angekommen, dass mit der (mittelbaren) Ausweisung (der Kinder) aus Belgien eine Ausweisung aus der Union einhergehe. Ob der *EuGH* dies gemeint hat oder nicht, es ist jedenfalls clever, ihn so zu deuten, um dem *EuGH* auf diese Weise gleich einen Weg zur Eingrenzung seiner eigenen Rechtsprechung aufzuzeigen.

47 Für das Privatrecht ist diese „Allzweckwaffe"[70] bisher nur im Bereich des Kollisionsrechts relevant geworden.

> In Fällen wie in dem einleitenden **Beispiel 3** (Rn. 41) hat der EuGH bereits mehrfach Ergebnisse des nationalen IPR korrigiert und ist zu einer Anwendung des Heimatrechts gelangt. Immer ließ sich dabei allerdings auch ein Bezug zur Freizügigkeit oder ein Diskriminierungsaspekt ausmachen (näher daher sogleich Rn. 49).

Die Rechtsprechung des EuGH versteht die Unionsbürgerschaft als **eine aus sich heraus bestehende, facettenreiche Rechtsposition**, die möglicherweise in dem nun geschaffenen „Kernbereich" über das hinausgehen kann, was die jeweilige Staatsbürgerschaft für die Bürger der EU bedeutet. Der EuGH wird dafür auch deshalb kritisiert, weil ein solches Verständnis in Art. 20 AEUV nicht wirklich angelegt ist.[71]

IV. Wirkung der Grundfreiheiten auf das Privatrecht

1. Vorüberlegungen

48 Aus dem Anwendungsvorrang des EU-Rechts folgt, dass die Grundfreiheiten unmittelbar auch für das Privatrecht gelten.[72] Privatrechtliche *Normen* sind also grundsätzlich am Maßstab der Grundfreiheiten zu messen. Ganz herrschend ist aber zugleich die Auffassung, dass die Grundfreiheiten nur in sehr eingeschränktem Rahmen unmittelbar die Privaten binden können.[73] Private *Verträge* unterliegen also nicht ohne weiteres einer Grundfreiheitenkontrolle. Die Grundfreiheiten entfalten zunächst **keine unmittelbare Drittwirkung** (zu Sonderfällen Rn. 74 ff.).[74]

Die Anwendbarkeit der Grundfreiheiten auf das Privatrecht hat in Deutschland zunächst große Sorge ausgelöst.[75]

Heute hat sich die Sorge weitgehend zerstreut. Den besonders bedrohlich scheinenden Verstoß zentraler privatrechtlicher Normen gegen die Warenverkehrsfreiheit hat der EuGH bisher nie angenommen. Schwierigkeiten macht aber weiterhin die Begründung dieser faktischen Zurückhaltung. Außerdem hat es wichtige Entscheidungen zur Freizügigkeit gegeben. Im Folgenden sollen zunächst die wichtigsten Eckpunkte der Rechtsprechung des EuGH zu den Grundfreiheiten dargestellt werden,

---

70 *Hailbronner/Thym*, NJW 2011, S. 2008.
71 Näher zu allem ebenda.
72 Ständige Rechtsprechung des *EuGH*, zB *EuGH* Slg. 1989, S. 1235 (Buet); *EuGH* Slg. 1993, S. 5009 (CMC Motorradcenter); *Remien*, JZ 1994, S. 349, 352; *Bachmann*, AcP 210 (2010), S. 424, 434.
73 Näher *Langenbucher*, Europarechtliche Bezüge, § 1 Rn. 37 ff.
74 *Jarass*, Festschrift Everling, 1995, S. 593, 594; jedenfalls „allgemein" auch *Wolf*, BGH-Festgabe, 2000, Band 1, S. 111, 123 f., der auf Ausnahmen, besonders im Arbeitsrecht, hinweist.
75 Mit dem potentiellen Beispiel des sozialen deutschen Mietrechts, welches bei strenger Betrachtung insgesamt gegen die Grundfreiheiten verstoßen könnte, weil es Ausländern erschwere, in Deutschland Wohneigentum zu erwerben und so die Personenverkehrsfreiheit einschränke etwa *Mülbert*, ZHR 159 (1995), S. 2, 8; *Langner*, RabelsZ 65 (2001), S. 222, 226, meint, allein schon durch die Unterschiedlichkeit der Normen liege eine Beeinträchtigung des Handels vor; sehr weitgehend auch *Wolf*, in: Wege zu einem europäischen Zivilprozessrecht, S. 35; sowie *Klauer*, Europäisierung des Privatrechts, S. 68 ff.

bevor einige die Behandlung des Privatrechts betreffende Erklärungsversuche diskutiert werden.

2. Freizügigkeit und nicht diskriminierendes nationales Recht in der Rechtsprechung des EuGH

Die Freizügigkeit, mit der Niederlassungsfreiheit und der Arbeitnehmerfreizügigkeit haben erhebliche Auswirkungen für die Anknüpfungsregeln des internationalen Privatrechts gehabt. **49**

> In dem einleitenden **Beispiel 3** (Rn. 41) mussten die Eltern bisher wirklich einen ihrer Namen für das Kind auswählen. Denn das deutsche internationale Namensrecht knüpft nach Art. 10 Abs. 1 EGBGB an die Staatsangehörigkeit an. Das führt dazu, dass deutsche Kinder in Deutschland stets dem § 1617 BGB unterliegen und keinen Doppelnamen tragen dürfen.[76] In einem dem Beispiel ganz entsprechenden Fall befand der EuGH, dass diese Regelung eine Beschränkung der Freizügigkeit nach Art. 21 AEUV darstelle.[77] Denn für das Kind erschwere es die Freizügigkeit erheblich, wenn in seinem deutschen Reisepass ein anderer Name eingetragen sei als im dänischen Personenregister.[78]

Im internationalen Gesellschaftsrecht musste die zuvor herrschende Sitztheorie, die die Verlegung des Sitzes in einen anderen Mitgliedstaat erschwerte, aufgegeben werden (dazu unten Rn. 540).

3. Warenverkehrsfreiheit und nicht diskriminierendes nationales Recht in der Rechtsprechung des EuGH

a) Die Entwicklung der Rechtsprechung bis zur Keck-Entscheidung

Den Grundstein dafür, dass die Warenverkehrsfreiheit heute überhaupt als Beschränkungsverbot verstanden wird, legte der EuGH mit der **Entscheidung Dassonville**. **50**
Hier wurde die Warenverkehrsfreiheit dahingehend ausgelegt, dass alle Handelsregelungen, also auch alles den Handel betreffende nationale Recht, welches „geeignet ist, den innergemeinschaftlichen Handel unmittelbar oder mittelbar, tatsächlich oder potentiell zu behindern," verboten seien.[79] Der Gerichtshof stellte wenig später in der bekannten **Cassis-Entscheidung** ausdrücklich klar, dass dieses Beschränkungsverbot auch für nationale Rechtsvorschriften gilt, die sich auf inländische und ausländische Waren gleichermaßen beziehen. Gemeint war also das nicht diskriminierende nationale Recht.[80]

---

76 Dazu *EuGH* Slg. 2006, S. 3561 (Standesamt Niebüll), insbesondere die Schlussanträge (der *EuGH* hielt sich für unzuständig); sowie die Vorlage des AG Flensburg vom 8.8.2006, C-353/06; vgl. auch *EuGH* Slg. 2003, S. 11613 (Garcia Avello).
77 *EuGH* Slg. 2008, S. 7639 (Grunkin-Paul).
78 Gegenwärtig ist nicht ganz sicher, ob der *EuGH* diese Aussage in Zukunft womöglich sogar (mit) auf die Unionsbürgerschaft stützen würde. Vgl. dazu schon oben Rn. 46 f.
79 *EuGH* Slg. 1974, S. 834, 852 (Dassonville).
80 *EuGH* Slg. 1979, S. 649, 662 (Cassis de Dijon), zu einer deutschen Vorschrift, welche den Verkauf von Furchtlikören mit einem Alkoholgehalt von weniger als 25% verbot.

Diese Formeln des EuGH zur Warenverkehrsfreiheit waren sehr weit.[81] In der Tat lag nun der Gedanke nahe, beinahe jede privatrechtliche Norm sei geeignet, den innerstaatlichen Handel „mittelbar potentiell zu behindern". So kam es Anfang der neunziger Jahre zu einem Anstieg der Vorlagen beim EuGH, da viele Unternehmer sich günstige Auswirkungen für ihren speziellen Fall erhofften. Zum Teil waren auch privatrechtliche Regelungen betroffen.

51 Nach einigen wenig aussagekräftigen Einzelfallentscheidungen hat der EuGH schließlich in der **Entscheidung Keck** eine neue Formel geprägt. Danach soll eine Beeinträchtigung der Warenverkehrsfreiheit aus Art. 34 AEUV durch „Bestimmungen, die bestimmte Verkaufsmodalitäten beschränken oder verbieten", nicht vorliegen, „sofern diese Bestimmungen für alle Wirtschaftsteilnehmer gelten, die ihre Tätigkeit im Inland ausüben, und sofern sie den Absatz der inländischen Erzeugnisse und der Erzeugnisse aus anderen Mitgliedstaaten rechtlich wie tatsächlich in der gleichen Weise berühren."[82] Der EuGH hat also für von ihm als „Verkaufsmodalitäten" bezeichnete nationale Bestimmungen den Schutz der Warenverkehrsfreiheit wieder auf einen Diskriminierungsschutz begrenzt.[83]

b) Heutiger Stand der EuGH-Rechtsprechung

52 Der EuGH hat die Keck-Formel seitdem nicht wesentlich verändert. Auch die Begriffe „Verkaufsmodalität" – im Wesentlichen handelt es sich um Regeln für den Verkauf, etwa ein Verbot von Werbung – und das Gegenstück, die „Produktmodalität" – hier handelt es sich um auf die Ware bezogene Regeln, etwa zur Form der Verpackung –, hat er nie grundlegend geklärt.[84]

Der EuGH hat außerdem für nicht diskriminierendes nationales Privatrecht bisher **niemals einen Verstoß gegen die Warenverkehrsfreiheit** angenommen. Es ist also ein vorsichtiger Umgang des EuGH mit dem nationalen Privatrecht, und zwar auch mit dem *zwingenden* nationalen Privatrecht zu beobachten, ohne dass eine erkennbare allgemeine Linie vorhanden wäre. Eindeutig ist nur, dass ungewisse und mittelbare Beeinträchtigung dem EuGH bei privatrechtlichen Normen für eine Verletzung der

---

81 Für die meisten anderen Grundfreiheiten folgten bald ähnliche Formeln nach. Zur Arbeitnehmerfreizügigkeit *EuGH* Slg. 1995, S. 4921 (Bosman) – dazu auch Rn. 74. Zur Niederlassungsfreiheit von Rechtsanwälten *EuGH* Slg. 1984, S. 2971 (Klopp), *EuGH* Slg. 1991, S. 2357 (Vlassopoulou) sowie *EuGH* Slg. 1995, S. 4165 (Gebhard); zur Niederlassungsfreiheit als Beschränkungs- bzw Behinderungsverbot allgemein Von der Groeben/Schwarze/*Tiedje/Troberg*, EU/EG-Vertrag, Art. 43 Rn. 66 ff.; für die Dienstleistungsfreiheit kann das Verständnis als Beschränkungsverbot wohl schon den Wortlaut des Art. 56 S. 1 AEUV entnommen werden; dazu früh *EuGH* Slg. 1974, S. 1291 (van Binsbergen); auch *EuGH* Slg 1991, S. 4007 (Collective Anteevoorziening Gouda) mit Aufzählung von möglichen Rechtfertigungsgründen; allgemein *EuGH* Slg. 1994, S. 5144 (Kommission/ Frankreich); zum Ganzen nur Von der Groeben/Schwarze/*Tiedje/Troberg*, EU/EG-Vertrag, Art. 49 Rn. 62 ff.; auch für die Freiheit des Kapital- und des Zahlungsverkehrs folgt das Verständnis als Beschränkungsverbot bereits aus dem Wortlaut des Art. 63 Abs. 2 AEUV.
82 *EuGH* Slg. 1993, S. 6097, 6131 (Keck und Mithouard) zu einem französischen Gesetz, welches verbot, Waren zu einem Preis unter dem Einkaufspreis zu verkaufen.
83 Zur Entwicklung rückblickend *Mayer*, EuR 2003, S. 793, 814 ff.; analysierend Von der Groeben/ Schwarze/*Müller-Graff*, EU/EG-Vertrag, Rn. 239 ff.
84 Zuletzt entgegen hohen Erwartungen ohne Klärung *EuGH* Slg. 2006, S. 8135 (Alfa Vita); näher unten Rn. 56 ff.

Grundfreiheiten nicht ausreichen.[85] Es wird wohl eine spürbare Bedeutung der Beeinträchtigung verlangt, wörtlich heißt es meist, sie dürfe nicht „zu ungewiß und mittelbar" sein.[86] Wäre nicht der Begriff des „Spürbarkeitskriteriums" bereits als Fachausdruck im Bereich des Wettbewerbsrechts belegt,[87] so könnte durchaus von einem solchen gesprochen werden.[88]

Insgesamt weist die Rechtsprechung bisher noch **keine klare Linie** auf, meidet es aber deutlich, Privatrechtsnormen der Mitgliedstaaten als grundfreiheitenwidrig zu verstehen. Daher ist sogar gesagt worden, dass die jeweiligen Begründungen des EuGH geradezu wie Ausflüchte erscheinen müssen.[89]

4. Meinungsstand in der Wissenschaft

a) Ausgangspunkt: Untragbarkeit einer umfassenden Grundfreiheitenkontrolle für das Privatrecht

Gerade angesichts der weiterhin undeutlichen Rechtsprechung des EuGH besteht eine   **53** seit Jahren andauernde Diskussion über die Wirkung der Grundfreiheiten auf das Privatrecht. Nach allgemeiner Ansicht kann die Kontrolle des Privatrechts am Maßstab der Grundfreiheiten **jedenfalls nicht unbegrenzt** sein. Die noch nicht endgültig beantwortete Frage besteht darin, wie diese eingeschränkte Wirkung der Grundfreiheiten begründet werden kann. Im Folgenden werden einige der wichtigsten in der Wissenschaft diskutierten Eingrenzungsversuche vorgestellt.

b) Eingrenzung der Wirkung der Grundfreiheiten auf grenzüberschreitende Sachverhalte

Bei der Aufregung um das Verhältnis von nationalem Privatrecht und Grundfreiheiten darf nicht übersehen werden, dass die Grundfreiheiten nur Binnenmarktsachverhalte erfassen. Sie greifen also nur in Fällen ein, bei denen **Berührung zu mehreren Mitgliedstaaten** gegeben ist. Die viel häufigeren rein innerstaatlichen Sachverhalte werden von den Grundfreiheiten dagegen nicht berührt.[90]   **54**

---

85 *EuGH* Slg. 1991, S. 107, Rn. 14 f. (Alsthom Atlantique), wo die Frage, ob die französische action directe und die damit erreichte strenge Herstellerhaftung den Export beeinträchtigen könnten, letztlich – wegen der Abdingbarkeit im internationalen Vertrag – jedoch offen gelassen wird.

86 Für die Warenverkehrsfreiheit insbesondere *EuGH* Slg. 1993, S. 5009 Rn. 12 (CMC Motorradcenter), wo es um die culpa in contrahendo ging; auch *EuGH* Slg. 1999, S. 3845 Rn. 11 (ED Srl) für eine verfahrensrechtliche Norm. Für die Personenverkehrsfreiheit *EuGH* Slg. 2000, S. 493 Rn. 25 (Graf), wo ein österreichischer Arbeitnehmer sich gegen eine allgemeine arbeitsrechtliche Vorschrift zu den Folgen der Kündigung wendete.

87 Genauer Langenbucher/*Herresthal*, Europarechtliche Bezüge, § 2 Rn. 49; zum eigentlichen Spürbarkeitskriterium nur *Kilian*, Europäisches Wirtschaftsrecht, Rn. 424 ff.

88 Ähnlich wie hier *Langner*, RabelsZ 65 (2001), S. 222, 234 f., sogar unter Verwendung des Begriffs der „Spürbarkeit"; auch *Doehner*, Die Schuldrechtsreform vor dem Hintergrund der Verbrauchsgüterkauf-Richtlinie, 2004, S. 62; anders die Einschätzung von *Riesenhuber*, Europäisches Vertragsrecht, Rn. 74. Zur Frage eines Spürbarkeitserfordernisses auch *Thomas*, NVwZ 2009, S. 1202.

89 Martiny/Witzleb/*Leible*, Auf dem Wege zu einem Europäischen Zivilgesetzbuch, S. 53, 68 ff.

90 *EuGH* Slg. 1999, S. 7319 (Jägerskjöld); Müller-Graff/*Müller-Graff*, Gemeinsames Privatrecht, S. 9, 14 ff., 28 f.; genauer zu eventuellen Sonderfällen auch *Weyer*, EuR 1998, S. 435.

Zu bedenken ist aber auf der anderen Seite auch, dass eine zivilrechtliche Norm, wenn der EuGH sie – in einem Sachverhalt mit Auslandsberührung – für grundfreiheitenwidrig erklärt hat, im Rechtsverkehr ohne Auslandsberührung nicht ohne weiteres weiter gelten kann. Es würde dadurch nämlich eine **Ungleichbehandlung von nationalen und grenzüberschreitenden Verträgen** erfolgen. Zwar besteht das Schlagwort, dass der EuGH bzw das EU-Recht „die Inländerdiskriminierung" dulde.[91] Es ist aber offenkundig, dass die Inländerdiskriminierung, wiewohl das EU-Recht zurzeit keine Mittel dagegen kennt, dem Binnenmarktgedanken nicht günstig ist. Zudem wird oftmals das nationale Recht und insbesondere Art. 3 Abs. 1 GG verletzt sein, so dass schon dieses einer Weiteranwendung der Norm auf innerstaatliche Sachverhalte entgegenstünde.[92]

c) Eingrenzung der Wirkung der Grundfreiheiten auf zwingendes Recht

55   Vielfach wird vertreten, die Wirkung der Grundfreiheiten sei auf die *zwingenden* Normen des Privatrechts beschränkt.[93] Es wird gesagt, dass die Parteien dispositives Recht nach ihren eigenen Vorstellungen abbedingen könnten und dass deshalb eine Verletzung der Grundfreiheiten durch dispositives Recht nicht zu befürchten sei. Da die Sachverhalte, in welchen Grundfreiheiten verletzt werden können, stets Auslandsberührung haben, wird diese Ansicht oft noch erweitert: Der Grundfreiheitenkontrolle unterliege nur das Recht, welches die Parteien bei einer Rechtswahl nach Art. 3 Rom I-VO nicht abwählen könnten. Daher sei nur das nach Art. 9 Rom I-VO *international zwingende* Recht an den Grundfreiheiten zu messen.[94]

Diese Ansicht begegnet jedoch einigen Bedenken. Denn zwar ist es theoretisch richtig, dass durch eine Rechtswahl oder durch die Abbedingung einschränkender Normen die Beeinträchtigung der Grundfreiheiten vermieden werden kann. **Faktisch aber steht die Möglichkeit der Rechtswahl und der Rechtsgestaltung durch Vertrag nur Wenigen offen.**[95] Im Verbraucherschutzrecht sind nach Art. 6 Abs. 2 Rom I-VO ohnehin viele Regelungen zwingend und die Rechtswahl ist ausgeschlossen. Für den großen Bereich des Verbrauchervertragsrechts kann ein Verweis auf die Vertragsfreiheit also keine Entwarnung herbeiführen. Aber auch für Unternehmer ist die Möglichkeit der Gestaltung der Vertragsbedingungen und der Rechtswahl oft zu

---

91   Nur *Streinz*, Europarecht, Rn. 810 ff., auch mit Hinweisen zur Gegenauffassung; der *EuGH* spricht jetzt stets aus, dass die Gleichbehandlung von Inländern im Interesse der Gemeinschaft liege, so etwa *EuGH* Slg. 2003, S. 4899 Rn. 34 (Salzmann); aus deutscher Sicht die Entscheidung des *LG Düsseldorf*, WRP 1994, S. 138 zum früheren § 6e UWG; auch *Schilling*, JZ 1994, S. 8, 11 ff.
92   Vgl. aber auch BGHZ 108, 342, 346, wo eine Verletzung von Art. 3 GG abgelehnt wird, weil die unterschiedliche Behandlung durch die Unterschiedlichkeit der Sachverhalte gerechtfertigt sei (zum damaligen anwaltlichen Berufsrecht).
93   *Mülbert*, ZHR 159 (1995), S. 2, 13; *Roth*, Festschrift Everling, 1995, S. 1231 (Privatautonomie ermöglicht Grundfreiheiten); mit einer Variante auch *v. Wilmowsky*, Kreditsicherheiten, S. 32 ff.
94   *Remien*, ZfRV 1995, S. 116, 129; *ders.*, Zwingendes Vertragsrecht und Grundfreiheiten, S. 186 ff.; *Grundmann*, JZ 1996, S. 274, 279; *Kieninger*, in: Jahrbuch junger Zivilrechtswissenschaftler 1996, S. 245, 250 ff.; *Riesenhuber*, System und Prinzipien des europäischen Vertragsrechts, S. 99 ff., andeutend *EuGH* Slg. 1991, S. 107, 124 (Alsthom Atlantique).
95   So auch *Hirte*, Wege zu einem europäischen Zivilrecht, S. 18; *Basedow*, Europäisches Vertragsrecht für europäische Märkte, S. 23; zu den Nachteilen der Rechtswahl *Langner*, RabelsZ 65 (2001), S. 222, 229 f.; vgl. auch die im Aktionsplan „Ein kohärentes Vertragsrecht" wiedergegebenen Stimmen aus der Wirtschaft dazu, ABl. EG 2003 C 63, S. 7.

kostenintensiv (weil mit hohem Informationsaufwand verbunden) und zu schwer durchzusetzen (weil meist nur einer Partei nützlich), als dass sie eine Beeinträchtigung der Grundfreiheiten ausschließen könnte.

d) Eingrenzung der Wirkung der Grundfreiheiten durch Aufteilung des Privatrechts in Verkaufs- und Produktmodalitäten (Weiterentwicklung der Keck-Entscheidung)

aa) Grundidee. Intensiv untersucht worden ist auch, ob es möglich ist, für das Privatrecht an die Keck-Rechtsprechung des EuGH (dazu soeben Rn. 51) anzuknüpfen, und die privatrechtlichen Normen in Verkaufsmodalitäten und Produktmodalitäten zu unterteilen.[96] Alle Normen, die Verkaufsmodalitäten sind, brauchen nämlich nach der Keck-Rechtsprechung nur daraufhin überprüft zu werden, ob sie diskriminierend wirken.

56

Wenn nun der Begriff „Produktmodalität" so verstanden würde, dass er nur solche Normen erfasst, welche die Vermarktung *bestimmter* Produkte erschweren, dann wäre die weitaus überwiegende Zahl der Privatrechtsnormen in der Tat als Verkaufsmodalitäten einzuordnen. Denn die meisten privatrechtlichen Normen legen **nur allgemeine Konditionen für den Verkauf** fest und verbieten nicht den Handel mit bestimmten Produkten. Auf all diese Normen wäre dann die Keck-Rechtsprechung anzuwenden und der Großteil des Privatrechts unterläge somit nur dem Diskriminierungsverbot.

Da diese Auffassung von der Aufteilung des Privatrechts in Verkaufsmodalitäten und Produktmodalitäten immer wieder vertreten wird, seien im Folgenden einige typische Beispiele dargestellt.

bb) Anwendungsbeispiele. Da sich Produktmodalitäten *wohl immer* auf ein bestimmtes Produkt beziehen müssen, sind Normen, welche die Modalitäten eines Vertragsabschlusses regeln, fast nie Produktmodalitäten. Denn sie machen keine bestimmten Vorgaben für Produkte, sie können also in der Regel auch nicht den Handel mit bestimmten Produkten beschränken. Sie bestimmen nur in allgemeiner, nicht auf bestimmte Produkte ausgerichteter Hinsicht, auf welche Weise Verträge abzuschließen und durchzuführen sind.

57

Einige wenige privatrechtliche Normen haben aber doch zur Folge, dass **bestimmte Produkte überhaupt nicht verkauft werden dürfen**. Vorstellbar ist die Einordnung als produktbezogen in Deutschland zunächst bei §§ 134, 138 BGB. Diese Normen schließen Verträge über gewisse Vertragsgegenstände völlig aus. Ein relevantes Beispiel, sind die in Deutschland bisher verbotenen privaten Wettbüros. Den von Deutschland vorgebrachten Rechtfertigungsgrund (Vorbeugung gegen Spielsucht) erkannten das BVerfG und der EuGH nicht an, da die staatliche Wettorganisation Odd-

---

96 Allen voran *Remien*, Zwingendes Vertragsrecht und Grundfreiheiten, 2003, S. 193 ff.; früh auch *Roth*, ZEuP 1994, S. 5, 28 f.; den Versuch unternimmt auch *Langner*, RabelsZ 65 (2001), S. 222, 230 ff., allerdings wohl nur, um ihn für undurchführbar zu erklären; kritisch auch *Klauer*, Die Europäisierung des Privatrechts, S. 81 ff.

set in großem Stil Werbung für Sportwetten gemacht hatte.[97] Als weitere in Europa relevante Beispiele sind der Prostitutionsvertrag und der Leihmuttervertrag genannt worden.[98] Verträge über diese Vertragsgegenstände sind in Deutschland nichtig, so dass also das jeweilige „Produkt" bzw der jeweilige „Dienst" in Deutschland nicht (legal) vermarktet werden kann.

Aber auch andere Normen können bestimmte Produkte **faktisch vom Markt drängen**. Vor allem Remien, der versucht hat, die Differenzierung des Privatrechts in Produkt- und Verkaufsmodalitäten flächendeckend durchzuführen, hat dies aufgezeigt. So kann die zwingend vorgeschriebene Kündbarkeit des Darlehens mit veränderlichem Zinssatz nach § 489 Abs. 2 BGB zwar einerseits als Verkaufsmodalität verstanden werden. Sie lässt sich aber andererseits auch als Verbot des Produkts „Kredit mit variablem Zins aber fester Laufzeit" deuten.[99]

58 cc) **Bewertung.** Die Meinung, welche das Privatrecht in Produkt- und Verkaufsmodalitäten einteilen will, baut auf der Rechtsprechung des EuGH auf und systematisiert diese. Da die Entscheidungen des EuGH eine große Bindungswirkung entfalten (siehe zum Ausmaß dieser Wirkung näher unten Rn. 172), erscheint diese Ansicht zunächst vernünftig. Gegen sie spricht aber, dass die Unterscheidung von Verkaufs- und Produktmodalitäten sich für das Zivilrecht nicht sehr eignet. Schon angesichts der soeben aufgezeigten unterschiedlichen Betrachtungsmöglichkeiten verspricht die Aufteilung des Privatrechts in Verkaufs- und Produktmodalitäten **keine befriedigende Klärung der Problematik**.[100] Die Beispiele für unklare Fälle lassen sich zudem noch ausdehnen. So hat der EuGH selbst die im Rahmen der culpa in contrahendo entstehenden Nebenpflichten (im zu entscheidenden Falle eine Aufklärungspflicht) nicht als Produktmodalität und auch nicht als Verkaufsmodalität eingeordnet.[101] Überhaupt spricht es gegen die Übernahme des Modells der Vertrags- und Produktmodalitäten, dass der EuGH selbst diese von ihm geprägte Unterscheidung bisher nicht auf zivilrechtliche Normen angewendet hat. Vor allem die zunächst vielleicht naheliegende Möglichkeit, das *gesamte* Zivilrecht als Verkaufsmodalität einzuordnen, erscheint durch die Rechtsprechung des EuGH versperrt. Somit bleibt es erforderlich, andere dogmatische Überlegungen zur Eingrenzung der Wirkung der Grundfreiheiten anzustellen.

---

97 *BVerfG* NJW 2006, S. 1261; der *EuGH* verlangt eine „kohärante und systematische" Regelung, dazu etwa *EuGH* EuZW 2010, S. 759 (Winner Wetten); zu den Maßstäben auch *EuGH* EuZW 2010, S. 760 (Stoß); sowie schon *EuGH* Slg. 2007, S. 1891 (Placanica); *EuGH* Slg. 2003, S. 13076 (Gambelli) – ein strenges Verbot der Veranstaltung von Sportwetten ohne staatliche Konzession beschränkt die Dienstleistungsfreiheit und braucht daher eine tragfähige Rechtfertigung.

98 *Remien*, Zwingendes Vertragsrecht und Grundfreiheiten, 2003, S. 348 ff., 354 ff.; siehe auch *EuGH* Slg. 2001, S. 8615 (Jany).

99 *Remien*, Zwingendes Vertragsrecht und Grundfreiheiten, S. 443.

100 Ähnlich *Klauer*, Die Europäisierung des Privatrechts, S. 81 ff.; *Langner*, RabelsZ 65 (2001), S. 222, 233 f.; *Lurger*, Grundfragen der Vereinheitlichung des Vertragsrechts, 2002, S. 273 f.; generell kritisch zur Unterscheidung von Produkt- und Verkaufsmodalitäten Von der Groeben/Schwarze/*Müller-Graff*, EU/EG-Vertrag, Art. 28 Rn. 247.

101 So *EuGH* Slg. 1993, S. 5009 (CMC Motorradcenter); kritisch konkret dazu Von der Groeben/Schwarze/*Müller-Graff*, EU/EG-Vertrag, Art. 28 Rn. 165; wie hier *Langner*, RabelsZ 65 (2001), S. 222, 233 f.; *Remien* wird dieses Beispiel allerdings keine Schwierigkeiten machen, weil es sich nicht um zwingendes Recht handelt.

e) Begrenzung der Wirkung des Art. 34 AEUV durch Anwendung von Rechtfertigungsgründen

Teilweise wird die Begründung für die Beschränkbarkeit der Grundfreiheiten durch das nationale Privatrecht auch auf der Ebene der Rechtfertigung gesucht. Es wird dann angenommen, dass das Privatrecht der Mitgliedstaaten die Grundfreiheiten zwar beschränke, dass es dafür aber Rechtfertigungsgründe gebe.[102]   **59**

Im EU-Recht gibt es nämlich Rechtfertigungsgründe für die Beeinträchtigung der Grundfreiheiten. Nicht alle davon passen jedoch für privatrechtliche Normen.

Geschriebene Rechtfertigungsgründe für einen Eingriff in die Grundfreiheiten finden sich in Art. 36 AEUV. Diese Norm ist allerdings sehr eng zu begreifen. Der Katalog der geschützten Rechte in Art. 36 AEUV ist nach allgemeiner Ansicht abschließend. Die Wirkung des Art. 36 AEUV ist somit auch im Bereich des Verbraucherschutzes auf den **Schutz der Gesundheit** beschränkt. Selbst soweit die Gesundheit betroffen ist, hat der EuGH ein Eingreifen des Art. 36 AEUV für Regelungsbereiche, die durch verbraucherschützende Richtlinien harmonisiert sind, mehrfach verneint. Er hält Maßnahmen der Mitgliedstaaten, welche die Grundfreiheiten berühren, jedenfalls dann nicht für gemäß Art. 36 AEUV gerechtfertigt, wenn sie über bereits in Richtlinien enthaltene Regelungen hinausgehen, die ebenfalls gerade dem Schutz des betreffenden Gutes dienen.[103]

Es gibt jedoch einen weiteren wichtigen und durchgreifenden Rechtfertigungsgrund für die Beeinträchtigung der Grundfreiheiten, den der EuGH selbst geschaffen hat. Es handelt sich dabei um die sogenannte **Cassis-Formel**.[104] Nach der Cassis-Formel gibt es eine dem Art. 34 AEUV immanente Rechtfertigung von solchen Eingriffen in die Warenverkehrsfreiheit, durch welche *„zwingenden Erfordernissen"* Rechnung getragen wird. Der EuGH hat die „zwingenden Erfordernisse" nie abschließend definiert. Genannt ist in der Cassis-Formel aber ausdrücklich der Verbraucherschutz: **60**

„In Ermangelung einer gemeinschaftlichen Regelung der Herstellung und Vermarktung ist es Sache der Mitgliedstaaten, alle die Herstellung und Vermarktung betreffenden Vorschriften für ihr Hoheitsgebiet zu erlassen. Hemmnisse für den Binnenhandel der Gemeinschaft, die sich aus den Unterschieden der nationalen Regelungen ergeben, müssen hingenommen werden, soweit diese Bestimmungen notwendig sind, um zwingenden Erfordernissen gerecht zu werden, insbesondere den Erfordernissen einer wirksamen steuerlicher Kontrolle, des Schutzes der öffentlichen Gesundheit, der Lauterkeit des Handelsverkehrs und des Verbraucherschutzes."

Die Cassis-Formel selbst betrifft **nur die Warenverkehrsfreiheit**. Ähnliche, teilweise noch offenere Formeln hat der EuGH später auch für die anderen Grundfreiheiten gebildet.[105]

---

102 Langenbucher/*Herresthal*, Europarechtliche Bezüge, § 2 Rn. 53; *Bachmann*, AcP 210 (2010), S. 424, 457 f.

103 *EuGH* Slg. 1999, S. 2921 Rn. 24 ff. (Monsees) zu Tiertransporten; auch schon *EuGH* Slg. 1999, S. 731 Rn. 43 (Van der Laan) zur Lebensmittelkennzeichnung; allgemein zu der Frage, wann eine gemeinschaftsrechtliche Regelung der Rechtfertigung nach Art. 36 AEUV entgegensteht Von der Groeben/Schwarze/*Müller-Graff*, EU/EG-Vertrag, Art. 30 Rn. 13 f.

104 *EuGH* Slg. 1979, S. 649 (Cassis de Dijon).

105 Dazu zusammenfassend *Claassen*, EuR 2004, S. 416.

61   In der Literatur ist auch dieser Ansatz des EuGH weiterverfolgt worden.[106] Als Rechtfertigung für die Beschränkung der Grundfreiheiten ist eine ganze Anzahl von Gründen vorgeschlagen worden, darunter der Rechtsfrieden, die Kohärenz des Kaufrechts aber auch berechtigte nationale wirtschafts- und sozialpolitische Entscheidungen sowie ausdrücklich der Verbraucherschutz.[107]

Es ist sinnvoll, das **Privatrecht als zwingendes Erfordernis im Sinne der Cassis-Formel** anzusehen. Denn es entspricht in der Tat einem wesentlichen öffentlichen Interesse, die Privatrechtsordnungen der Mitgliedstaaten nicht ständigen Störungen zu unterwerfen. Nicht nur der Rechtsfrieden, sondern auch der tägliche Geschäftsverkehr würde durch eine solche Unsicherheit sehr beeinträchtigt.

f) Immanente Begrenzung der Wirkung der Grundfreiheiten

62   Nur vereinzelt ist bisher versucht worden, auf der Basis der Erkenntnis, dass das Privatrecht die rechtliche Grundlage des Handels im Binnenmarkt ist, noch einen Schritt weiter zu gehen. Tut man dies, so lässt sich das **gesamte nicht-diskriminierende Privatrecht überhaupt von der Grundfreiheitenkontrolle ausnehmen**. Das hat insbesondere Schwintowski vorgeschlagen. Er meint, die Grundfreiheiten müssten einigen anderen Grundsätzen des EU-Rechts untergeordnet sein. So sei es etwa mit der offenen Marktwirtschaft im Sinne des Art. 119 Abs. 1 AEUV.[108]

63   Es ist noch nicht geklärt, welche Konsequenzen aus diesem überzeugenden Ansatz gezogen werden können. Schwintowski selbst strebt eine Anwendung des Verhältnismäßigkeitsprinzips an, und zwar insbesondere mit dem Hintergrund des übergeordneten Ziels eines funktionstüchtigen, freien Markts. Diese Abgrenzung ist jedoch zu weich. Wenn der Markt einer vollständigen und verlässlichen Rechtsordnung bedarf, dann muss die Frage danach, ob eine Norm eine Grundfreiheit verletzt, schon im Ansatz anders gestellt werden. Die Normen des privaten Vertragsrechts müssen dann **für den Warenverkehr** *generell als förderlich* **angesehen** werden, weil es ohne sie keinen funktionierenden Markt gäbe. Da die Grundfreiheiten die Marktfreiheit verbessern sollen, entstünde ein Widerspruch, wenn die Privatrechtsordnungen, die ebenfalls notwendiger Rahmen dieser Freiheit sind, von den Grundfreiheiten zerstört würden.[109]

Diese hier dargestellte Ansicht entspricht bisher jedoch keinesfalls der herrschenden Meinung. Ein gewisser Ansatz zu einer Überlegung in diesem Sinne lässt sich aber doch möglicherweise auch aus der Rechtsprechung des EuGH erkennen. So qualifizierte er in der Sache Krantz (schon 1990) die betroffene privatrechtliche Norm zuerst als den allgemeinen Rahmen des Wirtschaftslebens regelnd. Allerdings wechselte er dann den Gedankenstrang und stellte in allgemeinerer Art und Weise fest, dass durch diese Regelung (zudem) der Marktteilnehmer nur mittelbar beeinträchtigt sei.[110]

---

106   So etwa *Langner*, soweit er nicht das Vertragsrecht als Verkaufsmodalität bzw nur mittelbar beeinträchtigend einstuft, RabelsZ 65 (2001), S. 222, 238 ff.; ähnlich auch *Lurger*, Grundfragen der Vereinheitlichung des Vertragsrechts, 2002, S. 262.

107   *Langner*, RabelsZ 65 (2001), S. 222, 239 ff.

108   Grundmann/*Schwintowski*, Systembildung und Systemlücken, S. 457, 469; vgl. auch *Steindorff*, EG-Vertrag und Privatrecht, S. 266 ff.

109   Andeutend auch *Doehner*, Die Schuldrechtsreform vor dem Hintergrund der Verbrauchsgüterkauf-Richtlinie, 2004, S. 59, allerdings ohne die Konsequenzen zu ziehen.

110   *EuGH* Slg. 1990, S. 583 Rn. 11 (Krantz).

5. Zwischenergebnis

Es besteht keine Einigkeit darüber, wie die Grundfreiheiten auf das Privatrecht ein- **64** wirken. Vielfach werden privatrechtliche Normen als „Verkaufsmodalitäten" einge-ordnet. In einer Art Weiterführung der Keck-Rechtsprechung des EuGH wären sie damit von der Grundfreiheitenkontrolle weitgehend ausgenommen. Nach anderer An-sicht ist die Beschränkung der Grundfreiheiten durch privatrechtliche Normen in der Regel gerechtfertigt, weil das Privatrecht die erforderliche Grundlage des Marktes sei.

Die hier unterstützte Auffassung geht noch einen Schritt weiter. Sie baut auf der Aus-sage auf, dass das Privatrecht gerade dazu da ist, den Handel – und damit auch die Grundfreiheiten! – **überhaupt erst zu gewährleisten**. Die Unwirksamkeit privat-rechtlicher Normen wäre für die Grundfreiheiten im Allgemeinen schädlicher, als Handelshindernisse, die durch unterschiedliches nationales Recht entstehen. Daher muss eine Beeinträchtigung der Grundfreiheiten durch nicht-diskrimierende privat-rechtliche Normen **schon auf der Tatbestandsebene** verneint werden.

Einige Sonderfälle bedürfen aber noch einer vertieften Betrachtung.

6. Grundfreiheiten und nationales Privatrecht, welches über den Schutzstandard einer Richtlinie hinausgeht

Beispiel 4 – nach EuGH Slg. 2006, S. 2093 (A-Punkt Schmuckhandel): S handelt mit preis- **65** werten Schmuckwaren, die er an der Haustür verkauft. Neuerdings ist er nicht mehr nur in Bayern, sondern auch in Österreich tätig. Unerwartet bekommt er einen Strafbefehl, weil es in Österreich verboten ist, Schmuckwaren an der Haustür zu vertreiben. Er meint, die Wa-renverkehrsfreiheit sei verletzt.

a) Vorrang der Grundfreiheiten vor dem Mindeststandardgebot?

Eine besonders problematische Konstellation liegt vor, wenn nationales Recht über **66** den Schutzstandard einer europäischen Richtlinie hinausgeht und zugleich die Grund-freiheiten berührt. Betroffen davon sind die ausgesprochen wichtigen und häufigen Fälle, in welchen nationales Recht einen **höheren Standard an Verbraucherschutz gewährt** als das EU-Recht. Ein Beispiel ist der Fall, dass das deutsche Recht eine AGB verbietet, welche nach der europäischen Klausel-RL zulässig wäre.[111] Noch er-heblicher ist der Eingriff, wenn bestimmte Haustürgeschäfte in einem Mitgliedstaat ganz verboten sind, obwohl die Richtlinie nur die Widerruflichkeit vorsieht. So ist in Frankreich der Verkauf von Bildungsmaterialien an der Haustür untersagt.[112]

---

111 In *EuGH* NJW 2010, S. 2265 (Caja de Ahorros y Monte de Piedad de Madrid), bestätigte der *EuGH* die Wirksamkeit einer spanischen Norm, nach der auch Klauseln über die Hauptleistung kontrolliert werden.
112 Dazu *EuGH* Slg. 1989, S. 1235 (Buet); ähnlich zu österreichischen Regelungen *EuGH* Slg. 2006, S. 2093 (A-Punkt Schmuckhandel) sowie *EuGH* Slg. 2005, S. 4133 (Burmanjer).

67 Im **Beispiel 4** (Rn. 65) sieht sich S einer österreichischen Gewerberegelung ausgesetzt, die den Vertrieb von Schmuck im Wege von Haustürgeschäften verbietet.

Ein neues, verwandtes Beispiel lässt sich nun im deutschen Recht finden.[113] Das Telefonwerbegesetz[114] gestattet die Telefonwerbung gegenüber einem Verbraucher nur bei dessen vorheriger ausdrücklicher Einwilligung. Vor Inkrafttreten des Telefonwerbegesetzes reichte es dagegen aus, wenn die Einwilligung konkludent erfolgte.[115] Außerdem stellt unerlaubte Telefonwerbung nun gem. § 20 UWG eine Ordnungswidrigkeit dar. Mit diesen Regelungen wendet sich der deutsche Gesetzgeber **stärker gegen Werbung am Telefon als viele andere EU-Mitgliedsstaaten**, welche die Voraussetzung einer Einwilligung überhaupt nicht kennen.[116]

Über die Erfordernisse der Fernabsatz-RL gehen diese Beschränkungen für die Telefonwerbung weit hinaus. Dies ist zulässig, weil die Fernabsatz-RL (noch) dem Mindeststandardgrundsatz unterliegt.[117] Die Vorgaben des Telefonwerbegesetzes werden übrigens auch in der neuen Verbraucherrechte-RL nicht aufgegriffen.

68 Die Richtlinien enthalten fast alle eine Mindeststandardklausel (näher schon Rn. 20). Sie sehen also das Festhalten der Mitgliedstaaten an einem höheren Schutzstandard grundsätzlich vor. Fraglich ist aber, was gilt, wenn durch diesen höheren Schutzstandard **zugleich die Grundfreiheiten berührt** werden. Wenigstens wenn ausländische Unternehmen von einem solchen Verbot verstärkt betroffen sind, muss eine Beeinträchtigung der Grundfreiheiten zunächst bejaht werden.

In der Lehre ist versucht worden, für diesen Konflikt zwischen Mindeststandardgebot und Grundfreiheiten eine grundsätzliche, dogmatische Lösung zu finden. Folgt man diesem Versuch, so scheint der Kern in der grundlegenden Frage zu liegen, in welchem Verhältnis das Subsidiaritätsprinzip (mit dem daraus abgeleiteten Mindeststandardgrundsatz – zu dieser Beziehung schon Rn. 19) zu den Grundfreiheiten steht. Was hat Vorrang: Die Grundfreiheiten oder das in den Mindeststandardklauseln verkörperte Subsidiaritätsprinzip? Die Frage ist umstritten.[118] Im Ergebnis ist sie wahrscheinlich fruchtlos.

Denn die Antwort auf die konkrete Frage nach der Ausschöpfung der Mindeststandardklausel steht ohnehin fest. Es ist sicher, dass die Mitgliedstaaten die Grundfreiheiten auch dann nicht ungerechtfertigt einschränken dürfen, wenn ihnen in einer Maßnahme der Rechtsangleichung **ausdrücklich die Befugnis zu strengerem natio-**

---

113 *Tonner*, EuZW 2010, S. 767, 770.
114 Gesetz zur Bekämpfung unerlaubter Telefonwerbung und zur Verbesserung des Verbraucherschutzes bei besonderen Vertriebsformen vom 29.07.2009 (BGBl. I, 2413).
115 *Köhler*, NJW 2009, S. 2567, 2568.
116 Ebenda.
117 *Tonner*, EuZW 2010, S. 767, 770.
118 Für einen Vorrang des Mindeststandardgrundsatzes *Armbrüster*, RabelsZ 60 (1996), S. 72, 76 f.; im Ergebnis ähnlich Reich/Micklitz/*Reich*, Europäisches Verbraucherrecht, S. 83, der meint, der Richtliniengeber habe hier die Abwägung zwischen Harmonisierungsbedarf und Schutzanspruch bereits selbst getroffen; umgekehrt *Heiderhoff*, Grundstrukturen des deutschen und europäischen Verbraucherschutzrechts, S. 78, da die Grundfreiheiten trotz der Öffnung in den Richtlinien ein unumstößlicher Marktbaustein bleiben müssen.

nalen Recht eingeräumt wird. Das spricht auch der EuGH immer wieder klar aus: Die Mitgliedstaaten müssen bei der Ausschöpfung von Mindeststandardklauseln die Grundfreiheiten wahren.[119]

b) Rechtfertigungsgründe bei einem Grundfreiheitenverstoß durch Ausschöpfung der in den Mindeststandardklauseln gewährten Regelungsbefugnis

Damit bleibt die Frage, ob eine Beeinträchtigung der Grundfreiheiten, die durch eine   **69** die Mindeststandardklausel ausnützende und gegenüber der Richtlinie strengere nationale Regelung erfolgt, zulässig bzw wenigstens gerechtfertigt sein kann.

Nach der hier vertretenen Ansicht (soeben Rn. 64) sollten Beschränkungen der Grundfreiheiten durch nationales Privatrecht grundsätzlich zulässig sein. Begründet wurde dies damit, dass das Privatrecht in seiner Einheit den Handel überhaupt erst ermöglicht, und dass einzelne kleine Beeinträchtigungen der Grundfreiheiten, die durch ein intaktes Privatrecht verursacht werden können, demgegenüber hingenommen werden müssen. Für solche privatrechtlichen Normen, die über den Standard von Richtlinien hinausgehen, kann das aber nicht gelten. Denn dort bestehen ja eigene europäische Regelungen, so dass die nationalen Regelungen nicht mehr unentbehrlich sind.

Somit muss gefragt werden, ob in diesen Fällen wenigstens die oben beschriebene   **70** Rechtfertigung nach der **Cassis-Formel** greift. Ihrem Wortlaut nach greift auch die Cassis-Formel hier nicht ein. Denn sie beginnt mit der Einschränkung: „*In Ermangelung einer gemeinschaftlichen Regelung ...*". Diese „Ermangelung" einer gemeinschaftlichen Regelung kann bei Vorliegen einer Richtlinie streng genommen nicht mehr bejaht werden. Bei über Richtlinien hinausgehenden Normen kann nicht davon gesprochen werden, dass diese Normen des Privatrechts überhaupt erst die Grundlage des grenzüberschreitenden Handelsverkehrs darstellen. Im Gegenteil: Nationale Normen, die über die Vorgaben der Richtlinie hinausgehen, sind **für eine funktionsfähige Rechtsordnung verzichtbar**.

Dennoch ist die Rechtsprechung des EuGH hier großzügig. Danach schließt nicht je-   **71** de, sondern nur eine als abschließend konzipierte Gemeinschaftsregelung die Rechtfertigung nach der Cassis-Formel aus.[120] Soweit eine abschließende Regelung zu verneinen war, hat der EuGH geprüft, ob die Beschränkung der Grundfreiheiten durch das strengere nationale Recht gerechtfertigt war.[121]

Der EuGH hält gerade auch den Verbraucherschutz selbst dann grundsätzlich noch für einen ausreichenden Rechtfertigungsgrund, wenn bereits die Richtlinie auf den Verbraucherschutz abzielt.[122] Dabei prüft er wie immer, ob die Maßnahme erforder-

---

119 Deutlich *EuGH* Slg. 2008, S. 9947 (Gysbrechts und Santurel): Das nationale Recht darf dem Unternehmer verbieten, im Fernabsatzvertrag vor Ablauf der Widerrufsfrist eine Anzahlung zu verlangen. Es darf ihm aber nicht verbieten, sich die Kreditkartennummer geben zu lassen, weil darin lediglich eine überflüssige Verdopplung der Schutzmaßnahmen besteht; auch schon *EuGH* Slg. 2004, S. 3025 Rn. 33 f. (Karner).

120 *EuGH* Slg. 2004, S. 7275 Rn. 46 (Schreiber); auch *EuGH* Slg. 1989, S. 1235 Rn. 16 ff. (Buet).

121 *EuGH* Slg. 2004, S. 7275 Rn. 40 ff. (Schreiber); auch *EuGH* Slg. 2000, S. 8765 (Cidrerie Ruwet).

122 *EuGH* Slg. 1999, S. 7599 Rn. 50 f. (ARD); *EuGH* Slg. 1989, S. 1235 Rn. 16 ff. (Buet).

lich und im engen Sinne verhältnismäßig ist, was er ebenfalls nicht schon wegen des Vorliegens der Richtlinie verneint.[123] Dieser Ansicht des EuGH sollte gefolgt werden. Sie ist handhabbar und hat zugleich den Vorteil einer gewissen Flexibilität.

72 Dabei darf generell angenommen werden, dass die Union mit den Mindeststandardklauseln zu erkennen gibt, dass die Richtlinien **kein abschließendes Verbraucherschutzkonzept** bilden. Für über den Standard der Richtlinien hinausgehendes nationales Recht, welches die Grundfreiheiten beschränkt, kommt eine Rechtfertigung nach der Cassis-Formel in Betracht.

73 Im **Beispiel 4** (Rn. 65) ist daher zu prüfen, ob der Verbraucherschutz einen hinreichenden Rechtfertigungsgrund für das Verkaufsverbot darstellt. Zugunsten des Verbrauchers muss hier berücksichtigt werden, dass bei einem Schmuckverkauf an der Haustür zusätzliche Informationsdefizite des Verbrauchers insbesondere in Hinblick auf die Echtheit der Schmuckstücke bestehen können.[124]

7. Drittwirkung von Grundfreiheiten und Diskriminierungsverbot im Privatrecht

a) Geltung in den Regelwerken der Sportverbände und im privaten Arbeitsvertrag

74 Oben wurde gesagt, dass die Grundfreiheiten nicht ohne weiteres Drittwirkung zwischen Privaten entfalten. Das bedeutet, dass private Verträge in der Regel nicht am Maßstab der Grundfreiheiten zu messen sind. Allerdings handelt es sich hier um einen hoch umstrittenen Bereich, der zudem für die Grundfreiheiten derzeit nicht einheitlich zu beurteilen ist.[125] Für die Warenverkehrsfreiheit gilt das nach der Rechtsprechung des EuGH bisher uneingeschränkt.[126] Als Argument wird oft angeführt, dass die Art. 101 ff. AEUV insofern eine spezielle, abschließende Regelung seien. Diese Spezialregelungen gelten allerdings nur für den Bereich des Wettbewerbsrechts.

Dagegen hat der EuGH die **Drittwirkung im Rahmen der Personenverkehrsfreiheit** vereinzelt angenommen, soweit es um das Verhalten des Arbeitgebers gegenüber dem Arbeitnehmer ging.[127] Auch die Regelwerke der Sportverbände hat er mehrfach

---

123 Deutlich etwa in *EuGH* Slg. 1998, S. 7875 Rn. 23 ff., 31 ff. (Ambry) zur Verletzung der Dienstleistungsfreiheit durch eine Erhöhung der Anforderungen an die Insolvenzversicherung des Reiseveranstalters, die letztlich bejaht wird, weil die nationale Maßnahme zwar für den Verbraucherschutz geeignet, aber nicht das mildeste Mittel gewesen sei.

124 So auch der *EuGH*, Slg. 2006, S. 2093 Rn. 29 (A-Punkt Schmuckhandel).

125 *Birkemeyer*, EuR 2010, S. 662.

126 *EuGH* Slg. 1987, S. 3801 (Vlaamse Reisbureaus); näher *Bachmann*, AcP 210 (2010), S. 424, 465; derzeit wird die Entscheidung in Sachen Fra.bo erwartet; für eine unmittelbare Wirkung auf Private *Ganten*, Die Drittwirkung der Grundfreiheiten, S. 56 ff., 119.

127 *EuGH* Slg. 2000, S. 4139 Rn. 36 (Angonese), wo eine Bozener Bank für die Einstellung den Nachweis der gerade in Südtirol typischen Zweisprachigkeit verlangte; überzeugend spricht *Bachmann*, AcP 210 (2010), S. 424, 476, von einem Sonderfall, da es um einen „marktabschottenden Brauch" in Südtirol ging; einführend *Remmert*, Jura 2003, S. 13.

an der Personenverkehrs- und der Dienstleistungsfreiheit gemessen.[128] Häufig wird versucht, dies damit gleichsam „abzufedern", dass gesagt wird, die Verbände übernähmen hier Rechtssetzungsaufgaben, die funktional der staatlichen Rechtssetzung glichen.[129]

Aus diesen Entscheidungen, die letztlich meist Sondersituationen betroffen haben, allgemeine Erkenntnisse abzuleiten, ist sehr schwierig. Mit Vorsicht lässt sich aber wohl sagen, dass der EuGH eine unmittelbare Wirkung annimmt, sobald *Diskriminierung* vorliegt.[130]

b) Drittwirkung durch die Generalklauseln des nationalen Privatrechts, insbesondere § 307 BGB?

Es wird diskutiert, ob die Grundfreiheiten noch in weiteren Bereichen auf das Verhältnis zwischen Privatpersonen einwirken.[131] Für den Bereich des Verbraucherschutzrechts ist die Drittwirkung der Grundfreiheiten über das **Einfallstor der Generalklauseln** von Interesse. Darüber ist bisher nur spekuliert worden.[132] Eine solche Drittwirkung würde sich auswirken, wenn in den AGB eines Unternehmers erschwerte Bedingungen für den grenzüberschreitenden Verkehr vorgesehen sind.[133] Als Beispiel werden erhöhte Gebühren für die Nutzung von Kreditkarten in anderen Mitgliedstaaten genannt.[134] Solche Klauseln wären dann schon wegen der Behinderung der Grundfreiheiten unwirksam. **75**

Letztlich kann diese Form der Drittwirkung der Grundfreiheiten nicht verneint werden. Es muss davon ausgegangen werden, dass sich die Grundfreiheiten im unionsrechtlichen Maßstab der Klauselkontrolle (zu diesem unten Rn. 351) wiederfinden. Will man dem Treuemaßstab der Klausel-RL überhaupt einen eigenständigen europäischen Charakter zugestehen, so ist es nicht vorstellbar, die Grundfreiheiten und andere wichtige Marktgebote und -verbote, wie zB das Diskriminierungsverbot, dabei unbeachtet zu lassen. **Jedenfalls diskriminierende Klauseln können einem unionsrechtlichen Maßstab von Treu und Glauben nicht entsprechen.** **76**

---

128 Zur Personenverkehrsfreiheit *EuGH* Slg. 1995, S. 4920 (Bosman): Bezahlung einer „Transfer-, Ausbildungs- oder Förderungsentschädigung" beim Vereinswechsel eines Berufsfußballspielers behindert die Freizügigkeit; *EuGH* Slg. 2000, S. 2681 (Lehtonen) zum Tranfer von Basketballspielern; früher schon *EuGH* Slg. 1974, S. 1405 Rn. 17 (Walrave) zum Radsportverband; zur Dienstleistungsfreiheit etwa *EuGH* Slg. 2000, S. 2549 (kein Verstoß bei Teilnahmebeschränkung für internationale Judo-Wettkämpfe).

129 Calliess/Ruffert/*Kingreen*, EUV/AEUV, Art. 36 AEUV Rn. 112.

130 So auch in *EuGH* Slg. 2008, S. 5939 Rn. 46 (Raccanelli); näher zu dem allgemeinen Rechtsgrundsatz der Nichtdiskriminierung noch unten Rn. 251.

131 Generell dagegen *Riesenhuber*, System und Prinzipien des europäischen Vertragsrechts, S. 103 ff.; er meint, die Grundfreiheiten seien eine spezielle Gewährleistung der Privatautonomie. Sie könnten daher nicht gegen bestimmte private Vereinbarungen ins Feld geführt werden; offener Von der Groeben/Schwarze/*Müller-Graff*, EU/EG-Vertrag, Art. 28 EG, Rn. 301 ff.

132 *Wolf*, BGH-Festgabe, 2000, Band 1, S. 111; *Riesenhuber*, System und Prinzipien des europäischen Vertragsrechts, S. 105.

133 *Wolf*, BGH-Festgabe, 2000, Band 1, S. 111, 124; vorsichtig auch *Basedow*, LM 1998, § 8 AGBG Nr. 30 am Ende.

134 Dazu ohne gemeinschaftsrechtliche Überlegungen *BGH* NJW 1998, S. 383.

Bachmann hat untersucht, ob diese Wirkung der Grundfreiheiten ähnlich wie für die Grundrechte über die Schutzpflichtlehre begründet werden sollte,[135] oder ob man von einer unmittelbaren, freilich subsidiären und durch Verhältnismäßigkeitsgedanken stark abgeschwächten Drittwirkung sprechen sollte. Bachmann selbst hat sich für das Letztere ausgesprochen, räumt aber ein, dass praktische Unterschiede kaum auszumachen sind.[136]

---

135   Danach muss der Richter die Grundrechte auch bei der Anwendung von Privatrecht beachten, *Canaris*, AcP 184 (1984), S, 201.
136   *Bachmann*, AcP 210 (2010), S. 424, 471 ff.

§ 4 Umsetzung, Anwendung und Auslegung von EU-Privatrecht

A. Die Richtlinie und ihre Umsetzung

I. Umsetzungspflicht

1. Notwendigkeit der Umsetzung

Die europäischen Richtlinien sind nicht selbst unmittelbar geltendes Recht. Den Mitgliedstaaten obliegt jedoch nach Art. 288 Abs. 3 AEUV in Verbindung mit der **Loyalitätspflicht** nach Art. 4 Abs. 3 EUV (früher „Gemeinschaftstreue") die Pflicht, sie fristgemäß und vollständig in nationales Recht umzusetzen.[1] Nicht alle Mitgliedstaaten kommen dieser Pflicht stets nach. Auch Deutschland hat die Umsetzung der Richtlinien nicht immer pünktlich und inhaltlich korrekt vorgenommen. So erfolgte die Umsetzung der Klausel-RL[2] erst im Juli 1996, obwohl die Frist bereits am 31.12.1994 abgelaufen war. Die Umsetzungsfrist für die Gleichbehandlungs-RL (Rasse) war bereits seit dem 19.7.2003 abgelaufen und die Umsetzung durch das AGG (Allgemeines Gleichbehandlungsgesetz) erfolgte erst zum 18.8.2006.

77

2. Umfang der Umsetzungspflicht

Dem Charakter der Richtlinie entsprechend braucht die Umsetzung **nicht wörtlich** zu erfolgen. Aber das nationale Recht muss inhaltlich so weit der Richtlinie entsprechen, dass nach dem angepassten nationalen Recht zugunsten des Bürgers jeder Fall so zu entscheiden sein wird, wie es die Richtlinie vorsieht. Der EuGH erleichtert dem Gesetzgeber die Umsetzung, indem er bei der Überprüfung der Umsetzungsmaßnahmen davon ausgeht, dass die Gerichte der Mitgliedstaaten das nationale Recht richtlinienkonform auslegen werden. Erst wo eine solche **richtlinienkonforme Auslegung** des nationalen Rechts nicht möglich zu sein scheint, nimmt er eine Verletzung der Umsetzungspflicht an.[3]

78

Grundsätzlich braucht die Umsetzung – jedenfalls im Bereich des Zivilrechts – deshalb nicht notwendig durch den Gesetzgeber zu erfolgen. Oftmals reicht vielmehr **eine Änderung der Rechtsprechung** hin zu einer richtlinienkonformen Auslegung des nationalen Rechts aus. Diese Übertragung der Umsetzungspflicht auf die Rechtsprechung ist allerdings problematisch, weil das Verhalten der Gerichte weder vorhersehbar ist, noch die Gerichte zu einer bestimmten, nämlich der richtlinienkonformen Entscheidung, gezwungen werden können.[4] Der EuGH hat dementsprechend in-

79

---

1   Schon bei der Umsetzung muss auch der Grundsatz des „effet utile" beachtet werden, *Calliess/Ruffert*, EUV/AEUV, Art. 4 EUV Rn. 54; näher dazu unten im Zusammenhang der Auslegung Rn. 103.
2   Nähere Angaben zu allen Richtlinien im Anhang I.
3   So *EuGH* Slg. 1997, S. 2649, 2672 (Kommission/Großbritannien).
4   Das folgt unmittelbar aus der richterlichen Unabhängigkeit; vgl. auch *Koenig/Sander,* EuZW 2000, S. 716, 720 ff. Dass der *EuGH* dennoch eine Staatshaftungspflicht annimmt, wenn Richter EU-rechtswidrig entscheiden, ändert daran nichts, da der Anspruch gegen den Staat und nicht gegen das Gericht besteht (vgl. zu diesem Anspruch unten Rn. 86); umfassend zur Problematik *Röthel*, Normkonkretisierung im Privatrecht, S. 344 ff.

zwischen entschieden, dass zwar generell der Umsetzungspflicht bereits genügt sei, wenn der Richtlinie durch Auslegung des nationalen Rechts entsprochen werde. „Die sich aus diesem Recht ergebende Rechtslage" müsse aber „hinreichend bestimmt und klar" sein. Wenn es – wie bei der in der Entscheidung in Rede stehenden Klausel-RL – darum gehe, den Angehörigen der Mitgliedstaaten (nämlich den Verbrauchern) Rechte zu verleihen, sei dies besonders wichtig, damit „die Begünstigten in die Lage versetzt werden, von allen ihren Rechten Kenntnis zu erlangen".[5]

80 Auch in Deutschland sind teilweise Bereiche, die zu bedeutend sind, der Auslegung bzw Ausfüllung den Gerichten überlassen worden, so dass damit der Umsetzungspflicht nicht genügt worden war. So hatte es der Gesetzgeber bei der Umsetzung der Klausel-RL für unnötig gehalten, die Transparenzkontrolle ausdrücklich in das AGBG aufzunehmen.[6] Inzwischen hat der **Gesetzgeber** aber zumeist **nachgebessert**. So wurde die in der Klausel-RL vorgesehene Transparenzkontrolle von Hauptleistungspflichten ausdrücklich umgesetzt. Auch § 5 UWG (§ 3 UWG aF) wurde an die wettbewerbsrechtlichen Richtlinienvorgaben angepasst.

Es reicht also oft nicht aus, auf die gesetzgeberische Umsetzung der Richtlinie ganz zu verzichten, nur weil das bereits bestehende Recht sich im Sinne der Richtlinie auslegen ließe.

3. Folgen von Verletzungen der Umsetzungspflicht

a) Unmittelbare Wirkung von privatrechtlichen Richtlinien

81 **Literaturhinweis:** *Hermann/Michl*, Wirkungen von EU-Richtlinien, JuS 2009, S. 1065 ff.

Beispiel 5: Mitgliedstaat M kannte bisher – entsprechend der alten Verbraucherkredit-RL – kein Widerrufsrecht für Verbraucherkreditverträge. Aus verschiedenen Gründen hängt M mit der Umsetzung der neuen Verbraucherkredit-RL, die ein 14-tägiges Widerrufsrecht vorsieht, zurück.

Ein Jahr nach Ende der Umsetzungsfrist ist immer noch keine Umsetzung erfolgt. Verbraucher V möchte sich einen neuen Wagen kaufen und nimmt zu diesem Zweck bei der Bank B einen Verbraucherkredit auf. Den nationalen Gesetzen entsprechend erfolgt keine Widerrufsbelehrung. Einige Tage nach Auszahlung des Kredits wird V klar, dass er sich einen Autokauf zurzeit kaum leisten kann. V möchte sich von dem Kreditvertrag lösen und das Geld umgehend an die Bank zurückzahlen.

---

5 *EuGH* Slg. 2001, S. 3541 Rn. 17 ff. (Kommission/Niederlande); zuvor etwa *EuGH* Slg. 1991, S. 2607 Rn. 28 (Kommission/Deutschland); vgl. aber auch *EuGH* Slg. 2002, S. 4165 (Kommission/Schweden), wo klargestellt wird, dass der Klauselanhang nicht umgesetzt zu werden braucht; zum Ganzen *Röthel*, Normkonkretisierung im Privatrecht, S. 348 ff.
6 Vgl. kritisch zur zunächst unvollständigen Umsetzung der Klausel-RL *Staudinger*, WM 1999, S. 1546; *Neu*, ZEuP 1999, S. 123, 138 f. zu § 3 UWG.

aa) Grundlagen. Wenn eine Richtlinie nicht ordnungsgemäß umgesetzt worden ist, **82** kann sie unter bestimmten Voraussetzungen „unmittelbar" anwendbar sein.[7] Die **unmittelbare Wirkung** scheidet jedoch nach ständiger Rechtsprechung des EuGH und nach ganz herrschender Auffassung aus, soweit sie *zu Lasten des Bürgers* gehen würde.[8] Zu Lasten des Bürgers wirkt unter anderem jede Anwendung, die dazu führt, dass ein Anspruch gegen einen Bürger begründet wird. Da zivilrechtliche Normen typischerweise dazu führen, dass ein Anspruch eines Privaten gegen einen anderen entsteht, modifiziert wird oder auch untergeht, geht die unmittelbare Anwendung zivilrechtlicher Normen stets (auch) zu Lasten des Bürgers. Im Gegensatz zur „vertikalen Direktwirkung" im Verhältnis zwischen Staat und Bürger interessiert im Bereich des Zivilrechts die „horizontale Direktwirkung" im Verhältnis der Bürger untereinander. Eine solche **horizontale Direktwirkung von Richtlinien gibt es also nicht** (sogleich Rn. 90 zu den konkreten Auswirkungen der fehlenden Direktwirkung).

Im **Beispiel 5** wird sich die Bank darauf berufen, dass sie nach den Regeln des nationalen **83** Rechts gehandelt habe, und die Richtlinie nicht umgesetzt sei. Damit wird sie durchdringen. Zwar versuchen die Gerichte der Mitgliedstaaten, soweit nur möglich das nationale Recht im Sinne der Richtlinie auszulegen (dazu Rn. 78 und 115 ff.). Aber im hier gebildeten Fall werden sie damit keinen Erfolg haben. Ein Widerrufsrecht lässt sich eindeutig nicht auffinden.

bb) Ausnahmefälle. Allerdings hat eine arbeitsrechtliche Entscheidung des EuGH, **84** nämlich die berühmte Entscheidung Mangold, diese Erkenntnis ins Wanken gebracht.[9] Dort war – zumindest scheinbar – ein privater Arbeitsvertrag für nichtig erklärt worden, weil er gegen eine Vorschrift aus einer Richtlinie verstieß, die (noch) nicht ins deutsche Recht umgesetzt worden war. Die dadurch **faktisch erreichte Direktwirkung** der Richtlinie ist zunächst auf zwei unterschiedliche Arten erklärt worden. Zum einen wurde darauf hingewiesen, dass nicht nur die Richtlinie, sondern **zugleich ein allgemeiner Rechtsgrundsatz** des EU-Rechts, nämlich das Diskriminierungsverbot (oder umgekehrt gesagt der Gleichbehandlungsgrundsatz) verletzt wurde (dazu oben Rn. 34). Zum anderen wurde aufgezeigt, dass der EuGH hier überhaupt keine echte Direktwirkung angenommen habe. Es handele sich vielmehr um eine automatische und unvermeidliche Konsequenz aus dem Vorrang des EU-Rechts, dass der Arbeitgeber hier letztlich direkt betroffen sei. Die Richtlinie führe dazu, dass die Befristungsregel unanwendbar wäre, was dazu führe, dass die im Arbeitsvertrag ent-

---

7   Unter anderem kommt dies nur bei einer hinreichend konkreten Richtlinie in Betracht. Vgl. erstmals zur Direktwirkung *EuGH* Slg. 1974, S. 1337, 1348 (van Duyn); exakter *EuGH* Slg. 1986, S. 723, 749 (Marshall). Siehe zur unmittelbaren Wirkung auch BVerfGE 75, 223, 235 ff. Zusammenfassend: *Scherzberg*, Jura 1993, S. 225 ff.; *Brechmann*, Richtlinienkonforme Auslegung, 1994, S. 14 ff.; Callies/Ruffert/*Ruffert*, EUV/AEUV, Art. 288 AEUV Rn. 47 ff.; Gebauer/Wiedmann/*Wiedmann*, Zivilrecht unter europäischem Einfluss, Kap. 2 Rn. 18 ff.

8   So ausdrücklich *EuGH* Slg. 1986, S. 723, 749 (Marshall); *EuGH* Slg. 1994, S. 3325 (Faccini Dori); sowie nach der Einfügung des Verbraucherschutzes in Art. 129a EGV (jetzt Art. 169 AEUV) nochmals bestätigend *EuGH* Slg. 1996, S. 1281 Rn. 15, 18 ff. (Corte Inglés); *EuGH* Slg. 2007, S. 4473 Rn. 20 (Carp); vgl. zu den Grenzen der Privatbelastung durch unmittelbar wirkende Richtlinien *Jarass/Beljin*, EuR 2004, S. 714.

9   *EuGH* Slg. 2005, S. 9981 Rn. 67 ff. (Mangold).

haltene Befristung nichtig sei.[10] Die neueste Rechtsprechung des EuGH, wie z.B. der oben (Rn. 34) besprochene Fall Kücükdeveci, deutet stark daraufhin, dass diese **beiden Begründungsstränge kombiniert** verfolgt werden müssen.

Der EuGH wendet Richtlinien somit nie wirklich im engen Sinne unmittelbar gegen Private an. Er wird aber nationale Normen für unanwendbar erklären, wenn sie gegen eine Richtliniennorm verstoßen, hinter der ein allgemeiner Rechtsgrundsatz steht.

b) Vertragsverletzungsverfahren

85 Das Vertragsverletzungsverfahren ist das eigentliche, im AEUV vorgesehene Mittel der EU zur Durchsetzung der Umsetzungspflicht. Es wird von der Kommission gegen den säumigen Mitgliedstaat durchgeführt. Das in Art. 258 ff. AEUV geregelte Vertragsverletzungsverfahren ist allerdings **schwerfällig**. Bis ins Jahr 2006 hinein hat die Kommission gegen Frankreich ein solches Verfahren zur Erzwingung der korrekten Umsetzung der Produkthaftungs-RL (von 1985!) betrieben. Es wurde ein Zwangsgeld festgesetzt und Frankreich hat das Produkthaftungsrecht schließlich korrekt umgesetzt.[11]

Besonders schwierig ist das Vorgehen für die Kommission, wenn es **nur um die fehlerhafte Umsetzung** einer Richtlinie und nicht um das völlige Untätigbleiben des nationalen Gesetzgebers geht. Der EuGH erlegt nämlich der Kommission auf, nachzuweisen, dass die nationalen Gerichte die umgesetzten Vorschriften – auch wenn diese von der Richtlinie deutlich abweichen – nicht doch richtlinienkonform auslegen werden.[12]

Letztendlich kann jedoch – jedenfalls für die grob fehlerhafte oder fehlende Umsetzung – von der Wirksamkeit des Verfahrens ausgegangen werden.

c) Staatshaftungspflicht

86 aa) Allgemeines. Wenn eine unmittelbare Wirkung der Richtlinie nicht in Betracht kommt, kann die **verspätete Umsetzung** nach der gefestigten Rechtsprechung des EuGH zu einer Staatshaftung führen. Der Verbraucher kann danach vom Staat Ersatz für den Schaden erlangen, der ihm entsteht, weil er sich gegenüber seinem Vertragspartner nicht auf Normen stützen kann, die zwar zu seinen Gunsten in der Richtlinie vorgesehen waren, aber in seinem Land noch nicht umgesetzt worden sind.

So führte die verspätete Umsetzung der Pauschalreise-RL zu einer Schadensersatzpflicht der Bundesrepublik gegenüber Urlaubern, die nach einem Konkurs des Reiseveranstalters in Spanien festsaßen.[13]

---

10 *Basedow*, ZEuP 2008, S. 230; *Thüsing*, ZIP 2005, S. 2149 (der die Entscheidung letztlich dennoch ablehnt). Der Fall Mangold weist noch eine weitere Besonderheit auf. Es ging hier nämlich um eine Richtlinie, deren Umsetzungsfrist noch nicht abgelaufen war. Daher stellte sich dort auch die Frage der Vorwirkung von Richtlinien (dazu unten Rn. 255).

11 *EuGH* Slg. 2006, S. 2461 (Kommission/Frankreich) – 31.650 € pro Tag des (weiteren) Verzugs.

12 *EuGH* Slg. 1997, S. 2649, 2672 (Kommission/Großbritannien); vgl. aber auch *EuGH* Slg. 2002, S. 3887 (Kommission/Griechenland), wegen teilweise fehlerhafter Umsetzung der Produkthaftungs-RL; auch schon oben Rn. 78 f.

13 So *EuGH* Slg. 1996, S. 4845 (Dillenkofer); grundlegend bereits *EuGH* Slg. 1991, S. 5357 (Francovich).

Allerdings muss ein **hinreichend qualifizierter Verstoß** vorliegen, was zum Beispiel dann zu verneinen sein kann, wenn der Gesetzgeber annahm und annehmen durfte, er habe die Richtlinie richtig umgesetzt.[14]

> Im **Beispiel 5** (Rn. 81) gibt es keinerlei Ausflüchte für den Mitgliedstaat M. Der V kann also   87
> den Schaden, den er durch die fehlende Widerrufsmöglichkeit erleidet, als Staatshaftungs-
> anspruch gegen M geltend machen. Es handelt sich um die Zinsen, die er bezahlen muss, ab-
> züglich eventueller Zinsgewinne, die er machen kann, wenn er die Kreditsumme seinerseits
> anlegt.

bb) Verletzung der Umsetzungspflicht durch nationale Gerichte. Die Staatshaf-   88
tungspflicht besteht sogar dann, wenn der Verstoß gegen das EU-Recht nicht durch
den Gesetzgeber, sondern **durch die nationalen Gerichte** erfolgt.[15] Die Staatshaftungspflicht tritt also auch dann ein, wenn die nationalen Gerichte das nationale Recht
in einer Art und Weise anwenden, welche erkennbar gegen das EU-Recht verstößt.

cc) Staatshaftung als wirksames Druckmittel. Diese vom EuGH geschaffene Haf-   89
tungskonstruktion wirkt als **erhebliches Druckmittel** für die rechtzeitige Umsetzung.
Die Geschwindigkeit, mit der die nationalen Gesetzgeber unter diesem Druck tätig
werden können, hat sich in Deutschland beispielsweise nach der Entscheidung Heininger des EuGH gezeigt. Hier schien für den Staat zunächst die Gefahr zu drohen,
hunderttausende geschädigter Investoren entschädigen zu müssen. Nur wenige Monate nach der Entscheidung trat ein dreifaches „Reparaturgesetz" zur weiteren Anpassung des BGB an die Haustürgeschäfte-RL und die Verbraucherkredit-RL in Kraft
(inhaltlich zur Entscheidung näher unten Rn. 333).

dd) Exkurs: Staatshaftung oder Direktwirkung? In der Rechtsprechung von BGH   90
und EuGH ist in den vergangenen Jahren immer wieder aufgefallen, dass trotz eines
Umsetzungsfehlers am Ende nicht der *Staat* haften musste, sondern die private Vertragspartei – in **scheinbarer Direktwirkung** – zur Befolgung der Richtlinie verpflichtet wurde. Dann musste etwa der Unternehmer sich den Widerruf gefallen lassen, obwohl das Widerrufsrecht sich aus dem nationalen Recht nicht ernstlich ergab.[16]

Die Reichweite der „richtlinienkonformen Auslegung" hat Wissenschaft und Rechtsprechung in den letzten Jahren sehr beschäftigt (dazu näher unten Rn. 115 ff.) und es
erfolgt in der Regel eine dogmatisch durchaus korrekte Abgrenzung zwischen den
Fällen, in welchen noch das nationale Recht richtlinienkonform fortgebildet werden

---

14 Näher *Dörr*, WM 2010, S. 961; anwendend *BGH* NJW 2009, S. 2534.
15 *EuGH* Slg. 2003, S. 10329 (Köbler). Der 1. LS beginnt wie folgt: „Der Grundsatz, dass die Mitglied-
    staaten zum Ersatz von Schäden verpflichtet sind, die einem Einzelnen durch ihnen zuzurechnende
    Verstöße gegen das Gemeinschaftsrecht entstehen, ist auch dann anwendbar, wenn der fragliche Ver-
    stoß in einer Entscheidung eines letztinstanzlichen Gerichts besteht, sofern die verletzte Gemein-
    schaftsrechtsnorm bezweckt, dem Einzelnen Rechte zu verleihen, der Verstoß hinreichend qualifiziert
    ist und zwischen diesem Verstoß und dem dem Einzelnen entstandenen Schaden ein unmittelbarer
    Kausalzusammenhang besteht." Dazu auch *v. Danwitz*, JZ 2004, S. 301; *Kremer*, NJW 2004, S. 480;
    Rörig, VuR 2004, S. 3.
16 *EuGH* Slg. 2001, S. 9945 Rn. 47 (Heininger); *BGH* NJW 2004, S. 2744; in Hinsicht auf die Wider-
    rufsfolgen auch *BGH* NJW 2009, S. 427 (Quelle II).

kann, und den Fällen, in denen dies nicht möglich ist, so dass die Vorgaben der Richtlinien unbeachtet bleiben müssen. Diese Abgrenzung berücksichtigt sehr wohl, dass es **im Privatrecht keine Direktwirkung** gibt. Die Gerichte unternehmen jedoch im Rahmen des Zulässigen alle Anstrengung, das nationale Recht durch Auslegung und durch Analogien so zu verstehen, dass es der Richtlinie entspricht. Wo diese Fortbildung gelingt, ist in der Tat der Unternehmer (bzw außerhalb des Verbraucherrechts eben eine der beiden Vertragsparteien) der Leidtragende, während der Staat der Haftung entrinnt. Die durch die richtlinienkonforme Rechtsfortbildung herausgearbeiteten Rechte, oder Rechtsverluste, dürften die negativ betroffene Partei teils sehr überraschen. Daher ist jüngst sogar vorgeschlagen worden, dass dann, wenn durch eine Rechtsfortbildung der Norminhalt in einer Weise verändert wird, der ohne Kenntnis der Richtlinie nicht vorhersehbar war, die benachteiligte Vertragspartei einen Staatshaftungsanspruch haben sollte.[17]

II.   Die überschießende Umsetzung

91   Häufig werden Richtlinien nicht nur entsprechend ihrer exakten Vorgaben umgesetzt, sondern der nationale Gesetzgeber geht bei der Umsetzung **über die Vorgaben der Richtlinie hinaus**. Diese über die Vorgaben der Richtlinie hinausgehende Umsetzung wird meist als überschießende Umsetzung bezeichnet. Die überschießenden Normen werden auch Hybridnormen genannt.[18]

Dabei gibt es im Wesentlichen zwei Arten, wie eine nationale Norm über die Richtlinie hinausgehen kann. Es ist zweckmäßig, diese zu unterscheiden.

92   Die typische Form der überschießenden Umsetzung besteht darin, dass der **Anwendungsbereich** der Richtlinie ausgedehnt wird. So ist in Deutschland das der Verbrauchsgüterkauf-RL nachgebildete neue Kaufrecht zu einem großen Teil auch auf solche Kaufverträge anwendbar, die nicht zwischen einem Unternehmer und einem Verbraucher abgeschlossen worden sind. Das Widerrufsrecht für Verbraucherkredite, das in § 495 BGB umgesetzt ist, erfasst anders als die Richtlinie auch Immobiliarkredite (näher unten Rn. 320). Bei der Umsetzung der Haustürgeschäfte-RL wurde ebenfalls der Anwendungsbereich erweitert. § 312 BGB gilt für alle (entgeltlichen, dazu näher unten Rn. 313 ff.) Geschäfte, nicht nur für solche Verträge, bei denen der Unternehmer Waren liefert oder Dienste erbringt (so Art. 1 Haustürgeschäfte-RL; Art. 3 Verbraucherrechte-RL spricht künftig allgemeiner von „Verträgen, die zwischen einem Gewerbetreibenden und einem Verbraucher geschlossen werden"). Auch die geforderte Haustürkonstellation wird im deutschen Recht weiter definiert als in der Richtlinie.

93   Es gibt aber auch eine andere Art der überschießenden Umsetzung. Bei dieser erweitert der Gesetzgeber die **inhaltlichen Vorgaben** der Richtlinie. Er fügt dem umsetzenden Gesetz also neue, der Richtlinie fremde Elemente hinzu. Das kann zB ein in

---

17   *Schinkels*, JZ 2011, S. 394, 398.
18   Schulze/Schulte-Nölke/*Dörner*, Schuldrechtsreform vor dem Hintergrund des Gemeinschaftsrechts, S. 177, 183.

der Richtlinie nicht vorgesehenes Widerrufsrecht sein oder es können über die Richtlinie hinausgehende Schadensersatzansprüche sein, wie das Verbrauchsgüterkaufrecht sie enthält. Ein typisches Beispiel findet sich in § 241a BGB. Dieser sieht nach ganz hA den Ausschluss gesetzlicher Ansprüche auf Rückgabe der unverlangt übersandten Waren vor. Das ist in Art. 9 Fernabsatz-RL (künftig Art. 27 Verbraucherrechte-RL), der der Norm zugrunde liegt, nicht vorgegeben (näher dazu unten Rn. 368). Diese (ebenfalls häufige) Form der überschießenden Umsetzung zielt auf eine Erhöhung des von der Richtlinie verlangten Standards. Sie bringt als wesentliches Problem mit sich, dass die Harmonisierung auf diese Weise nicht erreicht werden kann und das Ziel der Binnenmarktverbesserung gefährdet wird (schon oben Rn. 22).[19] Mit so genannten Vollharmonisierungs-Richtlinien versucht die EU, diese Praxis der Mitgliedstaaten einzugrenzen.

B. Die Anwendung des EU-Privatrechts

I. Lückenhaftes, nur mittelbar geltendes EU-Privatrecht

1. Mittelbare Geltung des eigentlichen EU-Privatrechts

Der Umgang mit dem EU-Privatrecht unterscheidet sich sehr vom Umgang mit Recht, wie wir ihn sonst kennen. Da das EU-Privatrecht fast ganz aus Richtlinien besteht, stellt es bisher so gut wie keine Normen zur Verfügung, die unmittelbar auf einen Rechtsfall angewendet werden könnten. Es handelt sich also um eine Art **Hintergrundrechtsordnung**. Vordergründig wird eine im nationalen Recht enthaltene Norm angewendet. Bei der Anwendung des nationalen Rechts muss jedoch ständig abgeklopft werden, ob auch die Vorschriften der „europäischen Hintergrundrechtsordnung" eingehalten sind.   **94**

Teilweise ist diese Geltung im Hintergrund mit der Geltung des **Verfassungsrechts** verglichen worden. Entsprechend wird dann auch die richtlinienkonforme Auslegung mit der verfassungskonformen Auslegung verglichen.[20] Ähnlichkeit besteht durchaus, denn auch das Verfassungsrecht wird im Privatrecht beachtet und kann die Gültigkeit privatrechtlicher Normen sowie die Auslegung des Privatrechts beeinflussen. Ein solcher Vergleich ist jedoch mit großer Vorsicht zu handhaben, da die Wertigkeit des EU-Rechts (beispielsweise die Pauschalreise-RL) mit der Wertigkeit des Verfassungsrechts **nicht auf eine Stufe gestellt** werden kann. Nützlich ist der Vergleich dennoch, da er gewissermaßen wachrüttelt. Die Konformität mit dem EU-Recht muss in der Tat immer mit berücksichtigt werden, wenn nationales Recht ausgelegt wird. Im Konfliktfall setzt sich das EU-Recht durch.   **95**

---

19   *Burmeister/Staebe*, EuR 2009, S. 444, meinen, dass durch diese Form der überschießenden Umsetzung auch bei Mindeststandard-Richtlinien die Pflicht zur richtlinienkonformen Umsetzung aus Art. 288 Abs. 3 AEUV verletzt sein könne.

20   *Lutter*, JZ 1992, S. 593, 604; *Jarass*, Grundfragen der innerstaatlichen Bedeutung des EG-Rechts, S. 96; zur verfassungskonformen Auslegung vgl. nur BVerfGE 69, 1, 55. Die Unterschiede zur verfassungskonformen Auslegung betont *Franzen*, Privatrechtsangleichung, S. 327 f.; auch unten Rn. 126.

2. Lückenhaftes Gebilde

96   Nicht nur ist das EU-Privatrecht kein Kodex, der auf bestimmte Rechtsfälle angewendet werden könnte. Das EU-Privatrecht ist zusätzlich auch **inhaltlich ganz bruchstückhaft**. Es ist auf Problemschwerpunkte ausgerichtet und regelt diese **punktuell**. Keinesfalls kann das EU-Privatrecht bisher als eine Rechtsordnung mit einigen Lücken angesehen werden, die durch Analogien geschlossen werden könnten. Richtig ist vielmehr die Beschreibung des EU-Rechts als einzelne, zumeist klar umgrenzte „Inseln".[21]

So kommt es, dass es eine Richtlinie über den Erwerb von Teilzeitnutzungsrechten gibt, aber keine Regelungen über die Miete und den Kauf von Immobilien. So erklärt sich auch, dass es zwar eine Richtlinie über Warenlieferungs- und Dienstleistungsverträge an der Haustür gibt, dass jedoch *keine* Regelung über Bürgschaftsverträge an der Haustür besteht (näher dazu unten Rn. 314). Auch die neue Verbraucherrechte-RL, die zumindest zwei Richtlinien aneinander angepasst hat, konnte nur kleinere Verbesserungen erreichen.[22] Im Gegenteil birgt die neue **Tendenz zum Erlass vollharmonisierender Richtlinien** die Gefahr, dass die Richtlinieninhalte im nationalen Recht **noch fremder**, und damit noch „inselartiger" wirken.

97   Eine wirkliche Geschlossenheit des Systems („Kohärenz"), wie sie in Art. 7 AEUV übrigens sogar ausdrücklich vorgegeben ist, könnte nur durch einen völlig neuen, großen Wurf erreicht werden.

Die Kommission strebt derzeit die Erstellung eines europäischen **„optionalen Instruments"** an.[23] Gemeint ist damit ein vollständiges „Vertragsrecht" (der Name „Instrument" zeigt, dass die Grenzen noch nicht ganz klar abgesteckt sind), welches die Parteien anstatt des jeweiligen nationalen Rechts wählen (daher optional) können sollten. Ende 2011 ist als erster Schritt der Vorschlag eines für grenzüberschreitende Kaufverträge wählbaren **„europäischen Kaufrechts"** veröffentlicht worden.[24] Diese Entwicklung, die am Ende dieses Buches genauer vorgestellt wird (Rn. 556 ff. und Anhang III), zeigt, dass das punktuelle Regelungskonzept auf Dauer als unbefriedigend empfunden wird.[25]

II. Die Auslegung des EU-Privatrechts

Literaturhinweis: *Basedow*, Der Europäische Gerichtshof und das Privatrecht, AcP 210 (2010), S. 157.

---

21   Mit dem inzwischen verbreiteten Ausdruck der „Inseln" schon *Rittner*, JZ 1995, S. 849, 851; vgl. zum punktuellen Charakter, der oft kritisiert wird, auch *Müller-Graff*, NJW 1993, S. 13, 19; *Roth*, Festschrift Drobnig, 1998, S. 135, 136.
22   Dazu unten Rn. 572.
23   Ausdrücklich dazu die Mitteilung der Kommission an das Europäische Parlament und den Rat: Ein kohärenteres europäisches Vertragsrecht – Ein Aktionsplan, KOM (2003) 68.
24   KOM (2011) 635.
25   Grünbuch der Kommission – Optionen für die Einführung eines Europäischen Vertragsrechts für Verbraucher und Unternehmen vom 1.7.2010, KOM (2010) 348; *Martens*, EuZW 2010, S. 527; *Reich*, EuZW 2011, S. 736.

1.   Allgemeines

Vielfach und eingehend wurden die Methoden untersucht, die bei der Auslegung des **98** EU-Rechts zu verwenden sind.[26] Dabei steht oft die Frage im Vordergrund, wie der EuGH das EU-Recht auslegt. So anzusetzen ist zunächst richtig. Der EuGH hat nämlich das **Auslegungsmonopol** für das EU-Recht (dazu unten Rn. 131). Er bestimmt daher **auch die Methodik** der Auslegung. Gleichzeitig muss aber bedacht werden, dass der EuGH nicht sämtliche methodische (oder auch dogmatische) Arbeit allein zu leisten vermag. Auch der Wissenschaft kommt daher eine wichtige **unterstützende** Aufgabe zu.

Die Methoden des EuGH werden nicht selten kritisiert. Teils ist die Kritik sogar so weit **99** gegangen, dem EuGH jede Methodik abzusprechen.[27] Auf der anderen Seite hat sich aber bei allen Untersuchungen immer wieder herausgestellt, dass die Auslegung des EU-Rechts durch den EuGH deutschen Gepflogenheiten sehr nahe kommt. Die Ergebnisse lassen sich dahin zusammenfassen, dass besondere, im deutschen Recht zuvor unbekannte Methoden nicht auffindbar sind. Schon eine kurze Auswertung des Materials ergibt vielmehr, dass der EuGH **insgesamt ganz ähnlich wie die deutschen Gerichte** vorgeht.[28] Der EuGH äußert sich beispielsweise so: „Nach ständiger Rechtsprechung des Gerichtshofes sind bei der Auslegung einer Gemeinschaftsvorschrift nicht nur deren Wortlaut zu berücksichtigen, sondern auch der Zusammenhang, in dem sie steht, und die Ziele, die mit der Regelung, zu der sie gehört, verfolgt werden."[29]

2.   Die Auslegungsmethoden des EuGH

a)   Wortlaut

Der EuGH betrachtet, wenn möglich, in erster Linie den Wortlaut der Normen.[30] Be- **100** grenzt wird die Bedeutung des Wortlauts allerdings dann, wenn sich bei Fragen der exakten Wortbedeutung das **Problem der Sprachenvielfalt** stellt.[31] Daher ist es bei

---

26   Vorerst *Franzen*, Privatrechtsangleichung, 1999, S. 291 ff.; *Buck*, Über die Auslegungsmethoden des Gerichtshofs der Europäischen Gemeinschaft, 1998.
27   *Lorenz*, NJW 2011, 2241, 2242; sehr kritisch etwa Schulze/*Hommelhoff*, Auslegung europäischen Privatrechts, 1999, S. 29.
28   So auch *Lutter*, JZ 1992, S. 593, 598 f.; *Hommelhoff* meint ebenfalls trotz aller Kritik: „Auch zur Auslegung des Gemeinschaftsrechts verwendet der EuGH Kriterien, die den bekannten Savignys entsprechen", Schulze/*Hommelhoff*, Auslegung europäischen Privatrechts, 1999, S. 29.
29   *EuGH* Slg. 1999, S. 7081 Rn. 23 (Adidas); *EuGH* Slg. 2009, S. 8295 Rn. 38 (Eschig); *EuGH* NJW 2011, S. 737 Rn. 25 (Fundación Gala-Salvador Dalí ua).
30   Aus dem Verbraucherschutz etwa die Entscheidung Travel Vac, *EuGH* Slg. 1999, S. 2197, in welcher der *EuGH* bei einigen der Vorlagefragen in auffälliger Weise den Gesetzeszweck unerwähnt lässt und allein den Wortlaut der Norm heranzieht (so Rn. 22 ff., 33 ff.); klar ersichtlich wird die vom *EuGH* verfolgte Reihenfolge auch in der Entscheidung Berliner Kindl, *EuGH* Slg. 2000, S. 1741 Rn. 18: „Da der Bürgschaftsvertrag somit bei einer Auslegung dieser Bestimmung nach ihrem Wortlaut nicht unter die Richtlinie fällt, ist zu prüfen, ob sich aus der Systematik und den Zielen der Richtlinie etwas anderes ergibt". Klar zu seinen Methoden äußert der *EuGH* sich auch in *EuGH* Slg. 1998, S. 8679 Rn. 25 ff. (Codan).
31   *EuGH* Slg. 1998, S. 1199, 1222 (Dietzinger); deutlich nochmals *EuGH* Slg. 2000, S. 117 Rn. 17 (Estee-Lauder): „Ist der Wortlaut einer Gemeinschaftsvorschrift in ihren verschiedenen sprachlichen Fassungen im Lichte der Entstehungsgeschichte der Vorschrift und der Materialien, auf die die Parteien sich in ihren beim Gerichtshof eingereichten Erklärungen gestützt haben, so widersprüchlich und mehrdeutig, dass sich ihm keine Antwort auf die Frage nach seiner Bedeutung entnehmen lässt, so ist für seine Auslegung auf den Zusammenhang der Vorschrift und auf das mit der Regelung verfolgte Ziel abzustellen."

wirklich sprachlichen Zweifelsfragen in der Regel nicht der Wortlaut, der die Entscheidung letztlich bestimmt.[32]

b) Systematische Auslegung

101   Zwischen der Wortlautmethode und der teleologischen Methode wird manchmal die sogenannte systematische Auslegung eingefügt. Sie beginnt, wo neben dem konkreten Wortlaut der Norm **auch Nachbarnormen** mit berücksichtigt werden, erstreckt sich aber auch auf den **weiteren Zusammenhang**, in dem die Norm steht, und geht damit schließlich fließend über in die teleologischen, also den Zweck der Norm ergründenden Überlegungen.[33]

Auch der EuGH verwendet die systematische Auslegung nicht wirklich gesondert, sondern fasst sie **in den Bereich der teleologischen Auslegung** mit hinein:[34] „Jede Vorschrift des Gemeinschaftsrechts ist in ihrem Zusammenhang zu sehen und im Lichte des gesamten Gemeinschaftsrechts auszulegen."[35]

c) Teleologische Auslegung

102   **aa) Grundsätzliche Bedeutung.** Die zentrale Auslegungsmethode des EuGH ist die teleologische, also **die am Zweck des Gesetzes orientierte Methode**.[36] Dabei werden – entweder als Teil der teleologischen Methode oder in deren Nähe – einige Besonderheiten angesiedelt. Bei näherem Hinsehen zeigt sich, dass der Auslegungsvorgang, der hier als Besonderheit aufgefasst wird, nur deshalb so erscheint, weil bereits Inhalte, und zwar solche spezifisch europäischer Art, mit einbezogen werden.

103   **bb) Effet utile.** Der EuGH verwendet bei der Auslegung den Grundsatz des „effet utile".[37] Der „effet utile" bedeutet, dass eine Norm so verstanden werden soll, dass sie den **größten praktischen Nutzen** erreicht.[38] Was jeweils der „praktische Nutzen" ist, entnimmt der EuGH nicht nur aus der Norm selbst, sondern auch aus den allgemeinen Grundsätzen der EU.[39] Die Norm wird jeweils so ausgelegt, dass die mit ihr angestrebten Ziele **möglichst in idealer Weise** erreicht werden können. Der Grundsatz des „effet utile" ist somit wirklich nur eine Form der teleologischen Methode, bei der inhaltliche Vorgaben mit einbezogen sind.

---

32   Das beobachtet auch *Franzen*, in: Jahrbuch Junger Zivilrechtswissenschaftler 1997, S. 285, 286 f.; ebenso *Roth*, BGH-Festgabe, 2000, Band 2, S. 847, 873.

33   *Larenz/Canaris*, Methodenlehre, S. 145 ff.

34   *EuGH* Slg. 2000, S. 1741 Rn. 24 ff. (Berliner Kindl).

35   *EuGH* Slg. 1982, S. 3415 Rn. 20 (C.I.L.F.I.T.); nochmals *EuGH* Slg. 2000, S. 1741 (Berliner Kindl); auch *EuGH* Slg. 1999, S. 7081 Rn. 23 (Adidas).

36   *Schulze/Schulte-Nölke*, Auslegung europäischen Privatrechts, 1999, S. 143, 159; *Schulze*, ebenda, S. 9, 13; zum vergleichsweise geringen Stellenwert der Wortlautmethode umfassend *Anweiler*, Auslegungsmethoden, S. 145 ff., 168 ff.

37   Lesenswert *Potacs*, EuR 2009, S. 265; auch *Franzen*, Privatrechtsangleichung, S. 452 ff.; *Streinz*, Festschrift Everling, 1995, S. 1491.

38   *Buck*, Über die Auslegungsmethoden, S. 208 ff.; *Everling*, JZ 2000, S. 217, 223.

39   Nur *EuGH* Slg. 1999, S. 7081 Rn. 24 (Adidas); *Franzen*, Privatrechtsangleichung, S. 453.

d) Die autonome Auslegung

Als wichtiger Grundsatz der Auslegung und auch als gewisse Besonderheit ist die   **104**
„autonome Auslegung" anzusehen. Sie stellt allerdings **keine eigentliche Methode**
der Auslegung dar. Der Begriff autonome Auslegung wird vielmehr verwendet, um
zu bezeichnen, welches Recht bei der Auslegung zugrunde gelegt wird. Autonom bedeutet im Zusammenhang des EU-Rechts, dass die Auslegung von den Inhalten der
nationalen Gesetze und den Auffassungen der nationalen Gerichte *gelöst*, nämlich **allein aus dem AEUV und dem dazu gehörigen EU-Recht erfolgt**.[40]

Vertraut ist der Begriff insbesondere in Bezug auf die prozessualen und kollisionsrechtlichen Verordnungen, wie etwa die EuGVVO (früher auch schon für das
EuGVÜ) und die Rom-Verordnungen (sowie früher das EVÜ). Auch Richtlinien
müssen aber jedenfalls im Ansatz autonom ausgelegt werden.[41] Die in Richtlinien
verwendeten Rechtsbegriffe können also nicht ohne weiteres den entsprechenden Begriffen des nationalen Rechts gleichgesetzt werden.[42] Die autonome Auslegung wird
nicht in allen Einzelfragen verwendet, sondern nur, wenn sie **im jeweiligen Zusammenhang brauchbar** erscheint.[43]

Das Gegenstück zur autonomen Auslegung ist die vergleichende Auslegung, bei der
die Lösung der Zweifelsfrage gerade nicht aus dem EU-Recht selbst, sondern aus den
Rechtsordnungen der Mitgliedstaaten heraus gesucht wird.

e) Rechtsvergleichende Auslegung

Der EuGH verwendet gelegentlich auch die rechtsvergleichende Auslegung, indem er   **105**
auf die nationalen Rechtsordnungen der Mitgliedstaaten zurückgreift und von
diesen Schlüsse auf das EU-Recht zieht.[44] Die rechtsvergleichende Auslegung wird
vom EuGH besonders dann verwendet, wenn es darum geht, allgemeine Rechts-

---

40 *Riesenhuber*, Europäische Methodenlehre § 11 Rn. 4 ff.; ausdrücklich verwendet der *EuGH* den Begriff der autonomen Auslegung, wenn es um Übereinkommen geht, vgl. zum EuGVÜ (jetzt EuG-
VVO) *EuGH* Slg. 1997, S. 3768, 3795 (Benincasa) (zum Verbraucherbegriff); auch bei der Auslegung des Vertrags geht er oftmals rein autonom vor, siehe etwa *EuGH* Slg. 1982, S. 1035, 1048 ff.
(Levin); vgl. aber auch *Habersack*, WM 2000, S. 981, 984, der „autonom" als eigenständig *in Hinblick auf die Methode* versteht.

41 Grabitz/Hilf/*Micklitz*, Das Recht der EU, Band IV, Vor A 2 Rn. 32; vgl. auch die Entscheidung *EuGH*
Slg. 1994, S. 1311, 1321 (Christel Schmidt), die *Franzen*, in: Jahrbuch junger Zivilrechtswissen-
schaftler 1997, S. 285, 287 ff. gerade auf die Frage der autonomen Auslegung hin analysiert hat; *ders.*,
Privatrechtsangleichung, S. 478 ff. setzt sich ausführlicher und zugleich kritisch mit der autonomen
Auslegung von Richtlinien durch den *EuGH* auseinander, die er wegen des den Richtlinien innewoh-
nenden Bezugs zum nationalen Recht für bedenklich hält.

42 *Roth*, BGH-Festgabe, 2000, Band 2, S. 847, 873; auch *EuGH* Slg. 1982, S. 1363 Rn. 19 f. (Pomme-
rehnke), wo „Kaufvertrag" ausdrücklich abweichend vom nationalen Recht verstanden wird.

43 Diese Mischung aus autonomer Auslegung und anderen Erwägungen (etwa Auslegung nach der lex
fori) lässt sich gut am Beispiel der EuGVVO (früher EuGVÜ) erkennen. Autonom erfolgte zB die
Auslegung des Begriffs „Verbrauchervertrag" in *EuGH* Slg. 1993, S. 139 Rn. 18 (Shearson Lehman
Hutton), sowie *EuGH* Slg. 2005, S. 439 Rn. 31 (Gruber); nach dem nationalen Recht der jeweiligen
lex fori bestimmte der *EuGH* dagegen den Zeitpunkt des Eintritts der Rechtshängigkeit für Art. 21
EuGVÜ, vgl. *EuGH* Slg. 1984, S. 2397, 2408 (Zelger/Salinitri) – dazu jetzt Art. 27 EuGVVO sowie
die ausdrückliche Regelung in Art. 30 EuGVVO.

44 *Everling*, ZEuP 1997, S. 796, 802; *Anweiler*, Auslegungsmethoden, S. 277 ff. kritischer *Riesenhuber/
Schwartze*, Europäische Methodenlehre, § 4 Rn. 23 ff.

grundsätze für das EU-Recht zu erschließen, die dieses selbst nicht – genau genommen sollte es heißen: nicht ausdrücklich – enthält.[45] Die Beispiele für diese Rechtsprechung stammen fast immer aus dem Bereich des primären Vertragsrechts.[46] So leitet der EuGH ein allgemeines Verbot des Rechtsmissbrauchs aus den Rechtsordnungen der Mitgliedstaaten ab.[47]

Wieweit der EuGH auch bei der Auslegung von Richtlinien in geeigneten Fällen zur Rechtsvergleichung greifen wird, ist noch unklar. Die Rechtsvergleichung wird stets **eher bei allgemeineren Fragen** eine Rolle spielen können. Richtlinien müssen zudem, wie soeben dargestellt, „autonom" EU-rechtlich ausgelegt werden. Darin scheint zunächst ein Widerspruch zur gleichzeitigen rechtsvergleichenden Auslegung zu liegen, da der Rückgriff auf das nationale Recht gerade nicht erfolgen soll. Das täuscht jedoch. Da die Richtlinien ihrerseits **rechtsvergleichend zustande gekommen** sind, entspricht es ihnen oftmals gerade, sie (wiewohl vorsichtig und wertend, ohne Aufgabe der Autonomie) rechtsvergleichend auszulegen. Die autonome Auslegung führt dann also zum Rechtsvergleich. Auch die **Lando-Grundregeln**[48] können hierbei gelegentlich nützlich sein. Sie haben zwar bei der Auslegung von Richtlinien keinerlei Verbindlichkeit. Sie heranzuziehen kann aber der Vereinfachung dienen, weil sie bereits fertige, rechtsvergleichend – wiewohl zugleich auch wertend – zusammengetragene Grundgedanken europäischen Privatrechts sind.[49] Jedoch ist darauf zu achten, dass die Lando-Grundregeln nicht am Verbraucherschutz orientiert sind. Wo immer die Richtlinien verbraucherschützenden Charakter haben, muss also bei der Heranziehung der Lando-Grundregeln mit besonderer Vorsicht vorgegangen werden.

106 Aus methodischer Sicht ist von Interesse, dass der EuGH nie streng rechtsvergleichend arbeitet. Er vergleicht nicht etwa alle zur Verfügung stehenden Rechtsordnungen, sondern er geht wertend vor und zieht **nur ausgewählte Rechtsordnungen** heran,[50] denen er Anregungen entnimmt.[51] Insgesamt muss die (in dieser Form durchgeführte) Rechtsvergleichung als wichtige Methode eingeschätzt werden.

---

45 *Schulze*, ZfRV 1997, S. 183, 188; *Grundmann*, Europäisches Schuldvertragsrecht, S. 130 ff., 138; *Franzen*, Privatrechtsangleichung, S. 454.

46 Berühmt die Rechtsprechung zur Staatshaftung, etwa im Urteil Francovich, *EuGH* Slg. 1991, S. 5357; ansonsten wird die Rechtsvergleichung selten benannt, wiewohl sie in der Praxis am *EuGH* stattfindet, näher *Henninger*, Europäisches Privatrecht und Methode, S. 293 f.

47 So in den Entscheidungen *EuGH* Slg. 1998, S. 2843, 2869 Rn. 20 (Kefalas) und *EuGH* Slg. 2000, S. 1705, 1734 Rn. 33 (Diamantis); ohne Begründung ging der *EuGH* in der Entscheidung Dietzinger von der Akzessorietät der Bürgschaft aus. Darin liegt nichts anderes als ein vergleichender Blick auf die mitgliedstaatlichen Rechtsordnungen, die sich insofern – wie der *EuGH* offenbar als selbstverständlich ansah – gleichen, *EuGH* Slg. 1998, S. 1199, 1221.

48 Näher zu diesem Klauselwerk auch unten Rn. 552.

49 So auch *Schmidt*, Festschrift Großfeld, 1999, S. 1017, 1026; vgl. zum Charakter der Grundsätze nur Grundregeln des Europäischen Vertragsrechts, Teil III, 2005, S. XIX.

50 Das beschreibt etwa *Grundmann*, Europäisches Schuldvertragsrecht, S. 133; *Everling*, ZEuP 1997, S. 796, 802; aus der Rechtsprechung selbst vgl. nur *EuGH* Slg. 1982, S. 1575 Rn. 18 ff. (AM&S); mehr Rechtsvergleichung fordert *Remien*, RabelsZ 62 (1998), S. 627, 646 vom *EuGH*.

51 Das wird ebenfalls erkennbar in *EuGH* Slg. 1982, S. 1575 Rn. 18 ff. (AM&S); mit weiteren Beispielen *Anweiler*, Auslegungsmethoden, S. 282 ff.; *Franzen*, Privatrechtsangleichung, S. 455, spricht daher nicht von einer Auslegungs- sondern von einer Arbeitsmethode.

Zusätzlich betreibt der EuGH noch eine ganz andere Art von Vergleich. Er vergleicht, wenn nötig, auch die Fassungen des AEUV sowie des sekundären EU-Rechts in den verschiedenen Sprachen.[52] Dieser **Wortlautvergleich** gehört eher in den Bereich der wörtlichen oder auch systematischen Auslegung.[53]

III. Rechtsfortbildung im EU-Recht

1. Rechtsfortbildung

Der EuGH nimmt neben der bloßen Auslegung im engen Sinne auch eine Fortbildung des EU-Rechts vor.[54] Dabei unterscheidet der EuGH anders als die gängige deutsche Methodenlehre **nicht** zwischen beiden Vorgängen.[55] Er bezeichnet **auch die Rechtsfortbildung als „Auslegung".**[56] Im Folgenden sei nur noch ein Blick auf den Analogieschluss als eine Methode der Rechtsfortbildung geworfen.

107

2. Analogie als vom EuGH genutzte Methode

Der EuGH kennt die Analogie im klassischen Sinne.[57] Sie ist allerdings in seiner Rechtsprechung auffallend selten.[58] Greifen Normen des primären und sekundären EU-Rechts nicht ein, orientiert der EuGH sich bei seinen Entscheidungen in der Regel an allgemeinen Rechtsgrundsätzen, ohne Überlegungen zur Analogie anzustellen. Das hat einen Grund. Der EuGH muss nämlich nur selten kleine (planwidrige) Lücken stopfen.[59] Meist steht er vor **großflächig ungeregelten Rechtsbereichen.** Die Staatshaftungsrechtsprechung, die der EuGH für die Fälle fehlerhaft umgesetzter

108

---

52 *EuGH* Slg. 1982, S. 3415, 3430 (C.I.L.F.I.T.); *EuGH* Slg. 1998, S. 1605 Rn. 34 ff. (EMU Tabac), dazu *Schmidt*, RabelsZ 59 (1995), S. 576*;* Schulze/*Schulte-Nölke*, Auslegung europäischen Privatrechts, 1999, S. 143, 158.

53 So auch *Anweiler*, Auslegungsmethoden, S. 146 ff.

54 *Anweiler*, Auslegungsmethoden, S. 35, nennt als Grund für die Häufigkeit zu Recht die Lückenhaftigkeit des EU-Rechts. Ähnlich auch *Everling*, JZ 2000, S. 217, 220 f., der allerdings zugleich die terminologischen Unklarheiten zwischen Rechtsfortbildung und Auslegung kurzerhand umgekehrt zum Üblichen überwindet, indem er schon die Auslegung mit unter die Rechtsfortbildung fasst (S. 218); kritisch *Möllers*, EuR 1998, S. 20.

55 Speziell zur Methodik (allerdings weitgehend inhaltlich) *Ukrow*, Richterliche Rechtsfortbildung, S. 109 ff.

56 Kritisch dazu *Schweitzer/Hummer/Obwexer*, Europarecht, Rn. 451; *Grundmann/Riesenhuber*, JuS 2001, S. 529, 535; die Gleichsetzung des *EuGH* übernehmend *Schulze*, ZfRV 1997, S. 183, 185 und 188; *Anweiler*, Auslegungsmethoden, S. 38; *Borchardt*, Gedächtnisschrift Grabitz, 1995, S. 29, 37; differenzierend dagegen *Franzen*, Privatrechtsangleichung, S. 358 f.: Während das EU-Recht keine unterschiedlichen Anforderungen an Auslegung und Rechtsfortbildung kenne, müssten bei der Rechtsfortbildung in Deutschland andere Voraussetzungen erfüllt sein als bei der Auslegung. Im Ergebnis die Übereinstimmung von Auslegung und Fortbildung des Rechts betonend auch *Esser*, Grundsatz und Norm, S. 259.

57 *EuGH* Slg. 1975, S. 261 Rn. 3 (Reich); *EuGH* Slg. 1985, S. 3997, 1. LS (Krohn).

58 Aufschlussreich die Untersuchung *Ukrows*, Richterliche Rechtsfortbildung, S. 70 ff., 109 ff., der sie zwar als dem *EuGH* geläufig erwähnt (S. 123 ff.), jedoch offenbar keiner besonderen Analyse für Wert hält.

59 Ein Beispiel für einen Fall, in dem eine Analogie durchaus möglich gewesen wäre, und der *EuGH* Überlegungen dazu auffällig unterlassen hat, ist der Fall Berliner Kindl, *EuGH* Slg. 2000, S. 1741 (dazu näher unten Rn. 399).

Richtlinien entwickelt hat, ist dafür ein bekanntes Beispiel.[60] Es bestand hier keine Möglichkeit, über Analogien zu etwaigen im EU-Recht geregelten Rechtsfragen zu einer Lösung zu kommen. Vielmehr musste eine auf allgemeinen Rechtsgrundsätzen aufbauende, freie Rechtsfortbildung betrieben werden. In dem Versuch, die Vorgehensweise des EuGH methodisch zu beschreiben, ist diese Technik als **prinzipiengeleiteter Analogieschluss** bezeichnet worden.[61]

Ob dem EuGH hier nicht zu viel der Ehre erwiesen wird, kann offenbleiben. Es ist wohl nicht falsch, die **eher vage Vorgehensweise** des EuGH methodisch zu untermauern und so zu stabilisieren. Inhaltlich richtig ist die Beobachtung, dass der EuGH sich in typischer Weise und häufig auf allgemeine Rechtsgrundsätze stützt.

109 Bei Rechtsfragen, die sich innerhalb des Anwendungsbereichs oder zu den Grenzen des Anwendungsbereichs von Richtlinien stellen, kann die Analogie dagegen eine größere Bedeutung erhalten. Etwas umstritten ist dabei allerdings das Verhältnis zu den **Umgehungsverboten**. Ein solches Umgehungsverbot enthalten nach allgemeiner Ansicht sämtliche verbraucherschützende Richtlinien, wiewohl nicht alle es ausdrücklich benennen.[62] Im nationalen Recht wurde das Umgehungsverbot jeweils kodifiziert (vgl. insbesondere § 312i BGB). Ob dieses Umgehungsverbot letztlich nur deklaratorisch ist, und es sich methodisch um ohnehin aus dem Gesetzeszweck folgende Formen der Analogie bzw teleologischen Reduzierung handelt, ist streitig.[63] Soweit eine Analogie im Bereich der Tatbestandsvoraussetzungen gut zu begründen ist, tritt das Umgehungsverbot richtiger Ansicht nach zurück.[64]

3. Wertung

110 Auch bei der Rechtsfortbildung bestehen keine grundlegenden methodischen Unterschiede zwischen dem EU-Recht und dem nationalen Recht. Die Rechtsfortbildung wird im EU-Recht auf ähnliche Art vorgenommen wie im nationalen Recht, wenn auch **mit geringerem Begründungsaufwand**.[65] Anders als im nationalen Recht ist allerdings im EU-Recht die Rechtsfortbildung sehr häufig, weil dieses Recht, wie soeben dargestellt (Rn. 96 f.), **noch neu und sehr lückenhaft** ist. Dabei betrifft der Großteil der Rechtsfortbildung die sogenannten Grundsätze des EU-Rechts, also Bereiche des primären Rechts. Auch im Privatrecht werden aber Rechtsgrundsätze erkennbar (dazu unten Rn. 223 ff.).

---

60 Zur Staatshaftungsrechtsprechung im Falle der Verletzung der Pflicht zur Umsetzung von Richtlinien vgl. oben Rn. 86.
61 Im Gegensatz zu dem üblichen auf Normen (=Regeln) gestützten Analogieschluss *Langenbucher*, in: Jahrbuch junger Zivilrechtswissenschaftler 1999, S. 65, 79 ff.
62 Art. 6 Abs. 2 Klausel-RL enthält nur ein Verbot der Umgehung durch Rechtswahl; die Fernabsatz-RL enthält ebenfalls kein ausdrückliches Umgehungsverbot.
63 Dafür Bamberger/Roth/*Maume*, BGB, § 312i Rn. 4; MünchKommBGB/*Wendehorst*, § 312i Rn. 20 f.; anwendend jedoch *OLG Schleswig*, CR 2003, S. 300.
64 Vgl. nochmals MünchKommBGB/*Wendehorst*, § 312i Rn. 20 f.; umgekehrt Kohte/Micklitz/*Micklitz*, Das neue Schuldrecht, § 312f BGB Rn. 4 mit der Ansicht, das Umgehungsverbot erübrige die Analogie.
65 Zur Rechtsfortbildung auf dem Gebiet des Verbraucherschutzrechts *Lieb*, Festschrift Gaul, 1997, S. 381, 383.

IV. Zusammenfassung

Die für das EU-Recht anzuwendenden Auslegungsmethoden sind den nationalen Methoden nah verwandt.[66] Inhaltlich werden sie allerdings um **einige zusätzliche Erwägungen** ergänzt. Wichtig ist, dass über den Grundsatz des „effet utile" die Ziele des EU-Rechts mit in die Auslegung der konkreten Norm einbezogen werden. Da diese Ziele sich von den Zielen des nationalen Privatrechts oft massiv unterscheiden, sind – trotz der Methodengleichheit – auch die **Auslegungsergebnisse oft anders** als bei rein nationaler Betrachtungsweise. **111**

Ein auch methodisch wesentlicher Unterschied bei der Auslegung entsteht dadurch, dass sich das europäische Recht **noch im Entstehungsprozess** befindet. Das führt dazu, dass bei der Auslegung öfter weitreichendere systematische Erwägungen angestellt werden müssen, als dies bei den lückenlosen und fertigen Regeln des nationalen Rechts vorkommt. Umso mehr wird es nötig, die Ziele und die Prinzipien des EU-Privatrechts heranzuziehen, soweit diese erkennbar sind.

C. Die Auslegung von nationalem Recht mit EU-rechtlichem Hintergrund

I. Europäische Auslegung

Bisher war von der Auslegung der Rechtsakte der EU die Rede. Ganz andere Auslegungsprobleme ergeben sich, wenn es darum geht, **nationales Recht „europäisch" auszulegen.** Dafür sind die Mitgliedstaaten zuständig, und es gelten die nationalen Auslegungsmethoden. Jedoch darf auch hierbei das EU-Recht nicht unberücksichtigt bleiben. Wie sich oben schon gezeigt hat (Rn. 75), müssen zB die Grundfreiheiten bei der Ausfüllung der Generalklauseln berücksichtigt werden. Wo Richtlinien existieren, muss das nationale Recht **richtlinienkonform** ausgelegt werden. Und ganz generell sollte im Rahmen des allgemeinen **Grundsatzes der Europarechtsfreundlichkeit** der Blick auf die Rechtsordnungen anderer Mitgliedstaaten und die allgemeinen Rechtsgrundsätze der EU verstärkt sein. **112**

II. Grundlagen der richtlinienkonformen Auslegung

Richtlinienkonforme Auslegung bedeutet, dass eine Norm des nationalen Rechts so ausgelegt wird, dass sie mit den Vorgaben aus den Richtlinien übereinstimmt.[67] Im Grundsatz ist die Notwendigkeit richtlinienkonformer Auslegung von in das nationale Recht umgesetztem Richtlinienrecht allgemein anerkannt. **113**

---

66 Übereinstimmung sieht auch *Franzen*, Privatrechtsangleichung, S. 455.
67 Sie hat also mit den oben (Rn. 100 ff.) angesprochenen Methoden der Auslegung des Unionsrechts selbst nichts zu tun.

Die richtlinienkonforme Auslegung ist dogmatisch unproblematisch, solange es um Normen geht, die der nationale Gesetzgeber **zum Zweck der Umsetzung** einer Richtlinie in das nationale Recht eingefügt hat, und deren Wortlaut eine Auslegung im Sinne der Richtlinie (noch) deckt. Dann gelangt man mit den anerkannten Auslegungsmethoden ohnehin zu dem Ergebnis, dass die neue Norm im Sinne der Richtlinie zu verstehen ist: Da der nationale Gesetzgeber die Richtlinie korrekt umsetzen wollte, **entspricht es seinem Willen**, dass das nationale Recht richtlinienkonform ausgelegt wird.[68]

Die dogmatische Herleitung und die Reichweite der richtlinienkonformen Auslegung erlangen jedoch Bedeutung, wenn eine Richtlinie vom Gesetzgeber bewusst oder unbewusst **gar nicht, unvollständig oder verändert** in nationales Recht umgesetzt worden ist.

III. Richtlinienkonforme Auslegung als Gebot des EU-Rechts

114   Vereinfacht kann man sagen: Weil die Pflicht zur Umsetzung der Richtlinien besteht, besteht auch die Pflicht zur richtlinienkonformen Auslegung.

Die richtlinienkonforme Auslegung ergab sich nach ganz hA bereits früher aus Art. 249 EGV (nun Art. 288 AEUV) verbunden mit der Pflicht zur Loyalität (früher „Gemeinschaftstreue") nach Art. 10 EGV (nun Art. 4 Abs. 3 EUV).[69] Denn die richtlinienkonforme Auslegung vollendet erst die korrekte Umsetzung. Jetzt ist sie zusätzlich **(beinahe) ausdrücklich in Art. 291 Abs. 2 AEUV** enthalten.

Dem kann nicht entgegen gehalten werden, dass die nationalen Gerichte unabhängig seien, und in ihrer Auslegung, anders als die Legislative, gerade keiner unmittelbaren Pflicht zur Umsetzung des EU-Rechts unterlägen.[70] Denn die Unabhängigkeit der Gerichte führt nicht dazu, dass sie das Recht – sei es solches deutschen oder europäischen Ursprungs – falsch anwenden oder nach Belieben auslegen könnten. (Dazu, dass die Verletzung der EU-rechtlichen Umsetzungspflicht durch die Gerichte sogar Sanktionen zur Folge haben kann, schon oben Rn. 87). Es besteht also ein europarechtliches Gebot zur richtlinienkonformen Auslegung. Dieses Gebot muss **auch von den Gerichten** stets beachtet werden. Hand in Hand mit der Pflicht zur richtlinienkonformen Auslegung geht die in Art. 267 AEUV enthaltene Pflicht zur Vorlage an den EuGH bei Zweifeln über Auslegungsfragen.[71]

---

68   Nur *Lutter*, JZ 1992, S. 593, 598; enger offenbar *Franzen*, JZ 2003, S. 321, 324, jedenfalls für den Fall, dass konkretere inhaltliche Erwägungen des Gesetzgebers erkennbar sind.
69   So die hA vgl. nur Gebauer/Wiedmann/*Gebauer*, Zivilrecht unter europäischem Einfluss, Kap. 4 Rn. 29, 32; *Jarass*, Grundfragen der innerstaatlichen Bedeutung des EG-Rechts, S. 6 ff., 9; anders noch *Ehricke*, RabelsZ 59 (1995), S. 599, 614 mwN; *Scherzberg*, Jura 1993, S. 225, 231. Beides bejaht insbesondere *Franzen*, Privatrechtsangleichung, S. 294 ff., 314 ff.
70   Nochmals *Ehricke*, RabelsZ 59 (1995), S. 599, 615 f.
71   Davon geht auch der *EuGH* aus, etwa in *EuGH* Slg. 1990, S. 4135, 2. LS (Marleasing); bestätigend *Basedow*, Festschrift Brandner, 1996, S. 651, 657; *Jarass*, EuR 1991, S. 211, 216 spricht insgesamt von einer dem EU-Recht durch zulässige Rechtsfortbildung entnommenen Pflicht.

Dass die richtlinienkonforme Auslegung aus dem EU-Recht abzuleiten ist, hat praktische Bedeutung. Es bringt mit sich, dass der **Wille des nationalen Gesetzgebers in seiner Bedeutung für die Auslegung verliert**. Ob er allerdings ganz unbeachtlich sein soll oder ob ihm doch noch Bedeutung zukommt, ist streitig.

IV. Die Reichweite der richtlinienkonformen Auslegung nationaler Gesetze

Literaturhinweis: *Wendel/Stöbener,* Gerichtlicher Dialog und europarechtskonforme Rechtsfortbildung (Klausur), Jura 2010, S. 536.   **115**

> **Beispiel 6** – nach EuGH Slg. 2008, S. 2685 (Quelle): Frau Fleißig hat sich bei Quelle einen Herd bestellt. Als dieser nach einigen Monaten kaputt geht, verlangt sie Ersatzlieferung. Quelle liefert einen Ersatzherd, verlangt aber Wertersatz in Höhe von 67,86 Euro für die Nutzung des alten Herds.

1. Richtlinienkonforme Auslegung gegen den Willen des nationalen Gesetzgebers

Die nationalen Gerichte sind nach Ansicht des EuGH verpflichtet, „soweit irgend möglich" einen Weg zur richtlinienkonformen Auslegung zu finden.[72]   **116**

Nach überzeugender Ansicht hat eine richtlinienkonforme Auslegung auch dann zu erfolgen, wenn der Gesetzgeber bei der Umsetzung – bzw durch die Nichtumsetzung – *bewusst* richtlinienwidrig vorgegangen ist.[73] Denn der durch Art. 23 Abs. 1 GG ausdrücklich auch im Grundgesetz bestätigte Vorrang des EU-Rechts enthält **nicht die Möglichkeit des absichtlichen Abweichens von der Richtlinie**.[74]

2. Richtlinienkonforme Auslegung und andere Auslegungsmethoden

Damit ist aber noch nicht gesagt, dass das nationale Recht in jedem Fall richtlinienkonform ausgelegt werden *kann*.   **117**

Es muss vielmehr noch geklärt werden, in welchem Verhältnis die richtlinienkonforme Auslegung zu den übrigen Auslegungskriterien steht. Wie ist es etwa, wenn der Wortlaut des nationalen Gesetzes mit der Richtlinie schlichtweg unvereinbar ist? Wie ist es, wenn der Wortlaut der Norm die richtlinienkonforme Auslegung zwar noch decken würde, andere Auslegungskriterien einem solchen Normverständnis aber widersprechen würden?

---

72 *EuGH* Slg. 1990, S. 4135, 4159 (Marleasing); *EuGH* Slg. 1994, S. 3325, 3357 (Faccini Dori); *EuGH* Slg. 2004, S. 8835 Rn. 113 (Pfeiffer); *EuGH* Slg. 2006, S. 6091 Rn. 108 (Adeneler); zum Ganzen ausführlich *Franzen*, Privatrechtsangleichung, S. 340 ff. und Gebauer/Wiedmann/*Gebauer*, Zivilrecht unter europäischem Einfluss, Kap. 4 Rn. 17 ff.

73 *EuGH* Slg. 2004, S. 8835 (Pfeiffer); *BGH* NJW 2009, S. 427; *Herrmann*, Richtlinienumsetzung durch die Rechtsprechung, S. 138.

74 *Jarass*, EuR 1991, S. 211, 216; *Lutter*, JZ 1992, S. 593, 605, spricht für einen der Umsetzung entgegenstehenden Willen von einem unbeachtlichen „venire contra factum proprium".

Hier muss zunächst methodisch gedacht werden: *Auslegung* liegt nur vor, solange sich der Rechtsanwender **innerhalb der Wortlautgrenze** bewegt. Wird diese überschritten, handelt es sich um Rechtsfortbildung. Solange es um einfache Auslegung geht, müssen tatsächlich alle systematischen oder teleologischen Bedenken zurückstehen, wenn sie einer richtlinienkonformen Auslegung entgegenstehen. Man kann also sagen, dass die Auslegung im Sinne der Richtlinie **Vorrang vor den anderen Auslegungskriterien** hat.

3. Richtlinienkonforme Rechtsfortbildung

118 Während man sich bei der Auslegung stets auf dem Boden des Wortlauts der Norm bewegt, entfernt man sich bei der Rechtsfortbildung davon, und erweitert das geschriebene Recht durch Analogie oder schränkt es durch teleologische Reduktion (als umgekehrte Analogie) ein. Daran, dass **richtlinienkonforme Rechtsfortbildung** generell möglich ist, bestehen keine Zweifel.[75] Die Grenzen richtlinienkonformer Rechtsfortbildung sind in den letzten Jahren jedoch *das* aktuelle Thema des EU-Rechts gewesen.[76] Die Frage, ob eine Rechtsfortbildung im Sinne einer Richtlinie möglich ist, selbst wenn das nationale Privatrecht sie aus sich heraus nicht hergeben würde, wird oftmals unter dem Schlagwort „richtlinienkonforme Auslegung contra legem" diskutiert.[77]

Um die Diskussion gut nachvollziehen zu können, muss man beachten, dass innerhalb der Diskussion manche Begriffe sehr unterschiedlich verwendet werden. Der EuGH spricht wie gezeigt immer von Auslegung, auch wenn es um Analogie geht. Der EuGH hat außerdem auch ausgesprochen, die richtlinienkonforme Auslegung dürfe nicht Grundlage für eine Auslegung des nationalen Rechts contra legem werden.[78] Damit meint der EuGH aber nicht die Wortlautgrenze, sondern er will nur betonen, dass **nationale Methoden die Analogie noch tragen müssen.**

119 Will man zu einer brauchbaren Lösung gelangen, so eignet sich als Ausgangspunkt aller Überlegungen der Grundgedanke, dass die richtlinienkonforme Auslegung etwas anderes ist und bleiben muss als die unmittelbare Wirkung von Richtlinien, welche es ja im Privatrecht nicht gibt.[79] Der Vertrauensschutz, den das Verbot der unmittelbaren Anwendung der Richtlinien im Privatrecht anstrebt, darf **nicht durch die übermäßige richtlinienkonforme Auslegung ausgehebelt** werden. Daher muss die richtlinienkonforme Auslegung des nationalen Rechts letztlich unbedingt aus dem na-

---

75 Nur *BGH* NJW 2009, S. 427, 429: „Der Grundsatz der richtlinienkonformen Auslegung fordert deshalb auch, das nationale Recht, wo dies nötig und möglich ist, richtlinienkonform fortzubilden."

76 Zusammenfassend Gebauer/Wiedmann/*Gebauer*, Zivilrecht unter europäischem Einfluss, Kap. 4 Rn. 37 ff.

77 Grundlegend *Möllers*, EuR 1998, S. 20.

78 *EuGH* Slg. 2006, S. 6057 (Adeneler).

79 Zu diesem Zusammenhang *Lorenz*, LMK 2009, 273611; *Jarass*, EuR 1991, S. 211 f.; *Steindorff*, EG-Vertrag und Privatrecht, S. 450 f.; hart *Oppermann*, Europarecht, § 6 Rn. 93, der beides stark verbindet und die richtlinienkonforme Auslegung ohnehin als Form der indirekten Drittwirkung (also der horizontalen Direktwirkung) bezeichnet; der *EuGH* verneinte in Slg. 1990, S. 4135 (Marleasing) die unmittelbare Wirkung einer Richtlinie (S. 4145) und sprach aus, dass stattdessen das nationale Recht richtlinienkonform auszulegen sei (S. 4146) – dazu auch *Curtin*, CMLR 27 (1990) S. 708, 724. Zur fehlenden Direktwirkung privatrechtlicher Richtlinien oben Rn. 82.

tionalen Recht selbst ablesbar sein, und sie darf nicht faktisch einer Direktwirkung der Richtlinien gleichkommen. Zutreffend ist daher die Auffassung, nach der eine richtlinienkonforme Rechtsfortbildung nationalen Rechts nur dann möglich ist, wenn sie sich mit den nationalen Normen vereinbaren lässt.[80] Das ist insbesondere dann nicht möglich, wenn der klare gesetzgeberische Wortlaut sie ausschließt.[81]

Möglich ist die **korrigierende Rechtsfortbildung** insbesondere dann, wenn eine Umsetzung *versehentlich* unvollständig geblieben ist.[82] Dann liegt eine ungewollte Regelungslücke vor und es ist ohne weiteres anzunehmen, dass diese im Sinne der Richtlinie gefüllt werden muss. **120**

Streitig bleiben damit vor allem die Fälle, in denen eine Umsetzung *bewusst* **fehlerhaft** erfolgte. Nimmt man die oben angesprochene Ansicht ernst, nach der ein gegen EU-Recht und Art. 23 Abs. 1 GG verstoßender Wille des Gesetzgebers letztlich unbeachtlich sei, so muss man sich selbst darüber hinwegsetzen.[83]

Die richtlinienkonforme Rechtsfortbildung ist also nach überzeugender Ansicht immer dann möglich, wenn **nicht der klare Wortlaut des Gesetzes sie verbietet**. **121**

Im einleitenden **Beispiel 6** (Rn. 115) war die gesetzliche Ausgangslage folgendermaßen: § 439 Abs. 4 BGB besagte damals: „Liefert der Verkäufer zum Zwecke der Nacherfüllung eine mangelfreie Sache, so kann er vom Käufer Rückgewähr der mangelhaften Sache nach Maßgabe der §§ 346 bis 348 verlangen." Nach § 346 Abs. 1 BGB sind im Falle des Rücktritts die empfangenen Leistungen zurück zu gewähren und die gezogenen Nutzungen herauszugeben.

Bei unbefangener Lektüre ergab sich aus dem BGB also sehr deutlich der Anspruch des Verkäufers (hier Quelle) gegen den Verbraucher auf Nutzungsersatz. Diese Regelung entsprach jedoch nicht der Verbrauchsgüterkauf-RL, die Nutzungsersatz für den Fall der Nachlieferung nicht vorsieht.

Der BGH korrigierte hier das Gesetz, indem er § 439 Abs. 4 BGB durch Rechtsfortbildung einschränkte: Er entschied, der Verweis in § 439 Abs. 4 BGB erfasse nicht den Anspruch des Verkäufers gegen den Verbraucher auf Wertersatz für die Nutzung der mangelhaften Sache.[84]

Damit hat der BGH die Grenzen der Rechtsfortbildung zwar weit gedehnt, aber wohl nicht überschritten. Es ist möglich, eine Lücke im Gesetz anzunehmen, die im Sinne der Richtlinie ausgefüllt wird. Der BGH ist dabei so vorgegangen, dass er zugleich einen ungewollten Umsetzungsfehler angenommen hat. So brauchte er sich nicht mit der Frage des entgegenstehenden gesetzgeberischen Willens auseinanderzusetzen. Nach der hier vertretenen Auffassung hätte aber selbst ein erkennbar entgegenstehen- **122**

---

80 *BGH* NJW 2009, S. 427, 429.
81 Ganz hA; ausführlich zu den Grenzen der europarechtskonformen Rechtsfortbildung *Herresthal*, EuZW 2007, S. 396, 399 f. Für die richtlinienkonforme Auslegung besonders deutlich *Herrmann*, Richtlinienumsetzung durch die Rechtsprechung, S. 138; auch Riesenhuber/*Roth*, Europäische Methodenlehre, § 14 Rn. 53.
82 Ähnlich Riesenhuber/*Domröse*, RIW 2005, S. 47, 52.
83 Langenbucher/*Langenbucher*, Europarechtliche Bezüge des Privatrechts, § 1 Rn. 90 ff.; *Franzen*, Privatrechtsangleichung, S. 361, 403.
84 *BGH* NJW 2009, S. 427.

der Wille des Gesetzgebers die Rechtsfortbildung nicht gehindert. Erst wenn der Gesetzgeber diesen Willen im Gesetz selbst erkennbar gemacht hätte, indem er eine klare Regelung gerade für Verbraucher aufgenommen hätte („auch der Verbraucher hat Nutzungsersatz zu leisten"), wäre der Raum für die Rechtsfortbildung versperrt gewesen.[85]

4. Richtlinienkonforme Auslegung bei überschießender Umsetzung

123 Wenn über die Auslegung von überschießend umgesetztem Recht gesprochen wird, müssen die zwei oben (Rn. 91 f.) beschriebenen Arten der überschießenden Umsetzung auseinandergehalten werden. Nimmt der nationale Gesetzgeber **neue, über die Richtlinie hinausgehende Elemente** in das umsetzende Gesetz auf, so ist eine richtlinienkonforme Auslegung in Bezug auf diese neuen Elemente **nicht möglich**. Denn die Richtlinie enthält die in Frage stehenden Elemente gar nicht.

124 Anders ist es in dem „Normalfall" der überschießenden Umsetzung, also in den Fällen, in denen der nationale Gesetzgeber den **Anwendungsbereich** der Richtlinie erweitert. Typisches Beispiel ist die Umsetzung der Gleichbehandlungsrichtlinien. In § 19 AGG wurde der Geltungsbereich zusätzlich auf Religion, Behinderung, Alter und sexuelle Identität erweitert.

Nach ganz herrschender Ansicht ist es in der Regel sinnvoll, solche Normen **auch im überschießenden Bereich richtlinienkonform auszulegen**.[86] Eine solche richtlinienkonforme Auslegung im überschießenden Bereich ist aber **nicht zwingend geboten**. Weder im EU-Recht noch im nationalen Recht gibt es eine Regel, die diese vorschreiben würde. Dafür spricht aber, dass eine gespaltene Auslegung ein und derselben Norm stets bedenklich ist. Bei der überschießenden Umsetzung kommt noch ein Gedanke hinzu: Der Gesetzgeber hat ja einen Grund für die überschießende Umsetzung. Sein Wille ist es, dass bestimmte, von der Richtlinie nicht erfasste Sachverhalte rechtlich ebenso geregelt sein sollen, wie die von der Richtlinie erfassten Sachverhalte.[87] Es wird also in aller Regel **dem Willen des nationalen Gesetzgebers entsprechen**, dass auch die Auslegung der Norm insgesamt einheitlich erfolgt.

---

[85] *Mörsdorf*, EuR 2009, S. 219, 230 sieht eine Grenze der richtlinienkonformen Auslegung in der Umsetzungsverweigerung des nationalen Gesetzgebers. *Grosche/Höft*, NJW 2009, S. 2416 äußern Bedenken an der vom *BGH* vorgenommenen Gleichsetzung des Umsetzungswillens mit dem Regelungswillen des Gesetzgebers. Deswegen könne man sich bei einem entgegenstehenden Regelungswillen nicht auf die vom Gesetzgeber zugleich beabsichtigte Richtlinienkonformität berufen.
[86] Umfassend Gebauer/Wiedmann/*Gebauer*, Zivilrecht unter europäischem Einfluss, Kap. 4 Rn. 22 f.; Roth/*Habersack/Mayer*, Europäische Methodenlehre, § 15 Rn. 39; *Mayer/Schürnband*, JZ 2004, S. 545; Palandt/*Sprau*, BGB, Einleitung vor § 1 Rn. 44; anregend *Büdenbender*, ZEuP 2004, S. 36, 47 ff., der die Möglichkeit eines europarechtlichen Gebots sehr weit verfolgt.
[87] Vgl. zu dem dabei gelegentlich zutage tretenden übertriebenen Gleichbehandlungsbedürfnis *Artz*, BKR 2002, S. 603, 608.

5. Zeitlicher Beginn der richtlinienkonformen Auslegung

Nach herrschender und überzeugender Ansicht dürfen nationale Vorschriften schon **125** **vor Ablauf der Umsetzungsfrist** richtlinienkonform ausgelegt werden.[88] Eine EU-rechtliche Verpflichtung dazu besteht in aller Regel nicht.[89] Es handelt sich vielmehr um eine aus dem nationalen Recht abgeleitete **Zweckmäßigkeitserwägung**: Steht die Umsetzung einer Richtlinie bevor, so wäre es insbesondere bei neuen Rechtsfragen sinnlos, zunächst noch eine die Richtlinie ignorierende Lösung anzuwenden. Zu Recht ist allerdings aufgezeigt worden, dass dies in extremen Fällen anders sein kann, weil die Nichtbeachtung der Richtlinie eine spätere wirksame Umsetzung gerade unmöglich zu machen droht.[90] Das kann allerdings durch die *Auslegung* von nationalem Recht, um die es hier geht, nur sehr selten geschehen. Typischer ist der Fall, dass der nationale Gesetzgeber vor Ablauf der Umsetzungsfrist (vorübergehend) ein Gesetz erlässt, welches den Richtlinienzweck gerade unterläuft. In beiden Fällen spricht man von einem **„Frustrationsverbot"**. Die bekannteste Konstellation betrifft Fälle, in denen nationale Normen über die Zulässigkeit einer Befristung von Arbeitsverträgen weitherzig ausgelegt werden, kurz bevor eine Richtlinie solche Befristungen gänzlich verbietet.[91]

6. Zusammenfassung

Die Pflicht zur richtlinienkonformen Auslegung ist Teil des Gebots zur effektiven **126** Umsetzung, welches sich aus dem Gebot der Loyalität und dem Vorrang des EU-Rechts ergibt.

Sie ist – in ähnlicher Weise wie auch die verfassungskonforme Auslegung – vorzunehmen, **soweit es die auszulegende Norm nur zulässt**.[92] Ihre Grenzen findet die richtlinienkonforme Auslegung (einschließlich der Rechtsfortbildung) erst, wo der klare Wortlaut der Normen ein Verständnis im Sinne der Richtlinie nicht mehr zulässt.[93]

---

88 *BGH* NJW 1998, S. 2208, 2210 f. mit zustimmender Anmerkung von *Leible/Sosnitza*, NJW 1998, S. 2507 jedenfalls für den Fall, dass die umzusetzende Richtlinie dem nationalen Gesetzgeber in der betroffenen Frage ohnehin keinen Spielraum lässt; aus dem Schrifttum zB Langenbucher/*Langenbucher*, Europarechtliche Bezüge des Privatrechts, § 1 Rn. 101; *Lutter*, JZ 1992, S. 593, 605; dagegen *Brechmann*, Richtlinienkonforme Auslegung, 1994, S. 264 f.; *Ehricke*, RabelsZ 59 (1995), S. 598, 621 f.

89 *Röthel*, ZEuP 2009, S. 34; auch *Leible/Sosnitza*, NJW 1998, S. 2507, 2508; für eine *Verpflichtung* zur richtlinienkonformen Auslegung auch schon vor Ablauf der Umsetzungsfrist *Franzen*, Privatrechtsangleichung, S. 300 f.

90 Näher *Röthel*, ZEuP 2009, S. 34.

91 So auch in *EuGH* Slg. 2006, S. 6057 (Adeneler).

92 Eine Gleichsetzung erfolgt in Jarass/Pieroth/*Jarass*, GG, Art. 23 Rn. 41 GG.

93 Dazu oben Rn. 117.

V. Weitere Formen „europäischer" Auslegung des nationalen Rechts

1. Harmonisierende Auslegung

127 Neben die soeben vorgestellte „richtlinienkonforme Auslegung" können noch andere, allgemeinere und weitergehende Formen der europäischen Auslegung des nationalen Rechts treten. Insbesondere wird von der „harmonisierenden" Auslegung gesprochen.[94] Bei der harmonisierenden Auslegung geht es nicht um die zwingend vorgeschriebene Berücksichtigung von EU-Recht, sondern um ein **rechtsvergleichendes, rechtliche Gegensätze zwischen den Rechtsordnungen überwindendes Verständnis des nationalen Rechts**. Mit hierher gerechnet werden kann auch das Stichwort der Rechtsvereinheitlichung *durch Auslegung*.[95] Beides erscheint ebenso lobenswert wie utopisch, jedenfalls soweit der Wunsch nach europäischer Auslegung an die Praxis gerichtet ist.[96] Zwar ist es stets gut, wenn in der Praxis – und sei es aus einer Zufallskenntnis heraus – bei einer Zweifelsfrage der Blick auch auf das ausländische Recht gerichtet wird. Ernsthaft rechtsvergleichende Arbeit ist jedoch dermaßen aufwändig und fehlerträchtig, dass sie die Rechtspraxis allenfalls verunsichern kann. Bestehen allerdings bereits solide rechtsvergleichende Erkenntnisse durch wissenschaftliche Vorarbeit, so ist kein Grund ersichtlich, die Praxis nicht darauf zurückgreifen zu lassen. Dabei gibt es aber eine wichtige Grenze: **Das geschriebene nationale Recht muss die rechtsvergleichende Auslegung tragen.**

2. Historische Rechtsvergleichung

128 Sehr weit entwickelt hat sich in den letzten Jahrzehnten die Schule der historischen Rechtsvergleichung.[97] Durch die Besinnung auf das Ius commune oder gar die ursprünglichen Grundsätze des römischen Rechts sollen die **gemeinsamen Wurzeln des Rechts** wieder entdeckt und gestärkt werden. Der Rückgriff auf Grundsätze des gemeineuropäischen Privatrechts wird teils sogar als Lückenfüller[98] für das geltende Recht vorgeschlagen. Insbesondere aber wird die historische Rechtsvergleichung als idealer Weg zur Wiedererreichung des einheitlichen Privatrechts (Reeuropäisierung) verstanden.[99]

129 Die historische Rechtsvergleichung ist von großem Wert für die Aufdeckung und Nachvollziehung von Unterschieden und Gemeinsamkeiten in den europäischen Privatrechtsordnungen. Freilich darf nicht übersehen werden, dass hier zumeist **nicht an**

---

94 Insbesondere *Odersky*, ZEuP 1994, S. 1.
95 Vgl. schon *Everling*, RabelsZ 50 (1986), S. 193; *Flessner*, RabelsZ 56 (1992), S. 243; nachdrücklich *Berger*, ERPL 2001, S. 21; auch *Taupitz*, Europäische Privatrechtsvereinheitlichung heute und morgen, S. 27 ff.
96 So aber *Odersky*, ZEuP 1994, S. 1.
97 Insb *Coing*, Europäisches Privatrecht, einleitend S. 2 ff., sowie umfassend S. 249 ff.; *ders.*, Festschrift Dölle, S. 25; beschreibend *Schulze*, ZEuP 1993, S. 445, 464; anwendend (wenn auch nur für die „vergangenen einhundert Jahre"), *Zimmermann*, JZ 2000, S. 853.
98 *Knütel*, JuS 1996, S. 768.
99 *Müller-Graff/Schulze*, Gemeinsames Privatrecht, S. 127, 143 ff.; *Müller-Graff/Kreuzer*, Gemeinsames Privatrecht, S. 457.

eine unmittelbare **Rechtsanwendung** gedacht ist.[100] Dennoch ist die Suche nach gemeineuropäischen Rechtsgrundsätzen, insbesondere nach solchen des römischen Rechts, durchaus auch auf deren Anwendung in der gegenwärtigen Rechtspraxis ausgerichtet.[101] So meint Kötz, dass die durch Vergleich erzielten Ergebnisse zwar „nirgends" gelten, aber bei steigender Bekanntheit durchaus Geltung erlangen könnten, indem sie von den Gerichten bei der Auslegung und Rechtsfortbildung angewendet werden und so „der Bestand gemeinsamer Regeln und Prinzipien auf diesem Gebiet ins Bewusstsein" gehoben wird.[102]

3.　Zusammenfassung

Die europäische Auslegung muss, gerade angesichts des Prozesses der Vereinheitlichung des Privatrechts in der EU, unterstützt werden. Eine Pflicht zu einer solchen Auslegung besteht meist nicht. Ob sie möglich ist, hängt davon ab, ob das nationale Recht einen **entsprechenden Auslegungsspielraum** bietet. Soweit dieser besteht, kann dann jeweils für den konkreten Fall abgewogen werden, ob die europäischen Erwägungen – die im Grunde kaum mehr als Anregungen sind – zu einer sinnvollen und zukunftsgerichteten Normauslegung beitragen können.

130

D.　Die Vorlage an den EuGH

I.　Zuständigkeit für die Auslegung von EU-Recht

Nunmehr wurde gezeigt, wie EU-Recht ausgelegt wird und wie nationales Recht vor dem Hintergrund des EU-Rechts auszulegen ist. Dabei wurde schon deutlich, dass unterschiedliche Zuständigkeiten bestehen. Während nationales Recht nur von den nationalen Gerichten ausgelegt wird, darf EU-Recht **nur vom EuGH ausgelegt** werden.

131

Die Zuständigkeit zur Auslegung des EU-Rechts liegt nach Art. 267 AEUV allein beim EuGH. Der EuGH hat also das **Auslegungsmonopol**. Der Sinn dieser Regelung leuchtet leicht ein. Würden sich die Gerichte der Mitgliedstaaten an der Auslegung des EU-Rechts versuchen, so würden bald sehr unterschiedliche Deutungen der Normen entstehen. Die Funktion der Rechtsangleichung wäre damit sehr beeinträchtigt. Das Auslegungsmonopol des EuGH dient also der **Erzielung bzw der Wahrung von Rechtseinheit**.

Für das Gerichtsverfahren beim EuGH gelten die Verfahrensordnung des EuGH vom 19.6.1991 sowie das Protokoll über die Satzung vom 26.2.2001 (entsprechend Art. 281 S. 1 AEUV). Die grundlegenden Normen sind in den Art. 251 ff. AEUV selbst enthalten.

100　Anders nur, wenn es um das Aufzeigen solcher Grundsätze geht, die bis heute gelten, dazu *Schulze*, ZEuP 1993, S. 442, 460 ff.; solche hat auch der *EuGH* bereits ausdrücklich erwähnt, relativierend dazu *Everling*, ZEuP 1997, S. 796, 801.

101　*Knütel*, JuS 1996, S. 768, 770 sowie *Schulze*, ZEuP 1993, S. 442, 460 ff.

102　Müller-Graff/*Kötz*, Gemeinsames Privatrecht, S. 155; *ders.*, JZ 2002, S. 257, 260.

II. Das Vorabentscheidungsverfahren

132 **Literaturhinweis:** *Piekenbrock*, Vorlagen an den EuGH nach Art. 267 AEUV im Privatrecht, EuR 2011, S. 317.

> **Beispiel 7** – nach LG Darmstadt NJOZ 2010, S. 644: Verbraucherin V hat mit Unternehmer U in ihrer Wohnung einen Vertrag über Telekommunikationsdienstleistungen geschlossen. Da V nicht gezahlt hat, hat U ein Mahnverfahren durchgeführt und schließlich einen Vollstreckungsbescheid über 300 Euro erwirkt, aus dem er nun die Zwangsvollstreckung betreibt. Vom Gerichtsvollzieher erfährt V, dass sie möglicherweise noch ein Widerrufsrecht haben könnte. Sie sucht nun endlich einen Anwalt auf, der gleich sieht, dass der in dem Vertrag enthaltene Hinweis auf das Widerrufsrecht keine ordnungsgemäße Belehrung darstellt. Er meint, dass daher gemäß § 355 Abs. 4 S. 3 BGB die Widerrufsfrist noch laufe. V widerruft sogleich den Vertrag und legt sodann eine Vollstreckungsgegenklage beim zuständigen AG Buxtehude ein, um die Einstellung der Vollstreckung zu erreichen. Nun überlegt der Amtsrichter, ob die V mit dem Einwand, sie habe noch nachträglich den Widerruf erklärt, durchdringen kann. Generell möchte er der Rechtsprechung des BGH folgen. Danach kann die Vollstreckungsgegenklage nicht auf die Ausübung eines Gestaltungsrechts gestützt werden, welches der Kläger schon im Ausgangsverfahren hätte geltend machen können (§ 767 Abs. 2 ZPO). Hier hätte die V in der Tat den Vertrag sogleich widerrufen und dies (spätestens) durch Einspruch gegen den Vollstreckungsbescheid (§ 700 ZPO) geltend machen können. Das kommt dem Richter aber komisch vor, weil er der V auf diese Art eine in § 355 Abs. 4 S. 3 BGB ausdrücklich statuierte, auf Richtlinien beruhende Frist abschneiden würde. Nun überlegt er, ob er eine Vorlage an den EuGH nach Art. 267 AEUV tätigen sollte oder ob er dazu gar verpflichtet ist.

1. Vorlagepflicht

133 Nach Art. 267 AEUV entscheidet der EuGH über Fragen der Auslegung der EU-Verträge sowie über die Gültigkeit und die Auslegung der Handlungen der Organe der EU. Zu diesen Handlungen gehören die Richtlinien.[103] Für die Auslegung der Richtlinien ist somit allein der EuGH zuständig. Wenn die nationalen Gerichte einen Fall zu entscheiden haben, für den die Auslegung einer Richtlinie von Bedeutung ist, dürfen sie daher die Richtlinie (in der Regel) nicht selbst auslegen, sondern sie müssen das Verfahren **aussetzen** und dem EuGH die Auslegungsfrage zur Entscheidung **vorlegen**. Dieses **Vorabentscheidungsverfahren** bringt einige Schwierigkeiten mit sich.[104]

134 Weitgehend geklärt scheint die Frage, welche Gerichte im Instanzenzug die Vorlage vorzunehmen haben.[105] Nur die **letztinstanzlichen Gerichte** haben nach Art. 267 Abs. 3 AEUV die *Pflicht* zur Vorlage der Rechtsfrage an den EuGH. Es ergibt sich

---

103 Von der Groeben/Schwarze/*Gaitanides*, EU/EG-Vertrag, Art. 234 EGV Rn. 18.
104 Zum Vorabentscheidungsverfahren vgl. *Pechstein*, EU-/EG-Prozessrecht, 4. Auflage, Kap. 9; Rengeling/Middeke/Gellermann/*Middeke*, Handbuch des Rechtsschutzes in der Europäischen Union, 2003, § 10; *Prütting*, Gedächtnisschrift Arens, 1993, S. 339 ff.
105 Zu einer anderen Frage erging nunmehr eine Entscheidung des *EuGH*: Er sei nur dann zuständig, wenn das vorlegende Gericht rechtsprechend tätig sei und nicht eine bloße Verwaltungsaufgabe übernehme, *EuGH* Slg. 2006, S. 3561 (Niebüll).

deutlich aus Art. 267 Abs. 2 und Abs. 3 AEUV, dass die **Untergerichte** zur Vorlage immer nur berechtigt, nicht aber verpflichtet sind. Es liegt also in ihrem Ermessen, ob sie die Vorlage durchführen wollen.[106]

Umstritten ist, ob dies anders beurteilt werden muss, wenn gegen die Entscheidung des AG die Berufung nicht statthaft ist, weil der Beschwerdegegenstand 600 Euro nicht übersteigt (§ 511 Abs. 2 Nr. 1 ZPO). Für die Bestimmung des letztinstanzlichen Gerichts kommt es nach heute hA nicht darauf an, ob das Gericht abstrakt die letzte Instanz darstellt (wie etwa der BGH), sondern es ist darauf abzustellen, welches Gericht **im konkreten Fall die letzte mögliche Instanz** für die Parteien ist.[107] Beachtlich sind nach hA alle ordentlichen Rechtsbehelfe, also insbesondere auch die zivilprozessuale Nichtzulassungsbeschwerde (§ 544 ZPO).[108] Die Frage ist wohl deshalb bisher unentschieden, weil sie praktisch nicht allzu relevant ist: Indem das AG die Berufung nach § 511 Abs. 2 Nr. 2 ZPO zulässt, kann es der Vorlagepflicht in jedem Fall entkommen. **135**

Im **Beispiel 7** besteht also (jedenfalls) keine *Pflicht*, die Sache vorzulegen. Da hier der Streitwert unter 600 Euro liegt, ist die Berufung allerdings nicht automatisch statthaft. Daher muss sich der Richter entscheiden, ob er entweder die Berufung zulässt oder selbst vorlegt. Es wäre falsch, keinen dieser beiden Wege zu gehen (weiter dazu unten Rn. 146 ff.). **136**

Bei der Ermessensentscheidung darüber, ob eine Vorlage schon in einer unteren Instanz erfolgen soll, muss bedacht werden, dass das Vorlageverfahren eine **erhebliche Prozessverlängerung** mit sich bringt und dass es die Prozesskosten für die Parteien erhöht.[109] Gerade in Rechtsstreitigkeiten, in denen früh zu erkennen ist, dass alles auf eine Frage der Auslegung von EU-Recht hinausläuft, kann eine Vorlage schon durch die Untergerichte aber dennoch sinnvoll sein. Es führt dann nämlich erst recht zu einer Verlängerung des Verfahrens, erst den mitgliedstaatlichen Instanzenzug zu durchlaufen, bevor letztlich doch wegen der Pflicht aus Art. 267 Abs. 3 AEUV die Vorlage an den EuGH nötig wird.[110] **137**

---

106   Zu der Frage, ob gegen eine Vorlage eines Untergerichts ein Rechtsmittel gegeben sein sollte, *Pfeiffer*, ZEuP 2007, S. 613.

107   Diese Auffassung lässt auch der *EuGH* selbst erkennen, vgl. *EuGH* Slg. 2002, S. 4839 1. LS und Rn. 16 (Schweden/Kenny Roland Lyckeskog); Calliess/Ruffert/*Wegener*, EUV/AEUV, Art. 267 AEUV Rn. 27; Rengeling/Middeke/Gellermann/*Middeke*, Handbuch des Rechtsschutzes in der Europäischen Union, 2003, § 10 Rn. 57; für die abstrakte Abgrenzung *Bleckmann*, Europarecht, Rn. 921; *Dauses*, Vorabentscheidungsverfahren, S. 111.

108   Nochmals *EuGH* Slg. 2002, S. 4839 1. LS und Rn. 16 (Schweden/Kenny Roland Lyckeskog); auch Von der Groeben/Schwarze/*Gaitanides*, EU/EG-Vertrag, Art. 234 EG Rn. 64; gegen die Einbeziehung der Nichtzulassungsbeschwerde mit guten Gründen *Basedow*, Nationale Justiz und Europäisches Privatrecht, 2003, S. 13 ff.

109   Gerichtskosten für die Entscheidung des *EuGH* fallen nicht an, für die Verteilung der außergerichtlichen Kosten gilt das nationale Kostenrecht, dazu Rengeling/Middeke/Gellermann/*Middeke*, Handbuch des Rechtsschutzes in der Europäischen Union, 2003, § 10 Rn. 92 ff.

110   Das beste Beispiel ist der Fall Heininger, in dem der *BGH* die Sache nach der Entscheidung des *EuGH* an das *OLG* zurückverwies, welches dann bei erneuten Tatsachenermittlungen einen Sachverhalt feststellte, der die gesamte Vorlage überflüssig gemacht hätte (es lag nämlich keine Haustürsituation vor); in der Sache wie hier *App*, DZWir 2002, S. 232, 235; zur Vorlage durch Untergerichte auch *Dauses*, Vorabentscheidungsverfahren, S. 101 f.

138 Im **Beispiel 7** muss der Richter also überlegen, wie das Verfahren jeweils weiterlaufen würde und welcher Weg für die Parteien die geringsten Belastungen mit sich bringt. Wenn er selbst eine Entscheidung über die Auslegung der Richtlinie trifft und sodann die Berufung zulässt, kann es bei einem niedrigen Streitwert gut sein, dass die Parteien darauf verzichten, ein Rechtsmittel einzulegen. Andererseits handelt es sich um eine wichtige, eindeutig klärungsbedürftige Frage zur Wirkung einer Richtlinie. Der Amtsrichter darf hier davon ausgehen, dass auch das Berufungsgericht *sicher* wieder auf dieselbe Frage stoßen wird. Es wird in die gleiche „Zwickmühle" zwischen der gängigen BGH-Rechtsprechung und dem europäischen Richtlinienrecht geraten (zu dem hier maßgeblichen Verhältnis von Widerrufsfrist und Präklusion gem. § 767 Abs. 2 ZPO inhaltlich noch unten Rn. 336). Eine Vorlage scheint hier alles in allem gut vertretbar.

2. Die Auslegung von EU-Recht als Gegenstand der Vorlagefrage

139 Genauer betrachtet werden muss zunächst, Fragen welchen Inhalts vor den EuGH gehören. Nach Art. 267 AEUV ist der EuGH nur zur Auslegung von EU-Rechtsakten zuständig. Zur Auslegung von nationalem Recht ist er dagegen *nicht* befugt.[111] Da er **das nationale Recht nicht auslegen darf**, fällt auch die unmittelbare Entscheidung über die Vereinbarkeit von nationalem Recht mit dem Vertragsrecht oder einer Richtlinie *nicht* in seine Kompetenz.[112] Schließlich ist der EuGH auch für die eigentliche Rechtsanwendung, also für die Entscheidung des konkreten Falls, *nicht* zuständig.

Obwohl der EuGH für die Auslegung nationalen Rechts nicht zuständig ist, wendet das vorlegende Gericht sich aber typischerweise an den EuGH, weil es bei der Auslegung nationaler Bestimmungen, die in einem Bezug zum EU-Recht stehen, Probleme hat. Entsprechend häufig sind die Vorlagefragen auf die Auslegung der nationalen Norm bzw. deren Vereinbarkeit mit dem EU-Recht gerichtet.[113] Eigentlich ist das falsch. Die nationalen Gerichte müssten die Vorlagefrage stets so formulieren, dass diese sich **allein auf die Auslegung, Anwendung und Auswirkung von EU-Recht** bezieht.

Der EuGH reagiert auf diese Praxis, indem er solche Vorlagefragen in ständiger Rechtsprechung unproblematisch umdeutet.[114]

140 Im **Beispiel 7** (Rn. 132) besteht hierin kein Problem. Das AG Buxtehude interessiert sich nämlich für die Auslegung der Haustürgeschäfte-RL (künftig Verbraucherrechte-RL).

Die Zusammenarbeit zwischen EuGH und nationalen Gerichten lohnt einen näheren Blick.

---

111 Von der Groeben/Schwarze/*Gaitanides*, EU/EG-Vertrag, Art. 234 EG Rn. 27; *Grundmann*, Europäisches Schuldvertragsrecht, S. 124.
112 *Dauses*, Festschrift Everling, 1995, S. 223, 229.
113 Das beobachtend auch Von der Groeben/Schwarze/*Gaitanides*, EU/EG-Vertrag, Art. 234 EG Rn. 28.
114 Schon *EuGH* Slg. 1964, S. 1251, 1268 (Costa); *EuGH* Slg. 1995, S. 4165 Rn. 19 (Gebhard); *EuGH* Slg. 2000, S. 8224 Rn. 16 (Echirolles).

3.   Zusammenarbeit von vorlegendem Gericht und EuGH

a)   Technik des EuGH

Generell fällt auf, dass der EuGH auf das Bedürfnis der nationalen Gerichte so sehr   **141**
eingeht, wie es ihm das EU-Recht und die Vorlagefrage nur erlauben. So sagt der
EuGH in der Entscheidung Ambry, in welcher das nationale Gericht wie so oft etwas
ungeschickt danach fragt, ob ein bestimmter Aspekt einer nationalen Norm mit einer
Richtlinie vereinbar sei, selbst: „Der Gerichtshof hat im Verfahren nach Art. 177 des
Vertrags (jetzt Art. 267 AEUV) nicht über die Vereinbarkeit von Vorschriften des
nationalen Rechts mit dem Gemeinschaftsrecht zu entscheiden. Er kann dem vorlegenden Gericht aber **alle Hinweise zur Auslegung des Gemeinschaftsrechts** geben,
damit es über die Vereinbarkeit dieser Vorschrift mit der angeführten Gemeinschafts-
bestimmung entscheiden kann."[115]

Der EuGH richtet seinen Blick im Ergebnis dabei zudem oftmals sehr deutlich gerade
auf das nationale Recht.[116] Die Darlegung von dessen Inhalt sieht er als **notwendigen
Bestandteil einer zulässigen Vorlagefrage** an.[117] In einigen Entscheidungen hat er
sogar ein auf den Sachverhalt gerichtetes, abschließendes Urteil gefällt und dem nationalen Gericht keinen Spielraum mehr gelassen.[118]

Die Antwort des EuGH scheint sich dann nur noch der Form nach auf die Auslegung   **142**
der Richtlinie oder der sonstigen EU-rechtlichen Norm zu beziehen.[119] Dennoch ist
die Beschränkung seiner Kompetenz auf die Auslegung des EU-Rechts keinesfalls
nur eine Formalie. Denn auch in den letztgenannten Entscheidungen hat der EuGH
nicht wirklich nationales Recht ausgelegt oder angewandt. Vielmehr ging er davon
aus, dass durch die Auslegung des EU-Rechts die Entscheidung auch zum nationalen
Recht bereits eindeutig feststand, so dass er sie „nur" aussprach.[120]

b)   Die geschickte Vorlagefrage

Obwohl der EuGH den nationalen Gerichten hilft, wenn sie ihre Vorlagefrage entge-   **143**
gen den Vorgaben des EU-Rechts formuliert haben, hat es doch große Vorteile, wenn
die nationalen Gerichte die Vorlage bereits selbst geschickt anlegen. Zu bedenken ist
dabei stets, dass der **EuGH kein Zivilgericht und auch kein deutsches Gericht**
ist.[121] Er hat keinerlei Spezialkenntnisse, ja zumeist überhaupt keinerlei Vorkenntnis-
se zu der nationalen Rechtslage, in die der Fall eingebettet ist. Da der EuGH – technisch betrachtet – eine abstrakte, nur das EU-Recht betreffende Rechtsfrage zu ent-

---

115   *EuGH* Slg. 1998, S. 7875 Rn. 19 (Ambry), Hervorhebung nicht im Original.

116   So hat im Fall Marleasing der *EuGH* klare Aussagen zur Auslegung der betroffenen spanischen
Norm (aus dem Gesellschaftsrecht) gemacht, *EuGH* Slg. 1990, S. 4135, 2. LS; wie hier etwa *Her-
genröder*, Festschrift Zöllner, S. 1139, 1140 f.; zum Ganzen auch Rengeling/Middeke/Gellermann/
Middeke, Handbuch des Rechtsschutzes in der Europäischen Union, 2003, § 10 Rn. 38.

117   Vgl. nur *EuGH* Slg. 1999, S. 2969 Rn. 11 (Anssens).

118   Dazu ausdrücklich *EuGH* Slg. 1998, S. 4657 Rn. 30 ff. (Gut Springenheide) mit Beispielen.

119   *Grundmann*, Europäisches Schuldvertragsrecht, S. 124 f.; *Schweitzer/Hummer*, Europarecht,
Rn. 523.

120   So der *EuGH* selbst, etwa *EuGH* Slg. 2000, S. 6579 Rn. 19 (Geffroy); erläuternd *EuGH* Slg. 2004,
S. 3403 Rn. 23 (Freiburger Kommunalbauten).

121   *Basedow*, AcP 210 (2010) 157 ff.; *Lorenz*, NJW 2011, 2241.

scheiden hat, teilt ihm das nationale Gericht oft auch den Sachverhalt nur unzureichend mit. Diese unglückliche Ausgangslage kann eine Art „**Black-Box-Effekt**" erzeugen. Der EuGH entscheidet dann isoliert und zusammenhanglos nur die ihm vorgelegte Einzelfrage, teils mit unbrauchbaren Ergebnissen.[122]

144 Es ist die Aufgabe des nationalen Gerichts, diesen „Black-Box-Effekt" zu vermeiden. Es muss dem EuGH daher unbedingt den zu entscheidenden **Sachverhalt einschließlich aller wichtigen Hintergrundinformationen** darlegen. Nicht selten hat das nationale Gericht sich außerdem selbst bereits eine Meinung zu der Frage gebildet, welche es dem EuGH vorlegt. Mit einer geschickten Vorlagefrage kann es viel dazu tun, auch dem EuGH zu derselben Ansicht zu verhelfen. Als Beispiel kann ein Vorlagebeschluss des BGH aus dem Jahr 2002 dienen.[123] Es ging um die Vereinbarkeit allgemeiner Geschäftsbedingungen in einem Bauträgervertrag mit Art. 3 Klausel-RL. In dem Vertrag war die übliche Form der Ratenzahlung nach Baufortschritt[124] abbedungen. Stattdessen sollte der Verbraucher gegen Gewährung einer Bankbürgschaft schon bei Baubeginn den gesamten Werklohn bezahlen. Da der BGH selbst der Ansicht war, die Vereinbarungen seien wirksam, hätte er seine Überlegungen dem EuGH mitteilen sollen. Der EuGH kennt das System des Grundstückserwerbs und den typischen deutschen Bauträgervertrag nicht. Insbesondere hätte er vom vorlegenden Gericht erfahren müssen, wie die (in Europa nicht verbreitete) grundbuchrechtliche Eigentumsvormerkung in Deutschland funktioniert (zum letztlich nicht auf dieser inhaltlichen Ebene entschiedenen Urteil des EuGH Freiburger Kommunalbauten näher das Beispiel 8 unten Rn. 152).

Vorbildlich ist der BGH dagegen in seiner Vorlage im Quelle-Fall zur Auslegung des Art. 3 Abs. 2-4 Verbrauchsgüterkauf-RL vorgegangen. Dort macht er seine Meinung ganz klar und schildert die nach seiner Ansicht zu berücksichtigenden Argumente.[125]

---

122 Der bekannteste Fall für den Black-Box-Effekt ist der Fall Christel Schmidt (*EuGH* Slg. 1994, S. 1311). Dort wurde der *EuGH* vom *BAG* gefragt, was ein Betriebsteil im Sinne der Betriebsübergangs-RL ist. Da der Gerichtshof nicht wusste, dass das *BAG* den Fall einer Teilzeitputzkraft zu entscheiden hatte, machte der *EuGH* sich keine Gedanken über die Größe und wirtschaftliche Bedeutung des Betriebsteils, sondern stellte allein darauf ab, ob es sich um eine „wirtschaftliche Einheit" handele. Das aber musste vom *BAG* für die Putzkraft bejaht werden.

123 ZIP 2002, S. 1197 f.

124 Die Verordnung über Abschlagszahlungen bei Bauträgerverträgen vom 23.5.2001, BGBl. I, S. 981 ff., sieht nunmehr ausdrücklich vor, dass sich die in den AGB der Bauträger vorgesehenen Abschlagszahlungen an § 3 MaBV orientieren, welcher zu Absicherung des Erwerbers insbesondere eine Vormerkung voraussetzt. Diese Verordnung beruht auf § 27a AGBG (jetzt Art. 244 EGBGB), welcher den Bauträgern ein Abweichen von dem mit dem Fernabsatzgesetz eingeführten § 632a BGB ermöglichen sollte. Sie wurde erst zu einem Zeitpunkt in großer Eile geschaffen, als der typische Bauträgervertrag bereits zu kippen drohte. Kritisch zu den Abschlagszahlungen aus nationaler Sicht *Grziwotz*, ZfIR 2001, S. 521, 522 und *Wagner*, Beilage ZfIR 10/2001, S. 1, 13; zur Vereinbarkeit dieser Regelung mit der Klausel-RL nur *Staudinger*, DNotZ 2002, S. 166, 177 ff., der eine Verletzung des europäischen Maßstabs von Treu und Glauben ebenfalls ablehnt.

125 *BGH* NJW 2006, S. 3200 (Quelle) – zu dem Fall auch schon oben Rn. 115. Zur Problematik der Vorlage noch unten Rn. 165; sehr bemüht auch die Vorlage des *OLG Stuttgart* ZIP 2006, S. 1943 zu einer nur noch das alte HWiG betreffenden Frage.

4. Möglichkeiten der Parteien

Das Vorabentscheidungsverfahren ist nicht mit einer zusätzlichen Instanz zu vergleichen. Es handelt sich um ein **Zwischenverfahren**, dessen Durchführung durch das nationale Gericht eingeleitet wird.[126] Die Parteien haben kein Recht, die Vorlage zu beantragen oder sonst zu erreichen.[127] Auch Beschwerde gegen den Vorlagebeschluss können sie nicht einreichen.[128]   **145**

III. Reichweite der Vorlagepflicht

1. Allgemeines

Bis heute nicht völlig geklärt ist des Weiteren, bei welchen Rechtsfragen genau die (letztinstanzlichen) nationalen Gerichte eine das EU-Recht betreffende Frage dem EuGH vorlegen müssen.[129] Da der EuGH das Monopol zur Auslegung von EU-Recht hat, muss man zunächst vermuten, dass die Vorlagepflicht sehr häufig besteht. Doch kann es nicht sein, dass immer, wenn bei der Entscheidung eines Rechtsstreits eine Richtlinie berührt ist, sogleich eine Vorlage erfolgen muss. Die Vorlagepflicht muss auf die Fälle beschränkt bleiben, in welchen die Auslegung einer Richtlinie für die Fallentscheidung **wirklich erforderlich** ist und sich **ernstliche Zweifel** an der Auslegung einer Richtlinie auftun. Diese Überlegungen hat der EuGH in Doktrinen gefasst.   **146**

2. Keine Vorlagepflicht bei fehlender Entscheidungserheblichkeit

Eine erste Begrenzung der Vorlagenotwendigkeit ergibt sich daraus, dass Auslegungsfragen nur dann vorzulegen sind, wenn sie für den Fall entscheidungsrelevant sind.[130]   **147**

Der EuGH nimmt eine Frage nur dann zur Vorabentscheidung an, wenn sie nicht rein hypothetisch, sondern **tatsächlich entscheidungserheblich** ist.[131] So hat er unter anderem ausgesprochen, dass er Fragen nicht mehr beantwortet, wenn durch den Verlauf des Verfahrens die Klärung der Rechtsfrage unerheblich wird.[132] Dabei überlässt es der EuGH allerdings weitgehend den nationalen Gerichten, zu entscheiden, ob die Vorlage für die Entscheidung des Rechtsstreits von Bedeutung ist und lehnt daher Vorlagen nur dann ab, wenn *offensichtlich* kein Zusammenhang zwischen dem zu

---

126 *Prütting*, Gedächtnisschrift Arens, 1993, S. 339, 343.
127 Näher zu dieser Problematik ausführlich *Dauses*, Vorabentscheidungsverfahren, S. 53 ff., 95 f.; *App*, DZWir 2002, S. 232, 234.
128 Näher Rengeling/Middeke/Gellermann/*Middeke*, Handbuch des Rechtsschutzes in der Europäischen Union, 2003, § 10 Rn. 79 f.
129 Zu Änderungen der Vorlagepflicht zum *EuGH* durch den Vertrag von Lissabon *Schröder*, EuR 2011, S. 808.
130 Nur Rengeling/Middeke/Gellermann/*Middeke*, Handbuch des Rechtsschutzes in der Europäischen Union, 2003, § 10 Rn. 44.
131 Ständige Rechtsprechung, etwa *EuGH* Slg. 1997, S. 5685 (Hera); *EuGH* Slg. 1997, S. 2971 Rn. 22 (Celestini); *EuGH* Slg. 2005, S. 10013 Rn. 36 (Mangold); *EuGH* Slg. 2006, S. 6091 Rn. 42 (Adeneler) sowie mwN *Heß*, Europäisches Zivilprozessrecht, 2010, § 12 Rn. 20; *Dauses*, Vorabentscheidungsverfahren, S. 104 ff.
132 *EuGH* Slg. 1995, S. 4921, 5060 (Bosman), dazu *Kohler*, ZEuP 1996, S. 452, 453.

entscheidenden Rechtsstreit und der Vorlagefrage besteht.[133] Das wird in der Regel erst bejaht, wenn das nationale Gericht selbst zu erkennen gibt, dass die Vorlagefrage nicht oder nicht mehr entscheidungserheblich ist.[134]

148 Diese Haltung des EuGH wird kontrovers diskutiert. Teilweise wird eine **Kontrolle der Erheblichkeit durch den EuGH** verlangt. Dabei muss allerdings bedacht werden, dass der EuGH ohnehin nur in beschränktem Maße die Entscheidungserheblichkeit der Vorlagefrage für ein komplexes, nach nationalem Sach- und Verfahrensrecht abzuwickelndes Verfahren beurteilen könnte.[135] Auf der anderen Seite kann es sich gelegentlich anbieten, im Interesse eines **einheitlichen Verständnisses des nationalen Rechts** oder im Interesse einer baldigen **Klärung wesentlicher Fragen zu Richtlinien** Vorlagen auch dann „für erforderlich" zu halten, wenn die Auslegung der Richtlinie nicht unbedingt entscheidungserheblich für den Rechtsstreit ist.[136]

3. Keine Vorlagepflicht bei Offensichtlichkeit des Auslegungsergebnisses

149 Nach ständiger Rechtsprechung des EuGH braucht eine Vorlage nicht zu erfolgen, wenn der EuGH bereits eine Entscheidung zur betreffenden Frage gefällt hat, oder wenn die Antwort offensichtlich ist. Der EuGH benutzt die Formel, dass die Antwort „derart offenkundig" sein muss, „dass für einen vernünftigen Zweifel keinerlei Raum bleibt" (C.I.L.F.I.T.-Rechtsprechung; man spricht auch von **„Acte-clair-Rechtsprechung"**).[137]

Trotz der Klarheit dieser Formel sind Meinungsverschiedenheiten über ihre Bedeutung aufgetreten.[138] Insbesondere der BGH hat die C.I.L.F.I.T.-Rechtsprechung gerne als Basis einer Argumentation genutzt, durch die eine an sich erforderliche Vorlage vermieden werden sollte.[139] Jedoch kann Offenkundigkeit keineswegs schon dann angenommen werden, wenn bei Anwendung nationaler Gedankengänge die Auslegung zweifelsfrei erscheint. Auch die Auslegung nur der deutschen Textfassung einer Richtlinie reicht nicht aus.[140] Wörtlich erklärt der EuGH in C.I.L.F.I.T.: „Das inner-

---

133 Ebenfalls ständige Rechtsprechung, siehe *EuGH* Slg. 1997, S. 5685 (Hera); *EuGH* Slg. 1998, S. 4695 (ICI); *EuGH* Slg. 1998, S. 3101 (Nour); *EuGH* Slg. 1999, S. 4978 (Beck und Bergdorf); *EuGH* NJW 2010, S. 3767 Rn. 33 (Rosenbladt).

134 In *EuGH* Slg. 1986, S. 1885, 1896 f. (Bertini) mahnt der *EuGH* zwar eine Stellungnahme des nationalen Gerichts zur Entscheidungserheblichkeit an, lehnt aber die Vorlagefrage letztlich trotz deren Fehlens nicht ab; siehe auch *EuGH* Slg. 1995, S. 4921, 5060 (Bosman); *EuGH* Slg. 2004, S. 4883 Rn. 29 (Plato).

135 So *Ress*, Festschrift Jahr, 1993, S. 339, 347 f., 366.

136 *Basedow*, Festschrift Brandner, 1996, S. 651, 663; *ders.*, AcP 210 (2010), S. 157, 163 f.

137 *EuGH* Slg. 1982, S. 3415, 5. LS (C.I.L.F.I.T.); auch *EuGH* Slg. 1997, S. 4411 Rn. 15 (Ferriere Nord); *EuGH* Slg. 2003, S. 10239 Rn. 118 (Köbler).

138 Die Meinungsverschiedenheiten haben allerdings ihre Wurzeln eher darin, dass die Formel des *EuGH* als zu weit empfunden wird. Dann sollte allerdings klargestellt werden, dass eine Argumentation *gegen* das C.I.L.F.I.T.-Urteil des *EuGH* vorliegt und keinesfalls *mit* diesem. Siehe etwa die Auffassung von *Heß*, ZZP 108 (1995), S. 59, 85 f., nur grundsätzliche Rechtsfragen sollten vorgelegt werden.

139 *BGH* NJW 2005, S. 1045; BGHZ 110, 47, 68 ff., 72; *BGH* JZ 1995, S. 1060, 1061; großzügig auch *BGH* NJW 1998, S. 1939, 1940 (mit einer Übertragung der Entscheidung Dietzinger – zur Haustürgeschäfte-RL – auf die Verbraucherkredit-RL).

140 Ausdrücklich weist der *EuGH* in Slg. 1997, S. 4411 Rn. 15 (Ferriere Nord), darauf hin, dass es nicht reicht, wenn die Sprachfassung in *einem* Mitgliedstaat klar und eindeutig ist.

staatliche Gericht darf jedoch nur dann davon ausgehen, dass ein solcher Fall vorliegt, wenn es überzeugt ist, dass auch für die Gerichte der übrigen Mitgliedstaaten und den Gerichtshof die gleiche Gewissheit bestünde."

Es ist daher missverständlich, wenn vorgeschlagen wird, eine Vorlage in einem Fall, **150** in dem die (EU-rechtliche) Vorschrift nach nationaler Sichtweise klar, nach EU-rechtsbezogener Sichtweise aber zweifelhaft erscheint, nur dann zu tätigen, wenn bereits eine den Zweifeln Nahrung gebende, von der Ansicht des nationalen Gerichts abweichende Entscheidung des EuGH vorliegt.[141] Unsinnig wäre es aber auf der anderen Seite, ein Gericht, welches bei Berücksichtigung der deutschen Fassung einer Richtlinie und Anwendung des diese umsetzenden nationalen Rechts keine Zweifel daran hat, wie ein Fall zu entscheiden ist, dazu zu zwingen, nunmehr auch die Sichtweise zu untersuchen, die sich für andere europäische Gerichte, vielleicht französische, spanische, polnische oder griechische ergeben könnte. **Eigene Zweifel des nationalen Gerichts sind also entscheidend.** Nötig ist die Vorlage aber bei auch nur geringem Zweifel – und dazu gehören eben auch schon die Fälle, in denen man denkt, irgendjemand anders könne vielleicht ernstliche Zweifel haben.[142] Die nationalen Gerichte sollten sich stets bewusst sein, dass sie die richtlinienkonforme ebenso wie die rechtsvergleichende Sichtweise **nur unzureichend beherrschen (können)**. Das europäische Privatrecht ist in seiner ganzen Struktur, seiner Zielrichtung und seinen Prinzipien so anders als das deutsche Privatrecht, dass nicht in Parallelen gedacht werden kann.

4. Keine Vorlagepflicht bei Wahrung des Mindeststandards

Eine Begrenzung der Vorlagepflicht, die eher inhaltlicher Art ist, folgt aus der Gel- **151** tung des Mindeststandardgrundsatzes. Wenn das nationale Gericht lediglich Zweifel hat, ob es mit seiner Entscheidung **über den Standard der Richtlinie *hinausgehen*** könnte, so besteht eine Vorlagepflicht nicht, soweit die Mitgliedstaaten einen über die Richtlinie hinausgehenden Schutz vorsehen dürfen (siehe dazu oben Rn. 20 f.).

Die Gerichte *dürfen* freilich auch dann eine Vorlage an den EuGH vornehmen, wenn es nicht darum geht, ob das Schutzniveau der Richtlinie unterschritten wird. Oftmals stellt sich diese Frage nach dem Unter- oder Überschreiten des Schutzstandards ohnehin gar nicht. Die typische Vorlage gründet sich vielmehr darauf, dass das Gericht das nationale Recht richtlinienkonform, also genau im Sinne der Richtlinie auslegen möchte, sich über die Bedeutung der Richtlinie jedoch nicht im Klaren ist.

---

141 So aber *BGH* JZ 1995, S. 1060, 1061; *Coester*, Festschrift Heinrichs, 1998, S. 99, 104; *Canaris*, EuZW 1994, S. 417; dagegen auch *Franzen*, Privatrechtsangleichung, S. 285 f.; *Basedow*, Festschrift Brandner, 1996, S. 651, 664; *Lipp*, JZ 1997, S. 326, 331; auf abweichende Entscheidungen der Gerichte anderer Mitgliedstaaten bezogen *Schulze-Osterloh*, ZGR 1995, S. 170, 178 f.

142 So auch *Basedow*, Festschrift Brandner, 1996, S. 651, 664; *Franzen*, Privatrechtsangleichung, S. 289. Darauf, dass dieser Zweifel bestehen wird, wenn der *EuGH* sich im Bereich der betreffenden Rechtsfrage überhaupt noch nicht geäußert hat, weist *Hommelhoff* hin (BGH-Festgabe, 2000, Band 2, S. 889, 893). Für eine niedrige „Schwelle des Zweifels" auch *Dauses*, Vorabentscheidungsverfahren, S. 97.

5. Sonderfall: Die Generalklausel in der Richtlinie

a) Problematik

152 **Literaturhinweis:** Riesenhuber/*Röthel*, Europäische Methodenlehre, § 12.

> **Beispiel 8** – nach EuGH Slg. 2004, S. 3403 (Freiburger Kommunalbauten): Die Eheleute E haben mit dem Bauträger B einen Vertrag über die Errichtung eines Einfamilienhauses geschlossen. Der Vertrag enthält die Bestimmung, dass E den Preis unabhängig vom Baufortschritt bezahlen müssen. Im Gegenzug stellt B ihnen die Bürgschaft eines Kreditinstituts, welche die Geldansprüche sichert, die ihnen wegen mangelhafter oder unterlassener Erfüllung des Vertrags erwachsen können. Diese Klausel kehrt die in § 641 BGB vorgesehene Reihenfolge der Erbringung der Leistungen um. E sehen darin eine Verletzung des Grundsatzes der „Zug-um-Zug"-Erfüllung und fühlen sich als Verbraucher in ihrer „Waffengleichheit" beeinträchtigt. B hingegen meint, dass die von ihm gestellte Bürgschaft die Nachteile aus der Kaufpreiszahlung vor Vertragserfüllung kompensiere. Zudem könne er den Kaufpreis herabsetzen, weil er für die Baufinanzierung kein Darlehen in Anspruch nehmen müsse. Der vorlegende BGH stellt dem EuGH nun die Frage, ob diese Bauträgervertragsklausel als missbräuchlich im Sinne von Art. 3 Abs. 1 Klausel-RL anzusehen ist.

153 Die Problematik der Vorlage an den EuGH stellt sich besonders dringlich, wenn in Richtlinien **Generalklauseln oder auch unbestimmte Rechtsbegriffe** enthalten sind. Denn eine (neue!) Generalklausel kann ohne Auslegung – genauer wird oft von Ausfüllung oder Konkretisierung gesprochen – **überhaupt nicht angewendet** werden. Bei den unbestimmten Rechtsbegriffen ist es ähnlich. Die Frage, in welchen Fällen die Vorlage zwingend ist, stellt sich bei Generalklauseln und unbestimmten Rechtsbegriffen also in zugespitzter Weise.

Von den in privatrechtlichen Richtlinien enthaltenen Generalklauseln stellt **Art. 3 Klausel-RL** (umgesetzt in § 307 BGB) sicher das bedeutendste Beispiel dar.[143] Art. 3 Klausel-RL lautet wie folgt: „Eine Vertragsklausel, die nicht im Einzelnen ausgehandelt wurde, ist als missbräuchlich anzusehen, wenn sie entgegen dem Gebot von Treu und Glauben zum Nachteil des Verbrauchers ein erhebliches und ungerechtfertigtes Missverhältnis der vertraglichen Rechte und Pflichten der Vertragspartner verursacht." Der deutsche Gesetzgeber war zunächst davon ausgegangen, dass eine ausdrückliche Umsetzung dieser Vorgabe nicht erforderlich sei (dazu auch schon Rn. 80). Erst mit der Modernisierung des Schuldrechts, bei der das Recht der AGB-Kontrolle in das BGB eingefügt wurde, erfolgte eine Ergänzung der Umsetzung. Das **Transparenzgebot** wurde als Teil der Inhaltskontrolle in § 307 Abs. 1 S. 2 BGB aufgenommen und § 309 BGB wurde in einzelnen Punkten dem Anhang zu Art. 3 Klausel-RL angepasst (vgl. § 309 Nr. 7 lit a BGB). Zum Transparenzgebot als Prinzip des Verbrauchervertragsrechts auch noch unten Rn. 246 ff..

---

143 Daneben gibt es einige kollisionsrechtliche Bestimmungen, die verlangen, dass ein „enger Zusammenhang" zwischen dem Vertrag und dem Mitgliedstaat besteht: Art. 6 Abs. 2 Klausel-RL und Art. 4 Abs. 4 Rom I-VO; genannt wird weiterhin Art. 6 Produkthaftungs-RL (vgl. § 3 ProdHaftG), „Berücksichtigung aller Umstände".

b) Vorlage von Generalklauseln und Mindeststandardprinzip

Auch im Rahmen des § 307 BGB ergibt sich eine erste Einschränkung der Vorlage-   **154**
pflicht daraus, dass das Mindeststandardprinzip zu beachten ist (vgl. allgemein zu
dessen Bedeutung für die Vorlagepflicht soeben Rn. 151). Eine Vorlagepflicht besteht also nicht, wenn das deutsche Gericht eine Klausel **ohnehin für treuwidrig und
daher nichtig** erklären möchte.[144] Dann geht es nämlich allenfalls über den Schutzstandard der Richtlinie hinaus.

Die Vorlagepflicht wird aber relevant, wenn der BGH eine ihm vorliegende Klausel
nach einer Kontrolle an § 307 BGB für wirksam befinden würde.

c) Vorlage von Generalklauseln und Acte-clair

Wie gezeigt ist eine Vorlage außerdem generell nicht erforderlich, wenn klar und of-   **155**
fensichtlich erkennbar ist, wie die EU-Norm ausgelegt werden muss (siehe dazu soeben Rn. 149). Das ist nicht nur der Fall, wenn der EuGH über die Frage bereits entschieden hat, sondern es kann sich bei Betrachtung der Richtlinie selbst ergeben. Im
Beispiel des Art. 3 Klausel-RL ist diese Regel besonders relevant. Denn von den unendlich vielen Klauseln, die im Geschäftsleben verwendet werden, besteht bei den
meisten ohnehin kein Zweifel daran, dass sie auch am Maßstab der Richtlinie gemessen wirksam sind.

Aber für die Klausel-RL lassen sich noch konkretere Aussagen treffen. Der Anwendungsbereich des Art. 3 Klausel-RL ist nämlich **eindimensionaler als der Anwendungsbereich des § 307 BGB**. Erkennbar wird dies aus der Präambel der Richtlinie
sowie, noch deutlicher, aus den im Anhang zu Art. 3 Klausel-RL genannten Fallbei-
spielen.

Die Richtlinie ist geprägt von der Idee direkter Übervorteilung des Verbrauchers. Die
Richtlinie ist also auf Klauseln ausgerichtet, welche Rechte des Verbrauchers in er-
heblichem Maße beeinträchtigen, ohne dass irgendein Ausgleich dafür geleistet wird.

Die Acte-clair-Doktrin muss aber vorsichtig angewendet werden. Wenn auch der
Maßstab der Richtlinie im Allgemeinen weniger streng ist als der Maßstab der
§§ 307 ff. BGB, so muss dennoch für jede einzelne zu prüfende Klausel überlegt werden, ob auch gerade diese sich im Richtlinienrahmen hält.[145]

Im Ergebnis bleibt so noch eine große Anzahl von Fällen übrig, in denen die Ausfüllung der EU-rechtlichen Generalklausel für die Entscheidung des nationalen Rechtsstreits erheblich ist und das Gericht Zweifel hat.

---

144 Vorsicht muss hier in Bezug auf die Grundfreiheiten gelten. Steht zu befürchten, dass diese durch die
      Entscheidung beeinträchtigt werden, so kann sich daraus ein eigenständiger Grund zur Vorlage erge-
      ben!
145 Keinerlei Beschränkung der Vorlagepflicht durch die Acte-clair-Doktrin sieht aber *Röthel*, Norm-
      konkretisierung im Privatrecht, S. 384.

d) Vorlagepflicht bei Generalklauseln in sonstigen Fällen

156 **aa) Ausgangsüberlegung.** Es fragt sich nun, ob ein nationales Gericht wirklich jedes Mal eine Vorlage vornehmen muss, wenn es sich über die Anwendung einer Generalklausel im konkreten Rechtsstreit unsicher ist. Für die Klausel-RL würde dies bedeuten, dass das Gericht jedes Mal vorlegen müsste, wenn für es Zweifel daran bestehen, ob die dem nationalen Gericht vorliegende Vertragsklausel missbräuchlich im Sinne der Klausel-RL ist.[146]

Lange Zeit ging die herrschende Meinung davon aus, dass wirklich **alle Zweifelsfragen** zur Ausfüllung von Generalklauseln in vollem Umfang der Vorlagepflicht an den EuGH unterlägen.[147]

157 **bb) Grundlegende Gegenansicht.** Dem haben nicht wenige Autoren widersprochen.[148] Am meisten Beachtung gefunden hat der Ansatz Wulf-Henning Roths, der die Befugnis des EuGH zur Konkretisierung von Generalklauseln verneint.[149]

Er argumentiert aus der Rechtsform der Richtlinie heraus. Die Richtlinie räume grundsätzlich dem nationalen Gesetzgeber **Umsetzungsspielraum** ein. Die Verwendung von Generalklauseln in Richtlinien sei ein typisches Beispiel für einen solchen Spielraum. Der Gesetzgeber könne diesen nutzen, indem er bereits selbst eine **konkretere Norm** als die in der Richtlinie enthaltene Generalklausel in das nationale Recht aufnehme, er könne aber auch den Richtlinienwortlaut übernehmen und damit die Konkretisierung den nationalen Gerichten überlassen. Dieser den Mitgliedstaaten vom EU-Gesetzgeber eingeräumte Spielraum dürfe ihnen nun nicht dadurch wieder genommen werden, dass dem EuGH eine Kompetenz zur Auslegung der Generalklausel zugesprochen werde.[150]

Allerdings schränkt Roth seine Auffassung insofern ein, als er die Kompetenz bei einer ganzen Anzahl von Konstellationen dennoch dem EuGH zuspricht. Dazu gehören insbesondere alle Fälle, in denen das Ziel der Richtlinie nur bei einer einheitlichen Auslegung des unbestimmten Rechtsbegriffs bzw wohl auch der Generalklausel erreicht werden kann.

158 **cc) Die Rechtsprechung des EuGH.** Der EuGH hatte bereits mehrfach über die Auslegung von Art. 3 Klausel-RL zu entscheiden. Die Entscheidungen sind nicht völlig stringent, aber man kann doch die wesentlichen Antworten daraus entnehmen.

---

146 Umfassend dazu *Röthel*, Normkonkretisierung im Privatrecht, S. 353 ff.
147 So Schulze/*Brandner*, Auslegung europäischen Privatrechts, 1999, S. 131, 136; *Coester*, Festschrift Heinrichs, 1998, S. 99, 104; *Coester-Waltjen,* Jura 1997, S. 272, 275; Wolf/Horn/Lindacher/*Wolf*, AGBG, Art. 3 RL Rn. 2; *Basedow*, Nationale Justiz und Europäisches Privatrecht, 2003, S. 9 f.; *Müller-Graff*, Gemeinsames Privatrecht, 1995, S. 64; *Weatherill*, ERPL 1995, S. 307, 316 ff.
148 *Franzen*, Privatrechtsangleichung, S. 536 ff.; *Heinrichs*, NJW 1998, S. 1447, 1454 f.; *Borges*, Die Inhaltskontrolle von Verbraucherverträgen, S. 81; *Joerges*, ZEuP 1995, S. 181, 199; *H. Roth*, JZ 1999, S. 529, 535 f. (keine Kompetenz des *EuGH*); eine pragmatische Haltung (Vorlage nur in geeigneten Fällen) vertritt Grabitz/Hilf/*Pfeiffer*, Das Recht der EU, A 5 Rn. 41.
149 *Roth*, Festschrift Drobnig, 1998, S. 135.
150 Ebenda, S. 135, 141 ff. Diesen Lösungsweg deutet auch schon *Canaris* an, EuZW 1994, S. 417.

In dem einleitenden **Beispiel 8** (Rn. 152, Freiburger Kommunalbauten) hat der EuGH zum ersten Mal die Gelegenheit genutzt, sich zu der Kompetenzverteilung zwischen nationalen Gerichten und EuGH zu äußern. Dabei hat er sich recht weitgehend aus der Klauselkontrolle zurückgezogen: Er hat ausgesprochen, dass er sich nur zur Definition der „missbräuchlichen Klausel" äußern wird. Dagegen will er die *Anwendung* der Definition – soweit die Definition Anwendungsspielraum offen lässt – den nationalen Gerichten überlassen.[151] Im Fall der vom BGH vorgelegten Klausel aus einem Bauträgervertrag stellte der EuGH daher zunächst (unter Berufung auf Vorarbeiten der Kommission) fest, dass „die streitige Klausel jedenfalls zu einem Nachteil für den Verbraucher führe." Er entschied aber nicht selbst darüber, ob dieser Nachteil erheblich und ungerechtfertigt im Sinne von Art. 3 Abs. 1 der Richtlinie sei. Vielmehr sprach er aus, es handele sich dabei um „eine Wertungsfrage, die zu beantworten Sache des nationalen Richters sei."[152] Die nationalen Gerichte müssen also letztlich selbst entscheiden, ob die Klausel hier die Eheleute E in treuwidriger Weise benachteiligt. Im konkreten Fall wurde die Revision zurückgenommen.[153]

Der EuGH nahm in „Freiburger Kommunalbauten" auch Bezug auf die noch frühere Entscheidung Océano, in welcher er eine Gerichtsstandsklausel direkt verworfen hatte. Er erklärte dazu, dass der EuGH ausnahmsweise eine Klausel selbst beurteilen dürfe, wenn das Missverhältnis **ganz klar und deutlich** sei.[154] **159**

Diese Linie vertritt der EuGH im Grunde wohl weiterhin, auch wenn er in aktuelleren Entscheidungen gegenüber Océano noch etwas weiter „zurückgerudert" ist.[155] Wenn er nun offenbar vorhat, Klauseln nicht mehr selbst zu verwerfen, sondern dem vorlegenden Gericht **nur deutlich die Verwerfung aufzugeben**, ist dies formal zu begrüßen, im Ergebnis aber kein Unterschied.[156]

dd) Begründung. Die Entscheidungen des EuGH sind zutreffend. Im Folgenden sei aber noch begründet, warum der EuGH Vertragsklauseln in aller Regel nicht kontrollieren darf, sondern die eigentliche Kontrolle durch das nationale Gericht erfolgen muss. Dieser Grund lässt sich nicht in allgemeinen Regeln (wie dem Subsidiaritätsprinzip) finden. Es muss vielmehr auf die **konkrete Richtlinie** selbst geschaut werden, um zu erkennen, wie tief die Auslegungskompetenz des EuGH für die bestimmte Generalklausel reicht.[157] Bei der Klausel-RL ist ein wichtiger Teil des Kontrollmaßstabs die Frage, ob die Klausel in treuwidriger Weise vom geschriebenen Recht abweicht. Es geht dann also gar nicht um einen feststehenden, vom Gesetz losgelösten Maßstab von Treu und Glauben, sondern es muss beurteilt werden, was **Inhalt und Leitbild des nationalen Gesetzes** ist, und wie erheblich die Klausel von diesem abweicht.[158] In § 307 Abs. 2 BGB ist sogar der Versuch unternommen worden, diese **160**

---

151 *EuGH* Slg. 2004, S. 3403 (Freiburger Kommunalbauten).
152 Ebenda, Rn. 21.
153 ZfIR 2005, S. 300; zu einer anderen Konstellation *BGH* NJW-RR 2005, S. 1292.
154 *EuGH* Slg. 2000, S. 4941 Rn. 21 ff. (Océano). Der *EuGH* fand, bei der dort zu prüfenden Gerichtsstandsklausel stehe das Missverhältnis außer Frage – so ausdrücklich auch in der Entscheidung Freiburger Kommunalbauten, Slg. 2004, S. 3403 Rn. 23.
155 *EuGH* Slg. 2009, S. 4713 (Pannon); *EuGH* EuZW 2011, S. 27 (VB Pénzügyi Lízing).
156 Ähnlich wie hier *Pfeiffer*, NJW 2009, S. 2369.
157 Näher Riesenhuber/*Röthel*, Europäische Methodenlehre, § 12 Rn. 12 ff.
158 Nur Staudinger/*Coester*, BGB, § 307 Rn. 119.

Relation ausdrücklich zu regeln. In der Richtlinie fehlt ein konkreter Hinweis auf dieses Abhängigkeitsverhältnis. Immerhin wird allerdings darauf hingewiesen, dass eine Klausel niemals treuwidrig sein kann, wenn sie gar nicht vom geschriebenen Recht abweicht. Aber auch darüber hinausgehend ist klar, dass die Treuwidrigkeit einer von einer Partei gestellten Vertragsbedingung erst bei einer signifikanten Abweichung vom geschriebenen Recht möglich ist. Die Klausel muss zu Lasten des Verbrauchers so deutlich vom geschriebenen Recht abweichen, dass diese Abweichung treuwidrig bzw missbräuchlich erscheint. Es kommt somit stets auf einen **Vergleich der Klausel mit dem sonst geltenden Recht** an. Und das ist das nationale Zivilrecht.

161   Zu Unrecht wird nun oft gefragt, ob der EuGH einen solchen Vergleich mit dem nationalen Recht leisten „könne". Denn um das Können geht es nicht. Der EuGH *darf diesen Vergleich überhaupt nicht vornehmen.* Dieser ist nämlich nicht mehr eine Auslegung der Richtlinie, sondern es muss nationales Recht ausgelegt werden.[159] Es kommt ja darauf an, welches die wesentlichen Gedanken der nationalen Rechtsnorm sind, von der abgewichen wird. Wie gezeigt darf der Gerichtshof nach Art. 267 AEUV aber nur über die Auslegung von EU-Recht entscheiden (dazu oben Rn. 139).

162   **ee) Verbleibende Fälle notwendiger Vorlagen.**   Damit bleiben für die Vorlage zwei Komplexe übrig. Zum einen sind dies die sehr allgemeinen Fragen, die sich auf das Verständnis der Generalklausel selbst beziehen: Was enthält sie für Grundgedanken? Letztlich kann man mit gewisser Vorsicht sagen, dass sich hier ein **europäischer Grundsatz von Treu und Glauben** niederschlägt (näher dazu unten Rn. 284). Für die Klausel-RL könnte beispielsweise gefragt werden, ob die Klauseln anhand des Prinzips der *legitimen Erwartungen* des Verbrauchers beurteilt werden müssen (inhaltlich dazu unten Rn. 270).

163   Zum anderen sind es die Fälle, in denen die Klausel nicht (nur) von nationalem, sondern **gerade von EU-Recht** – also insbesondere von einer Richtlinie – abweicht. Denn es ist Aufgabe des EuGH, zu beurteilen, ob diese Abweichung vom *EU-Recht* missbräuchlich ist. Der EuGH legt dann aber **nicht die Generalklausel** aus, sondern bestimmt die wesentlichen Grundgedanken der Normen, von denen durch die AGB abgewichen wird. Das allerdings wird vorerst selten vorkommen, da der ganz überwiegende Teil des EU-Privatrechts zwingendes Recht ist, und daher durch AGB ohnehin nicht abbedungen werden kann. Ein denkbares Beispiel ist aber die in Art. 3 Abs. 3 Zahlungsverzugs-RL vorgesehene Inhaltskontrolle. Hier ist der Vergleich der privaten Vereinbarung mit den dispositiven Regelungen der Art. 3 Abs. 1 und 2 Zahlungsverzugs-RL sogar ausdrücklich vorgesehen (dazu auch noch unten Rn. 390).

6.   Zusammenfassung

a)   Allgemeines

164   Eine Vorlage an den EuGH ist zwingend vorgeschrieben, wenn das nationale Gericht Zweifel hat, ob die von ihm favorisierte Auslegung des nationalen Rechts **im Widerspruch zum Inhalt einer Richtlinie** steht.

---

159   Nochmals *EuGH* Slg. 2004, S. 3403 Rn. 21 (Freiburger Kommunalbauten); *Franzen*, Privatrechtsangleichung, S. 554 ff.

Entbehrlich ist die Vorlage jedoch oftmals dann, wenn die Abweichung allenfalls dazu führen könnte, dass das von der Richtlinie vorgegebene Schutzniveau erhöht wird. Viele privatrechtliche Richtlinien enthalten nämlich weiterhin den **Mindeststandardgrundsatz** (dazu schon soeben Rn. 151).

Nutzlos ist die Vorlage übrigens auch dann, wenn eine Auslegung des nationalen Rechts im Sinne der Richtlinie ausgeschlossen ist, da das nationale Recht eindeutige Vorgaben enthält und eine Auslegung im Sinne der Richtlinie ohnehin nicht möglich wäre. Dann enthält das nationale Recht einen **Umsetzungsfehler**. Dennoch muss der Rechtsstreit zunächst auf der Basis des nationalen Rechts entschieden werden (also zB gegen den klagenden Verbraucher). Aus der Verletzung der Umsetzungspflicht kann die betroffene Partei dann – wenn die Voraussetzungen erfüllt sind – einen Staatshaftungsanspruch ableiten (dazu oben Rn. 86).   165

Mit der Annahme, dass eine richtlinienkonforme Auslegung nicht möglich sei, muss man allerdings *sehr* **zurückhaltend** sein. Das zeigte sich besonders schön in der Vorlage des BGH im Quelle-Fall. Der BGH erklärte ausdrücklich, er sehe sich an einer richtlinienkonformen Auslegung gehindert, falls der EuGH entscheide, die Richtlinie sehe einen Nutzungsersatz durch den Verbraucher nicht vor (zum Fall oben Rn. 115).[160] Dass er dennoch vorlegte, war in sich widersprüchlich.[161]

Nachdem das Urteil ergangen war, und der EuGH den Nutzungsersatz verneinte, fand der BGH dann allerdings doch einen Weg, das nationale Recht richtlinienkonform fortzubilden. Wie oben gezeigt, kann eine richtlinienkonforme Rechtsfortbildung nämlich sehr weit gehen (Rn. 126).

b) Generalklauseln

Auch bei Generalklauseln ist der EuGH grundsätzlich zur Ausfüllung zuständig. Zu beachten ist aber, dass es sich bei den meisten Streitfragen hier gar nicht um die eigentliche Ausfüllung der Generalklausel handelt, sondern dass es um die *Anwendung* ***der Generalklausel auf das nationale Recht*** geht. Der EuGH vertritt sogar die Auffassung, dass die Entscheidung darüber, ob die Generalklausel im konkreten Fall eingreift, *stets* Recht*anwendung* sei. Zugleich hat er aber ausgesprochen, dass es Fälle gebe, in denen die Generalklausel nur eine ganz bestimmte Entscheidung zulasse.   166

IV. Sonderfall: Die Vorlage an den EuGH bei überschießender Umsetzung

1. Grundsätzliche Zulässigkeit der Vorlage bei überschießender Umsetzung

Oben (Rn. 126 ff.) wurde bereits dargestellt, dass das nationale Recht auch dann meist richtlinienkonform ausgelegt werden muss, wenn es sich um **überschießend** umgesetztes Recht handelt. Dürfen die nationalen Gerichte in diesen Fällen auch eine   167

---

160   *BGH* NJW 2006, S. 3200.
161   So auch *Lorenz*, NJW 2006, S. 3203.

Vorlage an den EuGH vornehmen? Diese Frage ist klar zu bejahen. Tatsächlich sind solche Vorlagen sogar **häufig**. In der Regel werden sie gar nicht als Besonderheiten wahrgenommen. So hätte zum Beispiel im bekannten Fall Berliner Kindl (dazu näher Rn. 399) die Verbraucherkredit-RL ohnehin keine Anwendung gefunden, da sie nur Kredite bis zu einer Höhe von 20.000 Euro erfasst, es in dem Fall aber um 90.000 DM ging.[162]

Vorlagen zu Fällen im überschießenden Umsetzungsbereich sind sinnvoll. Es ist eine **Vereinfachung**, eine zu einer Richtlinie auftretende Auslegungsfrage sogleich dem EuGH vorlegen zu können, auch wenn der Fall eigentlich nicht von der Richtlinie erfasst würde.[163] Ansonsten müssten die nationalen Gerichte zunächst selbst eine Lösung finden, die dann unter Umständen der widerspräche, die der EuGH in einer späteren Entscheidung zu einem von der Richtlinie erfassten Fall bevorzugen würde.[164] Die **einheitliche Behandlung der unterschiedlichen Sachverhalte**, die der nationale Gesetzgeber eigentlich angestrebt hat, würde so verfehlt.

Eine Grenze für seine eigene Zuständigkeit hat der EuGH allerdings gesetzt, als ein ungarisches Gericht eine Vorlage in einem Fall vornahm, der sich bereits **vor dem Beitritt** Ungarns zur EU ereignet hatte. Er nahm die Vorlagefrage nicht an.[165]

2. Grenzen der Vorlage bei überschießender Umsetzung

168 Der EuGH nimmt grundsätzlich auch Vorlagefragen zur Entscheidung an, welche außerhalb des Anwendungsbereichs der Richtlinie liegen. Ihm kommt es darauf an, dass die Entscheidung über die Auslegung der Richtlinie für die Entscheidung des nationalen Rechtsstreits (unmittelbar) Bedeutung hat.[166] Davon allerdings geht der EuGH immer dann aus, wenn das nationale Gericht die Entscheidung **in unmittelbarem Bezug zu einem europäischen Rechtsakt** sieht. Nicht angenommen hatte der EuGH aber eine Vorlagefrage in der Entscheidung Kleinwort-Benson.[167] Dort war er zur Auslegung eines an das EuGVÜ (jetzt EuGVVO) angelehnten, dieses aber modifizierenden Abkommens befragt worden. Diese bloße Ähnlichkeit war dem EuGH zu wenig.

169 Dass für den EuGH die *unmittelbare* Bedeutung seines Urteils für die Entscheidung des nationalen Gerichts ausschlaggebend ist, lässt sich gut aus der Entscheidung Pfennigmann ablesen.[168] Dort ging es um die **Auslegung eines eigenständigen Übereinkommens zwischen einigen Mitgliedstaaten**, welches sich in seiner Präam-

---

162 *EuGH* Slg. 2000, S. 1741 (Berliner Kindl); Art. 2 Abs. 1 lit f der Verbraucherkredit-RL; vgl. auch die Entscheidung Heininger, *EuGH* Slg. 2001, S. 9945 und dazu ausdrücklich *BGH* NJW 2002, S. 1881.
163 Schulze/*Schulze*, Auslegung europäischen Privatrechts, 1999, S. 9, 18 f.
164 Noch deutlicher *Schulze*, ebenda.
165 *EuGH* Slg. 2006, S. 371 (Ynos).
166 Vgl. zu den Entscheidungen des *EuGH* schon vorstehend; siehe ausführlich auch *EuGH* Slg. 1997, S. 4291 Rn. 23 ff. (Giloy); *EuGH* Slg. 1997, S. 4161, 1. LS (Leur-Bloem); aus dem Schrifttum nur *Büdenbender*, ZEuP 2004, S. 36, 53 ff.
167 *EuGH* Slg. 1995, S. 614; zur Abgrenzung auch *EuGH* Slg. 2003, S. 1 Rn. 89 ff. (BIAO).
168 *EuGH* Slg. 1999, S. 7748 Rn. 19 ff. (Pfennigmann).

bel auf eine Richtlinie bezieht.[169] Hier hatte der EuGH die Auslegung des *Abkommens* zunächst mehrfach abgelehnt, weil er unzuständig sei.[170] Die ihm in der Sache Pfennigmann schließlich vorgelegte direkte Frage nach der Auslegung der *Richtlinie*, auf die das Abkommen sich bezieht, nahm er dagegen an. Er ging davon aus, dass die Auslegung der Richtlinie für die nationalen Gerichte verbindlich sein würde. Dass es auch hier letztlich erkennbar nur um die Auslegung des über die Richtlinie hinausgehenden, ja davon im Grunde ganz abgekoppelten Abkommens ging, war für den EuGH unerheblich.

Bei einer solchen Vorlage erbringt der EuGH letztlich eine Art **zusätzlichen Service** für die Mitgliedstaaten. Er liefert eine Auslegung der Richtlinie, wiewohl der eigentlich zu entscheidende Fall außerhalb von deren Anwendungsbereich liegt, weil die nationalen Gerichte diese Auslegung aus den soeben (1.) beschriebenen Gründen zur Grundlage ihrer Entscheidung machen möchten.

3. Überschießende Umsetzung und gesetzlicher Richter

Wenn ein weites Vorlagerecht angenommen wird und nationale Gerichte das Verfahren an den EuGH „abgeben", kann man sich fragen, ob das **Gebot des gesetzlichen Richters aus Art. 101 Abs. 1 S. 2 GG** gewahrt ist. Anders als im umgekehrten Fall der vermiedenen Vorlage (dazu gleich), besteht hier aber kein echtes Problem. Zunächst ist der **EuGH vom BVerfG als gesetzlicher Richter anerkannt**.[171] Das heißt zwar nicht, dass ein deutsches Gericht in jedem beliebigen Rechtsstreit Fragen dem EuGH zur Entscheidung vorlegen kann, anstatt diese selbst zu entscheiden. Die Zuständigkeit ist vielmehr auf einen bestimmten, abgrenzbaren Bereich von Rechtsfragen festgelegt. Dabei macht die Grenzziehung kaum Probleme. Denn dem EuGH können ausschließlich Fragen zur Auslegung von *EU-Recht* vorgelegt werden. Genau dies geschieht aber auch dann, wenn in Bezug auf überschießende Umsetzung vorgelegt wird. Über andere Fragen wird der EuGH nicht entscheiden. Die Auslegung nationalen Rechts und die Rechts*anwendung* des EU-Rechts muss das nationale Gericht ohnehin stets selbst durchführen.[172]

170

V. Verletzung der Vorlagepflicht und gesetzlicher Richter

Nach der Rechtsprechung des BVerfG kann eine Verletzung des Rechts auf den gesetzlichen Richter aus Art. 101 Abs. 1 S. 2 GG gegeben sein, wenn ein nationales Gericht eine an sich zwingende Vorlage unterlässt.[173] Nachdem dies lange Zeit als eher

171

---

169 Das Übereinkommen betrifft Gebühren für die Nutzung von Straßen und bezieht sich auf die Richtlinie 93/89/EWG über die Besteuerung bestimmter Kraftfahrzeuge zur Güterbeförderung sowie die Erhebung von Maut- und Benutzungsgebühren für bestimmte Verkehrswege durch die Mitgliedstaaten (ABl. 1994 L 71 S. 26).

170 Vgl. nur *EuGH* Slg. 1998, S. 7083 (Hartmann); dazu auch *EuGH* Slg. 1999, S. 7748 Rn. 19 ff. (Pfennigmann) – das ist unproblematisch, da das Abkommen eindeutig kein EU-Recht ist.

171 BVerfGE 73, 366; *BVerfG* JZ 2001, S. 923, 924.

172 Im Ergebnis ebenso *Schnorbus*, RabelsZ 65 (2001), S. 656, 700 ff.

173 BVerfGE 75, 223, 245; ebenso *Arnold*, Festschrift Neumayer, 1985, S. 17, 24 f.; *App*, DZWir 2002, S. 232, 236.

theoretische Möglichkeit erschien, hat das BVerfG die Maßstäbe für eine solche Verletzung nunmehr deutlich gestrafft und an die Rechtsprechung des EuGH angelehnt. Danach darf ein nationales Gericht nur dann davon ausgehen, dass die richtige Anwendung des EU-Rechts offenkundig ist, wenn es überzeugt ist, dass diese **Offensichtlichkeit auch aus Sicht der Gerichte der übrigen Mitgliedstaaten sowie des EuGH** gegeben ist. Es muss zudem die fehlende Vorlage gerade damit begründen, dass die Beantwortung der Frage entweder offensichtlich ist, oder bereits vom EuGH vorgenommen wurde, und darf **keinesfalls eine eigene Lösung** entwickeln.[174] Ansonsten ist Art. 101 Abs. 1 S. 2 GG verletzt.[175]

VI. Wirkung der Entscheidungen des EuGH

1. Rechtskraft im engen Sinne

172 Dogmatische Schwierigkeiten bereitet die Bindungswirkung der Urteile des EuGH. Nach wohl hA muss zwischen der **Rechtskraft im engen Sinne** und der **Bindungswirkung** der Entscheidungen des EuGH unterschieden werden.[176] Eigentliche Rechtskraft kommt den Urteilen des EuGH nach dieser differenzierenden Auffassung nur in dem Verfahren zu, in welchem die Vorlage erfolgt. In diesem Verfahren und in weiteren Verfahren über den gleichen Streitgegenstand sind die Gerichte an die Entscheidung des EuGH gebunden.[177] Soweit der Blickwinkel der Parteien betroffen ist, kommt dem Gegenstand des Verfahrens beim EuGH gegenüber dem Gegenstand des Verfahrens bei dem nationalen Gericht, welches die Vorlagefrage gestellt hat, ohnehin keine eigenständige Bedeutung zu.[178]

173 Daraus darf aber nicht geschlossen werden, dass die Urteile des EuGH keine andere – und zwar insbesondere keine weiterreichende – Wirkung als die Urteile deutscher Obergerichte hätten.[179] Ein solches enges Verständnis der Rechtskraft der Urteile des EuGH ist aus verschiedenen Gründen unrichtig.

---

174 *BVerfG* NJW 2010, S. 1268; dazu *Thomale*, JuS 2010, S. 339 (Klausur).
175 So *BVerfG* NJW 2001, S. 1267 f.; skeptisch zur Möglichkeit der Verfassungsbeschwerde insgesamt *Hirte*, Wege zu einem europäischen Zivilrecht, S. 43 f. mwN. Zur jüngeren Rechtsprechung vgl. auch *BVerfG* NJW 2011, S. 288 Rn. 45 ff. mit Anmerkung *Bäcker*, NJW 2011, S. 270.
176 *Heß*, ZZP 108 (1995), S. 59, 69; *Dauses*, Vorabentscheidungsverfahren, S. 153 ff.; *Everling*, Vorabentscheidungsverfahren, S. 63 ff.; Rengeling/Middeke/Gellermann/*Middeke*, Handbuch des Rechtsschutzes in der Europäischen Union, 2003, § 10 Rn. 86; anders aber *Pechstein*, EU-Prozessrecht, Rn. 866 ff. sowie auch Rn. 906 f., der für die Auslegungsfrage von einer echten Rechtskraft „erga omnes" ausgehen will.
177 Siehe zB *EuGH* Slg. 1981, S. 1191 (ICC); *EuGH* Slg. 1986, S. 947 (Wünsche); dazu auch Rengeling/Middeke/Gellermann/*Middeke*, Handbuch des Rechtsschutzes in der Europäischen Union, § 10 Rn. 87; *Everling*, Vorabentscheidungsverfahren, S. 61; genauer *Dauses*, Vorabentscheidungsverfahren, S. 148 ff. Zur Wirkung grundlegend BVerfGE 73, 339, 370 (Solange II); anwendend zB BVerfGE 75, 223, 234.
178 Von einer „Einheit" spricht *Prütting*, Gedächtnisschrift Arens, 1993, S. 339, 343. Zum Charakter als Zwischenverfahren schon soeben Rn. 137.
179 *Everling*, Vorabentscheidungsverfahren, S. 66; *Dauses*, Vorabentscheidungsverfahren, S. 155; ähnlich auch Von der Groeben/Schwarze/*Gaitanides*, EU/EG-Vertrag, Art. 234 EG Rn. 91 f., die von einer nur tatsächlich rechtsbildenden Kraft spricht.

Zunächst kann schon auf allgemeiner dogmatischer Ebene angezweifelt werden, dass der Gegenstand des Verfahrens vor dem EuGH nicht über den Gegenstand des Ausgangsverfahrens hinausgehe. Denn der Gegenstand des Verfahrens kann auch als **abstrakte Auslegungsfrage** begriffen werden. Dann ist es konsequent, eine **echte Bindungswirkung der Auslegung** anzunehmen.[180] Will man diesen doch recht streitigen dogmatischen Weg nicht beschreiten, so gibt es auch noch eine andere, verbreitetere Konstruktion, welche ebenfalls zu einer über den Gegenstand des Ausgangsverfahrens weit hinausgehenden Bindungswirkung der Urteile des EuGH führt:

2.   Bindungswirkung der Urteile des EuGH nach den EU-Verträgen

Der EUV und der AEUV enthalten für die Bindungswirkung der Urteile des EuGH im Vorabentscheidungsverfahren **keine ausdrückliche gesetzliche Grundlage**. Dass die Entscheidungen verbindliche Wirkung haben müssen, ergibt sich aber mittelbar aus der alleinigen Kompetenz des EuGH zur Auslegung von EU-Recht.[181] Da die nationalen Gerichte selbst nicht über die Auslegung des EU-Rechts entscheiden dürfen, sind sie darauf angewiesen, den Entscheidungen des EuGH zu folgen.[182] Die **allgemeine Verpflichtung zur Loyalität** aus Art. 4 Abs. 3 EUV sichert, dass die Entscheidungen des EuGH nicht nur – nach Art. 267 AEUV – eingeholt, sondern auch beachtet werden. Ein anderes Verständnis einer EU-rechtlichen Norm als das vom EuGH vorgegebene kann sogar zu Schadensersatzpflichten führen.[183]   **174**

Da der EuGH die Normauslegung festlegt, kommt es für seine Urteile zu einer Besonderheit, die den Mitgliedstaaten nicht selten große Sorgen macht: Sie wirken **nicht nur für die Zukunft, sondern auch zurück**. Nur in extremen Ausnahmefällen hat der EuGH sich darauf eingelassen, die Wirkung einer Entscheidung auf die Zukunft zu beschränken.[184]   **175**

So entsteht eine Bindungswirkung, die sich in ihrer Qualität von der Bindungswirkung der Urteile nationaler Obergerichte und insbesondere des BGH unterscheidet.[185] Was der EuGH entschieden hat, erlangt in gewisser Weise **ähnliche Bedeutung wie**   **176**

---

180   So vor allem *Pechstein*, EU-Prozessrecht, Rn. 862 ff.
181   *Hergenröder*, Festschrift Zöllner, 1998, S. 1139, 1143 f.; Rengeling/Middeke/Gellermann/*Middeke*, Handbuch des Rechtsschutzes in der Europäischen Union, 2003, § 10 Rn. 89.
182   Ähnlich *Langenbucher*, in: Jahrbuch junger Zivilrechtswissenschaftler 1999, S. 65, 76. Zu „rechtskulturellem Widerstand" gegen diese Rechtslage hat *Bydlinski*, BGH-Festgabe, 2000, Band 1, S. 3, 6 aufgerufen. Er erkennt in den Entscheidungen des *EuGH* eine Bindungswirkung, die stärker sei als die gesetzliche, weil selbst eine Überprüfung auf ihre Verfassungsmäßigkeit nicht möglich sei. Anders ausgedrückt könnte wohl auch davon gesprochen werden, dass der *EuGH* die Funktion eines ordentlichen Obergerichts und eines obersten Verfassungsgerichts in sich vereint.
183   Denn dann liegt ein offenkundiger und erheblicher Verstoß gegen EU-Recht vor, vgl. ausführlich die Entscheidung *EuGH* Slg. 1996, S. 1026, 1032 (Brasserie du Pêcheur); anwendend etwa auch *EuGH* Slg. 1998, S. 1531, 1534 (Norbrook Laboratories).
184   Ablehnend mwN zuletzt *EuGH* NJW 2011, S. 439 Rn. 33 ff. (Albron Catering); *EuGH* EuZW 2010, S. 465 Rn. 91 ff. (Bressol); *EuGH* Slg. 2006, S. 199 Rn. 49 ff. (Skov): Besonders umstritten ist die Frage des Wirkungsbeginns der Urteile des *EuGH* zurzeit für die in einigen Mitgliedstaaten (wie in Deutschland) geltenden Wettverbote; dazu *EuGH* Slg. 2007, S. 2271 (Unibet) sowie aus deutscher Sicht *BVerfG* in BVerfGE 115, 276 = NJW 2006, S. 1261.
185   Gelegentlich wird ein Vergleich zum *BVerfG* gezogen. Dort bietet allerdings § 31 BVerfGG eine klare und zugleich differenzierende Rechtsgrundlage.

das geschriebene Recht.[186] Allerdings ist es den Gerichten erlaubt, eine bereits vom EuGH entschiedene Frage erneut vorzulegen und auf eine Änderung der Rechtsprechung hinzuwirken.[187] Zwar kann und wird der EuGH in diesen Fällen oftmals durch Beschluss auf die vorangegangene Entscheidung verweisen.[188] Er darf seine Rechtsprechung aber auch jederzeit ändern. Sinnvoll und erfolgversprechend ist die erneute Vorlage zB dann, wenn die bisherige Rechtsauffassung des EuGH im zu entscheidenden Fall zu unbrauchbaren Ergebnissen führen würde.[189]

---

186 Vgl. nochmals *Bydlinski*, BGH-Festgabe, 2000, Band 1, S. 3, 6 f.
187 *EuGH* Slg. 1981, S. 1191 (ICC); auch schon *EuGH* Slg. 1963, S. 63, 81 (Costa).
188 Art. 104 § 3 VerfO; dazu zB *EuGH* Slg. 1998, S. 4253 (Béton Express).
189 Vgl. zur Frage der Korrektur des *EuGH* durch sich selbst *Everling*, JZ 2000, S. 217, 224; *Langenbucher*, in: Jahrbuch junger Zivilrechtswissenschaftler 1999, S. 65, 75; *Piekenbrock*, EuR 2011, S. 317, 337.

§ 5 Allgemeine Rechtsgrundsätze des EU-Privatrechts

A. Regelungsziele des EU-Privatrechts

I. Privatrecht als Binnenmarktrecht

Die Funktion des nationalen Privatrechts ist eine sehr zurückhaltende. Klassischer- **177** weise wird angenommen, es solle möglichst einen idealen Rahmen, einen Wirkungs-raum für die **Entfaltung der Privatautonomie** bilden.[1] Das europäische Privatrecht weicht von diesem Modell ab. Es ist geprägt von dem Ziel, dass die aus einer Vielzahl von Staaten bestehende Europäische Union zu einer **einheitlichen Wirtschaftsge-meinschaft** werden soll. Auch hier ist die Privatautonomie Grundlage des Privat-rechts. Aber vielleicht lässt sich – wiewohl etwas überspitzt – sagen, dass das na-tionale Privatrecht in der Tendenz gerade der Privatautonomie dient, während das EU-Recht die **Privatautonomie eher als Mittel zur Erreichung eines idealen Bin-nenmarkts** ansieht.

Das EU-Privatrecht ist konkret auch davon geprägt, dass es auf einer Kompetenz- **178** grundlage beruht, welche der Verbesserung des Binnenmarkts dient.[2] Dass **Art. 114 AEUV** die Kompetenzgrundlage für das Privatrecht ist, hat auch inhaltliche Auswir-kungen (näher zur Reichweite des Art. 114 AEUV oben Rn. 14). Ein Privatrecht, wel-ches in seinen Inhalten nicht binnenmarktorientiert wäre, dürfte die EU überhaupt nicht schaffen.

II. Privatrechtsordnung und Wettbewerb

Die Marktorientierung des EU-Privatrechts hat verschiedene Aspekte. Ein ganz we- **179** sentliches Ziel des EU-Privatrechts besteht in der Erreichung **gleicher Wettbewerbs-bedingungen** für alle Anbieter. Denn der grenzüberschreitende Wettbewerb wird nicht nur durch das eigentliche Wettbewerbsrecht geprägt, sondern auch durch sonsti-ge Unterschiede in den Rechtsordnungen. Insbesondere können Unterschiede bei pri-vatrechtlichen Normen spürbare Auswirkungen auf den Preis haben, zu dem ein Pro-dukt angeboten werden kann.[3] Eine strengere oder längere Mängelhaftung wird zu höheren Preisen führen. Die **enge gedankliche Verbindung zwischen privatem Vertragsrecht und Wettbewerbsrecht** hat auch inhaltliche Auswirkungen auf die Regelungen der Richtlinien. Vertragsrechtliche und wettbewerbsrechtliche Regelun-

---

1 Genauer *Bork*, BGB AT, Rn. 99 ff.; *Larenz/Wolf*, BGB AT, § 2 Rn. 35 ff. unter deutlicher Betonung der sozialstaatlichen Elemente; *Rüthers/Stadler*, BGB AT, § 2, auch zu den Möglichkeiten der politi-schen Gestaltung durch Privatrecht; im Zusammenhang der Grundfreiheiten auch *Remien*, Zwingendes Vertragsrecht und Grundfreiheiten, 2003, S. 533.
2 Noch stärker als hier *Kilian*, Europäisches Wirtschaftsrecht, Rn. 1032, der von einem „Marktprivat-recht" spricht.
3 Dazu auch *Canaris*, AcP 200 (2000), S. 273, 363 sowie *Grundmann/Martinek*, Systembildung und Sys-temlücken, S. 511, 537 ff.; Verbraucherpolitische Strategie 2002-2006, KOM (2002) 208, S. 9 f.; auch unten Rn. 275 im Zusammenhang mit Internetversteigerungen.

gen sind darin oftmals in einer Art gemischt, die dem deutschen Recht – trotz wachsender Diskussion – weiterhin fremd ist.[4]

III. Zielsetzung und Dogmatik

180 Die Zielsetzung der jeweiligen Richtlinie – sei es die verbraucherfreundliche Ausgestaltung des Warenkaufs, sei es die Verhinderung von missbräuchlichen AGB oder die Angleichung des Rechts des E-Commerce – dominiert den Inhalt der Richtlinie. Dogmatische Überlegungen, selbst solche allergrundsätzlichster Art, treten dahinter zurück. In den Richtlinien finden sich daher **strafrechtliche, wettbewerbsrechtliche, öffentlich-rechtliche und privatrechtliche Normen nebeneinander.**[5] Die Aufgabe, die jeweiligen Normen an den richtigen Platz im Rechtssystem einzufügen, bleibt den Mitgliedstaaten überlassen.

B. Unternehmerrecht und Verbraucherrecht

Literaturhinweis: *Rösler*, Schutz des Schwächeren im Europäischen Vertragsrecht, RabelsZ 73 (2009), S. 889.

I. Unternehmerrecht

181 Von dem Gedanken ausgehend, dass das Privatrecht der EU den Binnenmarkt fördern soll, liegt es nahe, hinter den europäischen Privatrechtsakten hauptsächlich **Wirtschaftsrecht im engen Sinne** zu vermuten. Große Teile der Privatrechtsakte der EU sind in der Tat auch dem Wirtschaftsrecht zuzuordnen. Es gibt ua gesellschaftsrechtliche, wettbewerbsrechtliche, arbeitsrechtliche, versicherungsrechtliche und vergaberechtliche Vorschriften.

Gerade vor dem Hintergrund der soeben angesprochenen Wettbewerbsfreiheit ist sogar das **Verbraucherschutzrecht schon als einseitiges Unternehmerrecht** bezeichnet worden.[6] Falsch ist so ein Name nicht, denn im Verbrauchervertragsrecht steht immer auf einer Seite ein Unternehmer.

182 Jedoch ist der Name nicht wirklich treffend. Denn es ist so, dass die meisten Richtlinien aus den hier interessierenden Kernbereichen des Privatrechts, also insbesondere des europäischen Vertragsrechts, Normen enthalten, die bewusst gerade **auf die Rechtsstellung des Verbrauchers ausgerichtet** sind. Es geht hier um die Stärkung des *Verbrauchers.*[7] Der Gedanke, dass zugleich auch für die Unternehmen einheitli-

---

4 *Schmidt*, JZ 2007, S. 78.
5 Phasenweise können Bemühungen des Richtliniengebers beobachtet werden, systematischer vorzugehen. Zu Diskussionen über die Dogmatik kam es etwa bei der Lauterkeits-RL.
6 In diese Richtung Heusel/*Hoffmann*, Neues europäisches Vertragsrecht und Verbraucherschutz, S. 39; Schulze/Schulte-Nölke/*Dörner*, Schuldrechtsreform vor dem Hintergrund des Gemeinschaftsrechts, S. 177; *Grundmann*, Festschrift Fikentscher, 1998, S. 671, 680.
7 Dazu, dass dahinter allerdings keine sozialen, sondern wirtschaftliche Gedanken stehen, sogleich unter II. Grundmann/Bianca/*Grundmann*, EU-Kaufrechts-Richtlinie, 2002, Einl. Rn. 24, betont daher, auch das Verbrauchervertragsrecht sei Wirtschaftsrecht.

che Rechtsregeln gelten – und der Wettbewerb dadurch offener wird – tritt dahinter zurück. Erkennbar ist das insbesondere an den Mindeststandardregelungen. Diese Regelungen bewirken nämlich, dass oberhalb des festgelegten Sockels in allen Mitgliedstaaten weiterhin ganz unterschiedliche Regelungen gelten können.[8] Insbesondere können zusätzliche Pflichten auf den Unternehmer zukommen. All diesen muss der grenzüberschreitend tätige Unternehmer gerecht werden.[9] Für die Unternehmer wird daher mit den Verbraucherschutzregeln nicht allzu viel erreicht (auch noch Rn. 200).

II. Verbraucherrecht als Marktrecht – Modell der Konsumentensouveränität

Das EU-Privatrecht dient insgesamt der Marktverbesserung. Bedenkt man nun, dass ein großer Teil des europäischen Privatrechts Verbraucherschutzrecht ist, so verwundert das zunächst. Denn das nationale Verbraucherschutzrecht wird in der Regel nicht in den Zusammenhang der Marktverbesserung gestellt. Es gilt als **eher wettbewerbsstörend** und ist vom **Sozialstaatsgedanken** geprägt. Es hat zum Ziel, den Schwächeren zu schützen.[10]   **183**

Kann also Verbraucherschutzrecht den Markt fördern? Diese Frage ist klar zu bejahen. Jedenfalls im Privatrechtskonzept der EU ist der **Verbraucherschutz sogar ein wichtiger Baustein der Binnenmarktförderung**.

Hier herrscht nämlich die Vorstellung von der **Konsumentensouveränität**.[11] Ohne einen grenzüberschreitend konsumierenden Verbraucher kann der grenzenlose Binnenmarkt nicht verwirklicht werden. Um den Verbraucher dazu anzuregen, verstärkt zu konsumieren, und insbesondere auch grenzüberschreitend zu konsumieren, soll sein Vertrauen in den Binnenmarkt verbessert werden.[12] Es wird angenommen, dass das Vertrauen des Verbrauchers wächst, wenn seine **Rechtsstellung besonders sicher, transparent und günstig** ist.[13] Das Verbraucherschutzrecht dient also dem Ziel, die Rechtsstellung des Verbrauchers so günstig und zuverlässig auszugestalten, dass der Verbraucher sorglos grenzüberschreitend konsumieren kann.[14]   **184**

---

8   Vgl. hierzu auch die Ausführungen zum Mindeststandardgrundsatz oben Rn. 20.

9   Verstärkt wird diese „Benachteiligung" durch das Gemeinschaftskollisionsrecht, welches die Möglichkeiten der Rechtswahl gegenüber dem Verbraucher sehr beschränkt, dazu unten Rn. 521.

10 Eine knappe Gegenüberstellung von deutschem und europäischem Gedankengut bringt Münch-KommBGB/*Säcker*, Einl. Rn. 207 ff.

11 Nur *Rösler*, Europäisches Konsumentenvertragsrecht, 2004, S. 140 ff.; kritisch hinterfragt wird dies von *Doehner*, Die Schuldrechtsreform vor dem Hintergrund der Verbrauchsgüterkauf-Richtlinie, 2004, S. 76 ff., der von einem „nachfrageorientierten Binnenmarktkonzept" spricht.

12 Verbraucherpolitische Strategie der EU 2007-2013, KOM (2007) 99, S. 6 (dort insb Nennung als erstes Ziel); deutlich auch schon der verbraucherpolitische Aktionsplan 1999-2001: „Das Vertrauen der Verbraucher ist für den Erfolg der Wirtschaft von vitaler Bedeutung"; näher *Rösler*, Europäisches Konsumentenvertragsrecht, 2004, S. 188 ff.

13 Grünbuch Acquis, KOM (2006) 744, S. 4; Verbraucherpolitische Strategie der EU 2007-2013, KOM (2007) 99, S. 3, 4; Mitteilung zum europäischen Vertragsrecht, KOM (2004) 651, S. 3; Verbraucherpolitische Strategie 2002-2006, KOM (2002) 208, S. 15; Verbraucherpolitischer Aktionsplan 1999-2001, KOM (1998) 696, S. 19.

14 Besonders plastisch Grabitz/Hilf/*Tonner*, Das Recht der EU, A 12, Rn. 35 ff.: gerade auch durch ein hohes Verbraucherschutzniveau entstehe ein Haftungsstandard, an den der Verbraucher sich gewöhne und den er gerne in Anspruch nehme.

Für die jüngeren Richtlinien, wie die Richtlinie über die Finanzdienstleistungen im Fernabsatz (= FAF-RL) und den Entwurf der Verbraucherrechte-RL[15] gilt dies ohne Einschränkung. In der Präambel der FAF-RL ist gleich zweimal von dem Vertrauen der Verbraucher die Rede.[16] In der Erwägung 8 der neuen Verbraucherkredit-RL heißt es wörtlich „Zur Sicherung des Vertrauens des Verbrauchers ist es wichtig, dass der Markt ein ausreichendes Verbraucherschutzniveau bietet." Auch in der Verbrauchsgüterkauf-RL wird ausdrücklich das Vertrauen erwähnt.[17] Das Vertrauen des Verbrauchers ist also gleichsam der **Dreh- und Angelpunkt des gesamten Verbrauchervertragsrechts**. Über Vertrauen wird die Verknüpfung zwischen Verbraucherschutz und Binnenmarkt hergestellt.

Dieser Gedanke hat sich allerdings erst nach und nach in vollem Umfang entwickelt. Er ist auch heute noch durchmischt mit weiteren, allgemeineren Gedanken. Zum einen wird immer auch die Angleichung der Wettbewerbsbedingungen hervorgehoben, die ihrerseits dem Verbraucher zu besseren Konsumbedingungen verhilft (dazu schon oben Rn. 16 und soeben Rn. 179).

185 Es treten jedoch noch andere, wenn auch wesentlich blassere Elemente hinzu. Sie spiegeln wider, dass die Idee des europäischen Markts nicht nur von einem hohen Handelsvolumen geprägt ist, sondern darüber hinausgehende Charakteristika enthält. In Art. 3 Abs. 3 und 4 EUV ist dieser Markt beschrieben. Angestrebt sind nicht nur ein „ausgewogenes Wirtschaftswachstum und eine in hohem Maße wettbewerbsfähige soziale Marktwirtschaft, die auf Vollbeschäftigung und sozialen Fortschritt abzielt", sondern **auch Umweltschutz, wissenschaftlicher und technischer Fortschritt, Gleichbehandlung und soziale Gerechtigkeit**. Der europäische Markt soll also eben auch „schön" sein. Anders ausgedrückt kennt er eine **Werteordnung**.[18]

186 In der Gesamtschau schließt sich der Kreis: Der vertrauensvolle Verbraucher wird auf dem angenehmen und sicheren Markt noch mehr konsumieren, und so zugleich auch das Handelsvolumen noch weiter steigern. Das Verbraucherrecht der Union ist somit insgesamt vom **Gedanken der Marktförderung** geprägt. Dagegen beruht es jedenfalls bisher **nicht auf dem Sozialstaatsgedanken**. Auch Art. 12 AEUV, der den Grundsatz des Verbraucherschutzes im primären Vertragsrecht verankert (früher Art. 153 Abs. 2 EG), enthält keine Anbindung an den Gedanken des Schwächerenschutzes.

Da in Art. 3 EUV anders als früher in Art. 4 EG von „sozialer" Marktwirtschaft gesprochen wird, besteht hier allerdings nunmehr ein gewisses Veränderungspotential.

---

15 KOM (2008) 614/4, S. 1.
16 Erwägung 3: „Um den Verbrauchern die Freiheit der Wahl zu gewährleisten, die für sie ein wesentliches Recht darstellt, ist ein hohes Verbraucherschutzniveau erforderlich, damit das Vertrauen des Verbrauchers in den Fernabsatz wächst." Und Erwägung 5: „Auch dürfte die Schaffung eines rechtlichen Rahmens für den Fernabsatz von Finanzdienstleistungen das Vertrauen der Verbraucher in die Nutzung der neuen Fernabsatztechniken für Finanzdienstleistungen wie beispielsweise des elektronischen Geschäftsverkehrs stärken."
17 Vgl. Präambel zur Verbrauchsgüterkauf-RL, Erwägung 5.
18 In Bezug auf das Verbraucherrecht insb *Rösler*, Europäisches Konsumentenvertragsrecht, 2004, S. 80 ff.; im Tonfall sehr „behütend" die Verbraucherpolitische Strategie der EU 2007-2013: „Verbesserung des Verbraucherwohls in punkto Preis, Wahlmöglichkeiten, Qualität, Vielfalt, Erschwinglichkeit und Sicherheit. Das Wohl der Verbraucher ist das Kernstück gut funktionierender Märkte."

III. Verbraucher- und Unternehmerbegriff

Literaturhinweis: *Pfeiffer*, Was kann ein Verbraucher? Zur Relevanz von Informationsverarbeitungskapazitäten im AGB-Recht und darüber hinaus, NJW 2011, S. 1.   **187**

Beispiel 9 – nach *EuGH* Slg. 2005, S. 439 (Gruber): Der österreichische Bauer Gruber bewohnt und bewirtschaftet einen Vierseithof. Er beauftragt ein bayerisches Unternehmen mit der Neueindeckung des Dachs. Es kommt zum Streit und Gruber erhebt Klage in Österreich, die er auf Art. 15 Abs. 1 lit c EuGVVO als Zuständigkeitstatbestand stützt (zur Lösung Rn. 204).

1. Vorüberlegungen

a) Rollenspezifische Begrifflichkeit

Der Verbraucherbegriff und der Unternehmerbegriff sind **rollenspezifisch**. Es ist also   **188**
falsch, von den Verbrauchern als einer „sozialen Gruppe" oder etwas ähnlichem zu sprechen. Jede natürliche Person ist immer dann Verbraucher, wenn sie ein Geschäft zu privaten Zwecken tätigt. Unternehmer ist jeder, der ein Geschäft im Rahmen seiner gewerblichen oder beruflichen Tätigkeit abschließt.

Ganz korrekt wäre es daher, zu sagen, dass eine Person **„als Verbraucher"** ein Rechtsgeschäft schließt, nicht aber, dass eine Person „Verbraucher" ist.[19]

b) Der Verbrauchervertrag

Oft wird von einem „Verbrauchervertrag" gesprochen. Das ist ein Vertrag, bei dem   **189**
auf der einen Seite, und zwar üblicherweise der Käuferseite, eine Person als Verbraucher handelt und auf der anderen Seite, also zB auf der Verkäuferseite, unternehmerische Tätigkeit vorliegt. Natürlich können nicht nur Kaufverträge Verbraucherverträge sein, sondern auch Dienstverträge, Werkverträge, Mietverträge, Leasingverträge usw. Für die Einordnung als Verbrauchervertrag ist es aber wichtig, dass der **Unternehmer die charakteristische Leistung** erbringt – wie zB den Dienst, das Werk, die Reise oder das Teilzeitnutzungsrecht.

Für den Verbrauchervertrag spricht man auch von einem B2C-Vertrag (business to consumer); für den Vertrag zwischen zwei Verbrauchern von einem C2C-Vertrag und für den Vertrag zwischen zwei Unternehmern von einem B2B-Vertrag.

c) Uneinheitliche Definition

Schwierigkeiten kann die genaue Abgrenzung von Unternehmer und Verbraucher   **190**
machen. Einen wirklich einheitlichen unionsrechtlichen Verbraucher- und Unternehmerbegriff gibt es nicht. Vielmehr definiert **jede Richtlinie von neuem, wer Verbraucher im Sinne der Richtlinie sein soll**.[20] Die Definitionen sind vielfach, aber

---

19 Vorbildlich der *BGH*, vgl. nur *BGH* NJW 2010, S. 2426.
20 Vgl. etwa Art. 2 lit b Klausel-RL, Art. 2 Nr. 2 Fernabsatz-RL, Art. 1 Abs. 2 lit a Verbrauchsgüterkauf-RL, Art. 2 Abs. 1 Verbraucherrechte-RL; polemisch *Dreher*, JZ 1997, S. 167.

doch nicht in allen Richtlinien gleich.[21] Allgemein ist der **Verbraucherbegriff eher eng**. Besonders deutlich zeigt das Art. 2 Abs. 1 Verbraucherrechte-RL, der betont, der Vertragszweck müsse außerhalb der „gewerblichen, geschäftlichen, handwerklichen oder beruflichen Tätigkeit" liegen. Für den Unternehmerbegriff herrscht **noch größere Uneinheitlichkeit**: Selbst der Begriff „Unternehmer" wird nicht regelmäßig benutzt. Es werden viele unterschiedliche Begriffe verwendet, von Gewerbetreibender[22] über Unternehmer, Verkäufer oder Lieferer bis hin zu konkreten Begriffen wie dem Diensteanbieter (E-Commerce), Zahlungsdiensteanbieter, Dienstleistungsbringer oder Kreditgeber. Wichtig ist insbesondere, dass unternehmerisches Handeln im Sinne der Richtlinien **nicht voraussetzt, dass eine Gewinnerzielungsabsicht besteht**.[23]

191 Besonders problematisch ist die genaue Grenzziehung zwischen noch „privatem" und schon „beruflichem" Handeln bei Privatpersonen. Als vereinfachte Faustformel kann man sich stets fragen, ob die betroffene Person gerade **„professionell" handelt**. Letzteres kann man auch bejahen, wenn es sich um eine Nebentätigkeit handelt. Verkauft etwa eine Mutter die gebrauchten Kleider ihrer Kinder bei eBay und kleidet sie diese dort auch wieder ein, um etwas Geld zu sparen, so ist sie noch privat tätig. Fängt sie dagegen an, systematisch zu handeln, den Freundeskreis mit zu versorgen und regelmäßig Zeit für diese Geschäfte einzuplanen, so dass man vielleicht von einer Nebentätigkeit sprechen könnte, befindet sie sich bereits im Bereich des unternehmerischen Handelns.[24]

d) Problembereiche

192 Dass der Verbraucher- sowie der Unternehmerbegriff heute nur noch selten als Problem gesehen werden, liegt wohl zum einen daran, dass zu einigen konkreten Zweifelsfragen Entscheidungen des EuGH ergangen sind. Danach ist auch der **Kleinstgewerbetreibende** grundsätzlich kein Verbraucher – selbst dann nicht, wenn er sein gesamtes Gewerbe verkauft oder seine Existenz gerade erst aufbaut.[25] Außerdem ist der Verbraucher stets nur eine natürliche Person.[26] Zum anderen ist mit den §§ 13, 14 BGB eine verhältnismäßig **klare Regelung für das nationale Recht** erfolgt.

193 Dennoch sind sowohl zum Verbraucherbegriff als auch zum Unternehmerbegriff einige Einzelfragen streitig geblieben. So wird weiterhin über die Frage diskutiert, ob ein **Existenzgründer** noch Verbraucher ist – und zwar insbesondere dann, wenn er Geschäfte tätigt, die gerade dem *Aufbau* seiner Existenz dienen.[27]

194 Streitig ist auch, ob die Regelung des § 13 BGB, welche nur die zur *selbstständigen* beruflichen Tätigkeit gehörenden Geschäfte von den Verbraucherverträgen aus-

---

21   Zu den Unterschieden anschaulich *Leible*, German Law Journal 2003, S. 1256, 1258.
22   So auch Art. 2 Abs. 2 Verbraucherrechte-RL.
23   *BGH* NJW 2006, S. 2250.
24   Mit vielen Beispielen Palandt/*Ellenberger*, BGB, § 14 Rn. 2.
25   *EuGH* Slg. 1991, S. 1189 (di Pinto) dazu näher Rn. 205; *EuGH* Slg. 1997, S. 3768, 3795 (Benincasa): Existenzgründer nicht als Verbraucher im Sinne des EuGVÜ.
26   *EuGH* Slg. 2001, S. 9049 (Cape).
27   Ablehnend *BGH* NJW 2005, S. 1273; siehe näher unten Rn. 217.

schließt, den Richtlinien entspricht.[28] Im Wortlaut der Richtlinien wird nämlich allein auf die berufliche Tätigkeit abgestellt.[29] Zumeist wird daher angenommen, dass die Richtlinien die Verbraucherstellung auch bei einem Rechtsgeschäft, welches in Zusammenhang mit **abhängiger beruflicher Tätigkeit** eingegangen wird, verneinen.[30] Zum deutschen wie zum EU-Recht streitig ist schließlich die Frage der Einordnung von Geschäften, bei denen der Kaufgegenstand sowohl privat als auch beruflich genutzt werden soll. Weder die Richtlinien noch das nationale Recht treffen hierzu eine Regelung.

Gewissen Diskussionsstoff bringt außerdem immer wieder die im nationalen Recht nicht ausdrücklich geregelte Frage, ob der Unternehmer bei **Vertretung durch einen Verbraucher** zum Verbraucher wird und umgekehrt. Ausdrücklich wird in der Haustür-RL (künftig Verbraucherrechte-RL) bestimmt, dass auch Stellvertreter eines Unternehmers „Unternehmer" seien. Obwohl alle Richtlinien einen eigenen Verbraucherbegriff kennen, ist davon auszugehen, dass dies im EU-Recht allgemein so gewollt ist. Ansonsten entstünde ein Schlupfloch, durch welches der Unternehmer sich zum Verbraucher machen könnte. Das kann nicht erwünscht sein. Die umgekehrte Frage – also die Vertretung des Verbrauchers durch einen Unternehmer – dagegen ist bisweilen ausgesprochen problematisch (dazu Rn. 207 ff.). **195**

Alle diese Fragen lassen sich nicht unmittelbar aus dem Wortlaut des Gesetzes heraus beantworten. Sie können vielmehr erst dann sinnvoll geklärt werden, wenn eine Verknüpfung mit den Gründen hergestellt wird, aus welchen das EU-Recht gerade den Verbraucher herausgreift und ihn besonders schützt. Diese Verknüpfung hilft dabei, das Verbraucherleitbild zu skizzieren, welches dann wiederum angewendet werden kann, um Abgrenzungsprobleme beim Verbraucherbegriff zu klären (zu den Ergebnissen unten Rn. 202). **196**

2. Das Verbraucherleitbild

Das Leitbild des Verbrauchers legt fest, *wie* der Verbraucher geartet ist. Es geht also darum, ob der europäische Normgeber einen ganz dummen, unaufmerksamen Menschen vor Augen hat, oder vielleicht einen wachen, intelligenten; einen armen und hilflosen oder einen zahlungskräftigen und patenten? Das zu wissen, ist für das Normverständnis wichtig.[31] **197**

Sehr bekannt ist die Diskussion um das Leitbild des Verbrauchers im Recht der Werbung geworden. Hier musste deutsche Werbung traditionell so ausgerichtet sein, dass auch ein „dummer" Verbraucher dadurch nicht irregeführt werden konnte. Das Leitbild des alten UWG war also der unterdurchschnittliche Verbraucher. Das EU-Recht

---

28   Dafür die wohl hA, vgl. MünchKommBGB/*Micklitz*, § 14 Rn. 16 ff., 21 mwN; dagegen *Doehner*, Die Schuldrechtsreform vor dem Hintergrund der Verbrauchsgüterkauf-Richtlinie, 2004, S. 131 f.
29   Vgl. beispielhaft Art. 2 lit c Verbrauchsgüterkauf-RL, Art. 1 Abs. 2 lit a und b Verbraucherkredit-RL.
30   So etwa Grabitz/Hilf/*Pfeiffer*, Das Recht der EU, Band III, A 5 Art. 2 Rn. 18; anders gerade auch für die RichtlinienMünchKommBGB/*Micklitz*, § 14 Rn. 16; Rätsel gibt insofern Erwägung 14 der Präambel der Zahlungsverzugs-RL auf.
31   Kritisch zur Orientierung an einem Verbraucherleitbild *Riesenhuber*, Europäisches Vertragsrecht, Rn. 214 ff.

dagegen nahm den **durchschnittlichen, mündigen und informierten Verbraucher** als Maßstab. Nur langsam und unter starkem Druck aus der Gemeinschaft gelang es den deutschen Gerichten, sich auf diesen neuen Maßstab umzustellen.[32]

Im Verbrauchervertragsrecht wird das Verbraucherleitbild ebenfalls wichtig. Es prägt auch hier die **Auslegung des Gesetzes** – zB wenn ermittelt werden muss, welche Normen isd § 307 Abs. 1 S. 2 BGB unverständlich und ivm § 307 Abs. 3 S. 2 BGB schon daher unwirksam sind.[33] Ist eine Norm zum Schutz des schwächsten Verbrauchers gemacht, kann sie auch im Privatrecht anders ausgelegt werden als eine Norm, deren Zweck der Schutz des mündigen und informierten Verbrauchers ist.

198 Da das Ziel des EU-Privatrechts die Marktförderung ist, kann der Adressat nur eine Person sein, die diesen gemeinsamen, also grenzüberschreitenden Markt potentiell auch nutzt und deren Marktverhalten durch Rechtsvorschriften überhaupt beeinflussbar ist. Daher ist zunächst grundsätzlich davon auszugehen, dass die Regelungen des europäischen Verbrauchervertragsrechts den **wachen, überhaupt international agierenden und konsumierenden Verbraucher** erreichen sollen. Das Leitbild des europäischen Verbrauchervertragsrechts ist also grundsätzlich der *mündige Verbraucher.*[34]

199 Merkwürdig im Widerspruch dazu scheint es auf den ersten Blick zu stehen, dass die Richtlinien ein **eher hohes Schutzniveau** bieten. Der mündige Verbraucher würde ein solches Schutzniveau nicht unbedingt brauchen. Daher ist das Verbraucherleitbild um ein wichtiges Element zu ergänzen: Der europäische Verbraucher ist **zwar mündig, er ist grundsätzlich informationsfähig und auch informationswillig, aber ihm wird nicht viel zugemutet.** Das europäische Verbrauchervertragsrecht ist keinesfalls darauf ausgerichtet, nur diejenigen Verbraucher zu unterstützen, welche mit großer Achtsamkeit Verträge abschließen. Im Gegenteil hat es sich zum Ziel gemacht, den Verbraucher eben von dieser Notwendigkeit, nur mit großer Vorsicht und Achtsamkeit Verträge zu schließen, zu entlasten. Es ist darauf gerichtet, dass der Verbraucher *sorglos, entspannt* und ohne große Aufmerksamkeit Verträge abschließen kann.[35] Als unübertrefflicher Vergleich ist das Bild vom **Spaziergänger (Verbraucher)** und vom **Autofahrer (Unternehmer)** geprägt worden. Sobald eine Person in beruflicher Funktion tätig wird, muss sie – wie ein Autofahrer – die volle Aufmerksamkeit erbringen. Dazu kommt es (wie beim Auto) weder auf die Größe (des Unternehmens) an, noch darauf, ob die Person im (Geschäfts-)Verkehr eher unerfahren ist.[36]

---

32 Zur durch das EU-Recht erzwungenen Änderung der deutschen Rechtsprechung nur *Emmerich*, Unlauterer Wettbewerb, § 14, 3.

33 Näher *Pfeiffer*, NJW 2011, S. 3, der darauf hinweist, dass es *nicht* auf einen individuellen Maßstab ankommt.

34 Ausdrücklich Verbraucherpolitische Strategie der EU 2007-2013; zu Recht weist *Pfeiffer*, NJW 2011, S. 1, darauf hin, dass dieses Leitbild sich nicht etwa automatisch aus dem wettbewerbsrechtlichen Leitbild ableitet. Beide Verbraucherleitbilder ähneln sich zwar, sind aber nicht identisch.

35 Ähnlich wie hier *Teichmann*, Festschrift Kraft, 1998, S. 629, 634; auch *Gärtner*, JZ 1992, S. 73, 75 f.; *Kappus*, NJW 1997, S. 2653; auch *Howells/Wilhelmsson*, EC Consumer Law, S. 102 (insbesondere für die Klausel-RL); andeutend auch *Riesenhuber*, Europäisches Vertragsrecht, Rn. 194, der meint, der Verbraucher sei aufgrund seiner typischen Unüberlegtheit und geringeren Sorgsamkeit besonders schutzwürdig; diesen Punkt nicht hervorhebend *Rösler*, Europäisches Konsumentenvertragsrecht, 2004, S. 127 ff.

36 *Teichmann*, Festschrift Kraft, 1998, S. 629, 634.

3. Das Unternehmerleitbild

Das allgemeine EU-Privatrecht nimmt zumeist deutlich die Perspektive des Verbrauchers ein. Das Unternehmerleitbild erfährt **wenig eigenständige Aufmerksamkeit**. Nur so lässt sich auch erklären, dass oft auch solche Personen als Unternehmer eingeordnet werden, bei denen eine erhöhte Verantwortlichkeit oder Kompetenz nicht feststellbar ist. Auch derjenige, der einen Nebenverdienst dadurch erarbeitet, dass er (ohne jede Ausbildung) Gebrauchtwaren auf Internetauktionen verkauft, muss die Vorgaben des durch die Richtlinien bestimmten Fernabsatz- und des E-Commerce-Rechts beachten.[37]

200

In Gegenüberstellung mit dem Verbraucherleitbild kann also gesagt werden, dass der Unternehmer **nicht allgemein als überlegen angesehen** wird. Das Leitbild des Unternehmers ist nicht geprägt von Macht und Know-how. Jedoch wird dem Unternehmer – ähnlich einem Autofahrer – stets volle Aufmerksamkeit zugemutet. Nicht selten muss er auch Risiken tragen, die er faktisch nicht kontrollieren kann.

Der Unternehmerbegriff lässt sich nur dann begreifen, wenn er nicht als eigenständig verstanden wird, sondern wenn die **Perspektive des Verbrauchers** eingenommen wird. Der Unternehmer hat nicht deshalb die vermehrten Informations-, Belehrungs- und Haftpflichten, weil er geschäftlich erfahren ist, sondern allein deshalb, weil der *Verbraucher* die entsprechenden Informationen, Belehrungen und Rechte erhalten soll. Es darf also nie gefragt werden, ob dem Unternehmer die erhöhte Verantwortung zugemutet werden kann, sondern es muss immer gefragt werden, ob der Verbraucher **diese Verantwortung erwarten darf** (relevant wird diese Verlagerung der Gewichtung etwa in Art. 3 Abs. 3 Verbrauchsgüterkauf-RL, umgesetzt in § 439 Abs. 1, 3 BGB – inhaltlich näher auch Rn. 464 ff.).

201

Die Kommission ist allerdings darauf aufmerksam geworden, dass es für mittlere und erst recht für kleine Unternehmen insbesondere bei grenzüberschreitenden Rechtsgeschäften hinderlich sein kann, wenn ein unterschiedliches Verbraucherschutzniveau gilt. Im Rahmen der verstärkten Förderung der sogenannten KMU (kleinen und mittleren Unternehmen) wurde daher auch dieser Bereich, wiewohl eher am Rande, mit bedacht.[38]

4. Einzelfragen der Abgrenzung von Verbraucher und Unternehmer im EU-Recht

a) Allgemeine Schlussfolgerungen

Wendet man den Begriff des entspannten, privat handelnden Verbrauchers an,[39] so lassen sich die eingangs gestellten Fragen recht sicher beantworten. Wichtig ist, dass es **nicht auf die konkrete Schutzwürdigkeit** ankommt, sondern darauf, ob der vom EU-Privatrecht erwünschte private Endverbrauch stattfindet.

202

---

37 Gerade zu dieser Konstellation aber großzügig *LG Hof*, VuR 2004, S. 109.
38 Der „Small Business Act" für Europa, KOM (2008) 394, S. 15 oben; dazu auch schon oben Rn. 21.
39 Dazu oben Rn. 199.

b) Mischgeschäfte

203 Wer ein Mischgeschäft tätigt, also beispielsweise einen Computer erwirbt, den er sowohl für seine selbstständige berufliche Tätigkeit als auch für private Zwecke nutzen möchte, ist nach diesem Abgrenzungskriterium **kein Verbraucher**. Wenn eine Person auch nur teilweise in ihrer unternehmerischen Funktion tätig wird, so unterfällt sie nach dem EU-Recht bereits nicht mehr dem besonderen Schutz des „Spaziergängers". Ihr wird dann bereits die volle Aufmerksamkeit zugemutet, die im „Autoverkehr" nötig ist – sie ist wie ein Unternehmer zu behandeln.[40]

204 Im **Beispiel 9** (Rn. 187) hat daher der EuGH entschieden, dass der Kläger hätte beweisen müssen, dass das Geschäft ganz überwiegend privaten Zwecken diente. Da er dies nicht tat, lag kein Verbrauchervertrag vor und Art. 15 EuGVVO griff nicht ein.[41] In der hier gebildeten Variante des Originalfalls greift allerdings Art. 5 Nr. 1 EuGVVO. Danach sind auch die Gerichte am Erfüllungsort zuständig. Gruber kann also letztlich doch in Österreich Klage erheben, obwohl er nicht Verbraucher iSd EuGVVO ist.

Allerdings findet man in Präambel 17 der Verbraucherrechte-RL nun eine andere Abgrenzung. Danach soll eine Person als Verbraucher behandelt werden, wenn der unternehmerische Charakter **nicht „überwiegend"** ist. Das ist eine sehr einfache und leicht vermittelbare Sichtweise, die aber im Grunde der Schutzrichtung des Verbrauchervertragsrechts nicht entspricht.

c) Existenzgründer

205 Ähnliches ergibt sich bezüglich der Existenzgründer. Sie **verlieren bereits in dem Moment, in dem sie den Aufbau des Geschäfts beginnen, die Verbrauchereigenschaft**. Denn die Entspanntheit des privat konsumierenden Endverbrauchers, der als Marktsouverän „gehätschelt" werden soll, kommt ihnen schon dann nicht mehr zu. Aus dem gleichen Grund können auch andere Personen, die besonders schutzwürdig erscheinen, nicht den Verbrauchern gleichgesetzt werden. So war es in dem Fall di Pinto, in welchem einem Kleinstunternehmer an der Haustür sein gesamtes Geschäft abgekauft worden war.[42] Wer im Rahmen seiner beruflichen oder gewerblichen Tätigkeit auftritt, muss aufmerksam sein. Auf Unerfahrenheit kommt es dagegen nicht an. Eine gewisse Ausnahme macht allerdings Art. 30 Abs. 2 Zahlungsdienste-RL. Dort wird den Mitgliedstaaten ausdrücklich die Option eingeräumt, den Schutz auf „Kleinstunternehmen" auszudehnen.[43]

---

40 *EuGH* Slg. 2005, S. 439 (Gruber); mit Bezug auf die Richtlinien stellen dagegen auf den überwiegenden Charakter ab: Grundmann/Bianca/*Serrano*, EU-Kaufrechts-Richtlinie, Art. 1 Rn. 61; *Kamanabrou*, WM 2000, S. 1417, 1418; für das deutsche Recht ebenso Erman/*Saenger*, BGB, § 13 Rn. 17; etwas anders Grabitz/Hilf/*Pfeiffer*, Das Recht der EU, Band III, A 5 Art. 2 Rn. 12 (nur bei im Wesentlichen privatem Zweck liegt Verbrauchervertrag vor); immer privaten Charakter bejaht *v. Westphalen*, BB 1996, S. 2101.

41 *EuGH* Slg. 2005, S. 439 (Gruber).

42 Nicht so deutlich wie hier allerdings der EuGH selbst in der Entscheidung di Pinto, *EuGH* Slg. 1991, S. 1189, wo es heißt, es sei „davon auszugehen, dass ein durchschnittlich erfahrener Gewerbetreibender den Wert seines Gewerbebetriebs und die Bedeutung aller Rechtsgeschäfte, die dessen Verkauf erfordert, kennt, so dass er entsprechende Verpflichtungen nicht unüberlegt und nur aufgrund eines Überraschungseffekts eingehen wird."

43 Näher dazu noch unten Rn. 214 und Rn. 409.

Diese Feststellungen gelten für das EU-Recht. Ob das Ergebnis auf den nationalen Verbraucherbegriff übertragbar ist, bedarf noch der Überprüfung (dazu unten Rn. 217.).

d) Beruflich handelnder Arbeitnehmer

Auch der Arbeitnehmer, der in Ausübung seiner **abhängigen beruflichen Tätigkeit** 206 im eigenen Namen Verträge abschließt – beispielsweise weil er Arbeitsmittel, wie einen Computer oder Werkzeuge, selbst kaufen muss – ist nach dem EU-Recht **kein Verbraucher**. Das lassen die Definitionen in den Richtlinien durchgängig erkennen.[44] Diese Einordnung ist auch nachvollziehbar, denn der beruflich handelnde Arbeitnehmer erfüllt nicht die Funktion des privaten, vertrauensvoll und reichlich konsumierenden Endverbrauchers.[45]

e) Stellvertretung zwischen Verbraucher und Unternehmer

Beispiel 10 – nach BGH NJW 2005, S. 1039: K erwarb vom Gebrauchtwagenhändler G ein 207 Auto. Dabei verwendete G ein Vertragsformular, welches die Bezeichnung „Kaufvertrag für den privaten Verkauf eines Kraftfahrzeugs" trug. Darin war als Verkäufer die Privatperson P benannt. Weiter hieß es: „Das Kraftfahrzeug wird unter Ausschluss der Sachmängelhaftung verkauft". Als der Wagen wenige Wochen später Mängel zeigte, verlangte K nach erfolglosem Ablauf einer Reparaturfrist Schadensersatz von G.

Zuletzt stellt sich nun noch die Frage, wie sich die Stellvertretung des Verbrauchers 208 durch einen Unternehmer auswirkt. Als Grundregel muss hier gelten, dass es **auf den Vertragspartner selbst** ankommt.[46] Damit werden meist auch überzeugende Ergebnisse erzielt. Denn die Annahme, dass der Verbraucher in dem Fall, in dem er von einem Unternehmer vertreten wird, nicht des besonderen Schutzes der Verbraucherschutzgesetze bedarf, täuscht. Der vertretende Unternehmer braucht ja – wie die Anlageberaterfälle zeigen – nicht im Lager des Verbrauchers zu stehen.

Das gilt nicht nur, wenn der Verbraucher auf der Käuferseite steht und etwas von 209 einem „echten" Unternehmer erwirbt, sondern auch im umgekehrten Fall. Wenn ein Verbraucher etwas an einen anderen Verbraucher verkauft, bleibt der Vertrag ein privater Vertrag (C2C), auch wenn der Verkäufer dabei von einem Unternehmer vertreten wird. Ein Verbraucher, der seinen alten Wagen nicht selbst verkauft, sondern ihn durch einen Gebrauchtwagenhändler verkaufen lässt, haftet nicht wie ein Unternehmer.[47] Dieser Ansicht ist zuzustimmen, da sie mit dem Normwortlaut übereinstimmt und gute Ergebnisse erzielt. Nur weil ein Händler den eigentlichen Verkauf für den Verbraucher übernimmt, können nicht dem Verbraucher die verschärften Informations- und Gewährleistungsrechte des Unternehmers auferlegt werden. Denn der Ver-

---

44 Nur nochmals Art. 2 Abs. 1 Verbraucherrechte-RL.
45 Anderer Ansicht Gebauer/Wiedmann/*Leible*, Zivilrecht unter europäischem Einfluss, Kap. 10 Rn. 137; zum deutschen Recht sogleich.
46 So auch Erman/*Saenger*, BGB, § 13 Rn. 11; auf den Schutzzweck des konkreten Gesetzes abstellend Soergel/*Pfeiffer*, BGB, § 13 Rn. 51.
47 Jauernig/*Berger*, BGB, § 475 Rn. 6; Grabitz/Hilf/*Pfeiffer*, Das Recht der EU, Band III, A 5, Art. 2 Rn. 20; *Katzenmeier*, NJW 2004, S. 2632 f.

braucher bleibt der **schützenswerte und entspannte Teilnehmer des Rechtsverkehrs**,[48] auf dessen Schutz die Richtlinien gerade abzielen. Ein Problem stellt allerdings der Schutz des kaufenden Verbrauchers dar, der unter Umständen noch nicht einmal wahrnimmt, dass der Verkäufer ebenfalls Verbraucher ist. Zu seinem Schutz muss an eine **Eigenhaftung des vertretenden Unternehmers** gedacht werden. Eine solche konstruiert die Rechtsprechung über den auf Art. 7 Verbrauchsgüterkauf-RL beruhenden § 475 BGB. Danach haftet der Unternehmer als Verkäufer, wenn er das **wirtschaftliche Risiko des Vertrags** trägt. Denn dann ist davon auszugehen, dass das Agenturgeschäft nur vorgeschoben wurde, um die verschärfte unternehmerische Haftung auszuschließen.[49]

210   Im **Beispiel 10** ist daher entscheidend, ob G das wirtschaftliche Risiko des Verkaufs trägt. In dem vom BGH zu entscheidenden Fall gab es dafür keinerlei Anhaltspunkte. G muss sich somit nicht gem. § 475 Abs. 1 S. 2 BGB so behandeln lassen, als sei er der Verkäufer. Damit kann K keinen Schadensersatz von G verlangen.

Geht es um Schutzpflichtverletzungen, so kann die Eigenhaftung des Unternehmers unproblematisch aus § 311 Abs. 3 BGB abgeleitet werden.

f) Beweislast bei Zweifelsfällen

211   In der Praxis kommt es nicht selten zu Streit darüber, ob eine Partei Verbraucher oder Unternehmer ist. Insbesondere Unternehmer, die Waren professionell im Internet anbieten, „verstecken" sich gern hinter dem Label „Privatperson", damit sie die Verbraucherrechte nicht gewähren müssen. Behauptet der klagende Verbraucher dann, die andere Partei sei unternehmerisch tätig, muss entschieden werden, ob die Person, die sich als „Privatperson" bezeichnet, dennoch die Voraussetzungen des § 14 BGB erfüllt und als Unternehmer anzusehen ist.[50] Hierfür muss man nicht nur die Abgrenzungskriterien genau bestimmen, sondern es kommt oftmals auch auf die **Beweislastverteilung** an. Zunächst hat der Verbraucher, der einen Anspruch aus einer verbraucherschützenden Norm ableitet, die Beweislast. Er muss also nachweisen, dass der Beklagte Unternehmer ist. Das ist die **allgemeine Regel**, nach der derjenige, der einen Anspruch geltend macht, alle Anspruchsvoraussetzungen beweisen muss.

212   Wenn der vermeintliche Unternehmer eine natürliche Person ist, wird dem klagenden Verbraucher ein unmittelbarer Vollbeweis allerdings kaum gelingen. Wie auf diese Situation zu reagieren ist, ist sehr streitig. Am weitesten würde es gehen, eine **Beweislastumkehr** anzunehmen. Das muss man aber ablehnen, wenn man daran denkt, dass ja anfänglich völlig *offen* ist, ob der Verkäufer wirklich Unternehmer ist oder einfacher Verbraucher. Es gibt keinen Grund dafür, ihn einseitig zu belasten. Richtigerweise muss der kaufende Verbraucher **Indizien** vortragen.[51] Dazu gehören die Tatsachen, dass der Verkäufer sehr viele Käufe tätigt, dass er mit Neuwaren handelt,

---

48   Dazu oben Rn. 199.
49   *BGH* NJW 2005, S. 1039.
50   *LG Hof* VuR 2004, S. 109 (bei 41 Geschäften); im Ergebnis umgekehrt *LG Schweinfurt*, WRP 2004, S. 654 (bei wesentlich mehr Geschäften).
51   *Szczesny/Holthusen*, NJW 2007, S. 2587; das verlangt letztlich auch das *OLG Koblenz* NJW 2006, S. 1438, selbst wenn es, wenig überzeugend, von einer Beweislastumkehr spricht.

dass er nicht nur verkauft, sondern auch einkauft, oder dass er gar „power seller" ist.[52] Sehr deutliche Indizien wären es, wenn er einen Mitarbeiter beschäftigt, oder wenn er in Vollzeit als Verkäufer tätig ist. So ein Indizienbeweis ist im Grunde keine Besonderheit. Der Richter muss aufgrund der Indizien zur Überzeugung kommen, dass die Unternehmereigenschaft gegeben ist. Der vermeintliche Unternehmer hat das Recht, die Indizien zu erschüttern.[53]

5. Auswirkungen auf die Rechtsanwendung in Deutschland

a) Vorüberlegung

Das europäische Verbraucherleitbild weicht mit seiner Ausrichtung auf die „konsum-   **213** freudige, mündige" Privatperson deutlich von dem deutschen Bild des sozial schutzbedürftigen Verbrauchers ab. Da das nationale Verbraucherschutzrecht auf dem **Gedanken des sozialen Schwächerenschutzes** beruht, wäre es konsequent, im nationalen deutschen Recht eine Erweiterung des Verbraucherbegriffs auf weitere, dem Verbraucher in der Schutzbedürftigkeit vergleichbare Personen vorzunehmen. Der ganz unerfahrene Kleinstunternehmer, dem gerade an der Haustür sein Geschäft abgekauft wird, der Existenzgründer und der Arbeitnehmer, der sich sein eigenes Arbeitswerkzeug kaufen muss, sollten nach deutschem Recht den Verbraucherschutz erlangen können.

Auch der Unternehmerbegriff des EU-Rechts erscheint aus deutscher Sicht hölzern und gelegentlich zu weit. Dass dem Unternehmer nicht nur der Schutz der Richtlinien vorbehalten bleibt, sondern dass ihm auch erhebliche Pflichten aufgebürdet werden, erscheint oftmals – wie beispielsweise bei dem Unternehmer ohne Gewinnerzielungsabsicht[54] – zu hart.

Es fragt sich daher, wie sich die **rigiden unionsrechtlichen Begriffe** auf das nationale Recht auswirken und inwieweit Erweiterungen möglich sind.

b) Reichweite der Anwendbarkeit des Mindeststandardgrundsatzes in Hinblick auf den in Deutschland anzuwendenden Verbraucher- und Unternehmerbegriff

Zunächst erscheint es so, als dürfe das nationale Recht den Verbraucherbegriff etwas   **214** weiter ziehen als das EU-Recht. Denn damit geht das deutsche Recht **nur über die Richtlinien hinaus** und beschränkt deren Wirkung nicht.[55] Jedoch ist die Rechtslage wesentlich komplizierter.

Zuerst muss beachtet werden, dass die neueren Richtlinien wie gezeigt (Rn. 22) oft **nicht mehr dem Mindeststandardprinzip** folgen. In Deutschland entspricht es aber der ganz herrschenden Meinung, dass die Mitgliedstaaten dennoch berechtigt bleiben,

---

52 *BGH* MDR 2009, S. 993 (in einem Markenrechtsfall); auch *OLG Hamm* MMR 2011, S. 537, wo nicht deutlich genug gemacht wird, dass der Verkäufer gerade *nicht* nur seine persönliche Schallplattensammlung aufgelöst hat. Darin läge nämlich kein unternehmerisches Handeln.

53 MünchKommZPO/*Prütting*, § 284 Rn. 24 f.

54 Näher oben Rn. 190 f.

55 Anders grundsätzlich Jauernig/*Jauernig*, BGB, § 13 Rn. 2.

den Verbraucherbegriff zu erweitern.[56] Denn es handele sich dabei um eine **eigenständige Regelung**, die ganz außerhalb des Anwendungsbereichs der Richtlinie liege. Man wird dieser Argumentation wenig entgegen halten können.[57] Dem Hauptziel der Vollharmonisierung, das darin besteht, dem Unternehmer Sicherheit über das in anderen Mitgliedstaaten anwendbare Recht zu geben, entspricht eine solche Erweiterung allerdings nicht.

215   Bleibt es also dabei, dass der **Verbraucherbegriff grundsätzlich erweitert werden darf**, ganz gleich ob eine Vollharmonisierung oder eine Minimumharmonisierung vorliegt (bspw Verbrauchsgüterkauf-RL und Klausel-RL), so gelten dennoch wichtige Einschränkungen.

Denn es ist Folgendes zu bedenken: Die Erweiterung des Verbraucherbegriffs hat auch eine Kehrseite. Unproblematisch ist die folgende Konstellation: Der Kleinstunternehmer steht einer großen Bank oder einem Unternehmen gegenüber. Hier darf das nationale Verbraucherschutzrecht angewendet werden. Anders ist aber folgende Konstellation: Der Kleinstunternehmer steht einem Verbraucher gegenüber. Hier hat das nationale Recht keinen Spielraum. Da die Richtlinien zwingend vorgeben, dass auch der Kleinstunternehmer als Unternehmer anzusehen ist, ist das nationale Recht daran gebunden. Denn sonst würde dem „echten Verbraucher", der dem Kleinstunternehmer gegenüber steht, der von der Richtlinie vorgeschriebene Schutz entzogen.

Beim Verbrauchervertrag sind also zwei Seiten zu trennen. Geht es um die **„Verbraucherseite"**, auf welcher zumeist der Erwerber steht, ist eine Erweiterung zulässig. Geht es dagegen um die **„Unternehmerseite"**, auf welcher typischerweise der Verkäufer, Lieferant, Dienstanbieter steht, müssen die Definitionen der Richtlinie übernommen werden.

c) Keine Spiegelbildlichkeit von Verbraucher- und Unternehmerbegriff

216   Die vorstehenden Überlegungen können dazu führen, dass die Abgrenzung zwischen Verbraucher und Unternehmer für die „Verbraucherseite" des Vertrags anders ausfällt als für die „Unternehmerseite". Dazu drängen sich einige Fragen auf: Muss nicht ein **Verbraucher stets Verbraucher** sein, egal auf welcher Seite des Vertrags er steht? Und muss nicht ein **Unternehmer stets Unternehmer** sein? Muss nicht jede Person je nach Art des Vertrags entweder Verbraucher oder Unternehmer sein?

Nicht alle Fragen können bejaht werden. Eine „Spiegelbildlichkeit" der Begriffe kann nur insoweit angenommen werden, dass eine **Person nie *zugleich*** als Verbraucher und als **Unternehmer** handeln kann. Dagegen kann eine Person sehr wohl **weder Verbraucher noch Unternehmer** sein. Das beste Beispiel hierfür ist die juristische Person. Sie ist nie Verbraucher, da nur natürliche Personen Verbraucher sein können. Sie handelt aber dadurch noch nicht immer unternehmerisch. Unternehmer ist sie vielmehr nur dann, wenn sie gewerblich handelt.

---

56 Gebauer/Wiedmann/*Welter*, Kap. 12 Rn. 143 mwN.
57 Auffällig ist allerdings, dass Art. 30 Abs. 2 Zahlungsdienste-RL die Erweiterung auf „Kleinstunternehmen" ausdrücklich erlaubt, während dies in den anderen Richtlinien nicht der Fall ist. Daraus einen Umkehrschluss zu ziehen, würde jedoch die Systematik der Richtlinien überstrapazieren.

Da somit ohnehin keine Einheitlichkeit gegeben ist, sollte die **Freiheit zur Erweite-rung des Verbraucherbegriffs auf der „Verbraucherseite"** des Vertrags genutzt werden. Wie bereits gezeigt indiziert es die soziale Zielrichtung des nationalen Rechts, den Verbraucherbegriff auf bestimmte schutzwürdige Personen zu erstrecken, welche das EU-Recht nicht erfasst.

Insgesamt drängen sich aus deutscher Sicht Erweiterungen des Verbraucherbegriffs   **217** immer dort auf, wo eine nicht als Verbraucher handelnde Person ebenso schutzwür-dig erscheint wie ein Verbraucher. Alle diese erweiternden Überlegungen müssen aber angesichts der unionsrechtlichen Vorgaben **auf die Verbraucherseite be-schränkt** bleiben.[58]

Nicht möglich sind dagegen Einengungen des Unternehmerbegriffs. Richtig hat daher der BGH entschieden, dass es für den Unternehmerbegriff im Rahmen des Ver-brauchsgüterkaufs nicht auf die Gewinnerzielungsabsicht ankomme. Eine solche ein-engende Auslegung würde nämlich dazu führen, dass das nationale Recht im Schutz-niveau hinter der Richtlinie zurückbliebe.[59]

d) Einzelfälle

Entsprechend dem Grundgedanken des Schwächerenschutzes ordnet § 13 BGB ins-   **218** besondere den **Arbeitnehmer** als Verbraucher ein.[60] Nach dem Vorstehenden ist das unproblematisch, soweit der Arbeitnehmer auf der „Verbraucherseite" des Vertrags steht, da damit der Verbraucherschutz nur erweitert wird. Es ist auch inhaltlich über-zeugend, da der Arbeitnehmer nicht weniger schutzwürdig ist als der privat handeln-de Verbraucher. Fraglich ist allerdings, ob der gleiche Arbeitnehmer Unternehmer ist, wenn er einen zuvor beruflich genutzten Computer an einen Verbraucher weiter ver-kauft. Das muss man bejahen. Da das EU-Recht den Arbeitnehmer als Unternehmer ansieht, kann das nationale Recht dahinter nicht zurückbleiben. Sonst würde dem Käufer des Computers (soweit dieser ein Verbraucher ist) der von den Richtlinien zwingend vorgesehene Schutz entzogen. Das Ergebnis ist freilich sehr unbefriedi-gend.

Ähnliche Überlegungen können für **Existenzgründer** angestellt werden. Dennoch geht die Rechtsprechung davon aus, dass Existenzgründer nach deutschem Recht – ebenso wie nach dem EU-Recht – nicht als Verbraucher angesehen werden sollten.[61] Für die wohl wichtigsten Fälle enthält allerdings § 512 BGB eine ausdrückliche Re-gelung, dergemäß das Verbraucherkreditrecht anzuwenden ist.

---

58 Vgl. Schulte-Nölke/Schulze/*Pfeiffer*, Europäische Rechtsangleichung und nationale Privatrechte, S. 21, 29 ff.; umfassend und sehr informativ MünchKommBGB/*Micklitz*, Vor §§ 13, 14, Rn. 64 ff.
59 BGHZ 167, 40; zum Verbraucherkreditrecht schon BGHZ 155, 240.
60 Das gilt insbesondere auch für das Arbeitsrecht, siehe nur *BAG* NJW 2005, S. 3305.
61 *BGH* NJW 2005, S. 1275; für das deutsche Recht wird häufig im Umkehrschluss zu § 512 BGB der Existenzgründer vom Verbraucherbegriff ausgenommen, so etwa Soergel/*Pfeiffer*, BGB, § 13 Rn. 25; Erman/*Saenger*, BGB, § 13 Rn. 16 will auch im Rahmen des § 13 BGB die Rechtsprechung des *EuGH* berücksichtigen; zum Teil wird – ua unter Berufung auf den Wortlaut des § 13 BGB – für das deutsche Recht die Verbraucherstellung bejaht, so MünchKommBGB/*Micklitz*, § 13 Rn. 50 ff., § 14 Rn. 27 mwN; Palandt/*Heinrichs*, BGB, § 13 Rn. 3.

IV. Zusammenfassung

219 Europäisches Privatrecht ist im Ansatz anders als nationales. Es braucht nicht den Rahmen für die wirtschaftliche Entfaltung der Privaten zu bilden. Denn ein solcher Rahmen besteht in den Mitgliedstaaten bereits. Es greift vielmehr punktuell Regelungsbereiche heraus, und verfolgt mit seinen Normen konkrete Ziele, die stets wenigstens mittelbar auf die Verbesserung des Binnenmarkts bezogen sind. Jeder einzelne unionsrechtliche Privatrechtsakt strebt eine **konkrete Marktverbesserung** an.

Zugleich ist das europäische Verbraucherschutzrecht nicht vom Sozialstaatsgedanken getragen, sondern von der Idee, dass der **Verbraucher als Endpunkt des Markts ideale Konsumbedingungen** vorfinden soll. Das hat nicht nur zur Folge, dass der allgemeine Gedanke des Schwächerenschutzes bei der Auslegung des EU-Privatrechts nur eingeschränkt herangezogen werden kann. Es bringt auch mit sich, dass der **Sozialstaatsgedanke weiterhin voll vom nationalen Privatrecht verwirklicht werden muss**. Die bloße Menge an EU-Verbraucherschutzrecht darf darüber nicht hinweg täuschen!

C. Einzelne erkennbare Rechtsprinzipien

220 Ein großer Nachteil des EU-Rechts besteht darin, dass seine Begrifflichkeit noch nicht klar ist und dass auch seine Grundsätze noch nicht hinreichend erkennbar sind. Das liegt nicht nur daran, dass dieses Recht neu ist, sondern auch daran, dass es oft in sich **keine Einheitlichkeit** aufweist. Begriffe bedeuten nicht in allen Normen dasselbe, grundlegende Ziele haben sich in der kurzen Zeit, die das EU-Recht überhaupt existiert, immer wieder verschoben.[62]

Wenn im Folgenden dennoch versucht wird, Prinzipien darzustellen, die im EU-Privatrecht bereits erkennbar sind, dann geschieht dies nicht als Selbstzweck.

Vielmehr ist das Erkennen solcher Prinzipien unentbehrlich, wenn es gelingen soll, das EU-Privatrecht **einheitlich anzuwenden**. Mehr noch: Es soll nicht nur einheitlich angewendet werden, sondern die Anwendung soll auch so erfolgen, dass sie dem wesentlichen Ziel dieses Privatrechts dient, nämlich der **Stärkung des Binnenmarkts**. Das Erkennen von Prinzipien ist daher nützlich. Man muss sich aber im Klaren darüber sein, dass ein Versuch, erste Prinzipien aufzudecken, nicht vollkommen erfolgreich sein kann. Dazu gibt es noch viel zu wenige Normen und viel zu wenige dazu ergangene Urteile des EuGH.

221 Gegenwärtig wird auf der Ebene der EU sehr daran gearbeitet, die Begriffe und die Grundsätze des Vertragsrechts und teilweise auch des Verbrauchervertragsrechts zu vereinheitlichen (zu allem im Einzelnen unten Rn. 570 ff.). Soweit diese Anstrengungen auf das Verbrauchervertragsrecht gerichtet sind, sind allgemeine Rechtsfragen nicht mit umfasst.[63] Dagegen sind im Bereich des allgemeinen Vertragsrechts gerade

---

62 Umfassend *Metzger*, Extra legem, intra ius, 2009, S. 325 ff.; *Schillig*, Konkretisierungskompetenz und Konkretisierungsmethoden im europäischen Privatrecht, 2009.
63 KOM (2006) 744; dazu näher unten Rn. 572.

die allgemeinen Grundsätze und Rechtsfragen (der Referenzrahmen und die Machbarkeitsstudie[64] verwenden den Begriff „Prinzipien") wie das Verständnis von Vertragsfreiheit, Bindungswirkung, Treu und Glauben und ähnliches voran gestellt und gründlich behandelt worden.

Einige besonders wichtige dieser Grundsätze sollen im Folgenden näher betrachtet werden. Dabei kann **Vollständigkeit leider nicht erreicht** werden. Vielmehr gibt es andere – vielleicht gleichermaßen bedeutende – Begriffe, zu denen hier nicht Stellung genommen wird. Als Beispiel sei der Begriff „vertraglich" genannt. Im Kollisionsrecht (dazu unten Rn. 497 ff.) und im Zivilprozessrecht wird – trotz einer grundsätzlichen Klarstellung in der Rom II-VO – weiterhin diskutiert, ob eine Verpflichtung aus „culpa in contrahendo" *vertraglicher* Natur ist (nach EU-Recht jetzt ganz klar: nein) oder dies wenigstens in bestimmten Konstellationen sein kann (weiterhin streitig).

222 Die hier angestellten Überlegungen beziehen die Vorschläge des Referenzrahmens und der Machbarkeitsstudie jeweils mit ein. Man darf aber nicht unkritisch annehmen, dass die Definitionen des Referenzrahmens identisch mit den Inhalten sind, die sich im existierenden Privatrecht der EU wiederfinden. Denn zum einen zeigt ein solcher, von Wissenschaftlern geschaffener Katalog immer auch Ideale auf, zum anderen beruht er zu einem großen Teil auf Kompromissen, die der Größe und Internationalität des Kreises der Autoren geschuldet sind (näher zum Referenzrahmen unten Rn. 569).

I. Vertragsfreiheit

223 Die Vertragsfreiheit ist die **Grundlage des deutschen Privatrechts und des EU-Privatrechts**. Das EU-Privatrecht zielt darauf ab, einen Gemeinsamen Markt zu errichten. Dieser Markt, der gemäß Art. 119 Abs. 1 AEUV auch ausdrücklich „dem Grundsatz einer offenen Marktwirtschaft mit freiem Wettbewerb verpflichtet" ist, kann ohne ein auf die Vertragsfreiheit aufbauendes Vertragsrecht nicht entstehen.[65] Das EU-Privatrecht ist daher zweifellos der Vertragsfreiheit verpflichtet, ja es ist **auf sie gegründet**.[66] Auch der Referenzrahmen nennt die Freiheit an erster Stelle.[67]

224 Dennoch wird behauptet, das EU-Privatrecht enthalte die Vertragsfreiheit nicht oder nicht in ausreichendem Maße.[68] Diese Kritik hat verschiedene Ursachen.

---

64 Zu beidem Anhang III.
65 Ähnlich *Schmidt-Leithoff*, Festschrift Rittner, S. 597, 604; *Lorenz*, Der Schutz vor dem unerwünschten Vertrag, S. 22. Insbesondere die Grundfreiheiten sollen die grenzüberschreitende Privatautonomie ermöglichen, so auch Müller-Graff/*Müller-Graff*, Gemeinsames Privatrecht, S. 9, 14, 28 f.; *Mülbert*, ZHR 159 (1995), S. 2, 8; *von Wilmowsky*, Europäisches Kreditsicherungsrecht, 1996, S. 32 ff., 42.
66 Für den Referenzrahmen (dazu unten Rn. 569 und Anhang III) KOM (2005) 456; aus dem Schrifttum Von der Groeben/Schwarze/*Müller-Graff*, EU/EG-Vertrag, Art. 28 EG Rn. 7 f.; *ders.*, Gemeinsames Privatrecht, S. 9, 14, spricht von der „Grundlagenrolle" der Privatautonomie im Integrationsprozess; *Remien*, Zwingendes Vertragsrecht und Grundfreiheiten, 2003, S. 178; *Reich*, ZEuP 1994, S. 381; den Willen zur Verbesserung der Privatautonomie anerkennt auch *H. Roth*, JZ 1999, S. 538.
67 DCFR, Outline Edition, 2009, S. 60 ff.; in der Machbarkeitsstudie (s. unten Anhang III) dagegen rückt sie in Art. 7.
68 Nachdrücklich *Schwintowski*, EWS 2001, S. 201; gerade den Gegensatz zwischen dem angestrebten Ziel und dem erreichten Ergebnis betonend *H. Roth*, JZ 1999, S. 529, 538; *Heiderhoff*, Grundstrukturen des deutschen und europäischen Verbrauchervertragsrechts, S. 318 ff. mwN.

Verursacht ist sie zum einen, weniger wichtigen Teil wohl dadurch, dass die Vertragsfreiheit im EU-Recht **nur sehr selten ausdrücklich genannt** wird. In den vom EuGH geprägten Grundrechten ist sie nur bruchstückhaft anzutreffen,[69] im Vertrag von Lissabon und in der Grundrechtecharta taucht sie zumindest nicht ausdrücklich auf. Der EUV und die Charta enthalten aber viele Bezüge zur Freiheit – wie in Art. 2 und Art. 3 Abs. 2 EUV sowie in Art. 6 ff. Charta. Man muss einräumen, dass **auch im GG die Vertragsfreiheit nicht auf den ersten Blick aufzufinden** ist, so dass es nicht überrascht, wenn bereits vermutet wird, dass die Vertragsfreiheit von den europäischen Grundrechten erfasst sein müsse – nur ebenso gut versteckt wie im Grundgesetz.[70] Zugleich muss beachtet werden, dass der deutsche, verfassungsrechtlich geprägte Begriff der Vertragsfreiheit (Privatautonomie) wegen des Vorrangs des EU-Rechts trotz Art. II-113 Charta nicht auf das EU-Privatrecht durchschlagen kann (vgl. zur eingeschränkten Wirkung deutscher Grundrechte auf das EU-Privatrecht oben Rn. 35 ff.).

Schwerer als dieses Fehlen in den Grundsatznormen wiegt es letztlich, dass die privatrechtlichen Richtlinien **weitgehend zwingendes Recht** enthalten und teilweise **detaillierte Vorgaben für den Vertragsinhalt** machen. Gerade Letzteres deutet darauf hin, dass im EU-Recht eine andere Sichtweise auf die Vertragsfreiheit herrscht als im nationalen Recht.

1. Die Vertragsabschlussfreiheit

225 Die Wahlfreiheit des Verbrauchers bei seiner wirtschaftlichen Tätigkeit, seine *Freiheit*, mit beliebigen Personen *Verträge abzuschließen*, interessiert aus der marktorientierten Sicht des europäischen Privatrechts sehr.[71] Vor allem der Abschluss grenzüberschreitender Verträge soll nicht nur erlaubt sein, sondern wird **gezielt attraktiv gemacht** (dazu oben Rn. 184).

2. Die Vertragsausgestaltungsfreiheit

226 Bei der Vertragsausgestaltungsfreiheit handelt es sich um die Freiheit, den Inhalt des Vertrags individuell gestalten zu können. Sie erfährt im Recht der EU **keine ausreichende eigenständige Wertschätzung**.[72] Dies lässt sich nicht durch den Hinweis darauf entkräften, dass die Richtlinien gerade nur solche Rechtsgebiete beträfen, welche nach zwingenden Regelungen verlangten.[73] So macht die Zahlungsverzugs-RL, die

---

69 Einzelne Ausschnitte aus dem Bereich der Vertragsfreiheit sind vom *EuGH* als „Grundrecht" bezeichnet worden, so die freie Wahl des Geschäftspartners – *EuGH* Slg. 1991, S. 3617, 3638 (Neu/Secrétaire d'Etat à l'Agriculture) – sowie die freie Wahl des Arbeitgebers – *EuGH* Slg. 1992, S. 6577, 6609 (Katsikas/Konstantinides).
70 Vgl. etwa *Remien*, Zwingendes Vertragsrecht und Grundfreiheiten, 2003, S. 178
71 ABl. EG 1975, C 92/ S. 1 ff., insb S. 3; auch noch Grünbuch zum Verbraucherschutz, KOM (2001) 531, S. 3.
72 Zu den Aspekten der Vertragsfreiheit *Lorenz*, Der Schutz vor dem unerwünschten Vertrag, klarstellend insb S. 17; näher zum Ganzen *Heiderhoff*, ZEuP 2003, S. 769, 776 ff.; anders als hier *Grundmann*, JZ 2000, S. 1133; *Knobel*, Wandlungen im Verständnis der Vertragsfreiheit, 2000, S. 201 ff., 204, die meint, die Wahl- und Entscheidungsfreiheit werde intensiviert.
73 So aber *Grundmann*, Europäisches Schuldvertragsrecht, 1999, S. 31; ähnlich auch *Basedow*, AcP 200 (2000), S. 445, 485.

nur für Rechtsverhältnisse zwischen zwei Unternehmern gilt, es selbst in diesem Verhältnis fast unmöglich, Zahlungsfristen von über 60 Tagen zu vereinbaren. Die Vereinbarung von Zahlungsfristen wurde in Rahmen der Neufassung deutlich eingeschränkt bzw – gegenüber der öffentlichen Hand – sogar ausgeschlossen.[74]

Zwar trifft es zu, dass schon vor der Angleichung einige nunmehr durch Richtlinien geregelte Rechtsfragen im deutschen Recht ebenfalls zwingend ausgestaltet waren. Das gilt jedoch, jedenfalls seit der Verbrauchsgüterkauf-RL, nicht mehr allgemein.

Und es trifft zwar auch zu, dass in der deutschen Dogmatik zwingende Normen in vielen Fällen gerade der **Verbesserung der – materialen – Vertragsfreiheit** dienen sollen.[75] Ein Beispiel ist das Widerrufsrecht des Verbrauchers bei Haustürgeschäften: Formal schränkt es die Freiheit der Vertragsgestaltung ein, da die Parteien es nicht abbedingen können – material ist es aber darauf ausgerichtet, dem Verbraucher einen wahrhaft freien – nämlich nicht im Zustand der Überrumplung getroffenen, sondern wohl erwogenen – Willensentschluss zu ermöglichen. Aber das ist ein Gedanke, den das EU-Recht nicht verfolgt. Diese material ausgerichtete Art der Verbesserung der Vertragsfreiheit ist **im europäischen Privatrecht nicht intendiert**. Was durch das EU-Privatrecht verbessert werden soll, ist „die Freiheit zum Abschluss grenzüberschreitender Rechtsgeschäfte". Nun muss bedacht werden, dass diese Vertragsabschlussfreiheit auch schon vorher kaum Beschränkungen unterlag. Die nationalen (Privat-)Rechtsordnungen engten die Vertragsabschlussfreiheit nicht ein.[76] Jedoch sieht das EU-Privatrecht verstärkt die faktische Seite der Vertragsabschlussfreiheit: Auch wenn grenzüberschreitende Verträge nie verboten waren, schreckten (und schrecken) nämlich viele Verbraucher davor zurück. Zu der „Freiheit" muss daher noch ein weiteres Element hinzutreten, nämlich die **„Zuversicht"**, also das bereits erwähnte Verbrauchervertrauen.[77] Dieses im Grunde außerrechtliche, nämlich emotionale Vertrauen soll durch eine Verdichtung und Vereinheitlichung rechtlicher Strukturen erzielt werden.

Dabei wird im Verbrauchervertragsrecht kein Problem darin gesehen, dass dieses sichere Rechtsnetz **zugleich einengend** wirken kann.[78] In der Präambel zur Verbrauchsgüterkauf-RL wird klar ausgesprochen, „dass es den Verbrauchern aus einem Mitgliedstaat möglich sein muss, auf der Grundlage *angemessener einheitlicher Mindestvorschriften* über den Kauf von Verbrauchsgütern im Hoheitsgebiet eines anderen Mitgliedstaats frei einzukaufen".[79] Der ganz große Schwerpunkt liegt darauf, die

227

---

74 Näher unten Rn. 390.

75 Dogmatisch zum Ganzen *Enderlein*, Rechtspaternalismus und Vertragsrecht, 1996, S. 232 ff.; *Singer*, Selbstbestimmung und Verkehrsschutz, 1995, S. 43 f.; *Drexl*, Die wirtschaftliche Selbstbestimmung des Verbrauchers, 1998, S. 303 ff.; *Reiner*, AcP 203 (2003), S. 1, 15 ff.

76 Näher *Heiderhoff*, Grundstrukturen des deutschen und europäischen Verbrauchervertragsrechts, S. 318 ff.

77 Vgl. auch *Rösler*, ZEuS 2006, S. 341, 345, unter Hinweis auf die Ausführungen des Generalanwalts im Verfahren Ynos, *EuGH* Slg. 2006, S. 371.

78 Das deutet sich manchmal in den Präambeln der Richtlinien an. So heißt es in Erwägung 9 der Präambel zur Klausel-RL vorsorglich: „Diese Richtlinie berührt nicht den Grundsatz der Vertragsfreiheit in den Beziehungen zwischen dem Verkäufer, dem Hersteller, einem früheren Verkäufer oder einer anderen Zwischenperson." Dass im Gegensatz dazu die Vertragsfreiheit des Verbrauchers betroffen ist, wird offenbar wahrgenommen, aber keiner gesonderten Überlegung unterzogen.

79 Erwägung 2.

rechtliche Position des Verbrauchers unmittelbar zu verbessern.[80] Er bekommt also nicht die kraftvolle Position, die ihm das Aushandeln von günstigen Vertragskonditionen ermöglichen könnte, sondern er bekommt sogleich (feststehende) günstige Vertragskonditionen. Freiheit wird dagegen mit Eigenverantwortung assoziiert und diese wird teilweise gar als Last klassifiziert.[81]

3. Neuere Entwicklungen und Diskussion

228 Aus deutscher Sicht ist dieser Umgang mit Vertragsfreiheit ungewohnt und sogar erschreckend. In der Tat muss dem Richtliniengeber vorgeworfen werden, dass die Problematik der Vertragsfreiheit nicht hinreichend berücksichtigt oder gar wahrgenommen wird.

Vor diesem Hintergrund ist es von großem Interesse, welcher Stellenwert der Vertragsfreiheit in der jüngsten Diskussion um ein einheitliches europäisches Vertragsrecht beigemessen wird. In den Dokumenten der Kommission wird zunächst wieder eine **Vernachlässigung der Vertragsfreiheit** erkennbar. Zum Beispiel wird dort der Vorschlag gemacht, einheitliche AGB für alle Verträge zu erarbeiten. Es finden sich jedoch auch andere Stimmen. So tritt der Rat in der Frage der einheitlichen AGB der Kommission ganz klar entgegen. Er betont, die Vertragsfreiheit müsse wichtiger genommen werden, und gerade AGB müssten grundsätzlich von den Vertragsparteien entwickelt werden.[82]

Den Referenzrahmen und die Machbarkeitsstudie (zu den Begriffen Anhang III), die gegenwärtig die größte Bedeutung haben, muss man genauer lesen, um zu bemerken, dass die hier aufgezeigte eingeschränkte Wertschätzung der Inhaltsfreiheit dort bestätigt wird. Zwar kommt die Vertragsfreiheit wie schon erwähnt gleich ganz am Anfang vor. Jedoch wird sie in Art. II. 102 des Referenzrahmens und Art. 1 Abs. 1 der Machbarkeitsstudie in einer Weise definiert, die jede Aushöhlung ermöglichen würde. So wird schon in der im ersten Absatz enthaltenen Definition selbst die Vertragsfreiheit eingegrenzt – sie gelte **im Rahmen der Grenzen des zwingenden Rechts**. Im Weiteren befassen sich die jeweiligen Normen mit dem zwingenden Recht.

229 Der hier vertretenen Sichtweise auf das EU-Recht wird teils aber auch grundlegend widersprochen. Von einigen Autoren werden die Verbesserungen der Vertragsfreiheit, die durch das EU-Recht erreicht werden, für das wichtigste Charakteristikum der

---

80 Anders als hier hat Müller-Graff/*Müller-Graff*, Gemeinsames Privatrecht, S. 9, 33, den „Ausschluss von missbräuchlicher Nutzung der Privatautonomie" als eines der Leitprinzipien des europäischen Verbraucherschutzrechts bezeichnet. Auch dies wäre gefährlich. Denn bei einem solchen Prinzip muss unbedingt bedacht werden, dass die Einengung der „missbräuchlichen" Nutzung leicht zur uferlosen Eingriffslegitimierung werden kann. Vgl. besonders deutlich MünchKommBGB/*Säcker*, Einl. Rn. 31 f.

81 Vgl. den verbraucherpolitischen Aktionsplan 1999-2001, wo es heißt: „Den Verbrauchern obliegt eine gewisse Eigenverantwortung, wo es darum geht, ihre Interessen geltend zu machen." KOM (1998) 696, S. 10; etwas weniger hart die verbraucherpolitische Strategie 2002-2006, KOM (2002) 208, S. 6: „Oft sollten die Verbraucher durch entsprechende Maßnahmen in die Lage versetzt werden, ihre Interessen selbst wahrzunehmen …".

82 ABl. EG 2003, C 246 Erwägungen IV. 2. und 3; vgl. auch den Aktionsplan KOM (2003) 68 Erwägungen 62, 81 sowie 93.

Richtlinien gehalten.[83] Das mag sich weitgehend auf die Vertragsabschlussfreiheit beziehen. Aber wie bereits angesprochen gibt es in den Richtlinien auch Instrumente, die sehr wohl geeignet sein könnten, die individuelle, materielle Vertragsfreiheit des Verbrauchers zu verbessern. Das gilt besonders für das Widerrufsrecht. Zuallererst hat dieses allerdings Folgen für ein weiteres wichtiges Rechtsprinzip, nämlich die Bindungswirkung des Vertrags.

II. Bindungswirkung des Vertrags

1. Pacta sunt servanda im EU-Recht?

Bei der Betrachtung des Grundsatzes der Bindungswirkung trifft man auf einen ähnli- **230** chen Befund wie bei der Vertragsfreiheit: Auch der Grundsatz pacta sunt servanda ist **im EU-Privatrecht zweifelsfrei enthalten**. Die Bindungswirkung der Verträge ist einer der tragenden Grundsätze des europäischen Privatrechts. Der Referenzrahmen enthält sie in Art. II 1.03 – und zwar ohne Einschränkung. Die Richtlinien bauen stillschweigend auf die Bindungswirkung auf. Auch in den früheren europäischen Normkatalogen ist der Grundsatz enthalten. Die Lando-Grundregeln setzen die Bindungswirkung ganz klar voraus,[84] in den UNIDROIT-Grundregeln ist sie sogar ausdrücklich normiert.[85] Zugleich wird jedoch die **Vernachlässigung auch dieses Grundsatzes** durch das EU-Recht häufig beobachtet und nicht selten beklagt.[86]

Diese Kritik überrascht nicht. Denn Kernstück der Veränderungen im Bereich des Verbraucherschutzes ist die Einführung von Widerrufsrechten für immer mehr Verbraucherverträge. Jedoch beruht es auf einer zu oberflächlichen Betrachtung, wenn man meint, die Widerrufsrechte würden den Grundsatz pacta sunt servanda schwächen. Um das nachvollziehen zu können, müssen Vertragsfreiheit und Bindungswirkung in ihrem Zusammenhang verstanden werden.

2. Bindungswirkung des Vertrags als notwendige Ergänzung der Vertragsfreiheit

Für den Grundsatz der Bindungswirkung von Verträgen ist der enge **Zusammenhang** **231** **mit dem Grundsatz der Vertragsfreiheit** von großer Bedeutung. Allgemein wird nämlich angenommen, das System der Vertragsfreiheit sei ohne Bindungswirkung des Vertrags nicht denkbar.[87] Denn gäbe es die Bindungswirkung der übereinstim-

---

83 Vgl. neben den bereits Genannten auch Schulte-Nölke/Schulze/*Roth*, Europäisches Vertragsrecht im Gemeinschaftsrecht, 2002, S. 23, 35.

84 Vgl. Art. 2:101 und 2:107.

85 In Art. 1.3 heißt es: Ein Vertrag, der wirksam geschlossen worden ist, bindet die Parteien. Er kann nur gemäß seinen Bedingungen oder durch Vereinbarung oder nach Maßgabe der in diesen Grundregeln vorgesehenen Gründe abgeändert oder aufgehoben werden.

86 *Eidenmüller*, AcP 210 (2010), S. 67 ff.; *Bülow/Artz*, NJW 2000, S. 2049, 2049; *Henrich*, Festschrift Medicus, 1999, S. 199, 204; vgl. zum Einfluss des Verbraucherschutzes auf die Bindungswirkung des Vertrags schon vor der Europäisierung *Dauner-Lieb*, Verbraucherschutz durch Ausbildung eines Sonderprivatrechts für Verbraucher, 1983, S. 116 ff.

87 *Bülow*, Festschrift Söllner, 2000, S. 189; *Bülow/Artz*, Verbraucherprivatrecht, S. 2 f.; *Lorenz*, Der Schutz vor dem unerwünschten Vertrag, S. 28 ff.; *Canaris*, BGH-Festgabe, 2000, Band 1, S. 129, 147 ff.; *Riesenhuber*, System und Prinzipien des europäischen Vertragsrechts, S. 345.

menden Willenserklärungen nicht, könnten die Parteien auf privatautonomem Wege letztlich doch nicht rechtlich verbindlich agieren.[88] Grund für die Bindungswirkung ist damit ihre Funktion als notwendige Ergänzung im System der Vertragsfreiheit.[89]

Von dieser Basis ausgehend steht einerseits schon fest, dass auch das EU-Privatrecht die Bindungswirkung des Vertrags braucht. Anderseits lässt sich auf dieser Basis aber auch die Begrenzung der Bindungswirkung von Verbrauchererklärungen gut nachvollziehen: Besteht die Notwendigkeit der Bindungswirkung darin, die Vertragsfreiheit zur Vollendung zu bringen, so ist sie also **dort nicht notwendig – oder gar falsch –, wo bei Vertragsschluss keine Vertragsfreiheit bestand.**[90] Gäbe es nicht auch weitere Gründe für die Bindungswirkung (zB das Vertrauen des anderen Vertragspartners, dazu sogleich Rn. 234), so wäre es sogar konsequent, die Bindungswirkung immer abzulehnen, wenn die (materiale) Vertragsfreiheit nicht gewährleistet ist.[91]

232 Das EU-Privatrecht erkennt diesen Zusammenhang und baut darauf auf. Wie mühsam die sichere Implementierung solcher im Grunde einfacher Zusammenhänge bei der Richtliniensetzung ist, zeigt aber etwa der (letztlich nicht angenommene) zweite Vorschlag für die Neuregelung der Verbraucherkredit-RL aus dem Jahr 2005. Dort heißt es als Begründung für das Widerrufsrecht, dass der Verbraucher sich nach Abschluss des Vertrags nach besseren Angeboten umschauen dürfe. Dadurch soll der Wettbewerb gestärkt werden.[92]

In der Verbraucherrechte-RL werden die Zusammenhänge nicht offengelegt, sondern es wird bodenständig, aber zutreffend formuliert. Danach soll beim Fernabsatz das durch die Unkenntnis von der „realen" Ware entstehende Informationsdefizit das Widerrufsrecht erforderlich machen, bei Haustürverträgen dagegen eine Überrumplungssituation (Erwägung 37).

Aufschlussreich ist die Machbarkeitsstudie. Dort ist die Bindungswirkung nicht als Rechtsprinzip aufgeführt, sondern das zweite Kapitel ist mit **„Making a binding contract"** überschrieben. Es enthält sämtliche Voraussetzungen für den Abschluss eines bindenden Vertrags, die Widerrufsrechte sind hier mit einbezogen.

3. Bewertung

233 Versteht man den Zusammenhang zwischen Widerrufsrecht und Vertragsfreiheit wie hier, so bringt das **Widerrufsrecht eine Stärkung der Vertragsfreiheit** mit sich.[93]

---

88 Auch *Singer*, Selbstbestimmung und Verkehrsschutz, S. 7; *Canaris*, BGH-Festgabe, 2000, Band 1, S. 129, 147 ff.; bildlich *Basedow*, in: Europäisches Vertragsrecht für europäische Märkte, S. 22, der sonst nur die Möglichkeit des sofortigen Leistungsaustauschs sieht; auch *von Koppenfels*, WM 2001, S. 1360, 1366.

89 *Lorenz*, Der Schutz vor dem unerwünschten Vertrag, S. 1.

90 Zu dieser Seite des gegenseitigen Verhältnisses näher *Lorenz*, ebenda, S. 35 ff.

91 Ähnlich *von Koppenfels*, WM 2001, S. 1360, 1366 f., mit einer deutlicheren Betonung des Schwächerenschutzes. Den Gedanken enthalten auch die Lando-Grundsätze. Dort lautet Art. 1.201: Ein Vertrag ist geschlossen, wenn a) die Parteien den Willen haben, rechtlich gebunden zu sein (...). Erst der Bindungswille bringt hier also die Bindung.

92 KOM (2005) 483, Vorüberlegung 5.7.

93 Teils wird diese Sichtweise auch gänzlich abgelehnt. So versucht *Eidenmüller*, AcP 210 (2010), S. 67 ff., eine ökonomische Rechtfertigung, wobei er der Typisierung sehr kritisch gegenübersteht.

Denn der Verbraucher gewinnt durch den Widerruf die Freiheit, eine seinem wirkli-chen Willen entsprechende Entscheidung zu treffen, und – beispielsweise – einen an-deren, günstigeren Vertrag abzuschließen. Hier führt also das EU-Privatrecht zu einer Verbesserung der Vertragsfreiheit, die auch den Inhalt des Vertrags mit betrifft.

Die Widerruflichkeit ist somit ein brauchbares Instrument des Verbraucherschutzes, welches sich zugleich dogmatisch plausibel einordnen lässt. Freilich ist die Vorstel-lung, der Verbraucher sei bei Abschluss des betroffenen Geschäfts in seiner Entschei-dungsfreiheit beeinträchtigt gewesen, **stark typisierend**.[94] Diese Typisierung ist im EU-Recht jedoch, wie gezeigt, gar nicht so problematisch wie im nationalen Recht. Denn das EU-Recht sieht den Verbraucher nicht deshalb für generell schutzbedürftig an, weil er „dumm" oder „ungeschickt" ist, sondern es gewährt das Widerrufsrecht, weil es jedem Verbraucher im Rechtsverkehr jederzeit unkonzentriertes Verhalten zu-billigt (vgl. schon oben Rn. 199) und ihm das Ausbessern von Fehlern erleichtern will.

4. Widerruflichkeit der Erklärung des Verbrauchers als Rechtsprinzip?

a) Bindungswirkung und Vertrauensschutz

Nun könnte man meinen, es sei unter dem Aspekt der Vertragsfreiheit sinnvoll, dass **234** alle „unfrei" abgeschlossenen Verträge widerruflich sein müssten. Es gibt aber ver-schiedene Gründe dafür, dass das BGB und auch das europäische Verbraucherver-tragsrecht so in der Regel nicht vorgehen. Dass beispielsweise auch ein irrtümlich abgeschlossener Vertrag zunächst wirksam ist, beruht unter anderem auf der **Notwen-digkeit der Sicherheit des Rechtsverkehrs** sowie vor allem auf dem Vertrauens-schutz.[95]

b) Widerruflichkeit des Verbrauchervertrags und Vertrauensschutz

Dennoch drängt sich aber die Frage auf, ob nicht wenigstens jede Willenserklärung, **235** die ein Verbraucher gegenüber einem Unternehmer abgibt, widerruflich sein sollte. Denkbar wäre ein solches Modell durchaus. Die soeben erläuterte, typisierende Vor-stellung, dass der Verbraucher die zusätzliche Zeit bekommen sollte, um sich seiner Erklärung wirklich sicher zu werden, ließe sich über den Rahmen der existierenden Richtlinien hinaus ausdehnen. Jedoch ist dem EU-Recht dieser Grundsatz **bisher nicht zu entnehmen**. Zum einen beschränken sich die Widerrufsrechte weiterhin auf Situationen, in denen nicht allein ein Verbrauchervertrag besteht, sondern **zusätzliche Erschwernisse** für den Verbraucher hinzukommen. Zum Teil sind diese situativ im engen Sinne: Der Vertragsschluss geschieht in einer besonderen (Überrumplungs-)Si-tuation, wie eben an der Haustür. Und zum Teil sind sie situativ im weiten Sinne, weil der Vertrag inhaltlich besonders riskant und verführerisch ist – wie beim Kauf auf Kredit.

---

94 So auch *von Koppenfels*, WM 2001, S. 1360, 1366 f.
95 Vgl. nur *Bork*, BGB AT, Rn. 107, 787.

c) **Begrenzung der Widerruflichkeit durch Unternehmerinteressen**

236   Schließlich ist das Widerrufsrecht nicht nur durch den Vertrauensschutz des Unternehmers begrenzt, sondern auch durch **weitere Unternehmerinteressen**. So wäre es dem Unternehmer nicht zuzumuten, wenn der im Internet abgeschlossene Vertrag über die Lieferung einer Pizza innerhalb der nächsten 45 Minuten nach 40 Minuten widerrufen werden würde. Auch Verträge über speziell angefertigte Produkte und über Produkte, die sich, zB wegen Verderblichkeit, nicht zurücksenden lassen, sind nicht widerruflich, ebenso wie solche, bei denen sich der Nutzwert der Sache schnell erlangen lässt (entsiegelte Software), so dass eine hohe Missbrauchsrate drohen würde, wenn man den Widerruf zuließe.

5. Zusammenfassung

237   Das Widerrufsrecht des Verbrauchers schränkt die Bindungswirkung des Vertrags nur in einer systemimmanenten Art und Weise ein. Es basiert auf der – stark typisierenden – Annahme, dass die Erklärung des Verbrauchers zunächst **nicht ausreichend frei** getroffen wurde. Obwohl diese Annahme auch weit über den Rahmen des geschriebenen Verbrauchervertragsrechts hinaus reichen könnte, besteht das Widerrufsrecht nur dort, wo es gesetzlich vorgesehen ist.

Nach deutschem Recht ist eine **erweiternde Auslegung** der Widerrufstatbestände oder auch eine Analogie zu den bestehenden Widerrufsrechten durchaus denkbar. Wegen der sozialen Zielrichtung des nationalen Verbraucherschutzrechts drängt sie sich immer dann auf, wenn das Schutzbedürfnis des Verbrauchers in einem ungeregelten Fall das Schutzbedürfnis des Verbrauchers im gesetzlich geregelten Fall überwiegt (so wie zB bei der Bürgschaft an der Haustür, vgl. dazu auch unten Rn. 314).

Aus dem europäischen Recht selbst dagegen kann eine Erweiterung der Widerrufstatbestände kaum abgeleitet werden. Die Widerruflichkeit der Erklärung des Verbrauchers ist also (noch) nicht Rechtsprinzip des EU-Rechts.

III. Informationsprinzip – Transparenzgebot

1. Information als Rechtsprinzip

238   Die Bedeutung der Information im EU-Privatrecht – und gerade im Verbrauchervertragsrecht – ist nicht zu übersehen. Die Information des Verbrauchers wird im EU-Privatrecht **beinahe stets an erster Stelle** genannt.[96] Durch Art. 169 AEUV ist der Grundsatz der Information sogar im primären Vertragsrecht selbst enthalten.[97] In den Richtlinien taucht er stets auf; teils auf dominierende Art und Weise, wie in der Verbraucherkredit- und der Fernabsatz-RL, teils sogar in Detailregelungen, wie bei der

---

96   Vgl. nur beispielhaft die Verbraucherpolitische Strategie 2007-2013, KOM (2007) 99, S. 6, 9; zum Ganzen auch *Heiderhoff*, Grundstrukturen des nationalen und europäischen Verbrauchervertragsrechts, S. 266 ff.; Grundmann/*Martinek*, Systembildung und Systemlücken, S. 511, 518; Riesenhuber/*Grundmann*, Europäische Methodenlehre, § 10 Rn. 39.
97   Zur Frage von dessen unmittelbarer Geltung schon oben Rn. 8.

Regelung über die mangelhafte Montageanweisung in Art. 2 Abs. 5 S. 2 Verbrauchsgüterkauf-RL. Es ist daher sicher richtig, die Existenz des Grundsatzes der Information des Verbrauchers im EU-Recht anzuerkennen.

Jedoch ist diese Bedeutung des Informationsgrundsatzes im EU-Privatrecht letztlich   **239**
weit geringer, als es zunächst den Anschein hat.

Das liegt vor allem daran, dass die Informationspflichten **nicht systematisch** eingesetzt werden.[98] In den Richtlinien findet sich nicht selten eine wahre Überfülle von
Informationspflichten. Diese sind auch nicht etwa in jeder Richtlinie deckungsgleich.[99] Man muss sich nun klarmachen, dass die Information so nicht nur in ihrer
Funktion als Mittel zur Stärkung der Entscheidungsfreiheit des Verbrauchers versagt,
sondern nicht selten **gerade das Gegenteil erreicht**. Dass eine Überzahl von Informationen gerade das Gegenteil von dem bewirken kann, was angestrebt wird, ist wissenschaftlich nachgewiesen und bereits in den Bereich der rechtlichen Überlegungen
übernommen worden.[100] So geschieht es häufig, dass der Verbraucher bei zu vielen
Informationen „abschaltet" und auf diese Art überhaupt keine Informationen auf-
nimmt. Selbst wenn er sich doch noch bemühen sollte, durchschaut der durchschnitt-
liche Verbraucher die Informationen nicht oder versteht sie sogar falsch. Dennoch
mag er sich in der irrigen Sicherheit wiegen, ein seriöses Geschäft abgeschlossen zu
haben.[101] Vereinfacht lässt sich sagen, dass aus Überinformation folgt, dass die Information ihren Sinn verliert.

Dies scheint bei der Richtliniengebung lange Zeit völlig übersehen worden zu sein.
Martinek hat schon früh aufgezeigt, dass in der (alten) Teilzeitnutzungsrechte-RL 90
jeweils im Prospekt und im Vertrag zu bringende Informationen vorgeschrieben waren.[102] Auch ohne eine eingehende Untersuchung der Aufnahmefähigkeit des Verbrauchers wird klar, dass hier nur Verwirrung, nicht Erleuchtung erreicht werden
kann.

Immerhin lassen sich in den letzten Jahren deutliche Bemühungen dazu beobachten,
die Informationen dadurch handhabbar zu machen, dass sie **besser strukturiert und
in mehreren Etappen** vermittelt werden. Ein Beispiel dafür bietet die neue Teilzeitnutzungsrechte-RL.[103]

Im Ergebnis muss man dennoch kritisch bleiben. Der in Deutschland ganz anerkannte
Gedanke, dass der Verbraucher im Idealfall durch Information dazu befähigt werden
soll, eine wahrhaft freie, seinen Wünschen entsprechende Willenserklärung abzuge-
ben,[104] wird im EU-Recht leichtfertig verwischt.

---

98   Das lässt sich an der unter der Adresse http://ec.europa.eu/consumers/cons_int/safe_shop/acquis/
     comp_analysis_en.pdf abrufbaren Studie der Acquis-Gruppe sehr deutlich erkennen (dort S. 714 ff.).
99   Vorerst *Fleischer*, ZEuP 2000, S. 772 mwN.
100 Mit Blick auf das europäische Verbrauchervertragsrecht insb *Grundmann/Martinek*, Systembildung
     und Systemlücken, S. 511, 521 ff.; auch *Kind*, Die Grenzen des Verbraucherschutzes durch Informa-
     tion – aufgezeigt am Teilzeitwohnrechtegesetz, 1998, S. 442 ff.; *Fleischer*, Informationsasymmetrie
     im Vertragsrecht, 2001, S. 110 ff., 115.
101 Genauer *Wendtland*, VuR 2004, S. 117.
102 *Grundmann/Martinek*, Systembildung und Systemlücken, S. 511, 521 ff.
103 Dazu *Franzen*, NZM 2011, S. 217, 222.
104 Nur *Dauner-Lieb*, Verbraucherschutz durch Ausbildung eines Sonderprivatrechts für Verbraucher,
     1983, S. 62 ff.; *Fleischer*, Informationsasymmetrie im Vertragsrecht, 2001, S. 203 ff.

2. Vorrang der Information vor anderen Schutzinstrumenten

240 Von besonderer Bedeutung für das Verständnis des EU-Privatrechts wäre es, wenn die Information eine **Vorrangstellung vor anderen Verbraucherschutzinstrumenten** einnähme.

In Deutschland wird dieser Vorrang der Information vorsichtig bejaht werden können. Da es immer in erster Linie darum geht, die Vertragsfreiheit des Verbrauchers zu stärken, ist die Information das Mittel erster Wahl. Vermag das Ungleichgewicht der Vertragsparteien schon durch Information – als dem **geringsten Eingriff in die formale Freiheit der Parteien** – ausgeglichen zu werden, so ist diese vorrangig zu gewähren. Dass die Information im deutschen Recht letztlich oft durch Schutzelemente ersetzt wird, wird aus dem sozialen Anliegen des Schwächerenschutzes oder gar Schwächstenschutzes heraus verständlich. Denn gerade der Schwächstenschutz ist auf dem Wege der Information oft kaum zu erreichen, das Informationspotential wird daher niedrig angesetzt.

Auch im EU-Recht besteht die Vorstellung, dass die Information dem zwingenden Schutz vorzuziehen ist.[105] Für die Mitgliedstaaten hat der EuGH es zur Wahrung der Grundfreiheiten für zwingend gehalten, das Mittel der Information zu verwenden, wenn dadurch ausreichender Schutz des Verbrauchers gewährleistet ist.[106]

241 Im gemeinschaftlichen Verbrauchervertragsrecht selbst ist diese gedankliche Reihenfolge nicht so klar vorhanden. Vielmehr treten Informationsrechte und zwingende vertragliche Rechte **oft unkoordiniert nebeneinander** auf. So ist es vor allem in der Verbrauchsgüterkauf-RL. Dort ist einerseits bestimmt, dass eine Garantie klar und deutlich sein muss (Art. 6 Abs. 2 Verbrauchsgüterkauf-RL). In Art. 6 Abs. 2 ist also der Transparenzgedanke vorherrschend. Es handelt sich um eine rein wettbewerbsrechtliche, aus dem Kontext vertraglicher Sanktionen herausfallende Informationspflicht: An einen Verstoß knüpfen sich keine vertraglichen, sondern nur wettbewerbsrechtliche Folgen.[107] Zwingendes Recht liegt aber bei der zweijährigen Mängelhaftung vor, die unabdingbar gesetzlich vorgeschrieben ist (Art. 5 Verbrauchsgüterkauf-RL). Es reicht – obwohl dies auch bei einer kritischen Einschätzung der Informierbarkeit des Verbrauchers sicherlich möglich wäre – nicht aus, ihn klar und deutlich über eine kürzere Mängelhaftungsfrist zu informieren. Hier ist die Information also kein vorrangiges Instrument.

3. Notwendigkeit von Information über das geschriebene Recht hinaus?

242 Dass die Information des Verbrauchers ein allgemeiner Grundsatz des EU-Privatrechts ist, könnte auch praktische Auswirkungen haben. So ist bereits untersucht worden, ob neben die oft unsinnigen Informationskataloge der Richtlinie noch die **Pflicht**

---

105 So *Oppermann*, Europarecht, Rn. 2043; *Riesenhuber*, System und Prinzipien des europäischen Vertragsrechts, S. 566 f.; auch *EuGH* Slg. 1990, S. 667, 687 f. Rn. 14 (GB-Inno-BM).

106 Das findet sich bereits in *EuGH* Slg. 1979, S. 649, 664 Rn. 13 (Cassis de Dijon) und ist ständige Rspr. des *EuGH*, vgl. nur *EuGH* Slg. 2000, S. 10663, 10691 f. Rn. 31 ff. (Guimont).

107 Möglich ist auch eine Unterlassungsklage nach dem UKlaG. Die unklare Garantie ist aber, wie Art. 6 Abs. 5 Verbrauchsgüterkauf-RL (§ 477 Abs. 3 BGB) ausdrücklich klarstellt, (selbstverständlich) wirksam.

zur Vermittlung einiger verständlicher Schlüsselinformationen tritt.[108] Zu Recht ist allerdings befunden worden, dass sich ein solcher Schluss aus dem EU-Recht nicht ablesen lässt. Richtig wäre es, darüber nachzudenken, ob ein Recht auf verständliche Schlüsselinformationen nicht aus dem nationalen Recht abgeleitet werden könnte.

4. Informationsmodell kontra Konsensprinzip?

a) Formbindung und Widerrufsrecht als Ausfluss des Informationsprinzips

Das Informationsprinzip findet nicht nur in den ausdrücklichen Informationspflichten seinen Niederschlag, sondern **auch das Widerrufsrecht und die Formerfordernisse** stehen in engem Zusammenhang mit dem Informationsgedanken.   243

b) Verhältnis von Informationsprinzip und Konsensprinzip

Es ist kritisiert worden, dass das Informationsprinzip des EU-Privatrechts, welches die Wirksamkeit des Vertrags an eine Vielzahl von verschiedenen Informationspflichten knüpft, im **Widerspruch zum Konsensprinzip** stehe. Durch das Konsensprinzip wird die rechtsgeschäftliche Privatautonomie geradezu verkörpert.[109] Es besteht in dem Gedanken, dass durch zwei übereinstimmende Willenserklärungen ein Vertrag zustande kommt. Wenn nun durch zwei Willenserklärungen kein bindender Vertrag mehr geschlossen werden könnte, wäre die Vertragsfreiheit ausgehöhlt.   244

Bei formaler Betrachtung ist es in der Tat so, dass die Maßnahmen, die der Information des Verbrauchers dienen sollen, zunächst den Abschluss des Vertrags erschweren. Dennoch wäre es falsch, eine Gegenläufigkeit zwischen dem Informationsprinzip und dem Konsensprinzip anzunehmen. Das wird deutlich, wenn der Grund berücksichtigt wird, aus welchem die Informationspflichten zu einer zusätzlichen Voraussetzung des Vertragsschlusses gemacht wurden. Sinn der Informationspflichten ist es ja, den Verbraucher in eine Position zu bringen, in der ein **„echter" Konsens zweier, in der Willensentschließung gleichermaßen informierter und überlegter Vertragspartner** überhaupt erst erreicht werden kann. Ähnlich wie die formale Vertragsfreiheit wird somit quasi auch das „formale" Konsensprinzip zugunsten der materiellen Verbraucherinteressen und insbesondere der materiellen Vertragsfreiheit eingeschränkt.

Das EU-Privatrecht übertreibt diese Einschränkungen des Konsensgrundsatzes im Übrigen zumeist nicht. Denn das Fehlen von ausreichenden Informationen führt nach den Richtlinien nicht zur Nichtigkeit des Vertrags (näher zu den Folgen fehlender Information Rn. 299).[110] Auch die Machbarkeitsstudie, welche die Informationspflichten im Kapitel „Making a binding contract" einordnet, knüpft nur Schadensersatz- und gewisse Erfüllungspflichten an die fehlende oder irreführende Information.[111] Die Beeinträchtigung des Konsensprinzips darf daher insgesamt nicht überschätzt werden. Der gewisse Eingriff in Rechtsgrundsätze, der durch das Widerrufsrecht des   245

---

108 So *Wendlandt*, VuR 2004, S. 117, 123.
109 Nur *Bydlinski*, System und Prinzipien, 1996, S. 149 mwN.
110 Vgl. die Fernabsatz-RL und die E-Commerce-RL, wo die Verletzung von Informationspflichten zivilrechtlich teilweise sanktionslos bleibt, dazu näher unten Rn. 300 f.
111 Art. 25 – Fassung Stand: 31.8.2011.

Verbrauchers erfolgt, sollte eher im Bereich der Bindungswirkung des Vertrags als im Bereich des Konsensprinzips angesiedelt werden.

5. Transparenz als Prinzip des Verbrauchervertragsrechts

246 Das Transparenzgebot ist mit dem Informationsprinzip eng verwandt. Denn die Klarheit und Verständlichkeit vertraglicher Regelungen ist gerade dazu da, dass der Verbraucher sich informieren kann. Das Gebot der Transparenz ist ein **ganz allgemeiner Gedanke**, der auf gesetzliche Regelungen ebenso angewendet werden soll wie auf private Verträge. Auch die Gesetze sollen dem Verbraucher also verständlich und zugänglich sein. Im nationalen Recht hat sich dieser Gedanke mit niedergeschlagen, als man sich für die Aufnahme der verbraucherschützenden Normen in das BGB entschied. So sollten alle Regelungen an einem Ort auffindbar sein.[112]

Das Transparenzgebot gilt aber **auch für die privaten Verbraucherverträge**. Die dem Verbraucher zustehenden Rechte und die ihm obliegenden Pflichten müssen stets zugänglich, klar und verständlich geregelt sein.

247 Das Transparenzgebot ist bereits als ein Prinzip des europäischen Vertragsrechts eingeordnet worden.[113] Dem ist zuzustimmen. Es findet sich in der Rechtsprechung des EuGH sowie in den Richtlinien wieder. Es gilt auf allen Ebenen des EU-Rechts.

So hat der EuGH aus dem Transparenzgedanken die **Pflicht zur klaren und deutlichen Umsetzung der Richtlinien** abgeleitet.[114] Aber auch die konkreten Inhalte des Verbrauchervertragsrechts berücksichtigen das Gebot der Transparenz. Ein weiteres Beispiel hierfür sind die hohen **Anforderungen an die Widerrufsbelehrung**. Über das Widerrufsrecht muss klar und eindeutig ohne weitere Zusätze belehrt werden (vgl. nur Art. 4 Abs. 2 Fernabsatz-RL).[115] In Art. 5 Klausel-RL ist das Transparenzgebot schließlich sogar ausdrücklich enthalten. Dort ist bestimmt, dass alle schriftlichen, einseitig gestellten Vertragsklauseln – und das umfasst auch Klauseln, welche die Hauptleistungspflichten selbst betreffen – auf ihre Transparenz hin zu kontrollieren sind. Das bedeutet letztlich, dass Verbraucherverträge **komplett der Transparenzkontrolle unterliegen**. Vordergründig scheint es zwar, als wären nur die einseitig gestellten Klauseln zu überprüfen. Aber es gelten nach Art. 3 Klausel-RL alle Klauseln als einseitig gestellt, die nicht wirklich von beiden Parteien ausgehandelt oder vom Verbraucher gewünscht waren. Da die Richtlinie an das Aushandeln sehr

---

112 BT-Drucks. 14/6040, S. 166 – ob dies auch erfolgreich war, sei dahingestellt.
113 Schulte-Nölke/Schulze/*Coelho de Sousa Ribeiro*, Europäisches Vertragsrecht im Gemeinschaftsrecht, S. 213, 226; *Micklitz*, EuZW 1997, S. 229, 236; *ders.*, ZEuP 1998, S. 253, 266; *Klauer,* Europäisierung des Privatrechts, 1998, S. 110, spricht gar von dem „wichtigsten gemeinsamen Charakteristikum" des Gemeinschaftsprivatrechts; ein Transparenzgebot nimmt auch *Schwintowski* an, EWS 2001, S. 201.
114 Insbesondere zur Klarheit der Umsetzung von Richtlinien: *EuGH* Slg. 2001, S. 3541, 3565 Rn. 17 ff. (Kommission/Niederlande) und *EuGH* Slg. 2002, S. 4147, Rn. 18 (Kommission/Schweden) zur Umsetzung der Klausel-RL; im Verhältnis zu Deutschland *EuGH* Slg. 1991, S. 2607, 2633 f. Rn. 28 (Kommission/Deutschland).
115 Das ist auch im deutschen Recht längst anerkannt; zur Deutlichkeit der Belehrung auch *BGH* NJW 1994, S. 1800; NJW 1996, S. 1964; sowie zur jetzigen Rechtslage Palandt/*Heinrichs,* BGB, § 355 Rn. 16 mwN.

hohe Anforderungen stellt, wird man eine Klausel, die unklar war und die der Verbraucher gar nicht verstanden hat, niemals als ausgehandelt betrachten können.

Das Transparenzgebot ist aus deutscher Sicht nicht völlig neu.[116] Es hatte aber dort **ursprünglich nicht den Stellenwert, den das EU-Privatrecht ihm einräumt**. Erkennbar wurde das bei der Umsetzung der Klausel-RL: Hier wurde das Transparenzgebot zunächst nicht ausdrücklich normiert, weil man meinte, es sei bereits von der Rechtsprechung ausreichend entwickelt. Später wurde es dann aber doch in § 307 Abs. 1 S. 2 BGB aufgenommen, um seiner erhöhten Bedeutung gerecht zu werden (zur verzögerten Umsetzung des Transparenzgebots schon oben Rn. 80).

248

Schwierigkeiten bringt das Transparenzgebot auf der Seite der Rechtsfolgen mit sich. Es kann keineswegs sein, dass alle intransparenten Rechtsakte oder Vertragsbedingungen nichtig sind, denn oftmals entstünden dem Verbraucher dadurch nur zusätzliche Nachteile.[117] Sehr oft werden sich, wie dies in Art. 6 Verbrauchsgüterkauf-RL (umgesetzt in § 477 Abs. 3 BGB) ausdrücklich bestimmt ist, keine vertraglichen, sondern **nur wettbewerbsrechtliche Folgen** an die Intransparenz knüpfen lassen (vgl. dazu auch noch unten Rn. 419).

249

6. Zusammenfassung

Die Information des Verbrauchers ist ein wichtiger Grundsatz des EU-Privatrechts. Sie wird im europäischen Verbrauchervertragsrecht ebenso wie im deutschen Recht als der zunächst **beste Weg zur Erzielung von Verbraucherschutz** angesehen. Erst nachrangig sollen weitere Schutzmechanismen hinzutreten. Die Rechtsetzung selbst ist allerdings **nicht immer konsequent** auf diese Erkenntnis aufgebaut.

250

Es muss eingeräumt werden, dass die bloßen Informationsrechte zur Erreichung des Zieles des EU-Privatrechts auch nicht ausreichen würden. Eingriffe in die Vertragsfreiheit sind erforderlich. Denn der angestrebte entspannte „Spaziergang"[118] des Verbrauchers kann mit Informationen nicht immer angenehm genug ausgestaltet werden. Dazu sind Informationen schon als solche oft zu anstrengend zu verarbeiten.

Die Information bleibt somit zwar ein wichtiges Element des europäischen Verbraucherschutzrechts. Der **Vorrang der Information** vor eingreifenden Maßnahmen – wie zwingendem Recht – kann aber **nicht als konsistentes Prinzip** verstanden werden.

---

116 So bezeichnet *Köndgen*, NJW 1989, S. 943, 946 es als eines der tragenden Prinzipien des AGB-Gesetzes; vorsichtiger *Westermann*, Festschrift Steindorff, 1990, S. 817. Der *BGH* verwendet das Transparenzprinzip in ständiger Rechtsprechung, vgl. nur BGHZ 106, 42, 49 ff.; BGHZ 115, 177, 185; *BGH* NJW 2000, S. 651 f.

117 Umfassend dazu *Ulmer/Brandner/Hensen/Fuchs*, AGB-Recht, § 307 BGB Rn. 323 ff., 360. Unter anderem die „bunte Mischung", die sich hinter den verschiedenen Transparenzgeboten versteckt, veranlasst *Riesenhuber*, System und Prinzipien des Europäischen Vertragsrechts, S. 574, dazu, die Transparenz als Rechtsprinzip abzulehnen. Vgl. zu den Folgen fehlender Transparenz (ohne Berücksichtigung des EU-Privatrechts) auch *Lange*, ZGS 2004, S. 208.

118 Dazu oben Rn. 199.

IV. Gleichbehandlungsgrundsatz oder Diskriminierungsverbot

251 **Literaturhinweise:** *Basedow*, Der Grundsatz der Nichtdiskriminierung, ZEuP 2008, 230 ff.; *Preis*, Verbot der Altersdiskriminierung als Gemeinschaftsgrundrecht – Der Fall „Mangold" und die Folgen, NZA 2006, 401; *Seifert*, „Mangold und kein Ende – Entscheidung Kücükdeveci", EuR 2010, S. 802.

> **Beispiel 11** – nach *EuGH* Slg. 2005, S. 9981 (Mangold): Am 26. Juni 2003 stellte der Unternehmer U den 54-jährigen M ohne weitere Begründung für drei Jahre ein. Dabei stützt er sich auf eine Norm, die eine solche grundlose Befristung ausnahmsweise erlaubt, wenn der Arbeitnehmer bei Beginn des Arbeitsverhältnisses das 52. Lebensjahr vollendet hat.
>
> Nach Art. 6 Abs. 1 Gleichbehandlungsrahmen-RL dürfen Ungleichbehandlungen wegen des Alters nur erfolgen, soweit sie angemessen und erforderlich sind und durch rechtmäßige Ziele aus den Bereichen Beschäftigungspolitik (…) gerechtfertigt sind. Die Umsetzungsfrist für die Richtlinie endete am 2. Dezember 2003 (Art. 18 Abs. 1)[119].

1. Gleichbehandlung im geschriebenen Recht

252 Ein weiteres Prinzip, welches im deutschen und im europäischen Recht einen hohen Stellenwert hat, bei dem die Schwerpunkte jedoch merklich unterschiedlich gesetzt werden, ist das **Prinzip der Gleichbehandlung**. Oftmals wird auch von Diskriminierungsverbot gesprochen.

In Deutschland ist der Gleichbehandlungsgrundsatz in Art. 3 GG verankert. Er wirkt durchaus deutlich in das Privatrecht hinein. So darf eine privatrechtliche Norm nicht dazu führen, dass gleiche Sachverhalte willkürlich ungleich zu behandeln sind. Auch gibt es die Drittwirkung des Gleichheitsgrundsatzes, insbesondere im Arbeitsrecht.[120]

Im EU-Privatrecht hat der Gleichbehandlungsgrundsatz jedoch eine andere Qualität.[121] Schon sehr früh hat sich das EU-Privatrecht der **Gleichbehandlung von Mann und Frau** zugewandt. Durch den am 1.5.1999 in Kraft getretenen Vertrag von Amsterdam wurde diese Zielsetzung ausdrücklich in das Primärrecht aufgenommen. Heute findet sich die Kompetenznorm in Art. 19 AEUV, die Entgeltgleichheit ist in Art. 157 AEUV geregelt.

Viele privatrechtliche Richtlinien sind gerade darauf ausgerichtet, dass auch im Bereich privater Verträge Frauen und Männer sowie **Personen unterschiedlicher Rasse**[122] oder ethnischer Herkunft gleich behandelt werden.

253 Besonders das **europäische Arbeitsrecht** hat sich die Gleichbehandlung von Mann und Frau im Berufsleben zur Aufgabe gemacht. Mitte der siebziger Jahre entstanden bereits die ersten Richtlinien über die Gleichbehandlung hinsichtlich des Zugangs

---

119 Zur Lösung eines vergleichbaren Falls nach geltendem Arbeitsrecht *Jacobs/Krois*, JuS 2010, S. 228.
120 Einführend nur *Löwisch*, Arbeitsrecht, Rn. 135 ff.; *Söllner/Waltermann*, Grundriss des Arbeitsrechts, Rn. 91 ff.
121 Zur Wirkung der Grundrechte im Privatrecht nach deutschem Verständnis und nach der Richtlinie näher Bottke/Möllers/Schmidt/*Möllers*, Recht in Europa, 2003, S. 189, 195 ff.
122 Zur Verwendung des Begriffs „Rasse" vgl. Erwägung 6 der Gleichbehandlungs-RL (Rasse).

zum Arbeitsplatz, der Arbeitsbedingungen und der Bezahlung.[123] Seitdem kamen immer wieder neue Richtlinien hinzu, zuletzt die allgemeine Gleichbehandlungs-RL (Religion, Weltanschauung, Behinderung, Alter, sexuelle Ausrichtung)[124] und die erweiterte „allgemeine Gleichbehandlungs-RL" (Geschlecht).[125]

Inzwischen ist auch über das Arbeitsrecht hinaus die Gleichbehandlung von Menschen unterschiedlicher Rasse und ethnischer Herkunft sowie von Frauen und Männern zum Gegenstand von Richtlinien geworden. Sowohl in der Gleichbehandlungs-RL (Rasse) als auch in der Gleichbehandlungs-RL (Geschlecht) werden ein **Großteil der privaten Verträge** dem Gleichbehandlungsgrundsatz unterstellt. Im Ansatz geht es bei beiden Richtlinien darum, dass die Versorgung mit Gütern und Dienstleistungen ohne Diskriminierung erfolgt. Beide Richtlinien reichen dabei jedoch weit in das Privatrecht hinein. Erfasst sind alle der Öffentlichkeit zur Verfügung stehenden Güter oder Dienstleistungen. Erfasst sind so alltägliche und zugleich wesentliche Dinge wie die Wohnung,[126] die Versorgung mit Lebensmitteln im Supermarkt, die Versorgung mit allgemeinen Dienstleistungen (etwa Friseur, Restaurant oder Hotel), mit Versicherungen sowie schließlich – der Arbeitsplatz.[127] Wer solche Güter anzubieten hat, darf die potentiellen Vertragspartner nicht nach Rasse oder Geschlecht unterschiedlich behandeln. Ausnahmen sind **geschlechtsspezifische Angebote**, also etwa die Damensauna, der Herrenfrisör und ähnliches.

In Deutschland hat man sich mit der Umsetzung der Richtlinien dort besonders schwer getan, wo auch private Verträge unter das Gleichbehandlungsgebot fallen. Das lag keinesfalls allein daran, dass befürchtet wurde, die Kontrolle der privaten Verträge würde zu übermäßiger Bürokratie führen. Die **Freiheit des Einzelnen, seinen Vertragspartner selbst auszusuchen,** wird in Deutschland von Vielen **für wertvoller gehalten, als die Gleichbehandlung im Bereich privater Rechtsverhältnisse.**[128]

254

2. Gleichbehandlung als allgemeiner Grundsatz des EU-Rechts

Eine Zeit lang sah es so aus, als wolle der EuGH einen unmittelbar aus Art. 19 AEUV (früher Art. 13 EG) abgeleiteten, **unmittelbar geltenden Gleichbehandlungsan-**

255

---

123 So die Richtlinie 1976/207/EWG des Rates zur Verwirklichung des Grundsatzes der Gleichbehandlung von Männern und Frauen hinsichtlich des Zugangs zur Beschäftigung, zur Berufsbildung und zum beruflichen Aufstieg sowie in Bezug auf die Arbeitsbedingungen; auch die Richtlinie 75/207/ EWG zur Angleichung der Rechtsvorschriften der Mitgliedstaaten über die Anwendung des Grundsatzes des gleichen Entgelts für Männer und Frauen (Lohngleichheits-RL).
124 Richtlinie 2000/78/EG des Rates vom 27.11.2000 zur Festlegung eines allgemeinen Rahmens für die Verwirklichung der Gleichbehandlung in Beschäftigung und Beruf.
125 Zu allen Richtlinien Anhang I, XI.
126 Zu weit geht wohl die Auffassung von *Riesenhuber/Franck*, JZ 2004, S. 529, 531, eine Studentin dürfe nun nicht mehr nach einer „Mitbewohne*rin*" für ihre WG suchen. Soll eine Frauen-WG gegründet werden, handelt es sich um ein geschlechtsspezifisches Angebot. Außerdem stellt der Abschluss eines derartigen Mietvertrags kein Massengeschäft dar, bei dem das Diskriminierungsverbot in vollem Umfang gilt; zum „Massengeschäft" *Schmidt-Futterer*, Mietrecht, 2011, Vorbem. zu § 535 BGB Rn. 182 ff.
127 Letzteres nur Gleichbehandlungs-RL (Rasse).
128 Nur *Säcker*, ZRP 2002, S. 286; *Ring*, ZGS 2006, S. 371, 375; *Schwab*, DNotZ 2006, S. 649.

spruch annehmen.[129] Das lag besonders an der Entscheidung Mangold, die in vielen Punkten so unklar war, dass sie Fehldeutungen auslöste.

Im der Entscheidung Mangold nachgebildeten **Beispiel 11** (Rn. 251) hat der EuGH eine Nichtigkeit der Befristung angenommen. Dabei durfte er sich aus zwei Gründen nicht ohne weiteres auf die Richtlinie stützen.

Zum einen ging es um das Verhältnis zwischen zwei Privatpersonen, und Richtlinien entfalten keine horizontale Direktwirkung. Dieses Problem überwindet der EuGH, wie bereits oben gezeigt wurde (Rn. 34), indem er die Dinge anders betrachtet. Er meint, es beruhe nicht „direkt" auf der Richtlinie, dass der Arbeitgeber betroffen sei, sondern auf der Nichtigkeit des gegen die Richtlinie verstoßenden nationalen Rechts.

Zum anderen war hier die Umsetzungsfrist für die Richtlinie noch nicht einmal abgelaufen. Viele nahmen daher an, er habe sich unmittelbar auf den allgemeinen Gleichbehandlungsgrundsatz gestützt. Zumindest im Nachhinein hat aber der EuGH mehrfach ausdrücklich festgestellt, dass der Gleichbehandlungsgrundsatz aus Art. 19 AEUV nicht unmittelbar gelte.[130] Art. 19 AEUV sei vielmehr eine Ermächtigungsgrundlage für die Rechtssetzung. Der EuGH hat erst in der Entscheidung Bartsch auch nachträglich erläutert, warum im Fall Mangold eine Vorwirkung angenommen werden musste.[131] Entsprechend dem oben Dargestellten (Rn. 251) war dort ausnahmsweise eine Vorwirkung der Richtlinie anzunehmen, weil die befristete Einstellung eines älteren Arbeitnehmers weit in den Geltungszeitraum der Richtlinie hinein ausgestrahlt hätte.[132] Eine Gleichbehandlung des älteren Arbeitnehmers – dessen Vertrag im Gegensatz zu den Verträgen jüngerer Mitarbeiter befristet war und blieb – wäre nämlich auch für die Zukunft ausgeschlossen gewesen.

3. Zusammenfassung

256 Im Recht der EU gibt es also den allgemeinen Rechtsgrundsatz der Gleichbehandlung. Man spricht auch von einem **Grundsatz der „Nichtdiskriminierung"**. Im Hinblick auf die Wirkung dieses Grundsatzes verwendet der EuGH jedoch ein ziemlich kompliziertes Modell. Er hält den Grundsatz nicht für so stabil, dass er allein daran mitgliedstaatliche Normen messen würde. Er verlangt vielmehr zusätzlich, dass der Grundsatz **in einer Richtlinie konkretisiert** sein müsse. Ist er einmal konkretisiert, dann bringt seine Kraft mitgliedstaatliches Recht allerdings sehr wohl zu Fall. Das wurde bereits oben am Fall Kücükdeveci (Rn. 29) gezeigt.

V. Schutz des Verbrauchers als Rechtsprinzip?

257 Angesichts der Fülle der verbraucherschützenden Richtlinien könnte daran gedacht werden, im Schutz des Verbrauchers einen **eigenen Rechtsgrundsatz** zu sehen. In der Rechtsprechung des EuGH wird dieser gelegentlich genannt.[133] Es gibt auch eini-

---

129 Kritisch *Basedow*, ZEuP 2008, S. 230.
130 *EuGH* Slg. 2008, S. 7245 (Bartsch); nochmals *EuGH* NJW 2011, S. 2187 (Römer).
131 *EuGH* Slg. 2008, S. 7245 Rn. 16, 18, 25 (Bartsch); auch *EuGH* NJW 2011, S. 2187 Rn. 61 ff. (Römer).
132 So deutlich *EuGH* Slg. 2008, S. 7245 (Bartsch).
133 Vgl. *EuGH* Slg. 2005, S. 1947 Rn. 21 (Easycar).

ge Fallkonstellationen, in welchen über das in den Richtlinien Geschriebene hinaus Schutz für den Verbraucher gewährt werden muss. Das gilt besonders für die Entscheidungen Schulte und Crailsheimer Volksbank, in denen der EuGH aussprach, dass der Unternehmer, der den Verbraucher nicht über sein Widerrufsrecht aufklärt, für dessen dadurch verursachte Vermögensverluste einstehen muss.[134]

Fraglich ist nur, was ein solcher Rechtsgrundsatz aussagen würde. Oben ist schon gezeigt worden, dass es ein Rechtsprinzip der „Widerruflichkeit" des Verbrauchervertrags nicht gibt. Ein Grundsatz des Verbraucherschutzes, der von solcher Wirkungskraft ist, dass jenseits von gesetzlichen Regelungen der Verbraucher vor allen Nachteilen bewahrt werden muss, besteht nicht. Richtlinienregelungen müssen daher nicht etwa auf ungeregelte Fälle ausgedehnt werden. Das bekannteste Beispiel ist die Bürgschaft an der Haustür.[135] Auch Immobilienkaufverträge sind von den Richtlinien nicht erfasst. Darüber kann kein Grundsatz hinweghelfen. Überprüft man, ob der EuGH das Prinzip des Verbraucherschutzes in ähnlicher Weise anwendet, wie es soeben für den Gleichbehandlungsgrundsatz dargestellt wurde, wird man ebenfalls nicht fündig. Der EuGH hat bisher nie nationale Normen für nichtig erklärt, weil sie gegen den in einer Richtlinie konkretisierten Grundsatz des Verbraucherschutzes verstoßen würden.

Ein allgemeines Rechtsprinzip des Verbraucherschutzes ist auch **nicht erforderlich**, um zu begründen, dass die Richtlinien zugunsten des Verbrauchers eher weit auszulegen sind. Das kann im Rahmen des bloßen effet utile aus den Zielen der Richtlinie selbst herausgelesen werden. Ebenso ist es mit der vom EuGH oft gebrauchten Formel, dass die in Richtlinien genannten Ausnahmen eng zu verstehen seien.[136]

Überzeugender ist es daher, einen Grundsatz des Verbraucherschutzes **klar abzulehnen**. Dafür lohnt es, innerhalb des geltenden Verbraucherschutzrechts – also soweit es zunächst eingreift – nach bestimmten Grundsätzen zu suchen. Diese können dann zwar nicht die Kraft eines Grundsatzes des Unionsrechts entfalten (also etwa nicht zur Nichtigkeit einer nationalen Norm führen), sie vermögen aber, die bestehenden Regelungen zu durchziehen und können insbesondere als Auslegungshilfe dienen.   258

VI. Berechtigte Erwartungen

1. Verbrauchervertrauen und Verbrauchererwartungen

Das EU-Privatrecht ist legitimiert durch seine Aufgabe, den Markt zu verbessern.   259
Dies erreicht es unter anderem, indem es das **Vertrauen der Verbraucher** erhöht.[137]
Auf der einen Seite geschieht dies, indem das Recht der unterschiedlichen Mitgliedstaaten angeglichen wird. Es wird ähnlicher, und der Verbraucher kann die eventuelle

---

134 Dazu ausführlich unten Rn. 357.
135 Rn. 314.
136 Insofern doppelt *EuGH* Slg. 2005, S. 1947 Rn. 21 (Easycar): Eine Ausnahme „von einem allgemeinen Grundsatz oder, spezifischer, von gemeinschaftsrechtlichen Verbraucherschutzvorschriften" ist danach eng auszulegen.
137 Dazu schon oben Rn. 17.

Angst vor dem ausländischen Rechtssystem ablegen. Auf der anderen Seite geschieht dies aber auch, indem das Recht inhaltlich so ausgestaltet wird, dass es für den Verbraucher günstig ist. Vor Machtmissbrauch, Übervorteilung, treuwidrigen Klauseln und Ähnlichem soll er sicher geschützt sein.

260 Teilweise ist nun vertreten worden, hier lasse sich das Prinzip ablesen, dass das EU-Recht die **berechtigten Verbrauchererwartungen** (oft wird auch von legitimen Erwartungen gesprochen) verstärkt berücksichtigt.[138] Vertrauen und Erwartungen können dann als zwei ganz zusammengehörige Gedanken begriffen werden: Gerade dadurch, dass die Erwartungen des Verbrauchers sich erfüllen, gewinnt der Verbraucher Vertrauen (und wird wirtschaftlich aktiver).[139] Die berechtigten Erwartungen des Verbrauchers werden sowohl **in den Normen als auch in den Präambeln der Richtlinien und Verordnungen immer wieder ausdrücklich benannt** und gewürdigt.[140] Auch in den allgemeinen Stellungnahmen der Organe der Union findet der Begriff der Erwartungen des Verbrauchers ausdrückliche Erwähnung.[141]

261 Ob die berechtigten Erwartungen ein Prinzip des EU-Privatrechts sind, ist streitig.[142] Es ist jedoch zu unterscheiden: Dass die berechtigten Erwartungen im EU-Privatrecht einen hohen Stellenwert haben, kann richtigerweise nicht bezweifelt werden. Jedoch erscheint die Ausrichtung von Norminhalten an den Erwartungen des Verbrauchers aus nationaler Sicht höchst problematisch. Wenn die „berechtigten Erwartungen" nun als Rechtsprinzip des EU-Privatrechts anerkannt werden, besteht die **Gefahr, dass dies zugleich als inhaltliche Zustimmung verstanden wird**. Diese zwei Dinge dürfen jedoch nicht verwechselt werden.

2. Ablesbarkeit des Prinzips der „berechtigten Erwartungen" im Verbrauchervertragsrecht

a) Berechtigte Erwartungen in den Richtlinien

262 **Beispiel 12** – nach OLG Frankfurt EuZW 2010, S. 77: Autohändler A warb im Internet mit einer „Neuwagengarantie" für Gebrauchtfahrzeuge. Unter anderem hieß es dort: „Wir scheuen uns nicht, eine Fahrzeuggarantie von drei Jahren bis 100000 km zu gewähren. Die Neuwagen-Garantie wird in Erweiterung zur gesetzlichen Gewährleistung gewährt". B

---

138 Allen voran *Micklitz*, ZEuP 1998, S. 253, 264; *ders.*, Festschrift Reich, 1997, S. 245; *ders.*, EuZW 1997, S. 229; *Rösler*, Europäisches Konsumentenvertragsrecht, 2004, S. 190 ff.; kritisch zum Ganzen: Schulte-Nölke/Schulze/*Roth*, Europäische Rechtsangleichung und nationale Privatrechte, S. 45 ff.

139 So auch *Howells/Wilhelmsson*, EC Consumer Law, 1997, S. 320: Diese Art des Vertrauens (in den Markt) soll erreicht werden, indem sich die Erwartungen des Verbrauchers stets erfüllen.

140 Vorerst nur die Produkthaftungs-RL, Präambel Erwägung 6, Art. 6 Abs. 1; deutlich auch der Vorschlag für die Rom II-VO, KOM (2003) 427, S. 13 ff., vgl. die nähere Erörterung sogleich Rn. 262 ff.

141 Vgl. Verbraucherpolitische Strategie 2007-2013, KOM (2007) 99, S. 3; Verbraucherpolitische Strategie 2002-2006, KOM (2002) 208, S. 2, 4, 12; Verbraucherpolitischer Aktionsplan 1999-2001, KOM (1998) 696, S. 8; Grünbuch zum Verbraucherschutz, KOM (2001) 531, S. 12; Aktionsplan ein kohärentes Vertragsrecht, KOM (2003) 68, Erwägung 59.

142 Ablehnend *Riesenhuber*, System und Prinzipien des Europäischen Vertragsrechts, S. 571 f.; näher zum Ganzen *Heiderhoff*, Grundstrukturen des nationalen und europäischen Verbrauchervertragsrecht, S. 331 ff.

kaufte bei A einen gebrauchten Wagen. Eine Garantieurkunde erhielt sie nicht. Im Kfz lag jedoch ein Zettel mit folgender Information: „Fahrzeug-, Lack- und Anschlussgarantie: Falls an Ihrem Fahrzeug innerhalb der Garantiezeit ein Mangel auftritt, kann dieser bei jedem *X*-Partner kostenlos behoben werden...". 25 Monate nach dem Kauf wurde eine Reparatur nötig. A führte diese durch und verlangte Bezahlung. B berief sich auf die Garantie.

Dass die Richtlinien bei den auf die Ausgestaltung der Verträge gerichteten Vor- **263** schriften die Erwartungen des Verbrauchers berücksichtigen, lässt sich ohne Schwierigkeiten erkennen.

In der Präambel der Verbrauchsgüterkauf-RL werden die Verbrauchererwartungen ausdrücklich genannt.[143] Dementsprechend findet sich dort auch ein besonders klares Beispiel für die Auswirkungen dieses Prinzips: Dem Unternehmer sowie auch dem Verbraucher werden durch die Richtlinie eine **zweijährige Mängelhaftungsfrist** aufgezwungen. Der Richtliniengeber ging nämlich davon aus, dass der Verbraucher die berechtigte Erwartung haben darf, dass er Mängel der Kaufsache zwei Jahre lang geltend machen kann. Auffällig und durchaus ernst zu nehmen ist die Tatsache, dass diese Gewährleistungsfrist (bei Neuwaren) nicht durch Einigung der Vertragsschließenden verkürzt werden kann. Es wäre durchaus möglich gewesen, die Vorgabe der zweijährigen Mängelhaftung nicht gänzlich zwingend, sondern nur klauselfest auszugestalten. Dann wäre die Frist zwar nicht durch AGB, aber durch Individualvertrag abdingbar. Diese Lösung ist jedoch bei der Richtlinienentstehung noch nicht einmal erörtert worden. Im Ergebnis tritt nun also die **Freiheit bei der Vertragsausgestaltung hinter den vom Richtliniengeber festgesetzten typisierten Verbrauchererwartungen zurück**. Das ist eine Betrachtungsweise, die sich von der deutschen sehr unterscheidet.

Deutlich wird die Ausrichtung an den berechtigten Erwartungen auch an dem **unions-** **264** **rechtlichen Mangelbegriff**. Für den Verbrauchsgüterkauf wird die Vertragswidrigkeit der Kaufsache unter anderem als Abweichung von den Erwartungen, die der Verbraucher vernünftigerweise haben kann, verstanden (Art. 2 Abs. 2 lit d Verbrauchsgüterkauf-RL).[144] Die Richtlinie beschreibt sogar noch näher, woraus berechtigte Erwartungen des Käufers entstehen können. Geschützt werden insbesondere auch solche Erwartungen, die durch in der Werbung gemachte Äußerungen des Verkäufers oder des Herstellers entstanden sind. Eine ähnliche Bindung an in der Werbung gemachte Angaben gibt es auch in der Teilzeitnutzungsrechte-RL (Art. 3) und der Pauschalreise-RL (Art. 3 Abs. 2 – als Option für die Mitgliedstaaten). Ein weiteres Detail, welches die Verschiebung der Interessenbeurteilung erkennen lässt, hat Schlechtriem aufgezeigt. Dazu hat er die grundsätzlich an der Struktur des CISG (UN-Kaufrecht) orientierte kaufrechtliche Mängelhaftung der Richtlinie mit der Regelung des CISG verglichen:[145] Die Haftung für die nach dem Vertrag vorausgesetzte Verwendung endet gemäß Art. 35 Abs. 1 lit b CISG, wo der Käufer auf die Sachkenntnis des Verkäufers nicht vertraut hat oder „vernünftigerweise" nicht vertrauen

---

143 Erwägung 8.
144 Anfangs sollte sogar ganz auf die berechtigten Erwartungen des Käufers abgestellt werden, vgl. Grünbuch, KOM (1993) 509, S. 109 f.
145 Zur Ausrichtung der Verbrauchsgüterkauf-RL am CISG auch unten Rn. 403.

durfte. Wenn der Himalaya-Experte im Sportgeschäft einen Schlafsack kauft, weiß er selbst besser über die Verwendbarkeit dieses Schlafsacks in extremen Höhen Bescheid als der Verkäufer.[146] Diese Regelung ist also gut ausgewogen. Die Verbrauchsgüterkauf-RL – und entsprechend das umgesetzte deutsche Mängelhaftungsrecht – verzichtet auf eine solche Einschränkung. Die „echte" Abwägung zwischen Käufer- und Verkäuferinteressen fehlt.

Der **Fehlerbegriff der Produkthaftungs-RL** stellt ebenfalls auf die Erwartungen des Verbrauchers ab. Fehlerhaft ist das Produkt nach Art. 6 Produkthaftungs-RL, wenn es nicht die Sicherheit bietet, die „man zu erwarten berechtigt ist".

265 Bei der **Klausel-RL** lässt sich die Verfolgung der berechtigten Erwartungen des Verbrauchers ebenfalls entdecken.[147] Zunächst ist es allgemein möglich, zu sagen, dass der Verbraucher legitimerweise erwarten darf, dass sein Vertrag keine treuwidrigen Klauseln enthält. Aber auch die im Anhang der Richtlinie enthaltenen konkreten Vorgaben für den Maßstab der Inhaltskontrolle sind klar an den Interessen des Verbrauchers ausgerichtet. Dem darf freilich keine übertriebene Bedeutung beigemessen werden. Der Grund dafür, dass alle Beispiele auf den Verbraucher bezogen sind, liegt zunächst darin, dass die gesamte europäische Klauselkontrolle – anders als die vielschichtig motivierte nationale Klauselkontrolle – ohnehin nur für die gegenüber einem Verbraucher verwendeten Klauseln gilt. Dennoch gibt es auch bei dem inhaltlichen Maßstab der Treuwidrigkeit den Beiklang der Verbraucher*erwartungen*. So heißt es in der Präambel in Bezug auf den Maßstab von Treu und Glauben, dass der Gewerbetreibende sich „gegenüber der anderen Partei, deren *berechtigten Interessen* er Rechnung tragen muss, loyal und billig" verhalten solle.

266 In der **Verbraucherrechte-RL** sind die berechtigten Erwartungen an keiner Stelle explizit genannt. Das passt damit zusammen, dass auch das Verbrauchervertrauen nicht zur Grundlage der Regelungen gemacht wird. In die Machbarkeitsstudie haben die „vernünftigen Erwartungen" (Art. 4 Abs. 2) jedoch ausdrückliche Aufnahme gefunden.

b) Berechtigte Erwartungen in der Rechtsprechung des EuGH

267 Schließlich ist das Prinzip der berechtigten (man spricht auch von „legitimen") Erwartungen auch in der Rechtsprechung des EuGH erkennbar. Dass der EuGH bei seiner Auslegung der Haustür-RL in der **Entscheidung Heininger** einseitig die Interessen des Verbrauchers bedenkt und die wirtschaftliche Situation der Banken außer Acht lässt, ist allgemein beklagt worden.[148] Der EuGH tut dies jedoch bewusst und in Übereinstimmung mit den Vorgaben der Richtlinien. Auch andere Entscheidungen verlangen eine Abwägung zugunsten der Erwartungen des Verbrauchers.[149]

---

146 Mit diesem Beispiel auch Ernst/Zimmermann/*Schlechtriem*, Zivilrechtswissenschaft und Schuldrechtsreform, 2001, S. 205, 215.
147 So auch *Micklitz*, Festschrift Reich, 1997, S. 245, 272.
148 Urteil des *EuGH* Slg. 2001, S. 9945 Rn. 47 (Heininger); kritisch zur Einseitigkeit etwa *Franzen*, JZ 2003, S. 321, 331; auch *Piekenbrock/Schulze*, WM 2002, S. 521, 522; Staudinger, NJW 2005, S. 3521.
149 EuGH Slg. 2005, 9273 (Crailsheimer Volksbank); Slg. 2008, 2685 (Quelle).

3. Abgrenzung des Grundsatzes der berechtigten Erwartungen zu anderen Rechtsgrundsätzen

Die Tendenz zur Orientierung an den (einseitigen) Erwartungen des Verbrauchers, **268** die sich in den Richtlinien beobachten lässt, muss nun noch nicht bedeuten, dass unmittelbar darin ein neuer Rechtsgrundsatz gesehen werden kann. Denn auch im nationalen Recht gibt es Rechtsgrundsätze, die ähnliche Ergebnisse bewirken. So sind Willenserklärungen nach §§ 133, 157 BGB vom Horizont des objektiven Empfängers her auszulegen. Die Auslegung mit Blick auf den objektiven Empfänger und die Auslegung mit Blick auf die legitimen Verbrauchererwartungen sollte jedoch nicht gleich gesetzt werden.[150] Denn es ist ein **ganz entscheidender Unterschied, ob auf den „objektiven Empfänger" abgestellt wird, oder auf das, was der Verbraucher erwarten darf.** Dieser Unterschied ist kein bloß formaler. Er ändert auch die Ergebnisse: Der Verbraucher darf aufgrund von weniger geäußertem Willen des Unternehmers mehr erwarten als dies der „objektive Empfängerhorizont" hergeben würde. Das zeigen die Vorschriften über die Bindung des Unternehmers an *in der Werbung* gemachte Aussagen.[151]

Es gibt im nationalen Recht außerdem den Grundsatz des Schwächerenschutzes und den Vertrauensgrundsatz. Beide unterscheiden sich jedoch ebenfalls deutlich vom Grundsatz der berechtigten Erwartungen des Verbrauchers. Dass der nationale Gedanke des Schwächerenschutzes vom europäischen Gedanken des Verbraucherschutzes ganz klar unterschieden werden muss, wurde oben schon dargelegt. Das EU-Privatrecht interessiert sich für den Verbraucher vor allem, weil es an die Konsumentensouveränität glaubt und diese als das „Lebenselixier" des Binnenmarkts betrachtet (näher oben Rn. 184). Der Grundsatz des **Vertrauensschutzes** ist mit dem Grundsatz der berechtigten Erwartungen dagegen durchaus **nah verwandt.** Man kann sagen, dass der allgemeine Grundsatz des Vertrauensschutzes zugunsten des Verbrauchers modifiziert (um nicht zu sagen: verzerrt) wird. Anstatt das Vertrauen beider Parteien ganz gleich zu bewerten, werden „die Erwartungen" des Verbrauchers nun höher bewertet als die Interessen des Unternehmers. Der Unternehmer muss den Erwartungen des Verbrauchers gerecht werden.

4. Auswirkungen des Grundsatzes der berechtigten Erwartungen im Vertragsrecht

a) An den berechtigten Erwartungen ausgerichtetes Recht

Der Grundsatz der berechtigten oder „legitimen" Erwartungen sagt aus, dass die **269** Rechte und Pflichten des Verbrauchers, etwa die Art und Weise der Erfüllung des Vertrags durch den Unternehmer, sich nach dem richten, was der Verbraucher berechtigterweise erwarten kann. Freilich kann nicht darauf abgestellt werden, was der einzelne Verbraucher gerade in einem konkreten Fall zufällig erwartet. Vielmehr werden zunächst schon die gesetzlichen Vorschriften so angelegt, dass sie das **Vertrauen des Verbrauchers** schützen.

---

150 Gleichsetzend aber *Riesenhuber*, Europäisches Vertragsrecht, Rn. 469.
151 Vgl. näher schon soeben Rn. 262.

Dabei besteht ein erster Schritt bereits darin, dass die Rechtsnormen, die für den Verbraucher wichtig sind, in der ganzen Union vereinheitlicht werden. Es ist bezeichnend, dass fast immer ein Mindestschutzniveau für den Verbraucher hergestellt wird. Wie oben gezeigt (Rn. 21) bringt dies für den Unternehmer kaum einen Vorteil. Denn er muss stets damit rechnen, mit im jeweiligen nationalen Recht enthaltenen, **über die Richtlinien hinausgehenden Verbraucherschutzbestimmungen** konfrontiert zu werden.

Inhaltlich sind die angeglichenen Rechtsvorschriften zusätzlich so ausgestaltet, dass die Pflichten des Unternehmers dem entsprechen, was der Verbraucher berechtigterweise erwarten darf. Das bedeutet allerdings nicht, dass die Erwartungen des Verbrauchers in unbegrenzter Weise zu berücksichtigen sind. Sie werden auf das „berechtigte" Maß beschränkt.[152]

Diese Begrenzung auf das berechtigte Maß führt dazu, dass eine **Typisierung und Wertung** erfolgt. Die Pflichten sind nicht an den realen Verbrauchererwartungen ausgerichtet, sondern sie sind vom Gesetzgeber so angelegt, wie sie nivellierten, vermutlichen und letztlich vernünftigen Verbrauchererwartungen entsprechen dürften. Ganz besonders deutlich wird dies in der Machbarkeitsstudie. Dort heißt es in Art. 4 Abs. 2, dass es für die Erwartungen einer Person (oder an eine Person) immer auf die „vernünftigen" Erwartungen ankomme.

b) Berechtigte Erwartungen als Grundsatz für die Auslegung des EU-Privatrechts

270 Der Grundsatz der legitimen Erwartungen kann immer dann wirklich wichtig werden, wenn es gilt, die Richtlinien auszulegen oder Analogien zu bilden.

Dabei ersetzt der Grundsatz allerdings nicht die bisher bestehenden privatrechtlichen Grundsätze, sondern führt **nur zu einer Modifikation**.[153] So bleibt der Grundsatz, dass der Rechtsverkehr gemäß Treu und Glauben stattzufinden hat, erhalten. Auch wird weiterhin nur durch eine Interessenabwägung ermittelt werden können, ob der Grundsatz von Treu und Glauben verletzt ist und welche Folgen sich für die Vertragsparteien daran knüpfen.[154] Im originären deutschen Recht wird diese Interessenabwägung aber grundsätzlich unter gleichmäßiger Berücksichtigung beider Parteien durchgeführt. Im EU-Recht wird diese gleichmäßige Interessenabwägung des § 242 BGB **durch eine „schiefe", nämlich von den Verbrauchererwartungen herkommende, Betrachtung** ersetzt. Es findet dadurch auch inhaltlich eine Gewichtsverlagerung zugunsten des Verbrauchers statt.

Vorsicht wäre für den BGH daher geboten gewesen, als er meinte, der Verbraucher, der dem unternehmerischen Vertragspartner vorspiegelt, er sei Unternehmer, müsse sich – auch aus dem Blickwinkel des EU-Rechts heraus – nach *Treu und Glauben* als

---

152 *Micklitz*, EuZW 1997, S. 229, 237; bestätigend *Howells/Wilhelmsson*, EC Consumer Law, S. 321; ähnlich auch die Einschätzung bei *Riesenhuber*, System und Prinzipien des Europäischen Vertragsrechts, S. 570.

153 Dagegen geht *Micklitz* davon aus, dass der Grundsatz von Treu und Glauben mittelfristig sogar ersetzt wird, so in ZEuP 1998, S. 253, 264; ähnlich wie hier dagegen *ders.*, Festschrift Reich, 1997, S. 245, 267 f.

154 Zum nationalen Recht MünchKommBGB/*Roth*, § 242 Rn. 46 ff.

Unternehmer behandeln lassen.[155] Im Ergebnis lag der BGH freilich richtig: Auch wenn man darauf abstellt, was ein Verbraucher berechtigterweise erwarten darf, kann ein Verbraucher, der sich bewusst als Unternehmer ausgibt, das Eingreifen von verbraucherschützenden Normen nicht erwarten.

Will man bewerten, wie sehr sich das Privatrecht durch diesen Grundsatz der „berechtigten Erwartungen" verändert hat, so muss man bedenken, dass gerade das Vertrauen der Gegenseite, also der Vertrauensgrundsatz, im deutschen Recht ebenfalls bereits ein ganz wesentliches Kriterium bei der Interessenabwägung ausmachte. Die legitimen Erwartungen des Verbrauchers zu berücksichtigen, ist daher auch insofern **nicht völlig neu**.

Zusammengefasst lässt sich also sagen: Es bleibt bei dem Grundsatz von Treu und Glauben. Es bleibt auch dabei, dass der Maßstab von Treu und Glauben ganz wesentlich auf einer Abwägung der Parteiinteressen beruht. Jedoch muss die Abwägung im Verbrauchervertrag vor dem Hintergrund des EU-Rechts **verstärkt aus dem Blickwinkel der legitimen Erwartungen des Verbrauchers** erfolgen.   **271**

Eine praktisch relevante Fallkonstellation, in welcher der Grundsatz der berechtigten Erwartungen hätte angewendet werden müssen, ist das Problem des Anspruchs auf Nacherfüllung oder Schadensersatz, nachdem der Käufer den Mangel der Sache **bereits selbst beseitigt** hat. Der BGH befand hierzu, dass der Käufer keinen Ersatzanspruch haben könne, wenn er dem Verkäufer die Chance zur Nachbesserung nicht gewährt habe.[156] Selbst einen Anspruch auf Auszahlung der Ersparnisse, die der Verkäufer durch die Selbstvornahme der Reparatur gehabt habe, lehnt der BGH ab. Jedenfalls beim Verbrauchsgüterkauf kann jedoch durch die – aus Unwissenheit heraus vorgenommene eigenhändige – Reparatur ein Anspruch gegen den Verkäufer nicht vollkommen ausgeschlossen sein. Das muss aus der Richtlinie abgeleitet werden, obwohl sie Schadensersatzansprüche gar nicht unmittelbar umfasst und obwohl sie grundsätzlich den Vorrang der Nacherfüllung kennt.[157] Plakativ lässt sich sagen: Die Richtlinie erlaubt es auch jenseits der in ihr ausdrücklich getroffenen Regelungen nicht, dass der Verbraucher in eine derartige Falle geraten kann. Das wäre dem Verbrauchervertrauen nämlich völlig abträglich.   **272**

c) Auswirkung auf die Vertragsauslegung

Noch nicht geklärt ist, inwieweit sich das Prinzip der berechtigten Erwartungen auch auf die Auslegung von Verträgen auswirkt. Richtigerweise ist eine Berücksichtigung wiederum zu bejahen.[158] Darin liegt überhaupt kein großer Unterschied zu den allgemeinen Auslegungsgrundsätzen, die wir kennen. Sie werden nur fortgedacht: Die Auslegung erfolgt im deutschen Recht ohnehin aus der Sicht des (objektiven) Empfängerhorizonts. Werden AGB ausgelegt, so wird sogar **automatisch die für den Kunden günstigste Auslegung** gewählt.   **273**

---

155   So *BGH* NJW 2005, S. 1045; zustimmend im Ergebnis MünchKommBGB/*Micklitz*, § 13 Rn. 35 f.
156   BGHZ 162, 219; dagegen *Lorenz*, NJW 2005, S. 1321.
157   Genauer (im Ergebnis teils anders als hier) *Gsell*, ZIP 2005, S. 922, 927.
158   Zu dieser Frage auch *Howells/Wilhelmsson*, EC-Consumer Law, S. 321.

Ist der Empfänger ein Verbraucher, so braucht nunmehr anstelle der Perspektive des „objektiven Empfängers" nur die Perspektive des „vernünftigen Verbrauchers" eingenommen zu werden.

274 Das **Beispiel 12** (Rn. 262) gibt einen realen Fall wieder, den das OLG Frankfurt zu entscheiden hatte. Es meinte überzeugend, dass eine Garantie auch aufgrund bloßer entsprechender Werbeversprechen angenommen werden dürfe.[159] Es zog dabei nicht nur § 443 BGB, sondern besonders auch Art. 6 Verbrauchsgüterkauf-RL heran. Es stützte seine Entscheidung wesentlich auf den Gedanken, dass der Verbraucher sonst „in seinen berechtigten Erwartungen" enttäuscht werde. Da A der B somit eine dreijährige Garantie gab, kann er keine Bezahlung für die Reparatur verlangen. Hier hat also das OLG die Erklärungen des Verkäufers vor dem Hintergrund der berechtigten Erwartungen des Verbrauchers ausgelegt.

5. Zusammenfassung und Bewertung

275 Oben wurde gezeigt, dass der Grundsatz der individuellen, freien Entscheidung der Vertragsschließenden auch im EU-Privatrecht gilt. Es wurde auch gezeigt, dass diese Freiheit im europäischen Verbrauchervertragsrecht nicht immer so verstanden wird, wie im deutschen Privatrecht. Nun konnte beobachtet werden, wodurch diese individuelle Freiheit ersetzt wird. Es handelt sich um **vorgefertigte, dem vermeintlichen Verbraucherinteresse entsprechende zwingende gesetzliche Regelungen**. Diese Regelungen sind darauf ausgerichtet, den Erwartungen des Verbrauchers zu genügen.

Diese Vorgehensweise des europäischen Gesetzgebers ist sehr bedenklich, weil der Gesetzgeber die Interessen der Verbraucher nicht wirklich richtig einschätzen kann. Die Interessen sind ja auch gar nicht bei allen Verbrauchern gleich, sondern individuell sehr verschieden. Wie falsch der Richtliniengeber mit seiner Einschätzung gerade bei der Mängelhaftung lag, kann man erkennen, wenn man einen in sich geschlossenen Marktplatz wie etwa eBay beobachtet. Dort halten sich die Handelnden oft nicht an das geschriebene Recht (obwohl sie dies durchaus müssten). Es ist dort völlig gängig, dass die Gewährleistung für die angebotenen Produkte ausgeschlossen wird. Der Verbraucher nimmt das Risiko bewusst in Kauf, weil er das Produkt so günstiger bekommt. (Dass das Risiko nur ein vermeintliches ist, weil der Gewährleistungsausschluss nach § 475 BGB wirkungslos bleibt, weiß der Verbraucher dagegen in der Regel nicht.).

VII. Vertragliche Solidarität

276 Ein weiteres Prinzip, das dem EU-Privatrecht zugeschrieben worden ist, ist das Prinzip der vertraglichen Solidarität. Es handelt sich dabei um ein Vertragskonzept, in dem das **Gleichgewicht zwischen den Parteiinteressen Leitfunktion für den Vertragsinhalt** hat.[160] Wichtigste Elemente der „vertraglichen Solidarität im weiten Sin-

---

159 *OLG Frankfurt* EuZW 2010, S. 77.
160 *Lurger*, Vertragliche Solidarität, 1998, insb S. 128 ff.; auch schon *Thibierge-Guelfucci*, Rev. trimestrielle de Droit Civil 1997, S. 357, 377 ff. Die vertragliche Solidarität als (eine) neue Tendenz im Privatrecht nennt auch *Collins*, ERPL 1995, S. 353, 364. Wilhemsson/*Reifner*, From Dissonance to Sense, S. 117, 120 ff., 170, sieht die Brüderlichkeit oder Solidarität jedenfalls als wichtiges Ziel des EU-Privatrechts an.

ne" sind die Gleichberechtigung der Parteien, das Gleichgewicht des Vertragsinhalts und die vertragliche Solidarität im engen Sinne, wie zB Fairness und Offenheit einander gegenüber. Die Lehre von der vertraglichen Solidarität hängt der bewusst idealisierenden Vorstellung an, dass der vertragliche Mechanismus gar nicht erst von einer überlegenen Partei missbraucht, sondern **bereits durch Selbstkontrolle der Parteien nur angemessen genutzt** werden würde. Auf diese Art könnten gerechte Verträge erzielt werden.

Der Begriff der Solidarität wird insbesondere in der Grundrechtecharta in den Zusammenhang mit dem Verbraucherschutz gebracht. Denn das 4. Kapitel, dem auch Art. 38 zum Verbraucherschutz unterstellt ist, trägt die Überschrift „Solidarität".[161]

Auch die vertragliche Solidarität ist kein vollkommen neuer Rechtsgrundsatz. Viele Facetten der Solidarität sind in den nationalen Rechtsordnungen enthalten. Der Grundsatz von Treu und Glauben umfasst im hohen Maße auch solidarische Elemente, wie Ehrlichkeit und Rücksichtnahme.

Anders als der Grundsatz der berechtigten Erwartungen scheint der Grundsatz der   **277** vertraglichen Solidarität dennoch **nicht typisch für das EU-Privatrecht**. Er ist vielmehr geeignet, in die Irre zu führen. Zum einen besteht bei der Verwendung des Begriffs „Solidarität" die Gefahr, dass darüber hinweg getäuscht wird, dass Solidarität zwischen Parteien eines Vertrags zunächst gerade nicht besteht. Beide haben genau gegensätzliche Interessen. Die gewiss teilweise erforderliche Solidarität kann vom Recht nur in bestimmtem, im Grunde auf Extremfälle beschränktem Maße verlangt werden. Mit dem Konzept der Solidarität wird der Rahmen von Treu und Glauben überstrapaziert und klare Regeln werden verwischt.[162]

Zum anderen ist das Unionsvertragsrecht geprägt von der Idee, dass der Unternehmer gegenüber dem Verbraucher nicht missbräuchlich handeln darf. Der Unternehmer soll in einen Rahmen gezwängt werden, während die Pflichten des Verbrauchers begrenzt bleiben. Auch diese Besonderheit wird durch den Gedanken der Solidarität nicht treffend charakterisiert. Überzeugender kann von einer **Fürsorgepflicht des Unternehmers** gesprochen worden.[163]

In Art. 2 Nr. 10 Machbarkeitsstudie (dazu Anhang III) wird Treu und Glauben allerdings so definiert, dass die vertragliche Solidarität deutlich anklingt: Danach handelt es sich um einen Verhaltensmaßstab, der Ehrlichkeit, Loyalität und Berücksichtigung der Interessen des Vertragspartners umfasse.

VIII. Umfassender Schadensersatz

1. Grundsatz der Schadensersatzpflicht?

Beginnt man damit, über einen „Grundsatz der Schadensersatzpflicht" im Recht der   **278** EU nachzudenken, wird man vielleicht als erstes bemerken, dass das EU-Privatrecht

---

161   Die „zwangsläufige" solidarische Komponente sehr wichtig nehmend *Rösler*, Europäisches Konsumentenvertragsrecht, 2004, S. 87.

162   Vgl. ähnlich kritisch auch *Fleischer*, ZEuP 2000, S. 772, 798.

163   So *Rösler*, ZEuP 2006, S. 868, 887.

auffallend wenige Normen enthält, die sich mit dem Schadensersatz befassen. Wo in den Richtlinien bestimmte Pflichten oder auch Verbote vorgesehen sind – wie die Pflicht zur Weitergabe von Informationen oder das Verbot der Zusendung unbestellter Waren – ist die Form der Durchsetzung meist vollständig den Mitgliedstaaten überlassen (näher unten Rn. •••). Aus der Verbrauchsgüterkauf-RL ist der Schadensersatz, der eigentlich Teil der Mängelhaftung ist, bewusst ausgeklammert. An diese Vorgabe der Richtlinien hält sich auch der EuGH.

279   Dennoch gibt es klare Anzeichen dafür, dass der EuGH grundsätzlich von einem **EU-rechtlichen Grundsatz zur Schadensersatzpflicht** ausgeht. Erfasst davon sind die Fälle, in welchen gegen ein Gesetz verstoßen wird, welches den Schutz des Geschädigten bezweckt. Den Anfangspunkt für diese Rechtsprechung bildete die Annahme eines Staatshaftungsanspruchs bei mangelhafter Umsetzung von Richtlinien durch den EuGH (dazu oben Rn. 86). Diese Rechtsprechung hat der EuGH erweitert. Wo Normen des EU-Rechts unmittelbar auch für Private gelten, muss auch ein Schadensersatzanspruch gegen Private entstehen, die diese Normen verletzen.[164] Das führt dazu, dass bei Kartellverstößen *nach* dem Bußgeld nunmehr die deliktischen Ansprüche der Geschädigten drohen, die ebenfalls signifikante Dimensionen haben können.[165]

280   Es gibt auch noch einen weiteren Bereich, in welchem der EuGH sich mit ungeschriebenen Schadensersatzpflichten auseinandergesetzt hat. Es handelt sich um die **Schadensersatzpflicht als Teil der effektiven Umsetzung von Richtlinien.** Hier sind die Richtlinien betroffen, bei denen die Art und Weise der Durchsetzung der in ihnen enthaltenen Ziele den Mitgliedstaaten überlassen bleibt. Es ist also etwa die Gleichbehandlung von Mann und Frau vorgegeben, jedoch offen gelassen, auf welchem Weg diese erreicht werden soll. Der EuGH hat hierzu ausgesprochen, dass die von den Mitgliedstaaten festgelegten Schadensersatzpflichten effektiv – also ausreichend hoch – sein müssen.[166] Als Äußerung zum Grundsatz der Schadensersatzpflicht können diese Entscheidungen freilich nicht gedeutet werden. Denn es bleibt den Mitgliedstaaten in aller Regel selbst überlassen, ob sie die Durchsetzung der Vorgaben – betroffen ist insbesondere die Gleichbehandlung im Arbeitsrecht – *überhaupt* durch Schadensersatzpflichten erreichen wollen, oder ob sie andere, aus ihrer Sicht effektivere Mittel (wie etwa strafbewehrte Verbote) verwenden möchten.

2.   Grundsatz des umfassenden Ersatzes bei ersatzpflichtigen Schäden

a)   Allgemeines

281   Auch zu der Frage, wie der genaue Umfang des zu ersetzenden Schadens zu bestimmen ist, lassen sich vereinzelte unionsrechtliche Grundgedanken aufspüren. Zum einen ist zu erkennen, dass das EU-Recht **nur den Ersatz des realen Schadens** kennt und bei der Bemessung des Schadensersatzes nicht die sanktionierenden Elemente der punitive-damages-Lehre übernimmt. Zum anderen hat der EuGH ausgesprochen,

---

164   ZB *EuGH* Slg. 2001, S. 6297, 2. LS (Courage); *EuGH* Slg. 2006, S. 6619, 2. und 5. LS (Manfredi); *Weyer*, ZEuP 2003, S. 318.
165   Näher zu dieser Problematik *Becker/Kammin*, EuZW 2011, S. 503.
166   Nur *EuGH* Slg. 1997, S. 2195 (Draehmpaehl).

dass der **umfassende Ersatz** des Schadens erfolgen muss und das nationale Recht nicht zur Ausklammerung bestimmter Schäden führen darf.[167]

b) Ersatz immaterieller Schäden

Ob immaterielle Schäden zu ersetzen sind, ist **im Recht der Mitgliedstaaten weiterhin unterschiedlich** geregelt. Von besonderem Interesse ist daher die Frage, ob und wann diese immateriellen Schäden nach dem EU-Privatrecht zu ersetzen sind.   **282**

Der EuGH hat in der Entscheidung Leitner ausgesprochen, dass entgangene Urlaubsfreude ein immaterieller, ersatzfähiger Schaden im Sinne der Pauschalreise-RL sei.[168] Die spannende Frage ist, ob in dieser Entscheidung ein allgemeiner Gedanke enthalten ist.[169] Das muss wohl angenommen werden. Denn wenn auch die Entscheidung samt der Argumentation ausdrücklich auf die Pauschalreise-RL und dort insbesondere auf Art. 5 Abs. 2, 4. Unterabsatz bezogen ist, so beruht doch die Gesamtbewertung der Rechtsfrage auf allgemeinen – auch rechtsvergleichend zusammengetragenen – Überlegungen zur Ersatzfähigkeit immaterieller Schäden in den Mitgliedstaaten.[170] Ein Anzeichen dafür findet sich auch in der Rechtsprechung zu Fragen des Schadensersatzes im Bereich des öffentlichen Rechts. Für das Beamtenrecht hat das EuG (1. Instanz) ausgesprochen, dass auch immaterielle Schäden, die sich aus einer rechtswidrigen Handlung eines Gemeinschaftsorgans ergeben, zu ersetzen sind.[171]

Insgesamt kann gegenwärtig nur festgehalten werden, dass der EuGH eine **Tendenz zu einem möglichst weiten Schadensbegriff** hat. Wichtig ist allerdings, dass gerade die im Bereich des Schadensersatzes bedeutsame Produkthaftungs-RL – anders als die Pauschalreise-RL – immaterielle Schäden ausdrücklich aus ihrem Regelungsbereich ausklammert. Hier greift daher allein das Recht der Mitgliedstaaten.[172]

IX. Verbot des Rechtsmissbrauchs

Ein in der Literatur bereits gelegentlich aufgearbeitetes Rechtsprinzip, welches im EU-Privatrecht erkennbar ist, ist das Verbot des Rechtsmissbrauchs.[173]   **283**

---

167 *EuGH* Slg. 2006, S. 6619, 5. LS (Manfredi) – zur Durchsetzung von Normen dürfen aber die Mitgliedstaaten, die Strafschadensersatz kennen, diesen heranziehen; *EuGH* Slg. 2001, S. 3569 Rn. 32 (Veedfald).
168 *EuGH* Slg. 2002, S. 2631 (Simone Leitner).
169 Dazu näher *Tonner*, ZEuP 2003, S. 619.
170 Wie hier *Tonner*, ZEuP 2003, S. 630; vgl. insb die Schlussanträge des Generalanwalts Tizzano in *EuGH* Slg. 2002, S. 2631 Rn. 41 ff.; dagegen meinen *Kohler/Knapp*, ZEuP 2004, S. 705, 722, der *EuGH* habe sich auffällig zurückgehalten, um einer Diskussion zum europäischen Schadensbegriff nicht vorzugreifen; zum Ersatz immaterieller Schäden in den europäischen Rechtsordnungen vergleichend insb *Wagner*, ZEuP 2000, S. 200; *ders.*, JZ 2004, S. 319.
171 *EuG* Slg. 2004 II, S. 1669, Erwägung 110 (François).
172 Nochmals *EuGH* Slg. 2001, S. 3569 Rn. 32 (Veedfald).
173 Dazu besonders *Fleischer*, JZ 2003, S. 865; umfassend *Zimmermann*, Das Rechtsmißbrauchsverbot im Recht der Europäischen Gemeinschaften, insb S. 199 – dort zur Entscheidung *EuGH* Slg. 1998, S. 2843, 2869 Rn. 20 (Kefalas) – sowie auswertend S. 222 ff.; knapp auch *Riesenhuber*, System und Prinzipien des Europäischen Vertragsrechts, S. 412 ff.

Das Verbot des Rechtsmissbrauchs lässt sich **nicht aus den Richtlinien herleiten**. Es ist vielmehr ein Grundsatz, welcher als in allen Mitgliedstaaten anerkanntes Rechtsprinzip auch in das EU-Recht hinüber gewachsen ist. Der EuGH hat bereits erkennen lassen, dass er den Grundsatz anwenden will, wenn auch **bisher noch nicht im Verbrauchervertragsrecht**.[174]

Das Prinzip des Rechtsmissbrauchsverbots ist im EU-Privatrecht wichtig, weil dort Einzelfälle, wie ein Rechtsmissbrauch sie meist darstellt, nur selten ausdrücklich geregelt sind. Ein Beispiel bietet der Lauf der 30-tägigen Frist in der Zahlungsverzugs-RL. Sie beginnt nicht vor Lieferung der Waren zu laufen. Verweigert der Gläubiger jedoch die Annahme der Waren, so wäre es rechtsmissbräuchlich, wenn er sich später auf den fehlenden Fristbeginn berufen würde.[175]

Auch in die Diskussion zur Auslegung der Verbrauchsgüterkauf-RL ist das Prinzip bereits eingebracht worden.[176] So ist es für die Auslegung des Art. 3 Abs. 1 Verbrauchsgüterkauf-RL herangezogen worden. Nach dieser Vorschrift kommt es darauf an, dass die Ware *bei Ablieferung* mangelfrei ist. Wenn der Verbraucher eine Verzögerung bei der Ablieferung verursacht und an der Ware daraufhin noch vor der Ablieferung ein Mangel auftritt, dann kann die Geltendmachung eines Mängelhaftungsanspruchs rechtsmissbräuchlich sein.[177] Im deutschen Recht bleibt der allgemeine Grundsatz des Rechtsmissbrauchs in diesem Fall allerdings ohne Auswirkungen. Denn hier trifft § 446 S. 3 BGB die konkrete Regelung, dass die Preisgefahr nicht erst mit Übergabe, sondern gegebenenfalls bereits mit Annahmeverzug übergeht.

X.   Allgemeiner Grundsatz von Treu und Glauben

284 Das soeben beschriebene Prinzip des Rechtsmissbrauchs wird im deutschen Recht als Teil des allgemeinen Grundsatzes von Treu und Glauben angesehen. Es ist vielfach überlegt worden, ob es im EU-Privatrecht auch einen **eigenständigen, allgemeinen Grundsatz von Treu und Glauben** gibt.[178] Der Klarheit halber müssen hier zwei Dinge getrennt werden. Dass es den Grundsatz von Treu und Glauben im EU-Recht gibt, kann nicht bezweifelt werden. Er kommt in mehreren Richtlinien vor[179] und wird vom EuGH häufig verwendet.[180]

---

174 *EuGH* Slg. 1998, S. 2843, 2869 Rn. 20 (Kefalas); *EuGH* Slg. 2000, S. 1705, 1734 Rn. 33 (Diamantis); auch *EuGH* Slg. 2003, S. 10155 Rn. 136 (Inspire Art).

175 *Schmidt-Kessel*, NJW 2001, S. 97, 98; *Riesenhuber*, Europäisches Vertragsrecht, Rn. 713.

176 Dazu *Schmidt-Kessel*, in: Jahrbuch junger Zivilrechtswissenschaftler 2000, S. 61.

177 Näher *Schmidt-Kessel*, in: Jahrbuch junger Zivilrechtswissenschaftler 2000, S. 61, 82. Das zweite von *Schmidt-Kessel* gebrachte, heute aber wohl nicht mehr tragfähige Beispiel ist die zeitliche Begrenzung des Widerrufsrechts bei fehlender Belehrung.

178 Dafür jetzt ausdrücklich *BGH* NJW 2005, S. 1045; aufschlussreich insbesondere Schulte-Nölke/Schulze/*Sanz*, Europäisches Vertragsrecht im Gemeinschaftsrecht, S. 127 ff.; *Riesenhuber*, Europäisches Vertragsrecht, Rn. 542 ff.

179 Insb Art. 3 Klausel-RL; vgl. aber auch Art. 3 Abs. 1 Handelsvertreter-RL; Art. 6 Datenschutz-RL (Richtlinie 95/46/EG).

180 Zum einen als allgemeiner Rechtsgrundsatz des EU-Rechts, so zuletzt *EuGH* Slg. 2004, S. 6635 (Kommission/Italien) zur Gemeinschaftstreuepflicht nach Art. 10 EG (– zum anderen auch mit Bezug auf das Privatrecht, *EuGH* Slg. 2004, S. 3403 (Freiburger Kommunalbauten); vgl. aus dem Bereich des Zivilverfahrensrechts auch *EuGH* Slg. 2004, S. 3565 (Turner) zur Treuwidrigkeit der englischen „antisuit injunction".

Die Machbarkeitsstudie enthält in Art. 2 die Verpflichtung der Parteien, sich nach den Grundsätzen von Treu und Glauben zu verhalten.

Fraglich ist allerdings, ob sich bereits ein eigener europäischer *Maßstab* von Treu und Glauben herausgebildet hat. Sicher ist, dass ein solcher **angestrebt** ist. Da das EU-Privatrecht die Rechtsangleichung erreichen will, muss es langfristig auch einen eigenständigen, autonomen Begriff von Treu und Glauben ausbilden. Gegenwärtig allerdings muss dessen Existenz noch verneint werden.

Es gibt jedoch zum einen bestimmte Tendenzen innerhalb des Begriffs von Treu und **285** Glauben, die europäisch gefärbt sind. Das ist etwa die oben ausführlich dargelegte **Tendenz zur Orientierung an den berechtigten Erwartungen des Verbrauchers**. Und es gibt zum anderen auch einzelne Bausteine des Gesamtkomplexes Treu und Glauben, die sich bereits erkennbar konkretisiert haben. Der für das Privatrecht wichtigste Baustein ist der vorstehend erörterte **Rechtsmissbrauch**. Von großem Interesse sind auch Überlegungen, ob der europäische Maßstab von Treu und Glauben die **Pflicht zur Information** des Geschäftspartners umfasst.[181] Das entspricht dem hohen Stellenwert, den die Information im EU-Privatrecht innehat. Für den Verbrauchervertrag entspricht es zugleich auch der oben angesprochenen Prägung des Maßstabs von Treu und Glauben durch den Grundsatz der legitimen Erwartungen. Denn nach unionsrechtlichen Grundvorstellungen kann der Verbraucher umfassende und verständliche Information erwarten.

Die Herausbildung eines Maßstabs von Treu und Glauben ist – wie oben im Zusam- **286** menhang der Auslegung des Art. 3 Klausel-RL bereits angedeutet (Rn. 76, auch noch unten Rn. 381) – nicht einfach, weil dieser Maßstab von den Regelungen der Rechtsordnung abhängt. Solange noch unterschiedliche Privatrechtsordnungen in Europa gelten, wird auch der Maßstab von Treu und Glauben **nicht zu vereinheitlichen** sein.[182] Auch der EuGH hat, wie gezeigt, deutlich seine Zurückhaltung signalisiert, indem er betonte, dass bei der Prüfung einer Vertragsklausel für die Beurteilung der Treuwidrigkeit auch das nationale Recht von erheblicher Bedeutung sei.[183]

XI. Verhaltenssteuerung durch EU-Privatrecht

Literaturhinweis: *Wagner*, Prävention und Verhaltenssteuerung durch Privatrecht – Anmaßung oder legitime Aufgabe? AcP 206 (2006), S. 352.

1. Paternalistische Tendenzen im Recht der EU

Wenn das Recht den Bürgern Verbote auferlegt, die allein zu deren eigenem Besten **287** dienen sollen, spricht man von **Rechtspaternalismus**. Der Gesetzgeber erhebt sich

---

181 So für das *europäische* Privatrecht *Fleischer*, Informationsasymmetrie im Vertragsrecht, S. 982 f.

182 Schulte-Nölke/Schulze/*Sanz*, Europäisches Vertragsrecht im Gemeinschaftsrecht, S. 127, 130; vgl. genauer und im konkreten Zusammenhang mit der Frage, ob Informationspflichten als Teil des Grundsatzes von Treu und Glauben angesehen werden sollten, *Fleischer*, Informationsasymmetrie im Vertragsrecht, S. 979 ff., 980, 982 ff.; erschreckend die Pläne im Grünbuch Acquis, KOM (2007) 744, 4.3.

183 *EuGH* Slg. 2004, S. 3403 Rn. 19 ff. (Freiburger Kommunalbauten); dazu auch oben Rn. 158.

zum Vormund der Bürger. Bei Rechtspaternalismus denkt man zunächst an die An-schnallpflicht oder das Rauchverbot.[184] Es gibt auch noch bedeutendere Rechtsberei-che, in denen die Autonomie des Bürgers durch selbstschützende Zwangsmaßnahmen oder Verbote eingeschränkt wird. So ist es, wenn psychisch Kranke bei Selbstgefähr-dung – unter strengen Voraussetzungen – „untergebracht" werden dürfen oder wenn nicht das Recht besteht, einem Freund ein Organ zu spenden.[185] Aber auch im EU-Privatrecht kann man paternalistische Tendenzen erkennen. So ist es, wenn der Ver-braucher einen Ausschluss der Gewährleistung nicht mehr wirksam vereinbaren kann. Oder wenn der Kleinstunternehmer seinem Auftraggeber keine mehrmonatige Zahlungsfrist mehr einräumen darf.

Wieweit Paternalismus wünschenswert ist, ist eine sehr umstrittene, grundlegende Frage, der hier nicht nachgegangen zu werden braucht. Es lässt sich jedenfalls nicht übersehen, dass beim Paternalismus **unbedingt Maß gehalten werden muss**.[186]

Von Paternalismus kann man aber nur solange sprechen, wie es gerade um den Selbstschutz des Betroffenen geht. Geht es auch um die Rechte anderer oder um ein Verhalten von ganzen Gruppen, so will Recht zwar nicht paternalistisch, aber den-noch **verhaltenssteuernd** wirken.

2. Verhaltenssteuerung durch Privatrecht

288 EU-Privatrecht will auch über den Selbstschutz hinaus verhaltenssteuernd wirken. Am deutlichsten lässt sich das an einer Formel erkennen, die oben eingehend bespro-chen wurde: Die Richtlinien verlangen den Mitgliedstaaten wieder und wieder ab, dass bei der Umsetzung Maßnahmen ergriffen werden, die **hinreichend wirksam** sind, um das Ziel der Richtlinie – etwa die Gleichbehandlung von Arbeitnehmern oder die zügige Bezahlung von Geldforderungen im Geschäftsverkehr – zu errei-chen.[187] Die Richtlinien verwenden dabei nicht nur den Begriff der „Sanktion", son-dern immer auch den Begriff **„abschreckend"**.

Ob Privatrecht überhaupt verhaltenssteuernd wirken darf und ob es im klassischen BGB Normen gibt, die gerade darauf abzielen, sind für das nationale Recht hochgra-dig umstrittene Fragen.[188] Für das Privatrecht der EU wird man diesen Streit kaum aufnehmen können. Es trägt zu eindeutig präventive Elemente in sich. Wie wollte man dagegen argumentieren, dass der bei der Umsetzung der Fernabsatzrichtlinie ent-standene § 241a BGB den Zweck hat, zu verhindern, dass einem Verbraucher Waren zugesandt werden, die er nicht bestellt hat?

Jeder sollte sich selbst fragen, ob er diese Veränderung positiv oder negativ beurteilen will. Es lässt sich die Meinung vertreten, dass es richtiger sei, klar zwischen Sankti-

---

184 Näher aktuell *Kirste*, JZ 2011, S. 805.
185 Dazu *BVerfG* NJW 1999, S. 3399.
186 Mit der Untersuchung eines „liberalen" Paternalismus *Eidenmüller*, JZ 2011, S. 814 ff.
187 Vgl. *EuGH* Slg. 1984, S. 1891 (Von Colson und Kamann) zur Europarechtswidrigkeit des § 611a BGB aF wegen fehlender wirksamer Umsetzung des Art. 6 Gleichbehandlungs-RL (Beschäftigung) 1976/207/EWG; dazu *Wagner*, AcP 206 (2006), S. 352, 387 ff.
188 Sehr ablehnend zB *Honsell*, Eckpfeiler des Zivilrechts, 2011, Kap. B, Rn. 46; viel offener, mit vielen Beispielen auch aus dem klassischen BGB *Wagner*, AcP 206 (2006), S. 352, 364 ff.

onsgedanken und dem zivilrechtlichen Ausgleichsgedanken zu trennen. Man kann aber auch die gegenteilige Auffassung vertreten. Danach sind eigentliche, hoheitliche Strafnormen vielleicht sogar „veraltet". Ein System, in dem durch die Auseinandersetzung zwischen Privaten (also zB durch Schadensersatzansprüche) Verhalten gesteuert wird, kann man dann auch als fortschrittlichere Lösung ansehen.

XII. Zusammenfassung: Vernunft statt Freiheit?[189]

Das EU-Privatrecht will mehr als nur ein Rahmen für die freie Entfaltung der Privat- **289** autonomie sein. In seinen Zielen unterscheidet es sich deutlich vom nationalen Privatrecht. Zwar ist auch das nationale Privatrecht (oder genau genommen Vertragsrecht) **keinesfalls inhaltsneutral**. Dort sind – neben dem Freiheitsgedanken – ebenfalls deutliche Wertungen verwirklicht, wie zB sozialstaatliche Ideale.[190]

Das EU-Privatrecht ist jedoch *viel stärker* an Inhalten ausgerichtet als das **nationale Privatrecht**. Es enthält sogar überhaupt nur punktuelle, auf die Lösung bestimmter Probleme ausgerichtete Normen. Der Grundgedanke ist der **Ausbau des Binnenmarkts**. Dieser Gedanke ist jedoch vielschichtig. Nicht selten dominieren die allgemein ethischen Gedanken über die rein wirtschaftlichen Gedanken. Der Schutz vor Rechtsmissbrauch und Übervorteilung, Gleichbehandlung von Mann und Frau, von Menschen aller Herkunft und Religion, also die **Verknüpfung von Grundrechtsschutz und Privatrecht**,[191] aber auch **die Erhaltung oder Verbesserung des Lebensstandards** sind die wesentlichen Anliegen dieser Normen.

Das klingt zunächst geradezu ideal. Es muss jedoch mit Nachdruck darauf hingewiesen werden, dass eine solche Ausrichtung des Privatrechts **zugleich riskant** ist. Zum einen stehen die hohen und konkreten inhaltlichen Ziele im Widerspruch zur Privatautonomie, die dem Einzelnen sehr weitgehenden Freiraum auch bei der Bewertung von Sachverhalten lässt. Zum anderen können ausgeprägte Inhalte auch dazu führen, dass Normen sich besonders schnell überholen oder einfach an der Realität des Alltags vorbeigehen. Schon jetzt scheint sich beispielsweise der Ausschluss der Gewährleistung entgegen dem Gesetz zu einem akzeptierten Massenphänomen zu entwickeln.[192]

Zumindest muss man also Folgendes sagen: Wenn ein Privatrecht in so konkreter Form Werte verkörpert, wie es das europäische Privatrecht versucht, muss sehr darauf geachtet werden, dass es **demokratisch legitimiert** ist und die in der Gesellschaft anerkannten Werte enthält.

---

189 So *Säcker*, ZRP 2002, S. 286: „Vernunft statt Freiheit – Die Tugendrepublik der neuen Jakobiner" (zum Entwurf für ein Antidiskriminierungsgesetz).
190 Vgl. nur nochmals *Larenz/Wolf*, BGB AT, § 1 Rn. 41 ff.
191 So schon *Baer*, ZRP 2002, S. 290.
192 So insbesondere bei den Internetauktionen – vgl. auch schon oben Rn. 275.

§ 6 Die einzelnen Regelungen des EU-Privatrechts und ihre Auswirkungen auf die Rechtsanwendung

A. Die Regelungen des sekundären EU-Privatrechts zum Abschluss und zur Wirksamkeit von Verträgen

I. Allgemeine Rechtsgeschäftslehre

1. Fehlen von Regelungen in den Richtlinien

290 Nach deutschem wie europäischem Recht wird ein Vertrag grundsätzlich dadurch geschlossen, dass zwei oder mehrere Vertragsparteien **übereinstimmende Willenserklärungen** abgeben. Der von den Parteien unter Nutzung ihrer Vertragsfreiheit geschlossene Vertrag entfaltet Bindungswirkung.

Die Richtlinien enthalten – ebenso wie freilich auch das nationale Recht – eine Fülle von Normen, welche dieses Grundmodell des Abschlusses von Verträgen modifizieren. So gibt es **zusätzliche Anforderungen** an den Vertragsschluss, wie zB besondere Formvorschriften oder besondere Informationspflichten (dazu generell bereits Rn. 238 ff., näher Rn. 299 ff.). Besonders wichtig und verbreitet ist das Widerrufsrecht für eine Vertragspartei. Es ermöglicht die nachträgliche Lösung von einem bereits geschlossenen Vertrag. Diese modifizierenden Regelungen zum Vertragsschluss in den Richtlinien sind **überwiegend dem Verbraucherschutz** zuzuordnen.

Gänzlich eigenständige Modelle des Vertragsschlusses finden sich in den Richtlinien bisher nicht. Von Interesse ist aber, dass der erste Vorschlag zur E-Commerce-RL in Art. 11 Nr. 1 lit a **durchaus eine grundlegende Abweichung** vom klassischen Modell (Angebot und Annahme) vorsah. Ein elektronischer Vertrag sollte danach erst dann als abgeschlossen gelten, wenn der Nutzer, nachdem er ein Angebot des Diensteanbieters angenommen hatte, von diesem die Bestätigung des Empfangs der Annahme erhalten und deren Empfang wiederum bestätigt hatte. Infolge heftiger Kritik wurde die Regelung fallen gelassen. Nach dem Gemeinsamen Standpunkt des Rates erschien eine Rechtsangleichung in Bezug auf den „Zeitpunkt" des Vertragsschlusses nicht sinnvoll.[1]

2. Elektronischer Vertragsschluss nach der E-Commerce-RL

291 Heute enthält die E-Commerce-RL zwar noch einige Regelungen, die den Bereich des Vertragsschlusses betreffen. Diesen wird jedoch ein Einfluss auf das Zustandekommen des Vertrags abgesprochen. So heißt es in Art. 11 Abs. 1 1. Spiegelstrich, dass der Diensteanbieter den Eingang der Bestellung des Nutzers **unverzüglich bestätigen** muss. Das Fehlen der Bestätigung beeinflusst jedoch den Vertragsschluss nach wohl allgemeiner Ansicht nicht.[2]

---

1 ABl. EG C 128/32, S. 49; zum Ganzen auch *Glatt*, Vertragsschluss im Internet, 2002, S. 82 ff.
2 *Spindler*, MMR 2000, Beilage 7, S. 4, 11; *Dörner*, AcP 202 (2002), S. 363, 377.

Des Weiteren gibt es eine aus deutscher Sicht etwas **rätselhafte Norm zum Zugang** **292** **von Willenserklärungen** (Art. 11 Abs. 1 2. Spiegelstrich). Diese Regelung wurde bei der Umsetzung nicht ganz wörtlich übernommen (§ 312g Abs. 1 S. 1 Nr. 1 sowie S. 2 BGB). Während es in der Richtlinie heißt, dass die Bestellung und die Empfangsbestätigung als eingegangen gelten, „wenn die Parteien, für die sie bestimmt sind, sie abrufen können", hat der deutsche Gesetzgeber ergänzend hinzugefügt „sie unter gewöhnlichen Umständen abrufen können". Nach überwiegender Ansicht ist diese Umsetzung ausreichend – und allenfalls überflüssig, weil sie nur das bestätigt, was im deutschen Recht für den Zugang unter Abwesenden ohnehin gilt.[3] Dafür werden verschiedene Gründe vorgebracht; besonders aber wird angenommen, die Richtlinie sei einfach ungenau formuliert. Vereinzelt wird jedoch vertreten, die Richtlinie habe bewusst erreichen wollen, dass der Zugang gerade auch dann anzunehmen sei, wenn theoretisch zwar Kenntnis genommen werden könne, dies aber üblicherweise nicht erfolge, wie nachts oder an Sonn- und Feiertagen.[4] Da die Frage im Verlauf der Richtlinienvorbereitung überhaupt nicht diskutiert wurde, sondern die Pläne zur Modifizierung des Vertragsschlusses, die anfänglich wie eben gezeigt durchaus bestanden, bewusst fallen gelassen wurden, wird man der hA folgen und die deutsche Umsetzung als ausreichend ansehen können.

In Art. 11 Abs. 2 E-Commerce-RL findet sich schließlich eine Regelung zur **obliga-** **293** **torischen Korrekturmöglichkeit** für elektronisch abgegebene Willenserklärungen. Umgesetzt ist diese in § 312g Abs. 1 BGB. In Hinblick auf diese Regelung, die den Unternehmer verpflichtet, eine Möglichkeit zur Korrektur der elektronischen Erklärung vorzusehen, wurde anfänglich die Rechtsfolge diskutiert, die eintritt, wenn die Korrekturmöglichkeit fehlt und der Verbraucher seine Erklärung daher nicht zurücknehmen kann. Inzwischen wird von der ganz hM vertreten, dem Betroffenen ein Recht zur Anfechtung aus § 119 Abs. 1 BGB zu gewähren und die Pflicht zum Ersatz des Vertrauensschadens nach § 122 BGB auszuschließen. Das überzeugt, weil der Anfechtungsgegner nicht auf den Bestand der Erklärung vertrauen durfte.[5]

§ 312g Abs. 3 S. 2 BGB schreibt außerdem für alle Verletzungen der in Abs. 1 ent **294** haltenen Pflichten vor, dass die Widerrufsfrist **nicht vor Erteilung der nötigen Informationen zu laufen beginnt.** Dies kann freilich nur greifen, wenn der Verbraucher aus einer anderen Norm (wie § 312d BGB) ein Widerrufsrecht hat. Die Verlängerung der Widerrufsfrist als Sanktion für die fehlende Erfüllung von Informationspflichten ist nach den obigen Gedanken zum Ineinandergreifen von Widerrufsrecht und Vertragsfreiheit ganz plausibel (Rn. 415). Denn es ist richtig, dem noch nicht vollständig informierten Verbraucher weiterhin das Recht zu belassen, sich vom Vertrag zu lösen. In § 312g Abs. 3 BGB kann aber dieser Zusammenhang nur eingeschränkt hergestellt werden: Wenn der Verbraucher keinen Hinweis darauf erhält, wie er sein Angebot kurzfristig korrigieren kann, ist das für ihn in den meisten Fällen

---

3 Nachdrücklich *Bülow/Artz*, Verbraucherprivatrecht, Rn. 207; Palandt/*Grüneberg*, BGB, § 312g Rn. 7;
   Glatt, Vertragsschluss im Internet, 2002, S. 85 ff., sieht eine Bedeutung nur in Hinblick auf die Frist für
   die Bestätigungserklärung.
4 Bamberger/Roth/*Masuch*, BGB, § 312e Rn. 26.
5 Näher und mwN MünchKommBGB/*Wendehorst*, § 312e Rn. 112, 113, die ein Übermaßverbot vorschlägt; Bamberger/Roth/*Masuch*, BGB, § 312e Rn. 35.

völlig unwichtig, weil er es gar nicht korrigieren will. Dennoch hat er nun ein sechsmonatiges Widerrufsrecht (§ 355 Abs. 4 S. 1 BGB). Hier ist also die Verlängerung der Widerrufsfrist eine **wirkliche Sanktion**, die nur als Druckmittel gegenüber dem Unternehmer verstanden werden kann.

Daneben gelten die allgemeinen Regeln, so dass eine culpa in contrahendo, eine Kollektivklage nach UKlaG oder eine wettbewerbsrechtliche Verfolgung in Betracht kommen können.

II. Inhaltliche Wirksamkeitsvoraussetzungen/Unwirksamkeit und Wirksamkeit von Verträgen

1. Allgemeines

295 Bestimmungen, welche die Nichtigkeit von Verträgen anordnen, werden der Zielrichtung des EU-Rechts im Allgemeinen nicht entsprechen. Denn es soll eine **Erhöhung der Zahl der Vertragsschlüsse** und insbesondere der grenzüberschreitenden Vertragsschlüsse erreicht werden. Daher soll eher versucht werden, alle Verträge in ein **enges Gefüge an Voraussetzungen** zu zwingen, welches sie dann jeweils für den Verbraucher attraktiv werden lässt. Deutlich lässt sich dies an der Präambel der Teilzeitnutzungsrechte-RL ablesen. Hier hat der Unionsgesetzgeber versucht, einen Vertragstyp, der geradezu symbolisch für den Machtmissbrauch stehen könnte, so zu kanalisieren, dass er doch noch für den Binnenmarkt nutzbar bleibt.

Nichtsdestotrotz ist es für die Zukunft vorstellbar, dass die Union sich auch Unwirksamkeitsgründen wie gerade der Sittenwidrigkeit zuwenden wird. Es wird davon ausgegangen, dass ein unterschiedlich strenger Sittenwidrigkeitsmaßstab dazu führen kann, dass die *Grundfreiheiten* beeinträchtigt werden (dazu oben Rn. 57). Zudem würde es auch in die Vorstellung des in Art. 3 EUV beschriebenen Marktes mit seinen Idealen von Gleichbehandlung und hohem sozialen Schutz – hier wird der Anschaulichkeit halber von „schönem Markt" gesprochen – passen, dass ein darauf abgestimmter eigener Sittenwidrigkeitsmaßstab angenommen würde.

Bisher fehlen jedoch unionsrechtliche Vorschriften zur Sittenwidrigkeit ganz. Dies ist auch kein Zufall. Der Maßstab der Sittenwidrigkeit wird als ein **Herzstück im Privatrecht verkörperter nationaler Identität** angesehen. Die Lando-Grundregeln nehmen in Art. 4:101 die Ungültigkeit des Vertrags aufgrund von Rechtswidrigkeit, Sittenwidrigkeit oder fehlender Rechts- und Geschäftsfähigkeit sogar gezielt aus ihrem Regelungsbereich aus. Auch das CESL spart die Frage explizit aus (Präambel 14).

2. Gleichbehandlung als Wirksamkeitsvoraussetzung?

296 Der Gleichbehandlungsgrundsatz prägt, wie oben gezeigt (Rn. 252), das EU-Privatrecht deutlich. Nach den Gleichbehandlungs-RLn dürfen auch bei privaten Verträgen, welche Güter der Grundversorgung betreffen, potentielle Vertragspartner nicht aufgrund ihrer Rasse oder ihres Geschlechts diskriminiert werden.[6] Zu den erfassten

---

6 Zur Umsetzung der Gleichbehandlungs-RLn schon oben Rn. 77.

Verträgen gehören ausdrücklich die den Wohnraum und die Bildung betreffenden Verträge, wohl aber auch alle Verträge, welche sich auf Waren und Dienstleistungen des täglichen Bedarfs beziehen (auch schon oben Rn. 254). Ein privater Vertrag, bei dem der Vertragspartner entgegen dem Gebot der Gleichbehandlung ausgewählt wird, ist also **rechtswidrig**. Die diskriminierende Auswahl des Vertragspartners führt aber **nicht zur Nichtigkeit des Vertrags**.[7] Denn Art. 9 Gleichbehandlungs-RL (Rasse) und Art. 8 Gleichbehandlungs-RL (Geschlecht) schreiben jeweils nur vor, dass der Diskriminierte gerichtlichen Rechtsschutz und wirksamen Ausgleich erlangen kann. Gemäß Art. 15 Gleichbehandlungs-RL (Rasse) sowie Art. 14 Gleichbehandlungs-RL (Geschlecht) obliegt es den Mitgliedstaaten, wirksame Sanktionen zu verhängen (auch schon oben Rn. 288). Diese Art der Richtlinienvorgabe ist aus den arbeitsrechtlichen Gleichbehandlungs-RLn bekannt. Nach gefestigter Ansicht bleibt es den Mitgliedstaaten überlassen, ob sie die Nichtigkeit des Vertrags oder andere Sanktionen vorsehen. Wichtig ist, dass die Sanktionen **effektiv** sind und dazu führen, dass die in den Richtlinien vorgesehenen Verbote durchgesetzt werden.[8] In Deutschland sieht § 21 AGG für das allgemeine zivilrechtliche Benachteiligungsverbot vor, dass der Benachteiligte die Beseitigung der Benachteiligung, Schadensersatz und – für den immateriellen Schaden – eine angemessene Entschädigung in Geld verlangen kann. Das entspricht den Vorgaben der Richtlinie.[9] Wenn darüber gestritten wird, ob aus § 21 Abs. 1 AGG auch ein **Kontrahierungszwang** abgeleitet werden kann, gibt die Richtlinie dazu nichts her. Denn ihren Vorgaben ist durch die Einführung von Schadensersatzansprüchen ohnehin bereits genüge getan.[10]

Obwohl die Richtlinie im Grunde ein gesetzliches Verbot der Diskriminierung enthält, sind Verträge, durch welche eine Diskriminierung erfolgt, nach gegenwärtigem Verständnis also wirksam.

3. Wirksamkeitsgebote

Umgekehrt enthält das Richtlinienrecht einzelne Vorschriften, welche die **Wirksamkeit** von bestimmten Verträgen **anordnen**. So sieht Art. 9 E-Commerce-RL vor, dass Verträge auch auf elektronischem Wege abgeschlossen werden können. Die Mitgliedstaaten müssen also, selbst wenn ihre Rechtsordnung das traditionell nicht vorsieht, für den Vertragsschluss den elektronischen Weg ermöglichen. Nur wenige Vertragsgegenstände sind davon ausgenommen, insbesondere Immobiliengeschäfte, Bürgschaften sowie familien- und erbrechtliche Regelungen.

Auch die Grundfreiheiten können eine solche Wirkung entfalten. So hat der EuGH in der DocMorris-Entscheidung die Unwirksamkeit des Verbots des Verkaufs von Arz-

297

---

7 Allgemein zu offenen Rechtsfolgen in Richtlinien *Riesenhuber*, Europäisches Vertragsrecht, Rn. 217 ff.
8 *EuGH* Slg. 1984, S. 1891 (von Colson und Kamann); *EuGH* Slg. 1997, S. 2195 (Draempaehl).
9 Richtlinienwidrig ist allerdings wohl § 19 Abs. 5 S. 3 AGG, der Vermieter, die unter 50 Wohnungen vermieten, von der Anwendung des Gesetzes ausnimmt.
10 Zum Kontrahierungszwang *Wendt/Schäfer*, JuS 2009, S. 206; *Kossak*, Rechtsfolgen eines Verstoßes gegen das Benachteiligungsverbot im allgemeinen Zivilverkehr, 2009, S. 141 ff.; generell zur Rechtsprechung des *EuGH* zur Sanktionierung von Diskriminierungen *ebenda*, S. 20 ff.

neien über das Internet direkt auf Art. 28 EG (jetzt Art. 34 AEUV) gestützt.[11] Entsprechende Kaufverträge sind folglich wirksam.

4. Zusammenfassung

298 Das EU-Privatrecht sieht **kaum echte Wirksamkeitsvoraussetzungen** für Verträge vor. Dies hat verschiedene Gründe. Zum einen passt oftmals die Nichtigkeit von Verträgen nicht zum Ziel der Marktverbesserung. Zum anderen aber halten sich die Richtlinien mit der Vorgabe der Nichtigkeit auch deshalb zurück, weil die Mitgliedstaaten dadurch sehr eingeengt würden. Sie sollen die Möglichkeit behalten, die ihrem Rechtssystem entsprechende Sanktion für das von der Richtlinie abweichende Verhalten zu wählen. Für die Mitgliedstaaten kommt deshalb die **Umsetzung durch Anordnung der Nichtigkeit** zwar durchaus in Betracht.[12] Denkbar ist aber jeweils **auch die Einführung von privat- oder öffentlich-rechtlichen Sanktionen.**

III. Einfluss besonderer Informationspflichten auf den Abschluss von Verträgen?

1. Bedeutung der Information für den Vertrag

299 Dass die Information des Verbrauchers ein wichtiger Grundsatz des EU-Privatrechts ist, wurde oben dargelegt. Angesprochen wurde auch, dass in den Richtlinien gelegentlich eine **Überfülle von Informationspflichten** enthalten ist. Von dem Instrument der Information wird nur ungeschickt Gebrauch gemacht (schon oben Rn. 239).

Zu dieser grundlegenden Problematik kommt nun noch hinzu, dass in den Richtlinien nicht bestimmt ist, welche Rechtsfolgen ein Fehlen der vorgeschriebenen Informationen hat. Bei den Informationspflichten ist es vielmehr wie bei der soeben beschriebenen Gleichbehandlung: Die Richtlinien geben den Mitgliedstaaten nur allgemein vor, dass die **Durchsetzung jedenfalls irgendwie gewährleistet** sein muss (näher dazu im Allgemeinen unten Rn. 412). Deutschland hat den Umsetzungsspielraum bisher nicht dazu genutzt, aus einem Fehlen von Informationen die Nichtigkeit des Vertrags abzuleiten (vgl. aber die Ausnahme in § 494 Abs. 1 BGB für noch nicht ausgezahlte Verbraucherkredite). Bei der Wirksamkeit des Vertrags bleibt es auch dann, wenn die für Informationspflichten vorgegebene Form (zB die Textform nach § 312c BGB iVm Art. 246 § 2 EGBGB) fehlt. Das überzeugt, denn eine **Nichtigkeit des Vertrags würde dem Verbraucher meist mehr schaden als helfen.**[13] Anders mag es allerdings bei der Umsetzung der neuen Regelung in Art. 8 Abs. 2 Verbraucherrechte-RL sein. Dort wird künftig vorgesehen sein, dass der Unternehmer den Verbraucher bei elektronisch abgeschlossenen Verträgen mit Hilfe einer Schaltfläche ausdrücklich darauf hinweisen muss, dass er eine Zahlungsverpflichtung eingeht. Es liegt nahe, für den Fall der Nichterfüllung dieser besonderen Informationspflicht ein Fehlen der Zahlungspflicht anzunehmen.

---

11 *EuGH* Slg. 2003, S. 14887 (Deutscher Apothekerverband/DocMorris) auch oben Rn. 57.
12 Etwa die Regelung in § 507 Abs. 2 BGB; dazu BGHZ 167, 239.
13 Zu eventuellen Schadensersatzansprüchen bei Informationspflichtverletzungen unten Rn. 359 und 416.

Umgekehrt kommt es teilweise vor, dass Informationen, die im Vorfeld des Vertragsschlusses gegeben werden, nach der Richtlinie zum Vertragsinhalt werden sollen. So ist es etwa nach Art. 3 Abs. 2 S. 2 Pauschalreise-RL. Das könnte man als eine deutliche Modifikation des normalen Vertragsschlussmechanismus ansehen. Bei der Umsetzung führt aber die deutsche Dogmatik dazu, dass solche Vorschriften als **Haftungstatbestände** verstanden werden (für Beispiele siehe Rn. 414).

Eine gewisse Auswirkung auf den Vertragsschluss hat außerdem die Verlängerung der Widerrufsfrist, die wie bereits gezeigt beispielsweise in § 312d Abs. 2 BGB und § 312g Abs. 3 S. 2 BGB für den Fall unvollständiger Informationen vorgesehen ist (dazu schon Rn. 294).

Somit beeinflussen die Informationspflichten den Vertragsschluss selten unmittelbar. Dennoch gehören sie systematisch in den Bereich des Vertragsabschlusses und seien daher im Folgenden näher betrachtet.

2. Informationspflichten für Fernabsatzverträge in der Verbraucherrechte-RL

Wie schon die alte Fernabsatz-RL wird auch die Verbraucherrechte-RL regelungs- **300** technisch so vorgehen, dass zwischen der **vorherigen Unterrichtung** des Verbrauchers und der **nachträglichen schriftlichen Bestätigung der Informationen** unterschieden wird. Inhaltlich ist es jedoch im Grunde so, dass alle Informationen vor Vertragsschluss gegeben werden müssen (Art. 6 Verbraucherrechte-RL), und nach Vertragsschluss nur eine dauerhaft lesbare Fassung der wesentlichen Informationen zur Verfügung gestellt werden muss (detailreich geregelt in Art. 7, 8 Verbraucherrechte-RL, dazu noch sogleich Rn. 304). Es wird zudem versucht, die Informationen möglichst gut zu strukturieren. Dabei wird die Verbraucherrechte-RL gerade im Bereich der Informationspflichten einen **Vollharmonisierungsansatz** verfolgen, um die Unternehmer davor zu bewahren, beim grenzüberschreitenden Handel stets neue, nationale Informationspflichten vorzufinden (zu den möglichen nachteiligen Auswirkungen des Mindeststandardgrundsatzes bereits oben Rn. 21 f.).

Bei den Informationspflichten wird an erster Stelle die **angemessene Beschreibung des Vertragsgegenstands** stehen, es folgen die Identität und Kontaktdaten des Unternehmers sowie die Angaben zum Preis samt Kosten und Lieferbedingungen. Hinzu kommt die **Belehrung über das Widerrufsrecht**. Neu ist hier, dass auch über das *Nicht*bestehen eines Widerrufsrechts belehrt werden muss (Art. 6 Abs. 1 lit k Verbraucherrechte-RL).

3. Informationspflichten im elektronischen Geschäftsverkehr

Die E-Commerce-RL befasst sich nicht nur mit dem Vertragsschluss im E-Com- **301** merce, sondern auch mit der Haftung sowie der Befreiung von nationalen Sonderregelungen. Entsprechend enthält sie zunächst **allgemeine Informationspflichten**, welche nicht unmittelbar den Vertragsschluss betreffen (Art. 5 E-Commerce-RL). So soll sichergestellt werden, dass die Grundinformationen wie die Identität und Anschrift der Anbieter und der Preis der angebotenen Waren oder Dienste stets leicht zugänglich sind. Art. 6 E-Commerce-RL enthält zusätzliche Informationspflichten für die kommerzielle Kommunikation, welche sich insbesondere als kommerziell zu erkennen geben muss.

Die **eigentlichen vertraglichen Informationspflichten** sind im dritten Abschnitt (Art. 10 E-Commerce-RL) geregelt. Diese Informationspflichten haben eine andere Zielrichtung als die (im Verbrauchervertrag daneben geltenden) Informationspflichten der Fernabsatz- bzw Verbraucherrechte-RL. Es geht hier hauptsächlich um die **technische Durchführung des Geschäftsschlusses** im Internet. Die zum Vertragsschluss führenden technischen Schritte müssen dargelegt werden und der Nutzer muss über Mittel zur Erkennung und zur Korrektur von Eingabefehlern informiert werden.

Die Richtlinie überlässt die Sanktionen auch hier den Mitgliedstaaten. In Deutschland ist an ein Fehlen dieser Informationen nach § 312g Abs. 3 S. 2 BGB eine **Verlängerung der Widerrufsfrist** geknüpft (zu der darin zu sehenden Besonderheit oben Rn. 294).

4. Informationspflichten bei sonstigen Verträgen

302 Art. 5 Verbraucherrechte-RL enthält Informationspflichten, die für andere Verbraucherverträge als Fernabsatz- und Haustürgeschäfte gelten sollen. Aus dem Zusammenhang ergibt sich, dass wohl **auch hier nur Warenlieferungs- und Dienstleistungsverträge** (im weiten Sinne) gemeint sind. Es geht also um ganz normale Verträge, wie Verbraucher sie täglich in Geschäften abschließen. Führt man sich das vor Augen, sind die Regelungen aus deutscher Sicht zum Teil wirklich unverständlich.

Denn zum einen enthalten sie Elemente, welche – versteht man sie eng – die Grundfesten der Eigenverantwortlichkeit aller Bürger erschüttern. Muss wirklich der Verkäufer zukünftig dem Käufer die Eigenschaften der Waren in einem „angemessenen Umfang" beschreiben (Art. 5 lit a Verbraucherrechte-RL)? Und muss er ihm jedes einzelne Mal erklären, welche Haftungsvorschriften greifen (Art. 5 lit e Verbraucherrechte-RL spricht von „gesetzlichen Konformitätsgarantien", was wohl das Verbrauchsgüterkaufrecht meinen muss)?

Versteht man die Norm dagegen weit und legt sie „angemessen" so aus, dass Aufklärung nur nötig ist, wenn Schweigen treuwidrig wäre, dann ist die Norm andererseits – jedenfalls aus deutscher Sicht – bedeutungslos.

Art. 5 Verbraucherrechte-RL wird auch die oben eindringlich geschilderten Gefahren der **Überinformation des Verbrauchers** verstärken. Allein die Zahl der Informationspflichten und somit die Menge der zu erbringenden Informationen wird im Übrigen dazu führen, dass sich die Wirkung der Information als ein Schutzinstrument abschleift. Müde wird der Verbraucher Zettel um Zettel mit Informationen entgegennehmen und überhaupt nicht mehr merken, wenn eines Tages eine wirklich relevante Information darunter ist.[14]

---

14 Sehr kritisch zu den Regelungen des CESL auch *Eidenmüller/Jansen/Kieninger/Wagner/Zimmermann*, JZ 2012, S. 269. Dazu, wann ein Verbraucher aufgeklärt werden muss, *Pfeiffer*, NJW 2011, S. 1.

Erwartungsgemäß enthalten auch die anderen Richtlinien meist zahlreiche Informationspflichten. Sie sind bisher jeweils uneinheitlich geregelt und **fast immer (zu) umfangreich** (dazu oben Rn. 239). Wie schon kurz angedeutet, wird dabei nicht selten zwischen der vorvertraglichen Informationserteilung und der nachträglichen Übergabe der Informationen in dauerhafter Form unterschieden (so zB Art. 4, 5 Teilzeitnutzungsrechte-RL). Dahinter steckt eigentlich stets der **Gedanke der unproblematischen Kommunikation**. Wird der Vertrag telefonisch oder sonst im Fernabsatz geschlossen, muss es reichen, dass die Informationen klar und deutlich erfolgen. Der Datenträger zur dauerhaften Übergabe der Informationen darf nachgereicht werden. **303**

Die Umsetzung machte vor allem formale Probleme, da die langen Kataloge und Detailregelungen nicht in das BGB aufgenommen werden sollten. Seit 2002 waren die Informationspflichten zunächst in der BGB-InfoV umgesetzt worden, wofür mit Art. 245 EGBGB eine Ermächtigungsgrundlage geschaffen worden war. Im Rahmen der Umsetzung der neuen Verbraucherkredit-RL sind die Vorschriften jedoch **in das EGBGB überführt** worden. So finden sich die Informationspflichten aus der Verbraucherkredit-RL in Art. 247 EGBGB. Derzeit sind in der BGB-InfoV nur noch die Informationspflichten bei Pauschalreisen geregelt.

Durch diese Aufnahme in das EGBGB haben die Kataloge der Informationspflichten – aber auch die Mustertexte – **Gesetzesrang** erhalten. Das war wichtig, weil zuvor unklar blieb, ob ein Unternehmer, der sich – zum Beispiel bei einer Widerrufsbelehrung – genau an die BGB-InfoV hielt, dennoch seine vertraglichen Informationspflichten verletzen konnte.[15]

IV. Formvorschriften

Mit den Informationsprinzipien geht auch noch eine weitere, deutlich erkennbare Tendenz einher: Verträge sind in höherem Maße als bisher an die Einhaltung von Formvorschriften gekoppelt.[16] Anders als die nationalen Formvorschriften, die verschiedene Funktionen verfolgen (zB Warn- oder Beweisfunktionen), sind die Formvorschriften des EU-Rechts **fast immer auf die effektive Vermittlung von Informationen gerichtet**[17] . **304**

In einigen Punkten neuartig sind die Formvorschriften in der Verbraucherrechte-RL. So verlangt deren Art. 7, der für Haustürgeschäfte gelten wird, dass dem Verbraucher ein Exemplar des Vertrags auf Papier oder bei dessen Zustimmung auf einem sonstigen dauerhaften Datenträger ausgehändigt wird (Abs. 2). Art. 8 Verbraucherrechte-RL, der künftig für Fernabsatzgeschäfte gilt, verzichtet dagegen ganz auf die Papierform. Vorvertragliche Informationen müssen überhaupt nur in einer „geeigneten", sowie klaren und verständlichen Form (dazu Art. 6 Verbraucherrechte-RL) übermittelt werden. Das kann also, etwa am Telefon, auch mündlich sein. Nach Vertragsschluss

---

15 Nur *OLG Frankfurt* NJW-RR 2010, S. 637.
16 Das arbeitet insbesondere *Schwintowski* heraus, EWS 2001, S. 201, 202.
17 Ausführlich Schulte-Nölke/Schulze/*Mankowski*, Europäisches Vertragsrecht im Gemeinschaftsrecht, 2002, S. 181.

müssen die Informationen dann allerdings auf einem dauerhaften Datenträger zur Verfügung gestellt werden.[18]

Es gibt aber noch eine andere Gruppe von unionsrechtlichen Formvorschriften. Dazu gehört die Signatur-RL, welche sich unmittelbar mit der Form rechtsgeschäftlicher Erklärungen befasst. Hier geht es allerdings, ebenso wie auch bei den Formvorschriften in der E-Commerce-RL, um einen anderen Zweck. Es werden mit diesen Richtlinien keine neuen Formvorschriften eingeführt, sondern **nur bestehende Vorschriften für den Bereich des elektronischen Handels vereinheitlicht und vereinfacht.** So soll der elektronische Handel gefördert werden.

V. Widerrufsrechte

305 **Literaturhinweis:** *Armbrüster*, Rückabwicklung von Fondsbeteiligungen – deutsches Gesellschaftsrecht modifiziert europäisches Verbraucherschutzrecht, EuZW 2010, S. 614.

> **Beispiel 13** – nach EuGH Slg. 2010, S. 2947 (Friz): Anleger A erhielt im Jahr 1991 ungebetenen Hausbesuch von X, der den Immobilienfonds I vertritt. Es gelang dem X, A zum Beitritt zu diesem Immobilienfonds, der in der Rechtsform einer GbR geführt wird, zu überreden. A zahlt 100.000 Euro in den Fonds ein.
>
> Später merkt A, dass der Fonds sich sehr ungünstig entwickelt. Er kündigt seine Mitgliedschaft in der GbR fristlos und widerruft seine Beitrittserklärung.
>
> I fordert von A daraufhin die Zahlung von 20.000 Euro. Es handele sich um ein so genanntes negatives Auseinandersetzungsguthaben, welches der ausscheidende Gesellschafter nach §§ 739, 735 BGB auszugleichen habe.

1. Einzelregelungen in den Richtlinien

306 Schon oben wurden die Systematik des Widerrufsrechts und seine Funktion als Instrument zur Stärkung der **echten Entscheidungsfreiheit des Verbrauchers** geschildert (Rn. 226).

Auch das Widerrufsrecht ist bisher nicht einheitlich geregelt, sondern in jeder einzelnen Richtlinie gesondert und sowohl in den Voraussetzungen als auch in den Rechtsfolgen voneinander abweichend normiert. In den jüngsten Richtlinien werden aber doch die seit längerem bestehenden Pläne zu einer Vereinheitlichung des Widerrufsrechts berücksichtigt.

2. Ausgestaltung in der deutschen Umsetzung

307 Die einzelnen Widerrufstatbestände sind in Deutschland im Zusammenhang mit den betroffenen Vertragstypen geregelt (zB § 312d BGB – Fernabsatz, § 495 BGB – Verbraucherkredit). Die **Rechtsfolgen des Widerrufs sind dagegen jetzt weitgehend**

---

18 Dazu jetzt EuGH Rs C-49/11 v. 5.7.2012 (Content Services):Hyperlink zu Internetseite reicht nicht aus.

einheitlich in den §§ 355 ff. BGB umgesetzt. Nach diesen Vorschriften ist der Vertrag von Anfang an wirksam,[19] kann jedoch 14 Tage lang durch einseitige Erklärung des Verbrauchers widerrufen werden. Im Fall des Widerrufs wird der Vertrag nach den nur leicht modifizierten Vorschriften über die Durchführung des Rücktritts rückabgewickelt (vgl. §§ 355 Abs. 2, 357 Abs. 1, 346 ff. BGB).

3. Übersicht über die Problembereiche

a) Tendenziell überschießende Umsetzung

Das deutsche Recht geht auch im Bereich der Widerrufsrechte in vielen Punkten über die Vorgaben der Richtlinien hinaus. Das gilt insbesondere für die einzelnen **Widerrufstatbestände**, die oft weiter gefasst sind als in den Richtlinien. Es gilt auch für die **Widerrufsfrist**, die in Deutschland anders als in den älteren Richtlinien **stets 14 Tage** beträgt. Dennoch ist damit allein nicht der Pflicht zur effektiven Umsetzung genügt. Vielmehr bestehen weiterhin einige Problembereiche, in denen die ausreichende Umsetzung bezweifelt werden kann.

Diese Problembereiche sollen hier zunächst in einer knappen Übersicht aufgezeigt werden, bevor einige davon unten inhaltlich zu erörtern sind (Rn. 312 ff.).

b) Von den Widerrufstatbeständen erfasste Rechtsgeschäfte

Schon die Frage, in welchen Fällen ein Widerrufsrecht besteht, wenn das unmittelbare Eingreifen eines Verbraucherschutzgesetzes fehlt, bringt viele Schwierigkeiten mit sich. Da es hier um die grundsätzliche **Analogiefähigkeit von Verbraucherschutzrechten** geht, ist es eine der bedeutendsten Fragen im Bereich des europäischen wie auch deutschen Verbrauchervertragsrechts.[20] Wegen der Lückenhaftigkeit des Verbrauchervertragsrechts stellt sich die Frage nach der Analogie zudem häufig. So steht es bei an der Haustür geschlossenen Bürgschaften oder Realkrediten,[21] bei Schuldbeitritten oder Bürgschaften für Verbraucherkredite, beim Beitritt zu Immobilienfonds, bei der Lücke zwischen §§ 312, 312a BGB und §§ 312b bis 312e BGB[22] und in den so genannten Privatwohnungsfällen (Rn. 316).

c) Widerrufsfristen

Bei den Widerrufsfristen haben vielfache, sich über Jahre erstreckende Anpassungen des Gesetzes an die Rechtsprechung des EuGH wohl dazu geführt, dass die Vorgaben der Richtlinien bezüglich Frist und Durchführung der Rückabwicklung nun **endlich**

308

309

310

---

19 Kritisch dazu etwa *Hau*, Vertragsanpassung und Anpassungsvertrag, 2003, S. 216, 224 f.
20 Eine weitere spannende Frage besteht darin, ob die Widerrufsrechte auf Unternehmensgeschäfte oder Privatgeschäfte ausgedehnt werden könnten. Damit sind jedoch die Grenzen des vom EU-Privatrecht Geregelten überschritten. Vgl. dazu nur Schulte-Nölke/Schulze/*Pfeiffer*, Europäische Rechtsangleichung und nationale Privatrechte, S. 21, 29 ff. Für die Informationspflichten generell *Fleischer*, ZEuP 2000, S. 772, 796.
21 Zu letzterem bejahend *EuGH* Slg. 2001, S. 9945 (Heininger); dazu umfassend *Habersack*, WM 2000, S. 981.
22 Zu Geschäften, die zum Teil an der Haustür, zum Teil auf dem Wege des Fernabsatzes getätigt werden *Micklitz*, EuZW 2001, S. 133; BGHZ 132, 1.

gewahrt sind. Das entstandene komplexe System ist allerdings nur noch mit Geduld zu durchschauen (dazu unten Rn. 331 ff.).

d) Das Widerrufsrecht in den Schrottimmobilienfällen

311   Gleich mehrere Probleme aus dem Bereich des Widerrufsrechts stellen sich bei den so genannten Schrottimmobilienfällen.[23] Es geht um die massenhaft aufgetretenen und berühmt gewordenen Fälle, in denen Anlageberater mit zweifelhaften Versprechungen Verbraucher an der Haustür zum Kauf einer steuerlich begünstigten Immobilie überredet hatten. Zwar fallen Immobilienkaufverträge nicht unter die Haustür-RL, aber den Verbrauchern war oft **gleichzeitig ein Realkreditvertrag** vermittelt worden, der mit einer Bank abgeschlossen wurde. In anderen Fällen traten die Verbraucher „an der Haustür" Immobilienfonds bei.

In diesen Fällen stellt sich zunächst die Frage, ob überhaupt ein Widerrufstatbestand anwendbar ist. Selbst für die Fälle, in welchen man dies bejaht, bleiben aber noch eine ganze Anzahl von weiteren Fragen, zu denen auch der EuGH inzwischen erneut entschieden hat. Sie sollen im jeweiligen Kontext besprochen, hier jedoch angesichts ihrer Wichtigkeit bereits im Überblick zusammengestellt werden:

Fraglich ist, ob eine im Verlaufe der Vertragsanbahnung aufgetretene Haustürsituation auch dann ausschlaggebend ist, wenn die **eigentlichen Verträge in der Bank bzw beim Notar unterzeichnet** wurden (dazu Rn. 317). Problematisch ist außerdem, ob der Bank, die dem Verbraucher den Kredit gewährt, das Verhalten des Anlageberaters, der an der Haustür aggressiv wirbt, ohne weiteres zuzurechnen ist (dazu unten Rn. 318). Im Mittelpunkt aber steht die Frage, ob die Haustür-RL (demnächst Verbraucherrechte-RL) Vorgaben für die **Rückabwicklung nach Ausübung des Widerrufsrechts** macht. Dies ist sowohl für den Realkredit und den unter Umständen damit verbundenen Immobilienkaufvertrag als auch, vielleicht sogar noch mehr, für Fondsanteile an einer Immobilien-GbR problematisch (dazu unten Rn. 315).

Wichtig ist, sich Folgendes vor Augen zu führen: Bei den Anlageberaterfällen mischen sich **rechtliche mit rechtspolitischen Fragen**. Im Grunde handelt es sich um Fälle von vielleicht sogar systematischen Täuschungen über die Gewinnchancen, die sich beim Kauf der Immobilie bzw des Fondsanteils ergeben sollten. Diese Täuschungen sind jedoch im Einzelnen für den Verbraucher kaum nachweisbar. Aus dem dringenden Bedürfnis, dem Verbraucher zu helfen, ist der Druck entstanden, ein Widerrufsrecht für den Verbraucher zu konstruieren. Dieses Widerrufsrecht läuft unbefristet, weil die Bank den Verbraucher darüber nicht belehrt hat.[24] Der Widerruf soll den Verbraucher nach Möglichkeit zugleich von der Pflicht zur Rückzahlung des Kredits befreien.

Wenn diese Lösung über das Widerrufsrecht auch dem Verbraucher hilft, und sogar mit dem geltenden Recht erzielt werden kann, so muss doch daran gedacht werden, dass es sich dabei um eine **reine Notlösung** handelt. Denn in der fehlenden Beleh-

---

23   Vorerst nur *BGH* NJW 2000, S. 2268 und 2270.
24   Schon oben wurde gezeigt, dass die Banken von dem Widerrufsrecht auch kaum etwas ahnen konnten (Rn. 90).

rung über das Widerrufsrecht lag nicht der zentrale Fehler, den die Bank gemacht hat. Vielmehr waren es die irreführenden, unter Verwendung falscher Informationen über die Kontrolle der Mittelverwendung aufgestellten, finanziellen Berechnungen, welche die Anlageberater den Verbrauchern vorlegten. Außerdem hätte die Belehrung über das Widerrufsrecht dem Verbraucher kaum geholfen. Trotz einer Belehrung hätten nur wenige der heute überschuldeten Verbraucher den Kauf- oder Kreditvertrag widerrufen. Denn die Nachteile der Geschäfte zeigten sich nicht innerhalb von 14 Tagen, sondern erst viel später (zu dieser Problematik für Schadensersatzansprüche näher unten Rn. 417).

4. Die einzelnen Widerrufstatbestände und ihre Umsetzung in das deutsche Recht

a) Das Widerrufsrecht bei Haustürgeschäften

aa) Regelung der Haustürgeschäfte. Die Haustür-RL von 1985 war die **erste europäische Richtlinie, die ein Widerrufsrecht vorschrieb**. Verbraucher, die in einer Haustürsituation mit einem Unternehmer einen Vertrag abgeschlossen haben, dessen Gegenstand eine Warenlieferung oder Dienstleistung war, konnten nach dieser Richtlinie den Vertrag binnen sieben Tagen widerrufen. Sie ist in Deutschland nunmehr in den §§ 312, 312a, 355 ff. BGB umgesetzt. **312**

Die Haustür-RL ist im Jahr 2011 in die **Verbraucherrechte-RL** überführt worden. Dabei wurde das Widerrufsrecht auf die üblichen 14 Tage (die in Deutschland ohnehin galten) verlängert und insbesondere dem Widerrufsrecht für Fernabsatzgeschäfte angeglichen.

bb) Erfasste Verträge – sachlicher Anwendungsbereich.

(1) Enger Wortlaut. Die derzeit noch maßgebliche Haustür-RL erfasst ihrem Wortlaut nach nur Verträge, bei welchen der Unternehmer (verwendet wird der inhaltlich identische Begriff „Gewerbetreibender") Waren liefert oder Dienstleistungen erbringt. In Deutschland formuliert § 312 BGB etwas weiter, indem „entgeltliche Geschäfte" erfasst werden. **313**

Dieser **enge Wortlaut** warf schon früh die Frage auf, ob die Haustür-RL auf bestimmte Geschäfte, bei denen der Verbraucher ebenfalls schutzwürdig ist, entsprechend angewendet werden sollte.

Die neue Verbraucherrechte-RL ist wie die Haustür-RL ganz auf **Kauf- und Dienstleistungsverträge** ausgerichtet. Obwohl Art. 1 Verbraucherrechte-RL selbst nur von „Verträgen" spricht, dürfte die Problematik unverändert bleiben.

(2) Bürgschaft an der Haustür. Die erste Frage, die zu den umfassten Vertragsarten auftrat, betraf Bürgschaften, die in einer Haustürsituation übernommen werden. Der EuGH tat sich mit einer Einbeziehung in den Anwendungsbereich der Richtlinie hier sehr schwer. Er meinte, man müsse über die Argumentationsbrücke der Akzessorietät der Bürgschaft mit einem „echten" Haustürgeschäft die Anwendbarkeit konstruieren. Dementsprechend verlangte er (wohl, denn ganz ausdrücklich hat der **314**

EuGH dies nie gesagt), dass die Forderung, für die der Bürge einstehen sollte, **ebenfalls durch ein Haustürgeschäft** entstanden sein musste.[25] Über dieses Urteil des EuGH hinausgehend hat der BGH – Jahre später – schließlich dennoch allgemein die Widerruflichkeit von durch einen Verbraucher in einer Haustürsituation erklärten Bürgschaften bejaht.[26] Das ist interessant, weil man hier erkennen kann, dass der EuGH – zu Recht – bei seiner Entscheidung ausschließlich europäische Prinzipien anwendete. Diese Prinzipien erfassen (vgl. ausführlich oben Rn. 183 ff.) **nicht den sozialen Schwächerenschutz.** Im deutschen Privatrecht ist das anders, und somit hat der BGH – ebenfalls zu Recht – gerade anders entschieden. In Deutschland kann die soziale Gerechtigkeit ausschlaggebend sein: Derjenige, der an der Haustür eine Bürgschaft übernimmt, ist nämlich noch schutzwürdiger als derjenige, der an der Haustür etwas kauft.[27] Dieser Gerechtigkeitsgedanke wird durch das EU-Privatrecht **nicht aus dem deutschen Recht herausgedrängt.** Er wird noch nicht einmal ersetzt. Generell lässt sich Folgendes sagen: Soweit nicht ein vollharmonisierter Bereich betroffen ist, *dürfen* sich die nationalen Gerichte bei der abschließenden Fallentscheidung nicht *allein* auf das Urteil des EuGH stützen, sondern sie müssen überlegen, ob **zusätzliche, nationale Gesichtspunkte** einen erweiterten Schutz vorgeben.

(3)   Beteiligung an einem Immobilienfonds.

315   Im **Beispiel 13** (Rn. 305) trat ein Anleger einem Immobilienfonds bei. Dabei ist aus zwei Gründen zweifelhaft, ob das Haustürwiderrufsrecht eingreift. Schon bevor der sachliche Anwendungsbereich der Richtlinie geprüft werden kann, muss nämlich geklärt werden, ob es sich überhaupt um ein Rechtsgeschäft zwischen einem Unternehmer und einem Verbraucher handelt.

Das Problem liegt dabei weniger auf der Seite des A. Oben wurde erläutert, dass derjenige, der sein Geld anlegt, in aller Regel als Verbraucher auftritt (Rn. 190). Die Generalanwältin hatte aber in der Entscheidung Friz gemeint, der A habe einen Vertrag mit dem Immobilienfonds geschlossen, der ebenfalls nur aus Verbrauchern bestehe, und daher kein Unternehmer iSd Richtlinie sei. Dem ist der EuGH zu Recht entgegengetreten. Er meinte, es reiche aus, dass die Verwaltung der GbR unternehmerisch erfolge und gerade der Verwalter an A herangetreten sei. Überzeugender ist hinzugefügt worden, dass die GbR zumindest zwei Gründungsgesellschafter haben müsse, die unternehmerisch tätig seien.[28]

Damit stellt sich dann die zweite Frage, ob das Geschäft in den sachlichen Anwendungsbereich der Richtlinie fällt. Diese Frage lässt sich nochmals in zwei Teilfragen zerlegen. Zum einen handelt es sich nicht um einen Warenlieferungs- oder Dienstleistungsvertrag. Zum anderen könnte ein Vertrag über Immobilien vorliegen, der dann nach Art. 3 Abs. 2 lit a Haustür-RL von der Richtlinie nicht umfasst wäre.

Der EuGH hat den sachlichen Anwendungsbereich der Haustür-RL sehr knapp bejaht. Die Frage danach, ob ein Warenlieferungs- oder Dienstvertrag vorliege, griff er gar nicht ausdrücklich auf, sondern erwähnte nur, dass der Beitritt gegen eine Leistung von „384.044 DM" erfolgt sei. Wegen der Frage nach dem Immobiliengeschäft wiederholte der EuGH zunächst, dass Ausnahmen in Richtlinien stets eng zu verstehen seien. Er meinte dann völlig

---

25   *EuGH* Slg. 1998, S. 1199 Rn. 22 (Dietzinger).
26   *BGH* NJW 2007, S. 2110; dem *EuGH* zunächst folgend BGHZ 139, 21.
27   Nur *Medicus*, EWiR 1991, S. 693 f.
28   *EuGH* Slg. 2010, S. 2947 Rn. 28 (Friz); *Armbrüster*, EuZW 2010, S. 614.

überzeugend, hier seien nicht Immobilien erworben worden, sondern Beteiligungen an einer Gesellschaft.[29]

Mit dem Eingreifen der Richtlinie ist dem A allerdings noch wenig geholfen. Viel spannender war die Frage, wie die Rückabwicklung zu erfolgen hatte (dazu unten Rn. 361).

cc) Die Haustürsituation.   Probleme treten auch bei der Frage auf, wann genau eine Haustürsituation im Sinne der Richtlinie bzw des § 312 BGB gegeben ist.[30] Ein Unterschied zwischen der Richtlinie und dem nationalen Recht besteht darin, dass die Richtlinie **keine Nachwirkung** der Haustürsituation kennt. Nach deutschem Recht dagegen reicht es, wenn der Vertragsschluss durch eine Haustürsituation **vorbereitet oder gar nur mitverursacht** wurde.[31] Da das deutsche Haustürwiderrufsrecht die Haustürsituation hier weiter definiert als die Richtlinie, handelt es sich um einen unproblematischen Fall der überschießenden Umsetzung. **316**

Im **Beispiel 13** (Rn. 305) wird gar nicht erkennbar, wann und wo genau der eigentliche Vertrag abgeschlossen wurde. Das ist auch irrelevant, da die *Verhandlungen* in einer Haustürsituation geführt worden sind. **317**

Ein weiterer Zweifelsfall besteht, wenn der Vertrag nicht in der Wohnung des Verbrauchers, sondern in der Wohnung des Unternehmers abgeschlossen wird, etwa im Verlauf einer zunächst rein privat ausgesprochenen Einladung.[32] Die Richtlinie erfasst diese Fälle nach ihrem Wortlaut wiederum nicht. Zumindest für das deutsche Recht muss jedoch aus der Schutzbedürftigkeit des Verbrauchers heraus argumentiert werden. Dabei sollte bedacht werden, dass der **Überrumplungseffekt bei einer privaten Einladung** besonders hoch sein dürfte. Dass der Gast sich dem Druck zum Vertragsschluss entziehen könne, indem er nach Hause gehe, ist angesichts der dagegen stehenden Konvention wohl ein Scheinargument.

dd) Zurechenbarkeit der Haustürsituation in den Anlageberaterfällen.   Leicht vorstellbar sind Fälle, in denen nicht der Unternehmer selbst, sondern sein **Vertreter bzw ein sonstiger Dritter** die Haustürsituation herbeigeführt hat. Diese Frage hielt der BGH bei der Behandlung der Anlageberatergeschäfte für wesentlich. Er arbeitete hier mit dem Institut der Zurechenbarkeit. Ohne auf die Richtlinie Bezug zu nehmen, sprach er aus, ein Widerruf des Rechtsgeschäfts komme nur dann in Betracht, wenn die **Haustürsituation dem Unternehmer zurechenbar** sei.[33] **318**

Dem ist der EuGH auf eine Vorlage des OLG Bremen hin entgegen getreten.[34] Er entschied, dass es unter Art. 1 Haustür-RL (die neue Verbraucherrechte-RL wird insoweit unverändert bleiben) für das Recht zum Widerruf nicht darauf ankommt, ob der

---

29 *EuGH* Slg. 2010, S. 2947 Rn. 28 ff., 32 ff. (Friz).
30 Dazu ausführlich *Bülow/Artz*, Verbraucherprivatrecht, Rn. 153 ff.
31 Dazu zB *BGH* NJW-RR 2005, S. 180.
32 Dazu BGHZ 144, 133 (kein Haustürgeschäft); auch *Micklitz*, LM HWiG Nr. 16 (befürwortend).
33 So *BGH* ZIP 2003, S. 1741; BGHZ 159, 280; dagegen *Weiler*, BB 2003, S. 1397, 1400 f. (aus dem nationalen Recht heraus).
34 *EuGH* Slg. 2005, S. 9273 (Crailsheimer Volksbank); Vorlage des *OLG Bremen* NJW 2004, S. 2238.

Unternehmer, der eine dritte Person zum Abschluss des Vertrags einschaltet, wusste oder wissen konnte, dass dieser Dritte in einer Haustürsituation gehandelt hat.[35]

319 Dieser Fall ist wiederum gut dazu geeignet, die Verschiedenheit des deutschen und des europäischen Verbrauchervertragsrechts aufzuzeigen. Der BGH hat die Zurechenbarkeit gefordert, weil er der Auffassung war, den Banken sei es nicht zumutbar, generell für das Verhalten von Anlageberatern zu haften, die ihre Dienstleistungen vermitteln. Das ist eine – gleichmäßige, oder jedenfalls gleichmäßig gemeinte – Interessenabwägung zwischen den Vertragsparteien. Eine solche vorzunehmen, entspricht den Grundsätzen des deutschen Privatrechts. Im EU-Privatrecht ist das aber anders. Hier wird **keine neutrale Interessenabwägung** durchgeführt, sondern es wird auf die **legitimen Erwartungen** des Verbrauchers abgestellt. Dieser ist in einer Haustürsituation überrumpelt worden und hat aufgrund dieser Überrumplung einen Vertrag mit der Bank abgeschlossen. Wie diese Überrumplungssituation zustande gekommen ist, ist aus seiner Sicht vollkommen gleichgültig.[36] Zudem lässt sich eine Zusammenarbeit zwischen Vermittler und Bank nicht leugnen.

Ausgehend von dem Urteil des EuGH in der Sache Crailsheimer Volksbank bejaht der BGH nun unter Änderung seiner bisherigen Rechtsprechung ohne Rücksicht auf eine Kenntnis oder fahrlässige Unkenntnis der Bank von der Haustürsituation die Zurechenbarkeit bereits dann, wenn sie bei Abschluss des Darlehensvertrags objektiv vorgelegen hat.[37] Für die objektive Zurechnung ist Art. 2 Haustür-RL maßgeblich, wonach der Dritte **im Namen und für Rechnung des Gewerbetreibenden** in die Aushandlung oder den Abschluss des Vertrags eingeschaltet gewesen sein muss.

Die Verbraucherrechte-RL greift diese Problematik auf und spricht künftig in Art. 2 Nr. 2 von einer Person, die „im Namen oder Auftrag" des Unternehmers handelt.

b) Widerrufsrecht in der neuen Verbraucherkredit-RL

320 Art. 14 Verbraucherkredit-RL (dazu näher unten Rn. 393 ff.) enthält nun ebenfalls ein Widerrufsrecht, das – im Normalfall – innerhalb einer Frist von 14 Kalendertagen ab Abschluss des Kreditvertrags ausgeübt werden kann. Dieses in der alten Verbraucherkredit-RL noch nicht vorgesehene Widerrufsrecht war aus deutscher Sicht keine große Neuerung, da das deutsche Recht ein solches Widerrufsrecht für Verbraucherkreditverträge bereits enthielt. Etwas problematischer war die **Umsetzung der Regeln über die verbundenen Verträge.** Nach der Richtlinie darf der Verbraucher bei Widerruf des Kreditvertrags **stets zugleich ein verbundenes Geschäft** widerrufen. Darauf muss er auch bei der Belehrung bereits hingewiesen worden sein. In Deutschland geht dieser Durchgriff jedoch noch etwas weiter. Insbesondere wird auch ein umgekehrter Durchgriff (bei Widerruf des Kaufvertrags schlägt dies auf den Kreditvertrag durch) gewährt.

---

35 Zu den weiteren Aussagen der Entscheidung unten Rn. 357.
36 So ganz deutlich der *EuGH* Slg. 2005, S. 9273 Rn. 43, 44 (Crailsheimer Volksbank).
37 *BGH* NJW 2006, S. 1340, 1341; *BGH* NJW 2007, S. 364; *BGH* NJW 2008, S. 3423, 3424 f.; *BGH* NJW-RR 2009, S. 836.

Dadurch, dass die Richtlinie eine Vollharmonisierung verlangt, darf die deutsche Lösung nur dort über die Richtlinie hinausgehen, wo entweder eine Öffnung vorliegt, oder der Regelungsbereich der Richtlinie gar nicht betroffen ist. Gerade für das genannte Beispiel (umgekehrter Durchgriff) bringt Erwägung 37 der Präambel der Verbraucherkredit-RL eine solche Öffnung.

c) Das Widerrufsrecht in der Teilzeitnutzungsrechte-RL

Die Teilzeitnutzungsrechte-RL stammt ursprünglich aus dem Jahr 1994 und wurde 2009 neu gefasst. Hierbei wurde unter anderem die Skurrilität behoben, dass für das Widerrufsrecht (das es auch früher schon gab) der Begriff „Rücktritt" verwendet wurde. Nun besteht das **übliche 14-tägige Widerrufsrecht** (Art. 6 Teilzeitnutzungsrechte-RL). Hinzu kommt nach Art. 10 Teilzeitnutzungsrechte-RL für die „langfristigen Urlaubsverträge" (Art. 2 lit b Teilzeitnutzungsrechte-RL) ein **Beendigungsrecht**, das ab der zweiten Ratenzahlung jederzeit entschädigungslos ausgeübt werden darf.   **321**

Als eine Besonderheit enthält Art. 11 Teilzeitnutzungsrechte-RL des Weiteren eine Vorschrift über verbundene Geschäfte. Bekannt ist das im deutschen Recht für Kredite: Wenn der Verbraucher das Teilzeitnutzungsrecht durch einen Kredit finanziert hat, kann er auch den Kreditvertrag entschädigungsfrei auflösen (§ 358 BGB, dazu soeben Rn. 320). Die Teilzeitnutzungsrechte-RL umfasst aber **auch sonstige Verträge, die mit dem Teilzeitnutzungsrecht im Zusammenhang stehen**. Der Verbraucher kann sich also zB von dem Vertrag mit dem Fitnessclub der Wohnanlage ebenfalls lösen.[38]

Bei den Widerrufsfristen findet sich ein schönes Beispiel dafür, dass das Prinzip der Vollharmonisierung zu **Verschlechterungen der rechtlichen Stellung des Verbrauchers** führen kann. Denn früher galt für Teilzeitnutzungsrechte auch § 355 Abs. 4 BGB, so dass das Widerrufsrecht bei fehlender Belehrung nicht verfristen konnte. Nun aber musste die Frist des Art. 6 Abs. 3 Teilzeitwohnrechte-RL übernommen werden, sie beträgt bei fehlender Widerrufsbelehrung ein Jahr und zwei Wochen.   **322**

d) Das Widerrufsrecht bei Fernabsatzgeschäften

aa) Übersicht. Fernabsatzgeschäfte iSd der Fernabsatz-RL (sowie zukünftig der Verbraucherrechte-RL) sind Verträge, welche **ausschließlich auf dem Wege der Fernkommunikation**, also ohne gleichzeitige körperliche Anwesenheit der Vertragsparteien, abgeschlossen worden sind. Es handelt sich um Geschäfte, die schriftlich (zB Bestellung nach einem Katalog), telefonisch (zB Bestellung aufgrund von Fernsehwerbung) oder auch elektronisch (zB Bestellung im Internet) zustande kommen.[39]   **323**

Im Fernabsatz ist das Widerrufsrecht besonders erforderlich. Hier herrscht nämlich die Besonderheit, dass der Verbraucher die Ware üblicherweise **erst nach Abschluss des Vertrags erstmals zu sehen** bekommt. Daher ist es wichtig, dass der Verbraucher die Ware zunächst erhält, bevor die Widerrufsfrist überhaupt zu laufen beginnt.

---

38 Mit weiteren Details *Franzen*, NZM 2011, S. 224.
39 Näher zum Anwendungsbereich etwa *Bülow/Artz*, Verbraucherprivatrecht, Rn. 176 ff.

Gemäß Art. 9 Abs. 2 lit b Verbraucherrechte-RL wird das Widerrufsrecht für Fernabsatzgeschäfte künftig dem Widerrufsrecht für Haustürgeschäfte entsprechen. Es wird eine Widerrufsfrist von 14 Tagen bestehen, die ab Warenlieferung zu laufen beginnt (Art. 6 Fernabsatz-RL sah nur sieben Tage vor).

Die Umsetzung des Widerrufsrechts aus der Fernabsatz-RL hat in Deutschland übrigens zu einem **Wechsel der dogmatischen Konstruktion** geführt. Früher war angenommen worden, dass der Vertrag bis zum Ablauf der Widerrufsfrist schwebend unwirksam war. Mit dem Fernabsatzgesetz wurde der damalige § 361a BGB (jetzt § 355 BGB) dahin geändert, dass der Vertrag **schon während des Laufs der Widerrufsfrist wirksam** ist.

324   **bb) Ausnahmen vom Anwendungsbereich.** Eher wenige Probleme bereiten die Ausnahmetatbestände. Beachten muss man allerdings die Systematik. Die Fernabsatz-RL (dort Art. 3 Abs. 1) ist nämlich zunächst für eine Vielzahl von Verträgen bzw Vertragsgegenständen **überhaupt nicht anwendbar**. Sodann werden auf einer zweiten Stufe bestimmte Verträge **nur von dem Widerrufsrecht ausgenommen** (dazu sogleich Rn. 327). Diese Technik ist im BGB ganz genauso übernommen worden, so dass zB bei der Prüfung eines Widerrufsrechts bei einem Fernabsatzvertrag immer zunächst der allgemeine Ausnahmekatalog in § 312b Abs. 3 BGB und sodann der besondere Ausnahmekatalog in § 312d Abs. 4 BGB geprüft werden müssen.

In den Ausnahmelisten finden sich viele Verträge, für die **andere Richtlinien** greifen, sowie Verträge, für die der **umfassende Verbraucherschutz mitsamt den Informationspflichten nicht zu passen** scheint. Zur letzten Gruppe gehören insbesondere Verträge, die vor dem Notar geschlossen werden, Verträge über die Lieferung von Lebensmitteln des täglichen Bedarfs, die „im Rahmen häufiger und regelmäßiger Fahrten" erfolgt sowie viele Dienstleistungsverträge.

Diskutieren sollte man über die in **§ 312b Abs. 3 Nr. 6 BGB** umgesetzte Ausnahme für Dienstleistungen im Bereich der „Freizeitgestaltung, wenn sich der Unternehmer bei Vertragsschluss verpflichtet, die Dienstleistungen zu einem bestimmten Zeitpunkt oder innerhalb eines genau angegebenen Zeitraums zu erbringen". Diese Ausnahme hat in der Praxis eine enorme Reichweite. Ganz gleich, ob auf Theaterkarten, Sprachreisen, Segelkurse oder Yoga an der Volkshochschule wird sie sehr breit angewendet. Wichtigster Grund für diese Ausnahme ist das Bedürfnis des Unternehmers nach **Planungssicherheit.** Diese ließe sich allerdings auch dann gut erreichen, wenn nur eine **zeitliche Begrenzung für das Widerrufsrecht** (etwa „bis zu zwei Monaten vor Beginn der Dienstleistung") vorgesehen wäre. Dafür, dass die Richtlinie insgesamt nicht greift, und damit auch die Informationspflichten fehlen, ist in den meisten Fällen überhaupt kein Grund ersichtlich.

325   Es sei noch darauf hingewiesen, dass sich merkwürdige Reibungen ergeben können. Was ist nämlich, wenn eine Dienstleistung einen **Bezug zum Beruf** aufweist, aber doch von einem Verbraucher in Anspruch genommen wird? Kann diese Dienstleistung die „Freizeitgestaltung" betreffen? Das ist ein Problem, das sich nur aus deutscher Sicht ergibt. Denn nach den Richtlinien wird ein Handeln im Zusammenhang mit dem Beruf ohnehin immer als unternehmerisch eingeordnet, so dass schon kein Verbrauchervertrag vorliegt (dazu oben Rn. 191). Hat also der Arbeitnehmer, der einen berufsbezogenen Sprachkurs im Internet bucht, im Gegensatz zur Rentnerin ein Widerrufsrecht, weil es sich für ihn nicht um „Freizeittätigkeit" handelt?[40] Das wäre unsinnig. Die Regelung muss insofern in einer Weise erweitert ausgelegt werden, die diese Unstimmigkeit vermeidet: Immer wenn eine Dienstleistung „in der Rolle des Verbrauchers" in Anspruch genommen wird, muss das Widerrufsrecht ausgeschlossen sein. Bezug zu einer unselbstständigen Tätigkeit ist also unbeachtlich. Wird sie „in der Rolle des Unternehmers" wahrgenommen (also zB durch einen Selbstständigen), so besteht ohnehin kein Widerrufsrecht, weil kein Verbrauchervertrag vorliegt.

Die Verbraucherrechte-RL (dort Art. 3 Abs. 3 und Art. 16) wird künftig genau wie die bisherigen Richtlinien vorgehen, und kennt ebenfalls die zwei Arten von Ausnahmen (Gesamtausnahmen und solche nur für das Widerrufsrecht). Allerdings sind einzelne Geschäftstypen überzeugend verschoben worden. Das gilt gerade für die zuletzt genannten Freizeitdienstleistungen. **326**

Dadurch, dass die Verbraucherrechte-RL in Art. 6 lit k vorsieht, dass immer dann, wenn das Widerrufsrecht gemäß Art. 16 Verbraucherrechte-RL *nicht* besteht, ein **Hinweis auf das Nichtbestehen** erforderlich ist, wird zugleich die Rechtssicherheit für den Verbraucher signifikant erhöht werden.

cc) **Ausnahmen vom Widerrufsrecht.** Näher betrachtet seien nun noch die Verträge, für welche die Richtlinie zwar gilt, für die aber dennoch kein Widerrufsrecht besteht. Die Ratio für alle diese Ausnahmen liegt im Bereich der **Unternehmerinteressen**. Es handelt sich um Verträge, bei denen ein Widerrufsrecht den Unternehmer übermäßig belasten würde. Ganz besonders deutlich ist das bei der Lieferung von Tonträgern und Software (Art. 16 lit i Verbraucherrechte-RL), bei denen durch die Entsiegelung das Widerrufsrecht untergeht und bei digitalen Inhalten (lit m), bei denen ab Ausführungsbeginn der Widerruf ausscheidet. Insgesamt sind die Ausnahmen aber möglichst **eng gefasst und auch eng zu verstehen**. Denn, wie oben ausführlich dargelegt (Rn. 201), überwiegt das Regelungsziel, Verbrauchervertrauen zu erreichen, in den meisten Fällen die Interessen des Unternehmers. Dass die für den Unternehmer durch den Widerruf bei manchen Waren entstehenden Kosten dazu führen könnten, dass Fernabsatzverträge für diese Waren unattraktiv werden, scheint der Richtliniengeber derzeit nicht zu befürchten.[41] **327**

Bei der Neuregelung wurden einige in der alten Fernabsatz-RL diskutierte Zweifelsfragen geklärt. So ist es mit dem **Widerrufsrecht bei Internetauktionen**. Gemäß Art. 3 Abs. 1 Spiegelstrich 5 Fernabsatz-RL waren nämlich Verträge, die „bei einer Versteigerung geschlossen werden", ausgeschlossen. Das führte in Deutschland zu einer erheblichen Diskussion.[42] Der BGH löste das Problem schließlich, indem er ein Widerrufsrecht aus nationalen Normen ableitete.[43] Künftig schließt Art. 16 lit k Verbraucherrechte-RL nur „*öffentliche* Versteigerungen" aus, und die Präambel sagt ausdrücklich, dass diese Ausnahme die Online-Auktionen nicht umfassen soll. **328**

---

40 So Bamberger/Roth/*Schmidt-Räntsch*, BGB, § 312b Rn. 55; mit einem anderen Problemfall, nämlich Gesundheitsfürsorge (Arzt), MünchKommBGB/*Wendehorst*, § 312b Rn. 57, 86.
41 Sehr kritisch *Föhlisch*, NJW 2011, S. 30.
42 Mit umfassender Darstellung des Diskussionsstandes nur *Hoffmann*, ZIP 2004, S. 2337.
43 *BGH* NJW 2005, S. 53.

Andere Probleme werden jedoch unverändert bestehen bleiben. Rechtsprechung existiert insbesondere zu der Fallgruppe, bei der Waren geliefert werden, die **nach Kundenspezifikation angefertigt** werden oder eindeutig **auf die persönlichen Bedürfnisse zugeschnitten** sind. Sie wird in Deutschland meist sehr zweckorientiert verstanden. Solange der Unternehmer den gelieferten Gegenstand ohne größere Kosten **in wiederverwertbare Bausteine** zurückbauen kann, muss er ein Widerrufsrecht einräumen.[44]

329 Anders als das deutsche Recht kennt die Verbraucherrechte-RL **keinen besonderen Schutz vor Telefonverträgen** (schon oben Rn. 67). Daraus könnte sich ein Konflikt ergeben, weil das deutsche Recht hierfür beim Verkauf von Zeitschriftenabonnements ein besonderes Widerrufsrecht vorsieht (§ 312d Abs. 4 Nr. 3 BGB).[45] Die Vollharmonisierung der Richtlinie würde solche nationalen Alleingänge an sich ausschließen. Jedoch werden zukünftig Verträge, bei denen ein Zeitschriftenabonnement im Fernabsatz oder an der Haustür verkauft wird, generell widerruflich sein, so dass das deutsche Bedürfnis nach erhöhtem Schutz in diesem Bereich nicht gefährdet ist.[46] Auch das ebenfalls eingeführte **Widerrufsrecht für Wett- und Lotterie-Dienstleistungen** (§ 312d Abs. 4 Nr. 4 BGB), gerät nicht in Konflikt mit der Verbraucherrechte-RL, da diese für Lotterien explizit strengere nationale Regelungen erlaubt.[47]

Der BGH hatte dem EuGH zudem vor einigen Jahren die Frage vorgelegt, ob die **leitungsgebundene Lieferung von Strom und Gas**, die „auf Grund ihrer Beschaffenheit nicht für eine Rücksendung geeignet" seien, vom Widerrufsrecht ausgenommen sei.[48] Die Verbraucherrechte-RL greift diese Problematik nun – ausdrücklich gerade auch für Wasser, Gas und Strom – in einer recht detaillierten Regelung auf. Danach besteht ein Widerrufsrecht. Jedoch erhält der Verbraucher Lieferungen vor Ablauf der Widerrufsfrist nur, **wenn er dies ausdrücklich verlangt**. Soweit er ordnungsgemäß belehrt wurde, muss er im Falle des Widerrufs für die erbrachten Leistungen bezahlen (siehe Art. 7 Abs. 3, Art. 8 Abs. 8, Art. 14 Abs. 4 Verbraucherrechte-RL).

Dem Verbraucher wird also eine selbstverantwortliche Entscheidung darüber zugemutet, ob er sich lieber das **kostenfreie Widerrufsrecht** erhalten oder lieber die **sofortige Dienstleistung** entgegennehmen möchte.

e) Das Widerrufsrecht in der Richtlinie über den Fernabsatz von Finanzdienstleistungen

330 Das Widerrufsrecht in der Richtlinie über den Fernabsatz von Finanzdienstleistungen (FAF-RL) stellte bei Schaffung der Richtlinie eine Besonderheit dar, weil es bewusst so ausgestaltet wurde, wie sich die Kommission ein zukünftiges einheitliches Widerrufsrecht vorstellte.

---

44   Nur BGHZ 154, 239.
45   Gesetz zur Bekämpfung unerlaubter Telefonwerbung und zur Verbesserung des Verbraucherschutzes bei besonderen Vertriebsformen vom 29. Juli 2009, BGBl. I, S. 2413.
46   Verträge über Zeitschriftenabonnements sind von dem Ausnahmetatbestand des Art. 16 lit l Verbraucherrechte-RL explizit ausgeschlossen („Rückausnahme").
47   Erwägung 31 der Präambel.
48   Nur *BGH* ZIP 2009, 1013, vom *EuGH* letztlich nicht entschieden; *Wendehorst*, LMK 2009, 285018.

Der Verbraucher hat gemäß Art. 6 Abs. 1 FAF-RL ein 14-tägiges, bei bestimmten Lebensversicherungen bzw Altersversorgung sogar ein 30-tägiges, Widerrufsrecht. Die Mitgliedstaaten haben gemäß Art. 6 Abs. 1 S. 4 FAF-RL die Möglichkeit, zusätzlich zum Widerrufsrecht vorzusehen, dass die Wirksamkeit von Fernabsatzverträgen über Geldanlagedienstleistungen für die Dauer der Widerrufsfrist ganz ausgesetzt wird.

Gemäß Art. 6 Abs. 8 und Art. 7 Abs. 1 FAF-RL kann – ähnlich der eben angesprochenen Regelung in der Verbraucherrechte-RL – auf ausdrücklichen Wunsch des Verbrauchers der Vertrag von beiden Seiten **sofort vollständig erfüllt** werden. Im Falle des Widerrufs muss der Verbraucher die bereits erbrachte Dienstleistung dann bezahlen (näher zur Höhe der Zahlungspflicht Art. 7 FAF-RL).

Zu beachten ist schließlich die neu eingeführte Regelung in § 312f BGB, wonach der Verbraucher bei einem Widerruf seiner auf Abschluss eines Fernabsatzvertrags über eine Finanzdienstleistung gerichteten Willenserklärung **auch nicht mehr an einen hinzugefügten Fernabsatzvertrag** gebunden ist. Zuvor war der deutsche Gesetzgeber dafür kritisiert worden, die Möglichkeit des Widerrufs eines „hinzugefügten Vertrags" nur in § 359a Abs. 2 und § 485 Abs. 3 BGB umgesetzt zu haben.[49]

5. Die Umsetzung der unterschiedlichen Widerrufsfristen in Deutschland

a) Allgemeines

Die Widerrufsfrist und die Rechtsfolgen des Widerrufs sind im deutschen Recht nunmehr in den **§§ 355 ff. BGB** zusammengefasst. Obwohl diese Normen bereits vielfach an die neuere Rechtsprechung des EuGH angepasst wurden, bestehen bzgl. einiger Einzelregelungen weiterhin Zweifel an der Richtlinienkonformität. **331**

b) Widerrufsfrist bei ordnungsgemäßer Belehrung

Die Widerrufsfrist beträgt gemäß § 355 Abs. 2 S. 1 BGB **in der Regel 14 Tage**, beginnend mit der ordnungsgemäßen Widerrufsbelehrung (§ 355 Abs. 3 S. 1 BGB). **332**

Die 14-tägige Frist ist inzwischen auch in den meisten Richtlinien vorgesehen, nur vereinzelt (Pauschalreisen) finden sich dort noch kürzere Fristen. Wegen des Mindeststandardgrundsatzes ist das unproblematisch, so dass § 355 Abs. 2 BGB **unionsrechtskonform** ist.

Bei Fernabsatzverträgen gilt die 14-tägige Frist gemäß § 355 Abs. 2 S. 2 BGB auch dann, wenn die Widerrufsbelehrung nicht bei, sondern unverzüglich nach Vertragsschluss erfolgt. Diese Änderung zur bisherigen Rechtslage trägt den besonderen Bedürfnissen der Internetauktionen Rechnung, bei denen der Unternehmer erst bei Vertragsschluss (Zeitablauf) weiß, wer sein Vertragspartner ist und ob er diesen belehren muss.[50] Eine weitere Besonderheit für Fernabsatzverträge ist in § 312d Abs. 2 BGB geregelt worden. Dort dient die Widerrufsfrist vor allem der **Prüfung der Ware**. Daher ist es wichtig, dass die Frist nicht vor Eingang der Waren beim Empfänger zu laufen beginnt.

---

49 *Wendehorst*, NJW 2011, S. 2551, 2554.
50 BT-Drucks. 16/11643, S. 70; *Schinkels*, ZGS 2007, S. 14; *Bülow/Artz*, Verbraucherprivatrecht, Rn. 216 ff.

c) Widerrufsfrist bei fehlender oder fehlerhafter Belehrung

333   aa) Fehlende Nachholung der Belehrung.   Problematisch ist der Fristablauf bei fehlender oder fehlerhafter Belehrung über das Widerrufsrecht. Hier greift der **unübersichtliche § 355 Abs. 4 BGB**. Nach dessen S. 1 endet das Widerrufsrecht in diesem Fall sechs Monate nach Vertragsschluss. In S. 3 findet sich dann aber eine dem vorgehende Regelung: Wenn eine ordnungsgemäße Widerrufsbelehrung nicht erfolgt ist, erlischt das Widerrufsrecht nämlich **gar nicht**.

Wird der Verbraucher (überhaupt) nicht ordnungsgemäß belehrt, besteht das Widerrufsrecht also unbefristet. Diese Norm (früher § 355 Abs. 3 S. 3 BGB) wurde erst in Folge der **Entscheidung Heininger** des EuGH in das BGB aufgenommen. Der EuGH hatte damals ausgesprochen, dass das Haustürwiderrufsrecht bei fehlender Belehrung unbefristet besteht.[51] Inzwischen hat er allerdings ergänzend entschieden, dass Schlusstermine dann doch zulässig sind, wenn der Vertrag **beiderseits erfüllt** ist.[52]

334   bb) Nachholung der Belehrung.   Das deutsche Recht sieht zunächst vor, dass eine fehlende oder fehlerhafte Belehrung nachgeholt werden kann. Einen Monat beträgt die Widerrufsfrist gemäß § 355 Abs. 2 S. 3 BGB immer dann, wenn die **ordnungsgemäße Belehrung erst zu einem späteren Zeitpunkt** erfolgt.

Ob eine **einmonatige Widerrufsfrist** wirklich noch ausgelöst werden kann, wenn die Belehrung wesentlich verspätet nachgeholt worden ist, hat der EuGH allerdings offengelassen. Ob § 355 Abs. 4 BGB in seiner heutigen Form vollständig mit den Richtlinien übereinstimmt, wird deshalb weiterhin vereinzelt bestritten.[53] Man muss den Kritikern zugestehen, dass die gefundene Lösung typisch „deutsch" ist. Der Gesetzgeber sah sich durch die Richtlinie gedrängt, eine verspätete Belehrung zu sanktionieren.[54] Er fand aber zugleich, dass der Unternehmer einseitig belastet werde, wenn er nicht die Chance habe, durch eine nachgeholte Belehrung das Widerrufsrecht nachträglich zeitlich zu beschränken.

Dennoch ist die deutsche Lösung **vom unionsrechtlichen Standpunkt aus akzeptabel**. Es ist nicht ersichtlich, warum es dem Verbraucher Nachteile bringen sollte, wenn er später noch von seinem Widerrufsrecht erfährt und dann einen Monat Zeit hat, zu entscheiden, ob er sich von dem Vertrag lösen möchte. Insbesondere das Verbrauchervertrauen wird hier nicht beeinträchtigt.

335   cc) Verbraucherrechte-RL.   Der Umgang der Verbraucherrechte-RL mit den Widerrufsfristen ist so neuartig, dass er hier gesondert vorgestellt werden soll. Nach Art. 10 Verbraucherrechte-RL wird die fehlerhafte oder fehlende Belehrung nämlich **demnächst überhaupt nicht mehr sanktioniert**. Wenn die Belehrung nachgeholt wird, löst sie die **„normale" 14-tägige Widerrufsfrist** aus. Wird sie nicht nachgeholt, so erlischt das Widerrufsrecht in jedem Fall nach einem Jahr. Dies wird zu einer erneu-

---

51   *EuGH* Slg. 2001, S. 9945 (Heininger).
52   *EuGH* Slg. 2008, S. 2383 (Hamilton).
53   Für richtlinienwidrig halten diese Norm etwa *Reiter/Methner*, VuR 2004, S. 52, 54.
54   BT-Drucks. 16/11643, S. 71.

ten Änderung des § 355 BGB führen, denn die **Richtlinie erlaubt strengeres nationales Recht nicht.**

Als Grund für diese Neuregelung wird in der Präambel die Rechtssicherheit genannt. Verständlich wird das nicht. Der Unternehmer, der Rechtssicherheit möchte, kann diese ja einfach dadurch erreichen, dass er nachträglich belehrt. Offenbar hat man also nunmehr eher an den Unternehmer gedacht, der selbst nicht weiß, dass ein Widerrufsrecht besteht.

Die Sanktionierung bei Unterlassen einer erforderlichen Widerrufsbelehrung, die Art. 23 Verbraucherrechte-RL verlangt, wird in Zukunft also **wettbewerbsrechtlich** erfolgen müssen.

d) Widerrufsfrist und Präklusion nach § 767 Abs. 2 ZPO

Ein weiteres Problem besteht in der Frage, ob das zeitlich unbeschränkte Widerrufs- **336** recht wegen fehlender Belehrung aus § 355 Abs. 4 S. 3 BGB auch noch in der **Zwangsvollstreckung** ausgeübt werden kann. Es geht also darum, ob die Vollstreckungsgegenklage nach § 767 ZPO darauf gestützt werden kann, dass das Widerrufsrecht nunmehr ausgeübt worden sei (dazu schon oben Rn. 132, Bsp. 7) . Das ist zweifelhaft, weil der Schuldner nach § 767 Abs. 2 ZPO Einwendungen nur dann noch während der Zwangsvollstreckung geltend machen kann, wenn sie auf Gründen beruhen, die **erst nach dem Schluss der letzten mündlichen Verhandlung** entstanden sind. Der BGH hatte sich mit dem Fall zu befassen, dass eine Verbraucherin, gegen die ein Vollstreckungsbescheid vorlag, noch den Widerruf ausübte. Der Fall ist praktisch bedeutsam, weil viele Verbraucher zu diesem Zeitpunkt erstmals „rechtlichen Beistand" erhalten, und zwar vom Gerichtsvollzieher. Der **BGH** vertritt in ständiger Rechtsprechung die Ansicht, dass es bei Gestaltungsrechten darauf ankomme, ob sie *objektiv* bereits vor dem Ende der mündlichen Verhandlung geltend gemacht werden konnten.[55] Da dies bei Widerrufsrechten der Fall ist, **lehnte er vor vielen Jahren die Vollstreckungsgegenklage ab.**[56]

Schon früher bestanden **erhebliche Zweifel** daran, ob diese Rechtsprechung richtlinienengemäß war.[57] Der EuGH hat inzwischen mehrfach nationale Ausschlussfristen für die Geltendmachung von Verbraucherschutzrechten für unzulässig erklärt, da sie gegen den Grundsatz der effektiven Umsetzung verstießen.[58] Diese Argumentation ist verallgemeinerungsfähig. Eine Vollstreckungsgegenklage **muss möglich sein**, wenn ein Verbraucher den Widerruf erst während der Zwangsvollstreckung erklärt.

---

55 *BGH* NJW 1964, S. 1797; BGHZ 125, 351.
56 BGHZ 131, 82.
57 Dazu *Heiderhoff*, ZEuP 2001, S. 276, 286 ff.
58 So *EuGH* Slg. 2002, S. 10875 (Cofidis) zur Klausel-RL; *EuGH* Slg. 2006, S. 10421 (Mostaza Claro); *Metzger*, ZEuP 2004, S. 134; *Rott*, EuZW 2003, S. 5; im Ergebnis wie hier *Fischer*, VuR 2004, S. 322. Zur vergleichbaren Problematik der Prüfung der Missbräuchlichkeit von Gerichtsstandsklauseln in Verbraucherverträgen von Amts wegen *EuGH* slg. 2009, S. 4713 (Pannon) und *EuGH* EuZW 2011, S. 27 (VB Pénzügyi Lízing).

6. Die Umsetzung der Rechtsfolgen des Widerrufs in Deutschland

337 **Literaturhinweis:** *Wendehorst*, Dauerbaustelle Verbrauchervertrag: Wertersatz bei Widerruf von Fernabsatzverträgen, NJW 2011, S. 2551.

> **Beispiel 14** – nach BGH NJW 2011, S. 56: Verbraucher V hat sich im Internet ein Wasserbett für 1.500 Euro bestellt. In der Widerrufsbelehrung des Verkäufers U heißt es: „Können Sie uns die empfangene Leistung ganz oder teilweise nicht oder nur in verschlechtertem Zustand zurückgewähren, müssen Sie uns insoweit gegebenenfalls Wertersatz leisten. Bei der Überlassung von Sachen gilt dies nicht, wenn die Verschlechterung der Sache ausschließlich auf deren Prüfung – wie sie Ihnen etwa im Ladengeschäft möglich gewesen wäre – zurückzuführen ist." Der letzte fett gedruckte Satz lautet: „Im Hinblick auf die o. g. Widerrufsbelehrung weisen wir ergänzend darauf hin, dass durch das Befüllen der Matratze des Wasserbetts regelmäßig eine erhebliche Verschlechterung eintritt, da das Bett nicht mehr als neuwertig zu veräußern ist." V baut das Wasserbett auf, befüllt die Matratze mit Wasser und verbringt drei Nächte auf dem Bett. Er bekommt starke Rückenschmerzen und erklärt fristgerecht den Widerruf.
>
> Als V den U zur Rückzahlung der 1.500 Euro auffordert, erstattet dieser ihm nur 300 Euro, da das Bett nach dem Befüllen nicht mehr verkäuflich sei. Lediglich die Heizung mit einem Wert von 300 Euro sei wiederverwertbar.

a) Vorüberlegung zur Systematik des BGB

338 Der deutsche Gesetzgeber hat versucht, eine **Regelung „aus einem Guss" für alle drei Arten der vertraglichen Rückabwicklung** zu schaffen. Dabei ging er so vor, dass er an einer zentralen Stelle, nämlich im Rücktrittsrecht (§§ 346 ff. BGB), die Einzelheiten bestimmte und für die Durchführung der kaufrechtlichen Nacherfüllung (§ 439 Abs. 4 BGB) sowie für die Folgen des Widerrufs (§ 357 Abs. 1 BGB) darauf verwies. Es zeigte sich jedoch bald, dass diese Regelungstechnik nicht den Richtlinien entsprach. Immer wieder mussten nach Urteilen des EuGH Änderungen vorgenommen und **Sonderregelungen** eingefügt werden.

Inzwischen weichen die Regeln für die Rückabwicklung **selbst innerhalb des Widerrufsrechts** voneinander ab. Für unterschiedliche Widerrufsrechte gelten also unterschiedliche Rechtsfolgen.

Im Folgenden wird zunächst nur die Rückabwicklung nach Widerruf untersucht. Der Rücktritt und die Nacherfüllung werden im Kaufrecht (Rn. 430 ff.) dargestellt.

Die zentrale Frage betrifft die Pflicht des Verbrauchers, Ersatz für die *Nutzung* (sogleich b) und einen vielleicht eingetretenen *Wertverlust* der Sache (sogleich c) zu leisten. Nutzungsersatz und Wertersatz bei Verschlechterung sind allerdings nach § 346 BGB häufig deckungsgleich. Die genaue Abgrenzung soll vorerst zurück stehen (dazu unten Rn. 349).

Eine Nebenfrage betrifft noch die Kosten für Hin- und Rücksendung der Ware. Diese wird zuletzt gesondert behandelt (unten Rn. 352 f.).

b) Nutzungsersatz bei Widerruf

aa) Grundsätzliche Regelung im BGB und die sich ergebenden Probleme. Nach §§ 357 Abs. 1 S. 1, 346 Abs. 1 BGB kann der Unternehmer bei Widerruf des Vertrags vom Verbraucher die Herausgabe der Nutzungen verlangen. Da „Nutzungen" unmittelbar nicht herausgegeben werden können, kann der Unternehmer nach § 346 Abs. 2 S. 1 Nr. 1 BGB **Wertersatz für die Benutzung der Ware** verlangen.

339

Der deutsche Gesetzgeber hat sich vorgestellt, dass der Verbraucher, wenn er eine Sache von wirtschaftlichem Wert, etwa einen Fernseher, längere Zeit in Gebrauch hat, eine Gegenleistung dafür erbringen soll. Das überzeugt zumindest im Ansatz, denn selbst das Verbraucherschutzrecht ist **nicht darauf ausgerichtet, dem Verbraucher „Geschenke" zu machen**.

Ob diese Vorstellung mit den Richtlinien übereinstimmt, ist allerdings zweifelhaft. Denn es stellt ein **spürbares Hindernis** bei der Ausübung des Widerrufsrechts dar, wenn der Verbraucher Wertersatz leisten muss. Die wenigen ausdrücklichen Hinweise, die sich in den Richtlinien überhaupt auffinden lassen, sind nicht einheitlich und betreffen nicht die typischen Fernabsatz- und Haustürtatbestände.

bb) Regelungen in den Richtlinien. In der neuen **Verbraucherkredit-RL** wurde das Problem der Nutzungen gesehen und für regelungsbedürftig gehalten. Bei einem Kredit drängt es sich auch ganz besonders auf, da der Nutzungsvorteil dort durch die Zinsen abgegolten wird. Wenn der Verbraucher einen Kredit bei Widerruf nur zinsfrei zurückbezahlen müsste, dann ergäbe sich eine theoretische Möglichkeit des Missbrauchs. Der Verbraucher könnte bewusst Darlehensverträge abschließen und diese jeweils zum Fristende widerrufen, um so kurz- oder bei entsprechend häufiger Wiederholung sogar längerfristig einen zinsfreien Kredit zu erlangen. Art. 14 Abs. 3 lit b Verbraucherkredit-RL regelt daher, dass der Verbraucher zur Zahlung der Zinsen verpflichtet ist, die er für den Zeitraum der Inanspruchnahme des Kredits auf der Grundlage des vereinbarten effektiven Jahreszinses schuldet.[59] Das ist allerdings wohl **gerade keine Regelung, die man verallgemeinern könnte**, sondern eine bewusste Reaktion auf die besondere Interessenlage beim Darlehensvertrag.

340

Auch in Art. 8 **Teilzeitwohnrechte-RL** gibt es eine ausdrückliche Regelung. Dort ist gerade umgekehrt bestimmt, dass der Verbraucher für bereits erbrachte Leistungen **keinen Ersatz** leisten muss. Bei den **riskanten Geschäften des Timesharings** war es dem Richtliniengeber offenbar am wichtigsten, den Verbraucher davor zu schützen, dass der Unternehmer in missbräuchlicher Ausnutzung der Schwebephase bereits Leistungen erbringen und abrechnen könnte.

Für Waren und Dienstleistungen kennen die Richtlinien ähnlich klare Regelungen bisher nicht. Obwohl der Streit über den Nutzungsvorteil auf der Hand lag, enthält die **Verbraucherrechte-RL wieder keine ausdrückliche Regelung** dazu. Es lässt sich aber doch mehr entnehmen als aus den bisher geltenden Richtlinien. Art. 14 Abs. 3 Verbraucherrechte-RL bestimmt künftig nämlich, dass der Verbraucher Nutzungsvorteile ersetzen muss, wenn er Dienstleistungen auf seinen eigenen Wunsch hin

341

---

59 Zu den Vorüberlegungen vgl. den ersten Vorschlag, KOM (2002) 443.

(Art. 7 Abs. 3 Verbraucherrechte-RL) bereits während des Laufs der Widerrufsfrist in Anspruch genommen hat. Art. 14 Abs. 2 Verbraucherrechte-RL bestimmt, wann der Verbraucher eine durch die Benutzung der Sache eingetretene *Wertminderung* ersetzen muss. Daraus lässt sich der Umkehrschluss ziehen, dass die normale Nutzung des gelieferten Gegenstands nicht zu einer Zahlungspflicht führen soll.[60]

Die Regeln in der **Fernabsatz- und der Haustür-RL** enthalten demgegenüber **nur sehr allgemeine Formeln**. Letztlich bleibt nur Art. 6 Abs. 1 S. 2 Fernabsatz-RL, demgemäß die einzigen Kosten, die dem Verbraucher auferlegt werden dürfen, die unmittelbaren Kosten der Rücksendung der Waren sind. Die Haustür-RL ist noch weniger konkret und enthält nur die Vorgabe, dass der Widerruf „bewirkt, dass der Verbraucher aus allen aus dem widerrufenen Vertrag erwachsenden Verpflichtungen entlassen ist" (Art. 5 Abs. 2 Haustür-RL).

342   **cc) Fernabsatz-RL, Haustür-RL und BGB.** Es war seit langem umstritten, ob die Regelung im BGB, die wie gezeigt Nutzungsersatz vorsieht, mit der Haustür-RL und der Fernabsatz-RL übereinstimmte. Vielfach wurde vertreten, dass ein Nutzungsersatz den Verbraucher zu sehr belastet, und dass daher eine korrekte Umsetzung der Richtlinien nicht vorliegt.[61] Denn es gilt schon allgemein, dass die Richtlinien **gerade nicht einschränkend** ausgelegt werden.[62] Wenigstens für die Fernabsatz-RL erschien die vom deutschen Gesetzgeber gewählte Form der Umsetzung kaum vertretbar. Die typischen Kosten des Widerrufs liegen ja – neben der Rücksendung – gerade in der Ersatzpflicht für Nutzungen sowie in der unten näher zu erörternden Wertminderung der Sache.

343   Es war daher nicht überraschend, dass der **EuGH** schließlich entsprechend entschied. In dem **Fall Messner** hatte eine Verbraucherin ein Notebook im Internet bestellt und war nicht korrekt über ihr Widerrufsrecht belehrt worden.[63] Als der Bildschirm nach ca. acht Monaten ausfiel, widerrief sie den Kaufvertrag. Der EuGH berief sich in seinen Ausführungen insbesondere auf Erwägung 14 der Präambel der Fernabsatz-RL. Dort wird das in Art. 6 Abs. 1 S. 1 Fernabsatz-RL enthaltene Verbot, dem Verbraucher im Fall des Widerrufs andere Kosten als die der unmittelbaren Rücksendung der Ware aufzuerlegen, bereits erwähnt und auch ein wenig begründet. Durch die Kostenfreiheit soll gewährleistet werden, dass das Widerrufsrecht „mehr als ein bloß formales Recht" ist. Der EuGH spricht noch deutlicher aus, dass **negative Kostenfolgen vom Gebrauch des Widerrufsrechts abhalten**. Die Fernabsatz-RL habe das Ziel, die Nachteile des Vertragsschlusses im Fernabsatz auszugleichen, indem dem Verbraucher zum einen die Möglichkeit zur Prüfung der Ware gewährt werde, bevor er gebunden sei. Zum anderen erhalte er eine Bedenkzeit, die er ohne Druck ausschöpfen können solle. Ein pauschalierter Wertersatz für die Nutzung der durch Vertragsschluss im Fernabsatz gekauften Ware verstößt gegen eine solche Zielsetzung. Wenn

---

60   Zu Unterschieden zwischen Wertminderung und Nutzungsvorteil sogleich Rn. 349.
61   Insgesamt wie hier etwa Ernst/Zimmermann/*Hager*, Zivilrechtswissenschaft und Schuldrechtsreform, 2001, S. 429, 447 f.; Schulze/Schulte-Nölke/*Mankowski*, Schuldrechtsreform, 2001, S. 357, 370; *Rott*, VuR 2001, S. 78, 85 f.; MünchKommBGB/*Masuch*, § 357 Rn. 5 f.
62   Dazu oben Rn. 103.
63   *EuGH* Slg. 2009, S. 7315 (Messner).

nämlich der Verbraucher Wertersatz allein deshalb leisten müsste, weil er die Sache genutzt hat, oder gar weil er überhaupt nur theoretisch die Möglichkeit hatte, die gekaufte Ware in der Zeit, in der er sie im Besitz hatte, zu benutzen, könnte er sein Widerrufsrecht grundsätzlich nur gegen Zahlung dieses Wertersatzes ausüben. Das aber wird sich oft kaum noch lohnen.

Allerdings hat der EuGH selbst gesehen, dass dieses verbraucherfreundliche Verständnis der Richtlinie Grenzen haben muss. Eine Wertersatzpflicht für gezogene Nutzungen kommt dann in Betracht, wenn die wertersatzfreie Benutzung der Ware mit dem **Grundsatz von Treu und Glauben** unvereinbar ist.[64] Wenn also der Verbraucher erhebliche Vorteile davon hat, dass er die Sache vorübergehend nutzen konnte – und man sagen kann: „Niemand kann erwarten, solche Vorteile ersatzlos behalten zu dürfen" –, dann muss der Verbraucher Nutzungsersatz leisten.

dd) Anpassung des BGB. Auf diese Vorgaben hin wurde das deutsche Recht dann, wie so oft, schnell geändert. Nunmehr ist in § 312e BGB jedoch speziell **nur für Fernabsatzverträge** eine Ausnahme von der weiterbestehenden generellen Regelung in §§ 357 Abs. 1, 346 Abs. 1, Abs. 2 S. 1 BGB angeordnet. Es muss bezweifelt werden, ob das eine geschickte Vorgehensweise war. Denn zum einen steht ohnehin in Kürze die Umsetzung der Verbraucherrechte-RL an, so dass mit erneutem Änderungsbedarf zu rechnen ist. Zum anderen ist sehr fraglich, ob der EuGH nicht die Messner-Rechtsprechung **auch auf Haustürgeschäfte übertragen** würde. Zwar schweigt dort die Richtlinie wie soeben bereits aufgezeigt zu den Kosten vollständig. Aber soweit der Zweck betroffen ist – also die uneingeschränkte, wirtschaftlich nicht unsinnige Ausübung des Widerrufsrechts –, bestehen in Hinblick auf den Nutzungsersatz keine Unterschiede. Auch die Verbraucherrechte-RL unterscheidet bei der Rückabwicklung nach Widerruf diese beiden Geschäftsarten nicht. **344**

Schließlich ist es von Interesse, sich die Überlegungen des Gesetzgebers zu der Beweislastregel in § 312e BGB anzusehen. Dort lässt sich erneut das ganze **Drama zwischen dem „EU-Verbrauchervertrauensgedanken" und dem „BGB-Interessengleichgewicht"** wiederfinden.[65] Man sah sich durch die Entscheidung Messner gezwungen, dem Unternehmer die Beweislast aufzuerlegen. Fühlte aber zugleich stark mit ihm, so dass sich in der Begründung der Hinweis findet, in besonders auffälligen Konstellationen – das „Kommunionskleid wird nach dem Weißen Sonntag zurückgesandt" – könne es zu einer Beweislastumkehr kommen. Zu Recht ist bereits kurz nach der Entstehung des Gesetzes darauf hingewiesen worden, dass dies in der Praxis dazu führen kann, dass Waren, die der Verbraucher für einen bestimmten Anlass erwirbt, vom Widerrufsrecht mehr oder weniger ausgeschlossen seien.[66] Darin aber läge dann erneut ein Verstoß gegen die Richtlinie. **345**

---

64 *EuGH* Slg. 2009, S. 7315 Rn. 25 f. (Messner).
65 RegE, BT-Drucks. 17/5097, S. 12, 15.
66 *Wendehorst*, NJW 2011, S. 2551.

c)   Ersatz für die Verschlechterung durch Ingebrauchnahme und Gebrauch bei Widerruf

346   Viel häufiger als die Frage nach dem Nutzungsersatz – der bei einem Widerruf innerhalb der normalen Frist von 14 Tagen meist gering ausfallen wird – stellt sich die Frage, die auch im Beispiel 14 (Rn. 337) angesprochen ist. Dort geht es um die Pflicht zum Wertersatz infolge einer Verschlechterung durch die bestimmungsgemäße Ingebrauchnahme nach §§ 357 Abs. 3 S. 1, 346 Abs. 2 S. 1 Nr. 3 BGB.

Inwiefern bei einem Widerruf Wertersatz für die Ingebrauchnahme geleistet werden muss, ist in § 357 Abs. 3 BGB näher bestimmt. Danach muss der Verbraucher, anders als nach § 346 Abs. 2 S. 1 Nr. 3 BGB, Wertersatz leisten, soweit die Verschlechterung auf einen **Umgang mit der Sache** zurückzuführen ist, der über die Prüfung der Eigenschaften und der Funktionsweise hinausgeht. Das gilt allerdings nur, wenn er hinreichend über diese Pflicht **belehrt** worden ist. Die Rechtsfolgen beim Widerruf sind hier also für den Verbraucher **strenger als bei einem Rücktritt**. Auch § 357 Abs. 3 BGB wurde mehrfach geändert. Vor der letzten Anpassung im Juli 2011 hatte es einschränkender geheißen, die Wertersatzpflicht bestehe nicht, „wenn die Verschlechterung ausschließlich auf die Prüfung der Sache zurückzuführen" sei.

347   Im **Beispiel 14** (Rn. 337) war V über die Folgen des Befüllens gewarnt worden, so dass sich bei einfacher Befolgung des Gesetzeswortlauts eine Ersatzpflicht ergeben könnte. Allerdings muss noch genauer überlegt werden, ob hier eine „echte" Ingebrauchnahme des Betts vorlag, oder nur eine Prüfung der Ware iSd § 357 Abs. 3 S. 1 Nr. 1 BGB. Wertminderungen infolge einer solchen Prüfung verpflichten in keinem Fall zum Wertersatz. Trotz des neuen, konkreteren Wortlauts von § 357 Abs. 3 S. 1 Nr. 1 BGB ist immer noch eine Auslegung erforderlich, um zu klären, wo genau die „Prüfung" endet, und die Ingebrauchnahme beginnt. Hier gelten zunächst wieder die allgemeinen Grundsätze: Das Ziel der Fernabsatz-RL, dem Verbraucher einen angemessenen Informationsstand zu verschaffen, indem er die Waren noch nachträglich prüfen darf, ist entscheidend. Die Pflicht zum Wertersatz darf einen nach entsprechendem Prüfen erklärten Widerruf nicht zu einem bloß formalen Recht entwerten.[67]

Die Entscheidung des BGH ist hier sehr klar, aber vielleicht nicht in allen Einzelheiten überzeugend. Der BGH meint, dass das Prüfrecht dem Umfang nach einer Prüfung, wie sie im traditionellen Handel möglich sei, entsprechen müsse.[68] Im Handel würde man ein Wasserbett allerdings niemals befüllen können. Der Vergleich mit dem Handel ist also allenfalls als idealisiertes Bild korrekt: Die Kaufsache tritt an die Stelle eines Vorführgeräts.[69] So kann ein Wasserbett eben nicht nur ausgepackt, sondern auch befüllt, ein Regal aufgebaut und ein Kleidungsstück anprobiert werden. Der EuGH hat in der Entscheidung Messner eine andere Beschreibung gewählt, die auch Ursache für die Änderung des § 357 Abs. 3 BGB war. „Prüfen" heißt nach Auffassung des EuGH „ausprobieren".[70]

Bei dem Wasserbett ist ein Ausprobieren jedenfalls nicht möglich, ohne dass man das Bett befüllt. Man kann sonst nicht sehen, ob es funktioniert, ob es dicht ist und ob man den Liegekomfort mag. Anders ausgedrückt: Wenn die Ingebrauchnahme zu Prüfungszwecken erforderlich ist, erfasst die Prüfung auch die Ingebrauchnahme. Das Prüfungsrecht des Verbrauchers kann auch nicht deswegen eingeschränkt werden, weil eine erhebliche Wertmin-

---

67   *Schinkels*, LMK 2011, 312902.
68   *BGH* NJW 2011, S. 56.
69   *Schinkels*, LMK 2011, 312902.
70   *EuGH* Slg. 2009, S. 7315 Rn. 25 (Messner).

derung schon allein durch den für Prüfzwecke erforderlichen Aufbau der Kaufsache eintritt.[71] Deshalb muss V für die Wertminderung infolge der Befüllung der Matratze zu Prüfzwecken keinen Ersatz leisten, so dass der U ihm den vollen Kaufpreis iHv 1.500 Euro zu erstatten hat.

Die Gesetzesbegründung zu § 357 Abs. 3 BGB erwähnt ausdrücklich, dass die Neufassung der Norm auch **bereits der Verbraucherrechte-RL entspreche**.[72] Diese bestimmt in Art. 14 Abs. 2, dass der Verbraucher für einen etwaigen Wertverlust der Waren (nur) haftet, wenn dieser auf einen zur Prüfung der Beschaffenheit, Eigenschaften und Funktionsweise der Waren nicht notwendigen Umgang mit ihnen zurückzuführen ist. In der Tat ist damit wohl in wortreicherer Form genau das gemeint, was der EuGH in der Entscheidung mit dem „Ausprobieren" beschreibt. Die Neuregelung des § 357 Abs. 3 BGB hat gegenüber dem für Nutzungsersatz geltenden § 312e BGB sicherlich immerhin den großen Vorteil, dass sie, ebenso wie die Verbraucherrechte-RL, **nicht zwischen dem Widerrufsrecht bei Haustürgeschäften und bei Fernabsatzgeschäften unterscheidet.**   **348**

d) Konkurrenz von Nutzungsersatz und Ersatz für Verschlechterung durch Gebrauch

Schließlich muss man sich noch klar machen, dass es einen **engen inneren Zusammenhang** zwischen Wertersatz für die Nutzung der Ware nach §§ 357 Abs. 1, 346 Abs. 2 S. 1 Nr. 1, 312e BGB und Wertersatz für die Verschlechterung durch bestimmungsgemäße Ingebrauchnahme nach §§ 357 Abs. 3 S. 1, 346 Abs. 2 S. 1 Nr. 3 BGB gibt. Man kann die beiden Fragen nicht unabhängig voneinander behandeln.[73]   **349**

Fälle, in denen es allein auf den Nutzungsersatz ankommt, sind nämlich im Grunde selten. Meist **decken sich Nutzungsersatz und Wertminderung sogar vollständig.**[74] Das liegt daran, dass in Deutschland bei der Berechnung des Wertersatzes für die Nutzung einer beweglichen Sache die „zeitanteilige lineare Wertminderung" zugrunde gelegt wird. Diese sollte sich mit der regulären Verschlechterung der Sache decken. Nur in manchen Fällen weichen die beiden Posten voneinander ab. So ist es, wenn der Vertragsgegenstand, wie das kaputte Notebook im Fall Messner, ausnahmsweise aus anderen Gründen wertlos geworden ist. Dann kann eine Einordnung des geforderten Wertersatzes nur als **„Nutzungsvorteil"** erfolgen. Die beiden einschlägigen Normen – also § 312e BGB und § 357 BGB – unterscheiden sich jedoch deutlich voneinander.[75] Es fragt sich, ob eine der beiden Regelungen vorrangig greift.

Verbildlichen kann man sich den Konflikt gut bei Kleidungsstücken. Die Präambel der Verbraucherrechte-RL führt in diesem Zusammenhang aus, dass der Verbraucher   **350**

---

71 *BGH* NJW 2011, S. 56.
72 BT-Drucks. 17/5097, S. 12; zum Vergleich zwischen Fernabsatz- und Haustürverträgen auch Rn. 232.
73 *Wendehorst*, NJW 2011, S. 2551, 2553; Regierungsentwurf vom 30.11.2010 „Gesetz zur Anpassung der Vorschriften über den Wertersatz bei Widerruf von Fernabsatzverträgen und über verbundene Verträge", BR-Drucks. 855/10, S. 22.
74 MünchKommBGB/*Stresemann*, § 100 Rn. 10.
75 Unterschiedlich sind auch die für Form und Zeitpunkt der Unterrichtung des Verbrauchers geltenden Regeln, dazu *Wendehorst*, NJW 2011, S. 2551, 2553 f.

nur so mit der Kaufsache umgehen könne, **wie es ihm in einem Geschäft gestattet** wäre. Daher dürfe er ein Kleidungsstück nur „anprobieren" und nicht „tragen".[76]

Trägt die Käuferin ein im Fernabsatz erworbenes Kleid jedoch einige Tage lang, dabei auch bei Gelegenheiten, bei denen geraucht wird, oder gar auf einer wilden Party, so erleidet das Kleid einen dramatischen Wertverlust. Handelt es sich dabei um einen normalen Nutzungsvorteil, der nach § 312e BGB nur dann zu ersetzen ist, wenn Treu und Glauben dies verlangen? Oder ist dieser Wertverlust als Verschlechterung iSd § 346 Abs. 2 S. 1 Nr. 3 BGB einzuordnen und damit immer dann zu ersetzen, wenn es sich nicht um eine bestimmungsgemäße „Ingebrauchnahme" handelt?

Beim gesetzlichen Rücktrittsrecht wird dieser Streit üblicherweise nicht ausgetragen, weil es darauf nicht ankommt. Da der Nutzungsersatz bei Gebrauchsgütern wie bereits erwähnt durch die **Methode der linearen Abnutzung** bestimmt wird, deckt er sich weitgehend mit der normalen Verschlechterung, die durch regulären Gebrauch eintritt. Beides geht daher auch bei der Ersatzleistung ineinander auf. Nur die Ingebrauchnahme kann bei manchen Gütern zu einem zusätzlichen, rasanten Wertverfall führen. Für diese muss aber nach § 346 Abs. 2 S. 1 Nr. 3 BGB kein Ersatz geleistet werden.[77]

Für den Widerruf des Fernabsatzvertrags fragt sich wegen der Sonderregelung des § 312e BGB hingegen, ob auf der Basis des § 346 Abs. 2 S. 1 Nr. 3 BGB auch dann Ersatz verlangt werden kann, wenn § 312e BGB den Nutzungsersatz ausschließt. Der Unternehmer könnte sich dann auch für Verschlechterungen, die sich wirtschaftlich mit dem *normalen* Gebrauchsvorteil im Sinne des § 346 Abs. 1 BGB decken, alternativ auf § 346 Abs. 2 S. 1 Nr. 3 BGB berufen. Damit würde die Privilegierung des Verbrauchers in § 312e BGB natürlich ausgehebelt.

351   Der EuGH konnte diesen Punkt in seiner Rechtsprechung nicht berücksichtigen. Denn er kennt die technischen Finessen des nationalen Rechts nicht und muss diese auch nicht kennen. Fragt man sich aber, was der EuGH erreichen wollte, so ging es zweifellos darum, dass der Verbraucher die Sache während der laufenden Widerrufszeit unbeschwert nutzen können soll, solange dies nicht gegen Treu und Glauben verstößt. Dann aber müssen auch etwaige Ansprüche aus § 346 Abs. 2 S. 1 Nr. 3 BGB in diesem Sinne eingeschränkt werden. Der deutsche Gesetzgeber hat bei der Umsetzung ebenfalls **keine ausdrückliche Regelung** vorgenommen. Man muss aber davon ausgehen, dass auch er keine Hintertür offenhalten wollte. Das führt dann zu einem einfachen Ergebnis: *Normale*, durch reguläre Nutzung einer Sache eintretende Verschlechterungen sind bei Widerruf eines Fernabsatzvertrags soweit nicht zu ersetzen, wie auch Nutzungsersatz nach § 312e BGB entfällt. Nur wenn die Verschlechterung darüber hinausgeht, ist Ersatz zu leisten.

Die Regelung über das Ausprobieren in § 357 Abs. 3 S. 1 BGB verliert so für Fernabsatzverträge einen erheblichen Teil ihrer Bedeutung. Sie erfasst aber besonders noch den Wertverlust, der bei vielen Waren gerade durch die allererste Ingebrauchnahme eintritt, so, wie es in dem Wasserbettfall beschrieben ist.

---

76   Erwägung 47 der Präambel der Verbraucherrechte-RL.
77   Vertiefend Staudinger/*Kaiser*, BGB, § 357 Rn. 25, die allerdings abweichend von der hM meint, „Ingebrauchnahme" sei jeder Gebrauch, um so Doppeltzahlungen schon im Ansatz auszuschließen. Das allerdings funktioniert dann beim Widerruf gerade nicht.

e) Die Regelung des § 346 Abs. 1 BGB in Bezug auf Versandkosten

Wird ein Fernabsatzvertrag widerrufen, muss auch entschieden werden, wer die Kosten für die **Zusendung** der Ware an den Verbraucher und die **Rücksendung** der Ware durch den Verbraucher bezahlen muss. Für die Rücksendekosten enthält § 357 Abs. 2 BGB eine Regelung, die auf den Warenwert abstellt, und so versucht, den Interessenkonflikt zwischen Unternehmer und Verbraucher angemessen aufzulösen.

352

Im Hinblick auf die Vereinbarkeit mit der Fernabsatz-RL ist fraglich, ob dem Verbraucher im Falle der Erklärung des Widerrufs die Kosten der Zusendung der Ware („Hinsendekosten") auferlegt werden dürfen. Andernfalls müsste dem Verbraucher zusätzlich zum Anspruch auf Rückerstattung des Kaufpreises auch ein **Anspruch auf Rückgewähr seiner bereits gezahlten Zusendekosten** zustehen.

Während sich aus deutschem Recht (§ 346 Abs. 1 BGB) ein Anspruch auf Erstattung der Hinsendekosten nicht ohne weiteres ergibt, könnte dies nach der Fernabsatz-RL anders sein. Wieder ist problematisch, wie sich Art. 6 Abs. 2 S. 1 und 2 Fernabsatz-RL auswirken, nach denen „der Lieferer die vom Verbraucher geleisteten Zahlungen kostenlos zu erstatten [hat]" und „die einzigen Kosten, die dem Verbraucher in Folge der Ausübung seines Widerrufsrechts auferlegt werden können, [...] die unmittelbaren Kosten der Rücksendung der Waren [sind]".

Der BGH legte die Frage im Rahmen des **Vorabentscheidungsverfahrens Heinrich Heine GmbH** dem EuGH vor, der sich damit recht gründlich auseinandersetzte.[78] Gegenstand der Vorlage war ein von der Heine GmbH erhobener pauschaler Versandkostenanteil für die Zusendung der Ware iHv 4,95 Euro, der bei Widerruf nicht erstattet wird.

Die deutsche Regierung hat in ihrer zum Vorabentscheidungsverfahren eingereichten Erklärung geltend gemacht, dass es sich bei den „geleisteten Zahlungen" iSd Art. 6 Abs. 2 S. 1 Fernabsatz-RL nur um die Hauptleistungen und damit insbesondere um den vom Verbraucher gezahlten Preis handele. Der EuGH hingegen hat festgestellt, dass sämtliche vom Verbraucher an den Lieferer gezahlten Leistungen erfasst werden und diesbezüglich **nicht zwischen dem Preis der Ware und den Lieferkosten unterschieden** wird. Daher kann eine Zahlung der „Kosten" der Hinsendung als „Zahlung" im Sinne der Richtlinie erstattet werden.[79]

Ferner hat der EuGH sich gegen das weitere Vorbringen der deutschen Regierung gewendet, dass unter den Kosten, die dem Verbraucher „in Folge der Ausübung seines Widerrufsrechts" auferlegt werden können, nur die durch den Widerruf verursachten Folgekosten zu verstehen seien. Vielmehr werden **sämtliche Kosten im Zusammenhang mit dem Abschluss, der Durchführung oder der Beendigung des Vertrags** erfasst.[80] Andernfalls wird der Verbraucher entgegen der Zielsetzung des Art. 6 Fernabsatz-RL von der Ausübung seines Widerrufsrechts abgehalten.

---

78 *EuGH* Slg. 2010, S. 3047 (Heine).
79 *Schinkels*, LMK 2010, 303287.
80 *EuGH* Slg. 2010, S. 3047 Rn. 52 (Heine).

353 Deshalb sind nationale Regelungen, nach denen der Lieferer eines Fernabsatzvertrags dem Verbraucher die Kosten der Zusendung der Ware bei dessen Widerruf auferlegen darf, nicht mit Art. 6 Abs. 1 S. 2, Abs. 2 Fernabsatz-RL vereinbar.

Folglich muss das nationale Recht einen entsprechenden **Rückzahlungsanspruch** vorsehen. In Betracht kommt es, dem Verbraucher in **richtlinienkonformer Auslegung der §§ 312d Abs. 1, 357 Abs. 1 S. 1, 346 Abs. 1 BGB** einen Anspruch auf Erstattung seiner an den Unternehmer gezahlten Versandkosten zu gewähren, wenn er sein Widerrufsrecht ausübt.[81]

Nach Art. 14 Abs. 1 Verbraucherrechte-RL wird der Verbraucher in Zukunft regelmäßig die Rücksendekosten tragen müssen.[82] Die Hinsendekosten dagegen sollen weiterhin erstattungsfähig bleiben.

f) Ersatzpflicht bei zufälligem Untergang der Sache nach § 357 Abs. 3 S. 3 BGB

354 Die Richtlinienkonformität des § 357 Abs. 3 BGB wird seit langem noch unter einem anderen Aspekt diskutiert, der von der Änderung nicht berührt ist. Durch § 357 Abs. 3 S. 3 BGB wird nämlich das Risiko des zufälligen oder sonst bei Anwendung der eigenüblichen Sorgfalt eingetretenen Untergangs der Sache auf den Widerrufsberechtigten verlagert, soweit dieser Kenntnis von seinem Widerrufsrecht hat. Das bedeutet, dass der Verbraucher, wenn die Ware untergegangen ist, zwar den Widerruf theoretisch noch erklären darf. **Praktisch ist der Widerruf jedoch sinnlos**, weil der Verbraucher vollen Wertersatz für die Ware leisten muss.

Diese Haftung des Verbrauchers für den fahrlässig oder zufällig eingetretenen Untergang ergibt sich durch den Ausschluss des § 346 Abs. 3 S. 1 Nr. 3 BGB, wie er in § 357 Abs. 3 S. 3 BGB angeordnet ist. Der Auschluss bewirkt, dass der Verbraucher nicht den dort vorgesehenen *verminderten Sorgfaltsmaßstab* für sich beanspruchen kann. Das bedeutet aber eben auch, dass er nach dem insofern uneingeschränkt geltenden § 346 Abs. 2 Nr. 3 BGB sogar **für den zufälligen Untergang** haftet.

Während man bei der Erstfassung des § 357 Abs. 3 BGB noch Zweifel daran haben durfte, ob der Gesetzgeber diese Konsequenz überhaupt bemerkt hatte, muss jedenfalls nach der Einführung der neuesten Änderungen in die Norm von einer **bewussten Entscheidung** ausgegangen werden. Diskutiert wurde in Vorbereitung der Änderung nämlich allein, ob die – explizit erkannte – Zufallshaftung von einer besonderen Belehrung abhängig gemacht werden sollte. Das wurde letztlich abgelehnt, einzige Voraussetzung blieb damit, dass überhaupt eine Widerrufsbelehrung erfolgt ist.[83]

Um die **Richtlinienkonformität** der durch § 357 Abs. 3 S. 3 BGB angeordneten Risikoverortung beim Verbraucher beurteilen zu können, muss zwischen den zwei Fallgruppen differenziert werden. Dass derjenige, der ein Widerrufsrecht hat und dies auch kennt, die Ware sorgfältig behandeln muss, und ihm der *verminderte Sorgfaltsmaßstab* des § 346 Abs. 3 S. 1 Nr. 3 BGB nicht zugutekommen kann, überzeugt ohne weiteres. Problematisch ist aber die Überwälzung des Risikos des *zufälligen* Unter-

---

81   *BGH* NJW 2010, S. 2651; *Schinkels*, LMK 2010, 303287.
82   Entsprechend Art. 45 Nr. 2 CESL.
83   BT-Drucks. 70/5097, S. 25, 28.

gangs. Beim zufälligen Untergang handelt es sich um einen völlig neutralen Vorfall, der weder dem Unternehmer noch dem Verbraucher zugerechnet werden kann. Die Zuordnung des Risikos zum Verbraucher könnte deshalb gegen die Vorgaben der Richtlinien verstoßen.

Ausdrücklich enthält keine Richtlinie eine Regelung über diesen (seltenen) Tatbestand. Teils wird angenommen, das Risiko müsse dem Verbraucher überantwortet werden, weil er die Sache im Besitz habe. Der Unternehmer könne sich daher nicht schützen.[84] Jedoch überzeugt dies nicht. Bei der Auslegung der Richtlinie muss der Blick grundsätzlich starr darauf gerichtet sein, dass der Verbraucher übereilt einen Vertrag abgeschlossen haben könnte, der eigentlich für ihn nicht vernünftig war. Der Verbraucher soll sich nach dem Willen des Richtliniengebers von diesem Vertrag **in jedem Fall wieder lösen** können. Dies ist erst recht wichtig für ihn, wenn die Sache auch noch durch Zufall untergegangen ist.

Dass damit zugleich der Nebeneffekt eintritt, dass der Unternehmer für jeden zufälligen Untergang innerhalb der Widerrufsfrist haften muss, weil nach dem Untergang jeder (informierte) Verbraucher widerrufen wird, ist freilich eine harte Konsequenz.

g)   Die Folgen des Widerrufs eines Realkreditvertrags

Literaturhinweis: *Möllers/Grassl*, Europarechtswidrigkeit der Schrottimmobilien-Rechtsprechung des XI. Senats, VuR 2010, S. 3.

aa) Problemstand.   Wie oben (Rn. 309) bereits gezeigt hat der EuGH im Jahr 2001   **355** entschieden, dass Realkreditverträge, die in einer Haustürsituation abgeschlossen wurden, widerruflich sind. Daran anschließend besteht die im Bereich des Widerrufsrechts derzeit brisanteste Problematik darin, was die Folgen des Widerrufs eines Realkreditvertrags sind. Betroffen sind die oben bereits angesprochenen Fälle der Anlageberatung – oft wird auch von „**Schrottimmobilien**" gesprochen.

Würde man isoliert das Recht zum Widerruf bejahen, und bliebe das Widerrufsrecht auf den Kreditvertrag beschränkt, wäre es für den Verbraucher nämlich wirtschaftlich sinnlos. Durch den Widerruf würde der Darlehensvertrag gemäß § 357 Abs. 1 BGB in ein **Rückabwicklungsschuldverhältnis** nach § 346 BGB umgewandelt. Das würde einzig dazu führen, dass der Verbraucher das Darlehen **sofort zurückzahlen** müsste. Für den Kauf der Immobilie ist der Widerruf wegen der notariellen Beurkundung der Willenserklärung des Verbrauchers nach § 312 Abs. 3 Nr. 3 BGB ausgeschlossen.

Diese Situation hat die nationalen Gerichte und den EuGH in den letzten Jahren lebhaft beschäftigt. Anfangs konzentrierte die Diskussion sich weitgehend darauf, wann ein **verbundener Vertrag** im Sinne des § 358 BGB anzunehmen ist. Denn wenn ein verbundenes Geschäft nach § 358 BGB angenommen werden dürfte, würde der Widerruf sich automatisch auf den Kaufvertrag erstrecken. Es wäre dem Verbraucher insbesondere erlaubt, anstelle der Darlehensvaluta die Immobilie an die Bank zurückzugeben (§ 358 Abs. 4 S. 3 BGB). Er wäre mit einem Schlag von allen Schulden befreit. Inzwischen sind jedoch durch die beiden EuGH-Entscheidungen **Schulte** und

---

84   *Aigner/Hoffmann*, Fernabsatzrecht im Internet, 2004, Rn. 132.

Crailsheimer Volksbank weitere Aspekte hinzugetreten. Die Entwicklungen werden im Folgenden dargestellt.

356   **bb) Reaktion der deutschen Rechtsprechung auf die Entscheidung Heininger.** Der BGH hatte in seiner abschließenden Entscheidung in der Sache Heininger sowie in einigen nachfolgenden Entscheidungen ein „verbundenes Geschäft" zwischen dem Immobilienerwerb und dem Realkredit abgelehnt.[85] Er befand, dass § 358 BGB nicht eingreife. Das bedeutete, wie soeben aufgezeigt, dass der Widerruf dem Verbraucher letztlich keinerlei Vorteile brachte.[86] Auch andere Gründe für eine Haftung der Banken sah der BGH nicht.

Diese Rechtsprechung des BGH wurde von vielen Stimmen in der Literatur und schließlich auch von einigen Gerichten in Frage gestellt. Auch **innerhalb des BGH selbst** entschieden verschiedene Senate uneinheitlich. So war vom 2. Senat doch ein verbundenes Geschäft zwischen dem Realkredit und dem Immobilien- bzw Fondsanteilskauf angenommen worden.[87] Schließlich beschlossen das LG Bochum und das OLG Bremen zu der Problematik erneut Vorlagen an den EuGH.[88]

357   **cc) Die Urteile Schulte und Crailsheimer Volksbank.** In seinen Entscheidungen bezog der EuGH weit deutlicher Stellung, als erwartet worden war.[89] Das zuerst ergangene, ausführlichere Urteil in der Sache **Schulte** beginnt allerdings äußerst zurückhaltend. Die in § 358 BGB gewählte Lösung über die verbundenen Geschäfte sieht der EuGH zu Recht als **im EU-Recht nicht verankert** an. Dann aber kommt doch noch der wesentliche Ausspruch: Wenn der Verbraucher aufgrund einer fehlenden Belehrung sein Widerrufsrecht nicht ausüben konnte, „verpflichtet die Richtlinie die Mitgliedstaaten, geeignete Maßnahmen zu treffen, damit der Verbraucher nicht die Folgen der Verwirklichung derartiger Risiken zu tragen hat." Mit derartigen Risiken sind die **wirtschaftlichen Verluste** gemeint, die die Verbraucher in den Schrottimmobilienfällen durch den Wertverlust der Immobilien typischerweise erlitten haben. „Die Mitgliedstaaten müssen also dafür sorgen, dass unter diesen Umständen das Kreditinstitut, das seiner Belehrungspflicht nicht nachgekommen ist, die Folgen der Verwirklichung dieser Risiken trägt, damit der Pflicht, die Verbraucher zu schützen, genügt wird."[90]

---

85   *BGHZ* 150, 248, 263; das Urteil wird (zu Recht) viel gescholten, weil der *BGH* ausführt: „Bei einem Immobilienkauf weiß auch der rechtsunkundige und geschäftsunerfahrene Laie, dass der Kreditgeber und der Immobilienverkäufer in der Regel zwei verschiedene Personen sind". Darum geht es natürlich nicht. Und es ist davon auszugehen, dass auch der *BGH* dies wusste. Es handelt sich wohl lediglich um eine ungeschickte Formulierung dafür, dass der Verbraucher nach Ansicht des *BGH* beide Verträge für voneinander unabhängig einschätzen kann.

86   Genauer zu den wirtschaftlichen Folgen *Schlachter*, RIW 2004, S. 655, 656.

87   BGHZ 156, 46; dazu *Doehner/Hoffmann*, ZIP 2004, S. 1884.

88   *LG Bochum* NJW 2003, S. 2612; kritisch zu dieser Vorlage *Ehricke*, ZIP 2004, S. 1025; *OLG Bremen* NJW 2004, S. 2238.

89   Sehr skeptisch noch der Generalanwalt; ganz anders dagegen die Stellungnahme der Kommission, abgedruckt in ZGS 2004, S. 98.

90   *EuGH* Slg. 2005, S. 9215 Rn. 99 ff. (Schulte); darauf aufbauend *EuGH* Slg. 2005, S. 9293 Rn. 47 ff. (Crailsheimer Volksbank).

Der EuGH liest also in die Haustür-RL und insbesondere in die Pflicht zur Belehrung über das Widerrufsrecht eine allgemeine Vertragspflicht des Unternehmers hinein. Der Unternehmer muss den Verbraucher durch die Einräumung des Widerrufsrechts **vor den wirtschaftlichen Risiken des Vertrags beschützen.** Nur wenn der Verbraucher das Widerrufsrecht hat und aufgrund der ordnungsgemäßen Widerrufsbelehrung auch kennt, gehen die wirtschaftlichen Risiken auf ihn über. Das ist vollkommen richtig und entspricht dem Sinn des Widerrufsrechts: Der Verbraucher soll nach der Überrumplung in der Haustürsituation einige Tage Zeit haben, sich genau zu überlegen, ob er an den abgeschlossenen Vertrag gebunden sein möchte. Erst in dieser Zeit ist er in der Lage, eine freie und verantwortliche Entscheidung zu treffen, deren wirtschaftliche Folgen er später selbst tragen muss. Hat der Verbraucher die Möglichkeit der nachträglichen freien Entscheidung nicht, weil er das Widerrufsrecht nicht kennt, dann entsteht nicht nur kein bindender Vertrag, sondern auch die Risiken des Vertrags gehen nicht auf ihn über.

Die für den Unternehmer entstehende Belastung nimmt das EU-Recht in seiner oben beschriebenen, einseitig auf den Verbraucher ausgerichteten Sichtweise auch hier hin.

dd) Reaktion der deutschen Rechtsprechung auf die Entscheidungen Schulte und Crailsheimer Volksbank. Seit dieser Vorgabe des EuGH musste die deutsche Rechtsprechung nach Lösungswegen suchen. Dabei war der Spielraum groß, denn der EuGH hat **nicht ausdrücklich festgelegt**, auf welche Weise der Verbraucher geschützt werden soll. Er spricht nur von „geeigneten Maßnahmen", die durch die Mitgliedstaaten getroffen werden müssen.[91]   **359**

Der BGH entschied sich unter anderem für einen auf die Verletzung der Belehrungspflicht gerichteten **Schadensersatzanspruch aus Verschulden bei Vertragsschluss.** Er verlangt dabei allerdings, dass der Verbraucher beweist, dass er den Darlehensvertrag bei ordnungsgemäßer Belehrung tatsächlich widerrufen hätte.[92]

Das wird dem Verbraucher selten gelingen, so dass ihm mit der neuen Rechtsprechung wenig geholfen ist (näher unten Rn. 417). Es sollte daher nicht verwundern, wenn schon bald wieder ein Instanzgericht die nächste Vorlage tätigt, um klären zu lassen, ob diese Rechtsprechung unionsrechtlichen Maßstäben genügt.[93]

ee) Die Rückabwicklung nach Widerruf bei Fondsbeitritten. Für die Rückabwicklung nach dem Widerruf eines Fondsbeitritts hat der EuGH eine **grundsätzlich andere Linie** vertreten. Er hat in der **Entscheidung Friz** ausgesprochen, dass die Vorschriften über die **fehlerhafte Gesellschaft** angewendet werden müssen, und der Verbraucher keine einfache Rückabwicklung der jeweils erbrachten Leistungen („Rückzahlung der Einlage gegen Rückgabe des Gesellschaftsanteils") nach §§ 355, 357 Abs. 1, 346 Abs. 1 BGB verlangen kann.[94]   **360**

---

91 *EuGH* Slg. 2005, S. 9215 Rn. 100 (Schulte).
92 Aus der Fülle der Entscheidungen nur BGHZ 169, 109; aA *OLG Bremen* NJW 2006, S. 1210, 1216, das zugunsten des Verbrauchers ein aufklärungsrichtiges Verhalten vermutet; *Rösler*, ZEuP 2006, S. 868; *Röthel*, GPR 2006, S. 184.
93 Mit erheblichen Zweifeln an der Unionsrechtskonformität etwa *Jungmann*, NJW 2007, S. 1562; *Möllers/Grassl*, VuR 2010, S. 3, 11 ff.
94 *EuGH* Slg. 2010, S. 2947 (Friz).

Vielmehr wird nach den §§ 735, 739 BGB so abgewickelt wie bei dem Ausscheiden eines Gesellschafters. Auf den ersten Blick wird man sich darüber vielleicht wundern, denn der Widerruf wird auch hier für den Verbraucher **wirtschaftlich sinnlos**.

Man muss sich aber klarmachen, dass die Rückabwicklung beim Fondsbeitritt nicht zwischen Verbraucher und Unternehmer erfolgt, sondern **zwischen dem Verbraucher und der Gesellschaft**. Die Gesellschaft wiederum besteht aus den anderen – oft ebenfalls privaten – Anlegern. Könnte der Verbraucher, der zuerst widerruft, seine Anzahlung heraus verlangen, ginge dies also **zulasten der übrigen Verbraucher**.[95]

361 Im **Beispiel 13** (Rn. 305) hat der A also keinen Anspruch aus §§ 357 Abs. 1, 346 Abs. 1 BGB auf Rückzahlung seiner ursprünglichen Einlage. Vielmehr gelten hier die Regeln über die „fehlerhafte Gesellschaft". Danach kann A als ausscheidender Gesellschafter eine Abfindung verlangen. Da bei deren Berechnung jedoch der Wert der Gesellschaft zum Zeitpunkt des Widerrufs zugrunde gelegt wird, treffen ihn die Verluste der Gesellschaft.[96]

h) Zusammenfassung

362 Die Umsetzung der Rechtsfolgen des Widerrufs hat in Deutschland seit jeher zahlreiche Probleme aufgeworfen. Resultat sind ein **inkohärentes System aus Sondervorschriften** und der Vorwurf, es handele sich um „Etappen- und Reparaturgesetzgebung".[97] Insbesondere im Hinblick auf den Ersatz von Nutzungen und von Verschlechterungen durch Gebrauch besteht auch **zukünftig ein erheblicher Regelungsbedarf** zur Harmonisierung der unverständlicherweise voneinander abweichenden einschlägigen Vorschriften. Hier bleibt vor allem abzuwarten, welche erneuten Änderungen der Gesetzgeber bei der erforderlichen Umsetzung der Verbraucherrechte-RL vornehmen wird.

VI. Die Einbeziehung von allgemeinen Geschäftsbedingungen (AGB) in den Vertrag

1. Einbeziehung von AGB nach der Klausel-RL

363 Das EU-Privatrecht enthält mit der Klausel-RL auch Regelungen zur Überprüfung von AGB. Die Klausel-RL beschränkt sich allerdings anders als das in den §§ 305 ff. BGB enthaltene AGB-Recht **allein auf Verbraucherverträge**. Anders als das deutsche Recht unterscheidet sie nicht zwischen Normen über die Einbeziehung und Normen über die Inhaltskontrolle von AGB. In Art. 6 Abs. 1 Klausel-RL ist vielmehr nur vorgesehen, dass „missbräuchliche Klauseln für den Verbraucher unverbindlich" sind. Man darf sich dadurch aber nicht täuschen lassen. Es sind doch einige Fragen umfasst, welche aus deutscher Sicht eher die Einbeziehung betreffen.

---

95 *Armbrüster*, EuZW 2010, S. 614, 616.
96 *Miras*, NJW 2010, S. 1513.
97 *Wendehorst*, NJW 2011, S. 2551, 2553.

Insbesondere sieht § 305c Abs. 1 BGB vor, dass *überraschende* Klauseln gar nicht in den Vertrag einbezogen werden. Mit Art. 6 Abs. 1 Klausel-RL ist diese Sichtweise ohne weiteres vereinbar.

In der Präambel zur Klausel-RL ist außerdem statuiert, dass der Verbraucher tatsächlich die Möglichkeit haben muss, **von allen Vertragsklauseln Kenntnis zu nehmen**. Auch das ist ein Punkt, den das deutsche Recht als Frage der Einbeziehung versteht. § 305 Abs. 2 Nr. 2 BGB bestimmt hier seit der Schuldrechtsmodernisierung sogar, dass eine für den Verwender erkennbare körperliche Behinderung der anderen Vertragspartei angemessen berücksichtigt werden muss. Dies geschah zwar nicht ausdrücklich in Hinblick auf die Richtlinie, schließt aber jedenfalls ein Umsetzungsdefizit an diesem Punkt aus.[98]

2. Einbeziehung von AGB im Fernabsatz und E-Commerce

Auch die Fernabsatz- und die E-Commerce-RL enthalten keine genauen Regelungen   **364** dazu, auf welche Weise Vertragsbedingungen für den Verbraucher im E-Commerce zugänglich sein müssen, damit sie Vertragsbestandteil werden. Art. 10 Abs. 3 E-Commerce-RL verlangt immerhin, dass die AGB speicherbar und reproduzierbar sein müssen. Für die Einbeziehung der AGB in den Vertrag sind daher die Grundsätze der Klausel-RL an die **besondere Situation des Fernabsatzes** anzupassen. Hier wird es als ausreichend angesehen, wenn auf der Bestellseite ein deutlich erkennbarer Link eingerichtet ist, der die Öffnung der AGB in gut lesbarer Form bewirkt.[99] Mehr setzen auch die Richtlinien nicht voraus. Die Klausel-RL verlangt nicht mehr als die bloße Möglichkeit der Kenntnisnahme.

3. Sonderfall: Einbeziehung von AGB bei Internetauktionen

Wenn bei Internetauktionen AGB gestellt werden, ist nicht nur die Frage der inhaltli-   **365** chen Wirksamkeit interessant, sondern man muss auch näher untersuchen, wie diese AGB überhaupt in den Vertrag einbezogen werden können. Dabei ist zu unterscheiden zwischen der Einbeziehung von **AGB des Auktionshauses** und der Einbeziehung von **AGB der Vertragsschließenden** selbst.

Die Richtlinien enthalten für keinen der beiden Punkte eine ausdrückliche Vorgabe. Jedoch ergeben sich kaum Besonderheiten, solange es um die eigenen AGB des Warenanbieters geht. Diese werden Vertragsbestandteil, wenn die allgemeinen, für alle E-Commerce-Geschäfte vorgesehenen Regeln eingehalten wurden.

Schwieriger ist die Frage, wie die AGB des Diensteanbieters, also des Internetaukti-   **366** onshauses, auf den Inhalt des zwischen zwei Nutzern abgeschlossenen Vertrags einwirken.[100] Das ist wichtig, weil sich dort oft entscheidende Regeln finden, wie zB eine Beschreibung des Vertragsschlussmechanismus, der für die Auktion gelten soll.

---

98   BT-Drucks 14/6040 S. 150.
99   *BGH* NJW 2006, S. 2976; Palandt/*Grüneberg*, BGB, § 305 Rn. 36 mwN; näher *Dilger*, Verbraucherschutz bei Vertragsabschlüssen im Internet, 2002, S. 41 ff.
100   Umfassend *Heitbaum*, Zur Anwendbarkeit des § 156 BGB sowie zur Inhaltskontrolle bei privaten Online-Auktionen, 2003, S. 112 ff.

Der BGH **verneint eine unmittelbare Wirkung der AGB des Auktionshauses** auf das Vertragsverhältnis von Verkäufer und Käufer. Er meint, die AGB müssten aber **bei der Vertragsauslegung wesentlich berücksichtigt** werden, weil sie den Empfängerhorizont prägen.[101] Diese Auffassung überzeugt zunächst, da sie den allgemeinen Regeln zum Vertragsschluss entspricht. Wenn ein Verbrauchervertrag geschlossen wird, ist aber zweifelhaft, ob diese Sichtweise auch der Klausel-RL gerecht wird. Denn die Klauseln des Auktionshauses betreffen im Ergebnis sehr wohl die Verträge, die bei den Auktionen zwischen Käufer und Verkäufer geschlossen werden. Es wird geregelt, wann und auf welche Weise der Vertrag zustande kommt, wer die Gebühren trägt, wie die Ware zu beschreiben ist und Ähnliches mehr.

Nach Art. 3 Abs. 2 Klausel-RL unterliegen auch Klauseln, die ein Dritter gestellt hat, der Inhaltskontrolle. Der sehr weite Wortlaut des Art. 3 Abs. 2 Klausel-RL greift wohl auch für die AGB der Auktionsplattformen ein. Dafür spricht zusätzlich, dass die Inhaltskontrolle der Bedingungen des Auktionshauses auch nötig ist, um den Verbraucher effektiv vor Missbrauch (etwa durch einen Haftungsausschluss) zu schützen. Außerdem **erwartet der Verbraucher**, der bei der Auktion einen Kaufvertrag abschließt, zu Recht die Geltung dieser AGB für seinen Vertrag.

Man kann eine Einbeziehung in den Vertrag konstruieren, indem man, entgegen der Sichtweise des BGH, davon ausgeht, dass der **Anbieter sich die AGB vollends zu eigen macht**, so dass sie Teil seines Angebots werden, und nicht nur davon ausgeht, dass sie durch Auslegung den Vertragsinhalt prägen.

Wichtig wird eine genaue Analyse des Einbeziehungsmechanismus besonders, wenn der unternehmerische Verkäufer bei seinem Angebot **eigene, abweichende AGB** verwendet. Diese dürfen sich nicht ohne weiteres gegen die Bedingungen des Auktionshauses durchsetzen – denn dann würden die **berechtigten Erwartungen des Verbrauchers an die Vertragsbedingungen empfindlich erschüttert**. Auch dieses Ziel lässt sich am besten erreichen, wenn man die AGB des Auktionshauses als in die Einzelverträge einbezogen betrachtet.

Dass diese Sichtweise für den Unternehmer eine Härte bedeuten kann, nimmt das EU-Recht auch hier in Kauf.[102]

VII. Sonderfall: Die Regelung über unbestellt zugesandte Waren und ihre Umsetzung in Deutschland

Literaturhinweis: *Müller/Ham*, Topfverkäufer kocht vor Wut (Klausur), JA 2006, S. 602.

1. Regelung in der Fernabsatz- und der Verbraucherrechte-RL

367 Art. 27 Verbraucherrechte-RL konkretisiert nun eine schon in der alten Fernabsatz-RL enthaltene Regelung, indem er bestimmt, dass Verbraucher für unbestellte Waren und Dienste nicht *zur Zahlung verpflichtet* sind. An der Entwicklung dieser Vor-

---

101 *BGH* NJW 2011, S. 2421 Rn. 21; NJW 2011, S. 2643 Rn. 15; vorsichtiger noch BGHZ 149, 129 (ricardo.de).
102 Näher dazu *Heiderhoff*, ZIP 2006, S. 793.

schrift kann man gut erkennen, dass der Richtliniengeber darum bemüht ist, einen **systematischeren Regelungsstil** zu erreichen. Im alten Art. 9 Fernabsatz-RL hatte es noch geheißen, die Mitgliedstaaten sollten „unbestellte Lieferungen, die zugleich mit einer Zahlungsaufforderung verbunden sind", *untersagen*. Ein solches Verbot passte nicht in den privatrechtlichen Kontext.

Dem deutschen Gesetzgeber ist die Umsetzung der (alten) Richtlinie nicht gut gelungen. Das gilt schon für die bloße Stellung der Norm. § 241a BGB wurde zwischen die zwei sehr grundlegenden Regelungen in den §§ 241 und 242 BGB in das BGB hineingezwängt. Vor allem aber hat der Gesetzgeber sich – verursacht sicher durch den Wortlaut der Fernabsatz-RL – dazu hinreißen lassen, die privatrechtlichen Regelungsmechanismen ebenfalls zu vernachlässigen. Er hat auch seinerseits eine **Sanktionsnorm in das Vertragsrecht eingefügt.**[103] Dass der Gesetzgeber hier im Zuge der Umsetzung der Verbraucherrechte-RL nachbessern wird, ist aber eher unwahrscheinlich.

Es überrascht nicht, dass im Schrifttum viel Kritik geübt wurde. Insbesondere wurde versucht, die Reichweite der Norm einzuengen.

2. Die Reichweite des § 241a BGB vor dem Hintergrund der Richtlinienvorgaben

a) Möglichkeit der konkludenten Annahme

Streitig ist zunächst, ob und unter welchen Voraussetzungen ein Vertragsschluss über unbestellte Waren trotz § 241a BGB erfolgen kann. Insbesondere fragt sich, ob eine **konkludente Annahme** des in der Übersendung von Waren zu erblickenden Angebots möglich ist.[104] Konkret betrifft dies den Fall, dass der Verbraucher, dem die Ware unbestellt zugesandt wurde, diese Ware in Gebrauch nimmt. Dieser Streit basiert nicht nur darauf, dass § 241a BGB prinzipiell als zu weit empfunden wird. Ursache ist vielmehr auch der **verunglückte Wortlaut der Norm**. Denn diesem kann in der Tat nichts zu der Frage des Vertragsschlusses entnommen werden. Dass durch die *Lieferung* unbestellter Waren ein Anspruch auf Bezahlung nicht begründet wird, war auch schon vor der Einführung der Norm eine Selbstverständlichkeit. Eine Lieferung konnte auch schon früher höchstens ein Angebot sein. Kann in der Lieferung der Waren nun weiterhin ein Angebot zum Vertragsabschluss liegen, welches durch bloßes Benutzen der Sache konkludent angenommen werden kann? Die Frage muss vor dem Hintergrund der Richtlinie **klar verneint** werden.[105]

Anders als das nationale Recht befasst sich die Richtlinie nicht mit den Ansprüchen über die Herausgabe der Sache. Sie will **allein das Fehlen der Gegenleistungspflicht** regeln (vgl. Art. 9 2. Spiegelstrich Fernabsatz-RL – deutlicher künftig Art. 27 Verbraucherrechte-RL). Art. 9 2. Spiegelstrich Fernabsatz-RL ist dabei gerade auf die

368

369

---

103 Nur *Wagner*, AcP 206 (2006), S. 352, 369.
104 Dafür *Berger*, JuS 2001, S. 649, 654; *Löhnig*, JA 2001, S. 33, 34 (bei dauerhafter Benutzung).
105 Wie hier die hA, vgl. Palandt/*Grüneberg*, BGB, § 241a Rn. 6; MünchKommBGB/*Kramer*, § 241a Rn. 11; Staudinger/*Olzen*, BGB, § 241a BGB Rn. 32; *Lienhard*, NJW 2003, S. 3592, 3595; zur Gegenauffassung vgl. vorstehende Fn.

Beseitigung der Möglichkeit des Vertragsschlusses durch konkludente Annahme ausgerichtet. Denn ebenso wie im deutschen Recht ist auch in den anderen europäischen Rechtsordnungen die Annahme des Vertrags notwendige Voraussetzung für den Anspruch auf Bezahlung. Das möchte die Richtlinie nicht wiederholen, sondern sie will darüber hinaus gehen: Wie auch Erwägung 16 der Präambel der Fernabsatz-RL erkennen lässt, will die Richtlinie erreichen, dass bei unbestellt übersendeten Waren nur das *ausdrückliche* Einverständnis zum Vertragsschluss führen kann.

Die Vorschrift ist somit geradezu exemplarisch für die allgemeine Zielsetzung des EU-Privatrechts, dem Verbraucher ein **entspanntes Verhalten im Rechtsverkehr** zuzugestehen.[106] Er darf die zugesandte Sache verwenden, wegwerfen oder auch verschenken, ganz nach seinem Belieben. So muss daher auch § 241a BGB verstanden werden.

b) Gesetzliche Ansprüche

370 Umstritten ist außerdem, ob durch § 241a BGB nur der vertragliche Anspruch auf Bezahlung der Sache ausgeschlossen sein soll, oder ob **auch alle sonstigen Ansprüche des Unternehmers**, wie insbesondere die Ansprüche auf Rückgabe der Sache aus §§ 985 und 812 Abs. 1 BGB, ausscheiden.

Die Fernabsatz-RL macht hierzu keine klare Aussage. Die dort angeordnete Befreiung von „jedweder Gegenleistung" deutet eher darauf hin, dass die Richtlinie gesetzliche Rückforderungsansprüche aus ihrem Regelungsbereich ausklammern wollte.[107] Sicher ist dies angesichts der rechtlich durchweg eher unpräzisen Terminologie der europäischen Rechtsakte nicht.

Der deutsche Gesetzgeber hat diese Beschränkung der Richtlinie wahrgenommen. In **ungewöhnlich weitherziger Manier** legte er jedoch die Richtlinie aus und nahm an, die Richtlinie müsse wohl auch alle Herausgabeansprüche umfassen.[108] Entsprechend sollte § 241a BGB also verstanden werden. Aus der Zusammenschau der § 241a Abs. 1 und Abs. 2 BGB lässt sich das immerhin auch entnehmen: Die Rückausnahme für gesetzliche Ansprüche in Abs. 2 lässt erkennen, dass diese von Abs. 1 zunächst mit ausgeschlossen sind.[109]

---

106 Dazu oben Rn. 199.
107 In Art. 27 Verbraucherrechte-RL heißt es nun allein „von der Pflicht zur Erbringung der Gegenleistung befreit".
108 BT-Drucks. 14/2658, S. 23 f.
109 Ganz hA, Palandt/*Grüneberg*, BGB, § 241a Rn. 7 mwN.

B. Allgemeine Regelungen zum Inhalt von Verträgen

I. Die Inhaltskontrolle nach der Klausel-RL

Literaturhinweis: *Jansen*, Klauselkontrolle im europäischen Privatrecht, ZEuP 2010, S. 69. **371**

Beispiel 15 – nach der Vorlage des BGH, NJW 2011, S. 1392: beim EuGH geführt als Rs. C-92/11): Der Energieversorger E beliefert alle Kunden der Region „Nord III" mit Gas. Für die Vertragsbedingungen gilt kraft Gesetzes die Gasgrundversorgungsverordnung (GasGVV). Der Verbraucher V wohnt außerhalb dieser Region, soll jedoch an die Versorgung angeschlossen werden. Er unterzeichnet einen individuellen Vertrag, welcher in den AGB die Geltung der GasGVV auch für ihn bestimmt. Nach einem Jahr erhöht E unter Verweis auf die GasGVV, welche tatsächlich die Möglichkeit einer regelmäßigen Erhöhung vorsieht, die Gaspreise. V meint, die Vereinbarung in den AGB sei unwirksam, denn sie sei intransparent und die Anhebung der Preise verstoße auch inhaltlich gegen Treu und Glauben.

---

1. Grundlagen

Das EU-Privatrecht enthält mit der Klausel-RL eigenständige Regelungen über die **372** Kontrolle von allgemeinen Geschäftsbedingungen in Verträgen zwischen Verbrauchern und Unternehmern.

Die durch Art. 3 Klausel-RL **vorgeschriebene Inhaltskontrolle** macht das zentrale Element der Klausel-RL aus. Dabei beschränkt sich die Richtlinie, anders als das nationale Recht, welches die Klauselkataloge in §§ 308, 309 BGB kennt, ausschließlich auf eine **Generalklausel**. Konkretisiert wird diese allerdings durch eine Liste von Beispielen, welche im Anhang zu Art. 3 Klausel-RL enthalten sind.

Immer wieder ist in der EU intensiv diskutiert worden, ob es **Kataloge verbotener Klauseln** (schwarze Listen) oder von Klauseln mit Unwirksamkeitsvermutungen (graue Listen) geben solle. Bis zuletzt war darum gerungen worden, solche Kataloge in die Verbraucherrechte-RL aufzunehmen. Nunmehr ist mit Art. 8a Abs. 1 2. Spiegelstrich Klausel-RL nur der Minimalkonsens erreicht worden, dass Mitgliedstaaten, die selbst solche Listen haben, die Kommission ständig über deren Inhalt informieren, damit sie EU-weit zugänglich gemacht werden können.[110]

In ihrer heutigen Form und Zielsetzung kommt die Inhaltskontrolle in der Richtlinie **373** dem schon **seit Jahrzehnten kodifizierten deutschen Recht der AGB-Kontrolle** nahe. Im Anfangsstadium der Richtlinienentstehung waren jedoch viel weitere Eingriffe überlegt worden, und die Kontrolle aller, also auch der individuell vereinbarten Vertragsklauseln wurde ernsthaft diskutiert. Es sollten nicht nur die rechtlichen Vertragsbedingungen, sondern auch die Äquivalenz von Preis und Leistung überprüft werden. Zugleich waren Elemente materiellen Gewährleistungsrechts mit geregelt.[111]

---

110 Art. 32 Verbraucherrechte-RL gibt die Einführung dieser Änderung der Klausel-RL vor.
111 Ausführlich *Kapnopoulou*, Das Recht der mißbräuchlichen Klauseln in der Europäischen Union, 1997, S. 52 ff.; in KOM (1984) 55, wird deutlich, dass die Angleichung des Vertragsrechts eine wichtige Bedeutung hatte (Erwägung 17); auch KOM (1990) 322.

Die Klausel-RL deckt allerdings nur ein Segment der in Deutschland bestehenden Regelungen ab, da sie **nur das B2C Verhältnis** umfasst. Zugleich aber ist der in der Richtlinie verwendete Begriff der AGB deutlich weiter als der klassische deutsche Begriff, welcher nur die „für eine Vielzahl von Verträgen vorformulierten, einseitig verwendeten" Klauseln umfasste.

374 Derzeit muss der EuGH sich vor allem damit befassen, wie die Gerichte die Klauselkontrolle im Verfahren durchführen. Er hat bereits mehrfach ausgesprochen, dass die **Kontrolle von Amts wegen** erfolgt, sobald das Gericht Kenntnis von Umständen hat, die auf eine Treuwidrigkeit der Klausel schließen lassen.[112] Nun klingt in der Entscheidung VB Pénzügyi Lízing etwas erschreckend an, dass auch **„Untersuchungen"** angestellt werden müssten.[113] Das wäre für die meisten europäischen Prozessordnungen eine systemwidrige Aufgabe, da im Zivilprozess der **Beibringungsgrundsatz** herrscht, demgemäß die Parteien die Tatsachen vortragen müssen. Da der EuGH diese Ansicht bisher nur in Hinblick auf das Verfahren betreffende Klausel ausgesprochen hat, ist sehr zu hoffen, dass er in Hinblick auf materiell-rechtliche Klauseln vor einem so erheblichen Eingriff in das nationale Verfahrensrecht zurückschrecken wird.[114]

2. Ziele der Klausel-RL

375 Die Klausel-RL will Rechtsangleichung bewirken, hat aber **nur sehr begrenzte Möglichkeiten**, dieses Ziel zu erreichen. Denn wo das materielle nationale Recht unterschiedlich ist, kann auch die Klauselkontrolle nicht zu einer Vereinheitlichung beitragen. Dass die Kontrolle überhaupt in einheitlicher Art und anhand eines in der Struktur einheitlichen Maßstabs erfolgt, ist dennoch bereits ein wesentlicher Schritt bei der Rechtsangleichung. Zu Recht wird der Klausel-RL eine hohe Bedeutung beigemessen, da durch sie die ganz überwiegende Zahl der in Europa abgeschlossenen Verträge – nämlich alle Verträge, die Klauseln im Sinne der Richtlinie enthalten (dazu oben Rn. 373) – einer europäischen Inhaltskontrolle unterworfen wird.

Gemäß der Präambel liegen die Ziele der Richtlinie darin, **durch Rechtsangleichung den Wettbewerb zu fördern**. Zugleich soll durch die Entfernung von missbräuchlichen Klauseln aus den Verträgen das Verbrauchervertrauen gestärkt und der Verbraucher auch allgemein vor Machtmissbrauch geschützt werden.

3. Erfasste Klauseln

a) Kontrolle kurzer und klarer Vertragsbedingungen

376 Nicht mit der Richtlinie vereinbar ist die gelegentlich vertretene Auffassung, wonach **klare und deutliche Klauseln** generell aus der Klauselkontrolle ausgenommen sein sollen.[115] Begründet wird diese Auffassung damit, dass eine Inhaltskontrolle in sol-

---

112 *EuGH* Slg. 2009, S. 4713 (Pannon).
113 *EuGH* EuZW 2011, S. 27.
114 Wie hier auch *Pfeiffer*, LMK 2010, 311868.
115 *Grundmann*, Europäisches Schuldvertragsrecht, 1999, S. 271 f.; *Wackerbarth*, AcP 200 (2000), S. 45, 69 ff., 81 ff.

chen Fällen nicht erforderlich sei. Da der Verbraucher klare, deutliche und zugleich kurze Klauseln (etwa ein Schild mit der Aufschrift: „Die Haftung ist ausgeschlossen") verstehen und vergleichen könne, könne er frei entscheiden, ob er die Vertragsbedingung akzeptiere oder ob er lieber mit einem anderen Vertragspartner, der andere Bedingungen verwende, kontrahieren wolle. Somit bestehe in Bezug auf die Klausel Wettbewerb. Der Wettbewerb führe bereits zu einer hinreichenden Kontrolle und die gerichtliche Inhaltskontrolle sei entbehrlich.[116]

Eine solche Differenzierung zwischen kurzen Klauseln auf der einen und umfangreicheren Klauseln auf der anderen Seite kennt die Richtlinie jedoch nicht. Hier wird vielmehr allein darauf abgestellt, ob die **Klausel verhandelbar** ist.

b) Notarielle Verträge als Klauseln im Sinne der Richtlinie

Eine weitere eher vereinzelt auftauchende Streitfrage besteht darin, ob auch **notariell beurkundete Verbraucherverträge** dem § 310 Abs. 3 BGB bzw dem Begriff der Vertragsklausel iSd Klausel-RL unterliegen.[117] Nur eine Mindermeinung lehnt dies heute noch ab.[118]   **377**

Dass notarielle Verträge der Inhaltskontrolle nicht unterliegen, kann nicht aus dem Wortlaut des § 310 Abs. 3 Nr. 1 und Nr. 2 BGB abgeleitet werden.[119] Zwar ließe sich das mit dem Wortlaut der Norm vereinbaren; es würde aber der Klausel-RL widersprechen. Die Richtlinie ist nämlich klarer formuliert als die mehrstufige deutsche Umsetzungsregelung und unterwirft ganz deutlich jede „Vertragsklausel, die nicht im Einzelnen ausgehandelt wurde", der Kontrolle (Art. 3 Abs. 1 Klausel-RL). Da § 310 Abs. 3 Nr. 1 und Nr. 2 BGB einer Auslegung in diesem Sinne ohne weiteres offensteht, muss die Norm richtlinienkonform ausgelegt werden.

Es ist auch unzutreffend, wenn teils auf tatsächlicher Ebene argumentiert wird, dass notarielle Klauseln immer verhandelbar seien.[120] Denn die Anforderungen der Richtlinie an die „Verhandelbarkeit" sind hoch. Dem Verbraucher muss **ganz klar und für jede konkrete Klausel die Verhandlung angeboten** worden sein. Das bloße Verlesen und gegebenenfalls Erläutern der Urkunde durch den Notar gibt dem Verbraucher aber selbst dann nicht den Eindruck, der gesamte Vertrag sei verhandelbar, wenn er dies tatsächlich (ausnahmsweise) sein sollte.

Dieses Ergebnis entspricht auch dem Sinn und Zweck der Klauselkontrolle im Ganzen. Missbräuchliche Klauseln sollen EU-weit bekämpft werden, um dem Verbraucher zu ermöglichen, vertrauensvoll und ohne Angst vor missbräuchlichen Bedingungen Verträge abzuschließen. Dieses Vertrauen wird bei notariellen Verträgen nicht

---

116 *Wackerbarth*, ebenda, S. 81 ff.
117 Dafür Palandt/*Grüneberg*, BGB, § 310 Rn. 12; zwischen notariellen Einzelverträgen und Standardverträgen diff. MünchKommBGB/*Basedow*, § 310 Rn. 57, 58; für den typischen Bauträgervertrag stellt sich die Frage nicht, da dieser vom Bauträger selbst vorformuliert wird, vgl. nur *BGH* ZIP 2002, S. 1197.
118 *Braunfels*, DNotZ 1997, S. 356, 376 ff.; *Limmer*, Festschrift Rheinisches Notariat, 1998, S. 15, 47 ff.; *Ulmer*, Festschrift Heinrichs, 1998, S. 555, 564; Ulmer/Brandner/Hensen/*Ulmer*, AGB-Recht, § 310 Rn. 82.
119 So aber *Ulmer*, Festschrift Heinrichs, 1998, S. 555, 564.
120 Dafür aber *Limmer*, Festschrift Rheinisches Notariat, 1998, S. 15, 47 ff.

etwa unwichtiger, sondern es muss erst recht geschützt sein, wenn der Vertrag bei einem Notar abgeschlossen worden ist.[121]

c) Vom nationalen Gesetzgeber geschaffene Vertragsbedingungen

378 Eine grundsätzliche Frage besteht darin, wie damit umzugehen ist, wenn der nationale Gesetzgeber **Vertragsbedingungen in Gesetzen oder Verordnungen** regelt, oder sie sonst in vorverfassten Katalogen als Ganzes zur Verfügung stellt, und sie damit aus der Inhaltskontrolle ausnimmt. Art. 1 Abs. 2 Klausel-RL enthält dazu zunächst die klare Regelung, dass Vertragsklauseln, die auf bindenden Rechtsvorschriften beruhen, nicht der Inhaltskontrolle unterliegen. Es bleiben aber doch unklare Konstellationen übrig.

In Deutschland wurde die Vereinbarkeit mit der Klausel-RL früher besonders für die **VOB/B** diskutiert, welche nach § 309 Nr. 8b) ff) BGB aF dann nicht der Inhaltskontrolle unterlag, wenn sie als Ganzes vereinbart wurde.[122] Inzwischen ist diese Privilegierung aufgrund der Zweifel an der Vereinbarkeit mit der Klausel-RL für den Bereich der Verbraucherverträge durch das Forderungssicherungsgesetz (FoSiG) abgeschafft worden.[123] Damit unterliegen die einzelnen Klauseln der VOB/B nun einer Inhaltskontrolle nach AGB-Recht.[124]

379 Der BGH hat dem EuGH aber nun eine andere interessante Frage mit Bezug zu in einer Verordnung bestimmten Vertragsbedingungen vorgelegt.[125]

Der Fall war ähnlich wie im **Beispiel 15 (Rn. 372)** dargestellt. Es ging um die Konstellation, dass eine staatliche Verordnung über Vertragsbedingungen vom AGB-Verwender auf einen Vertrag übertragen wird, der außerhalb ihres eigentlichen Anwendungsbereichs liegt.

Zunächst sei sicherheitshalber noch einmal klargestellt, dass für alle die Verträge, welche unmittelbar von der Verordnung erfasst sind, nach Art. 1 Abs. 2 Klausel-RL eine Inhaltskontrolle ausscheidet. Die betroffenen Verbraucher müssen die Preiserhöhung also hinnehmen.

Hier hatte nun aber E versucht, die GasGVV auch zum Bestandteil individuell vereinbarter Verträge mit außerhalb des Geltungsbereichs wohnenden Verbrauchern zu machen.

Der BGH fragte daher den EuGH, ob bei einem solchen Verweis die Bedingungen der GasGVV zu kontrollieren seien. Das ist eine wirklich sehr schwierige Frage, denn die spontane Antwort („Ja, weil die Ausnahme des Art. 1 Abs. 2 Klausel-RL nur Fälle erfasst, in denen ein Gesetz unmittelbar gilt.") brächte ein unangenehmes Ergebnis mit sich: Die Gerichte würden dann am Ende nämlich doch genau das tun, was eigentlich verhindert werden soll – sie würden die Regelungen des Gesetzes darauf untersuchen, ob sie treuwidrig sind. Anders als bei den Klauseln des Notarvertrags würde nicht die Tätigkeit eines Organs der

---

121 Für das nationale Recht hatte der *BGH* diese Argumentation anfangs ebenfalls erwogen, verwarf sie dann jedoch. Das liegt daran, dass der *BGH* die Grundlage der AGB-Kontrolle im nationalen Recht in der einseitigen übermäßigen Ausnutzung von Vertragsfreiheit sah. Diese aber ist bei notariellen Verträgen (im Regelfall) nicht zu befürchten.

122 Gegen die Wirksamkeit *Micklitz*, VuR 2004, S. 313.

123 BT-Drucks. 16/511, S. 31 f. Aus § 310 Abs. 1 S. 1 und 3 BGB geht hervor, dass die Privilegierung nur noch bei einer Verwendung gegenüber Unternehmern gilt.

124 So auch BGHZ 178, 1.

125 *BGH* NJW 2011, S. 1392; bereits im Dezember 2010 legte das *OLG Oldenburg* dem *EuGH* eine ähnliche Frage vor, Beschl. v. 14.12.2010, Az.: 12 U 49/07, beim *EuGH* geführt als Rs. C-8/11.

Rechtspflege, welches von den Parteien beigezogen wurde, sondern die Arbeit des Gesetz- bzw Verordnungsgebers[126] im Rahmen des Verfahrens zur Kontrolle von unfairen Vertrags- bedingungen überprüft. Das ist aber eine Aufgabe, die überhaupt nicht dem Sinn der AGB- Kontrolle entspricht. Das Gericht kann daher nur überprüfen, ob es treuwidrig war, dass die Regelungen des Gesetzes von E auf Verträge erstreckt wurden, für die das Gesetz originär nicht galt. Dafür liegen im Beispielsfall jedoch keinerlei Anhaltspunkte vor (zur inhaltlichen Beurteilung von Preiserhöhungsklauseln unten Rn. 385).

4. Der unionsrechtliche Maßstab von Treu und Glauben nach Art. 3 Klausel-RL

a) Treuwidriges Abweichen vom dispositiven Recht

Treu und Glauben bilden auch im EU-Privatrecht den Maßstab der Inhaltskontrolle. Anders als in § 307 Abs. 2 BGB werden in Art. 3 Klausel-RL keine weiteren Anga- ben dazu gemacht, wie eine treuwidrige Klausel zu erkennen ist. Es kann jedoch kein Zweifel daran bestehen, dass auch hier das Abweichen vom Leitbild des dispositiven Rechts die zentrale Aussagekraft haben muss.
380

Soweit in treuwidriger Weise von dispositivem **EU-Recht** abgewichen wird (solches ist sehr selten), kann von einem **eigenständigen unionsrechtlichen Maßstab** des Art. 3 Klausel-RL gesprochen werden.

Zumeist wird allerdings eine Abweichung vom dispositiven **nationalen** Recht zu be- urteilen sein. Dann greift zwar ebenfalls Art. 3 Klausel-RL als im Ansatz eigenständi- ger Maßstab der Treuwidrigkeit ein. Jedoch hat es der EuGH, wie oben ausführlich dargelegt, **den nationalen Gerichten überlassen**, zu beurteilen, ob eine Klausel im Sinne des Art. 3 Klausel-RL in treuwidriger Weise von den dispositiven Regelungen des nationalen Rechts abweicht (vgl. oben Rn. 158).

b) Eigenständiger europäischer Maßstab von Treu und Glauben

Ob es bei der Klauselkontrolle neben dem relativen, am dispositiven Recht gemesse- nen Maßstab der Treuwidrigkeit auch einen abstrakten, vom dispositiven Recht los- gelösten Maßstab von Treu und Glauben gibt, ist **schon für das nationale Recht** um- stritten.[127] Die Frage kann hier nicht aufgegriffen werden. Es gibt jedenfalls bereits Ansätze für einen europäischen Maßstab von Treu und Glauben. Dieser wird nicht unmittelbar aus dem geschriebenen EU-Recht abgeleitet, sondern beruht ganz we- sentlich auf **rechtsvergleichenden Gedanken** (vgl. schon oben Rn. 286).
381

Dieser Maßstab, der etwa das Verbot des Rechtsmissbrauchs und das Prinzip der legi- timen Erwartungen kennt, aber sicherlich auch ein allgemeines Diskriminierungsver- bot umfasst, muss im Rahmen des Art. 3 Klausel-RL bei der Klauselkontrolle beach- tet werden.[128]

---

126 Die GasGVV wurde vom Bundesministerium für Wirtschaft und Technologie mit Zustimmung des Bundesrates auf der Grundlage des § 39 Abs. 2 EnWG erlassen.

127 Ähnlich Erman/*Roloff*, BGB, § 307 Rn. 8 ff.; Bamberger/Roth/*Schmidt*, BGB, § 307 Rn. 12; vgl. all- gemein zum Treuemaßstab auch MünchKommBGB/*Roth*, § 242 Rn. 21 ff., 48.

128 Wie hier *Röthel*, Normkonkretisierung im Privatrecht, 2004, S. 362.

c) Der Anhang zu Art. 3 Klausel-RL

382 Zum Charakter des Anhangs hat der EuGH sich bereits geäußert. Er betonte, dass der Anhang **keine bindende Wirkung** habe, sondern beispielhafte Hinweise gebe.[129] Der EuGH sprach sogar aus, dass die Liste nicht den „Ermessenspielraum" einschränke, den die Mitgliedstaaten bei der Umsetzung der Richtlinie hätten. Selbst Klauseln, die den im Anhang genannten Beispielen entsprächen, müssten nicht notwendig missbräuchlich sein. Die Funktion des Anhangs ist damit eine weitgehend informative. Eine echte Basis für einen europäischen Maßstab kann der Anhang nicht bieten.

d) Individuelle Beurteilung

383 Art. 4 Abs. 1 Klausel-RL gibt vor, dass bei der Inhaltskontrolle die Umstände des Vertragsschlusses und insbesondere auch die individuellen Fähigkeiten des Verbrauchers berücksichtigt werden sollen. Diese Vorschrift ist in § 310 Abs. 3 Nr. 3 BGB umgesetzt. Art. 4 Klausel-RL nimmt innerhalb der Richtlinien eine **Sonderstellung** ein, indem er an die individuelle Situation des Verbrauchers anknüpft. Die Norm passt mit Art. 3 Klausel-RL nicht recht zusammen und ist als **Relikt aus den früheren Entwürfen** zu verstehen, welche die Kontrolle individueller Verträge vorsahen. Nicht geklärt ist die genaue Wirkung der Norm. Es wird gelegentlich überlegt, ob sie bewirkt, dass der Maßstab bei der Inhalts- und insbesondere bei der Transparenzkontrolle geringer sein kann, wenn der Verbraucher besonders sachkundig oder besonders intelligent ist.[130] Richtig ist jedoch eine **engere und konkret auf den Vertragsschluss bezogene Betrachtungsweise**: Wenn der Verbraucher die Wahl zwischen unterschiedlichen Vertragslaufzeiten oder sonst unterschiedlichen Vertragsbedingungen hatte, oder umgekehrt, wenn der Verbraucher besondere Erwartungen an den Inhalt der Klauseln haben durfte, so ist dies – neben dem Maßstab des Art. 3 – zusätzlich in die Abwägung einzubeziehen.[131]

5. Der Maßstab des Art. 5 Klausel-RL – Transparenz

a) Transparenzvorgabe in der Richtlinie

384 Art. 5 Klausel-RL statuiert neben der in Art. 3 Klausel-RL enthaltenen allgemeinen Generalklausel noch ein speziell ausgeformtes Transparenzprinzip. Danach müssen schriftliche Klauseln **stets klar und verständlich** abgefasst sein.

Dass damit auch die bloße Intransparenz einer Klausel, also ihre Unklarheit oder Unverständlichkeit allein zur Nichtigkeit führen kann, ist ein Gedanke, der sich in Deutschland erst langsam durchgesetzt hat. Die Schwierigkeiten im Umgang mit dem Transparenzgebot steigern sich dann, wenn die Klausel **nicht vom Gesetz abweicht**, sondern zB Hauptleistungspflichten der Parteien beschreibt.

---

129 *EuGH* Slg. 2002, S. 4147 Rn. 20 ff. (Kommission/Schweden); zuletzt bestätigt durch *EuGH* NJW 2009, S. 2367.

130 *Grundmann*, Europäisches Schuldvertragsrecht, 1999, S. 264.

131 Grabitz/Hilf/*Pfeiffer*, Das Recht der EU, Band III, A 5, Art. 4 Rn. 2, 15; *Baier*, Europäische Verbraucherverträge und missbräuchliche Klauseln, 2004, S. 30.

Bis zur Schuldrechtsmodernisierung bestand hier auch ein **Umsetzungsdefizit**, da der Gesetzgeber geglaubt hatte, die Transparenzkontrolle den Gerichten überlassen zu können.[132] Nunmehr ist die Transparenzkontrolle in **§ 307 Abs. 1 S. 2 BGB** aufgenommen worden. Sie erfasst gemäß **§ 307 Abs. 3 S. 2 BGB** ausdrücklich auch Klauseln, durch die nicht vom Gesetzesrecht abgewichen wird.

b) Rechtsfolgen der Transparenzkontrolle von Hauptleistungspflichten

Ein noch ungelöstes Problem der Transparenzkontrolle von Hauptleistungspflichten besteht darin, dass hier die bei unlauteren Klauseln an sich vorgesehene **Rechtsfolge der Nichtigkeit oftmals nicht passt**. Handelt es sich um unklare Leistungs*versprechen* des Verwenders, wie sie durchaus in AGB vorkommen,[133] so würde die Nichtigkeit bewirken, dass der Verbraucher die versprochene Leistung *nicht* erhält. In diesen Fällen passt somit die Nichtigkeit als Rechtsfolge von vornherein nicht. Jedenfalls wenn die Kontrolle der Klausel im Rahmen eines Individualverfahrens kontrolliert wird, scheidet sie aus. Denn dort wird darum gestritten, welche Leistungen der Verbraucher zu bekommen hat und es kann einzig um die angemessene Auslegung der unklaren Klausel gehen. **385**

Interessanter sind die umgekehrten Fälle. Wie ist es, wenn es sich um unklare **Preisabreden oder Leistungsbeschränkungen** handelt, die den Verbraucher benachteiligen? Die Nichtigkeit der Klausel bewirkt hier, dass der Verbraucher den in der Klausel „versteckten" Preis nicht zu bezahlen braucht bzw die Leistung unbeschränkt verlangen kann. Wenn diese Rechtsfolge auch zum Nachteil des Unternehmers geht, so fragt sich dennoch, ob sie hingenommen werden kann. Denn es können erhebliche Zahlungen sein, die ihm vollständig entgehen.

Das Problem war auch der nationalen AGB-Kontrolle nicht fremd, da auch der BGH die Transparenzkontrolle von bestimmten, die Hauptleistung regelnden Klauseln, nämlich den Preisnebenabreden, kannte. Der BGH beließ es in den Fällen einer intransparenten Preisnebenabrede nicht bei der Nichtigkeit, sondern nahm eine **ergänzende Vertragsauslegung** vor.[134] Ziel der ergänzenden Vertragsauslegung war dabei, eine Lösung zu finden, die nicht – wie die verbotene geltungserhaltende Reduktion der Klausel – den Unternehmer bevorzugt, sondern einen angemessenen Ausgleich der Parteiinteressen bietet.[135]

Ob eine derartige ergänzende Vertragsauslegung von intransparenten, die Hauptleistungspflichten betreffenden Klauseln der Klausel-RL bzw den allgemeinen europäischen Rechtsgrundsätzen entspricht, muss hinterfragt werden. Die Klausel-RL enthält keine konkreten Aussagen hierzu. Im Gegenteil bringt sie, wie bei den verbraucherschützenden Richtlinien üblich, **nur vage Vorgaben** für die Rechtsfolgen der Missbräuchlichkeit von Vertragsklauseln. Diese sollen gemäß Art. 6 Abs. 1 Klausel-RL für den Verbraucher „unverbindlich" sein. Der Vertrag soll dennoch bindend bleiben, wenn er ohne die missbräuchlichen Klauseln bestehen kann. **386**

---

132 Vgl. schon oben Rn. 80.
133 Ein Beispiel sind unklare Garantien, vgl. dazu die ausdrückliche Regelung in § 474 BGB.
134 Grundlegend BGHZ 90, 69, 80 ff. (Tagespreisklausel).
135 Insgesamt zustimmend Ulmer/Brandner/Hensen/*Schmidt*, AGB-Recht, § 306 Rn. 34-38a.

Da die Richtlinie keine konkrete Regelung des Problems enthält, müssen auch hier wieder die **allgemeinen Grundgedanken des EU-Privatrechts** herangezogen werden. Dabei drängen sich die gegeneinanderstehenden Positionen von Unternehmer und Verbraucher auf: Denkt man an das Urteil Heininger, so schützt der EuGH den Verbraucher oft hölzern, solange die Richtlinie keine ausdrückliche Ausnahme enthält. Dagegen mutet er dem Unternehmer viel zu.[136]

Zieht man von diesem Gedanken des EuGH nun wieder die Parallele zur ergänzenden Auslegung von missbräuchlichen Klauseln, so scheint es, als müsse die ergänzende Auslegung abgelehnt werden. Sie wäre nämlich ein **reines Zugeständnis an den Unternehmer**. Ein solches zu machen, ist der EuGH aber offenbar jedenfalls dann nicht bereit, wenn der Unternehmer zuvor eine missbräuchliche Geschäftspraxis verfolgt hat. Im Gegenteil muss angenommen werden, dass der EuGH es begrüßen würde, wenn unbillige Preisklauseln ersatzlos nichtig wären. Das hätte nämlich den Charakter einer Sanktion. Der Verstoß gegen Verbraucherschutznormen als zu sanktionierendes Fehlverhalten ist ein Gedanke, der nicht nur in der Entscheidung Heininger durchscheint, sondern der auch in Art. 7 Klausel-RL anklingt. Im Ergebnis ist nach diesen Grundüberlegungen davon auszugehen, dass der EuGH eine ergänzende Vertragsauslegung bei missbräuchlichen Klauseln **ablehnen wird**.

387   Diesem Ergebnis ist aber **nicht zuzustimmen**. Es entspricht nicht dem von der Richtlinie zwingend Vorgegebenen. Vielmehr lässt sich eine ergänzende Vertragsauslegung mit dem Wortlaut und dem Regelungsziel der Richtlinie vereinbaren. Zunächst ist der Wortlaut der Richtlinie, wie bereits angedeutet, in diesem Punkt offen. Dass die unbillige Klausel „unverbindlich" sein soll, bedeutet nicht, dass eine ergänzende Auslegung verboten ist.[137] Dass das Prinzip der ergänzenden Auslegung **dem EU-Recht nicht fremd** ist, zeigte im Übrigen die nach der Klausel-RL erlassene erste Zahlungsverzugs-RL. Dort war in Art. 3 Abs. 3 S. 3 vorgesehen, dass die Gerichte eine unfaire Vereinbarung über den Zahlungszeitpunkt durch eine faire ersetzen konnten. In der neuen Zahlungsverzugs-RL[138] fehlt hingegen ein derart ausdrücklicher Hinweis auf die Möglichkeit ergänzender Vertragsauslegung.

388   Im **Beispiel 15** (Rn. 372) könnte es zu einer ganz ähnlichen Problematik kommen. Der BGH legte dem EuGH auch dazu eine Frage vor, denn immerhin kann es sein, dass der EuGH – anders als hier vorgeschlagen (Rn. 379) – meint, eine Inhaltskontrolle müsse vorgenommen werden. Würde man die Preiserhöhungsklausel für unwirksam erklären, so müsste E für alle Zeiten das Gas zum bei Vertragsschluss geltenden Preis liefern, obwohl sich auch für ihn selbst die Gaseinkaufspreise womöglich dramatisch erhöhen. Ein einseitiges Kündigungsrecht für den Kunden, wie es der BGH bisher zur Korrektur von einseitigen Preisanpassungsklauseln stets ergänzend verlangt hat, ist in der GasGVV schon vorgesehen. Es über-

---

136   *EuGH* Slg. 2001, S. 9945 Rn. 52 ff.
137   Vgl. dazu auch Grabitz/Hilf/*Pfeiffer*, Recht der EU, Band III, A 5, Art. 5 Rn. 22 ff., der die Rechtsfolgen der Transparenzkontrolle (insb Unwirksamkeit und fehlende Einbeziehung) weitgehend den Mitgliedstaaten überlassen will; dort auch zur Frage der kundenfeindlichsten Auslegung, die zwar von der Richtlinie selbst nicht vorgesehen ist, in Deutschland aber unter Ausschöpfung des Mindeststandardgrundsatzes zulässig bleibt, Rn. 50 f.
138   Dazu unten Rn. 390.

rascht daher nicht, dass der BGH dem EuGH „vorschlägt", die Klausel für nicht treuwidrig zu erklären. Wollte man die Treuwidrigkeit annehmen, so müsste man zumindest dem Gasversorger ein ergänzendes Kündigungsrecht einräumen.

Bei der Auslegung der Klausel-RL muss – wie stets – der **Grundsatz der legitimen**   **389** **Erwartungen des Verbrauchers** herangezogen werden. Die legitimen Erwartungen des Verbrauchers können nicht dazu führen, dass intransparente Preisklauseln ersatzlos nichtig sind. Denn der Verbraucher kann nicht erwarten, dass er bestimmte Leistungen des Unternehmers unentgeltlich erlangt.

Geschützt werden muss der Verbraucher jedoch vor echter Übervorteilung in den AGB. Ein Ausschluss der ergänzenden Auslegung muss daher beispielsweise dann angenommen werden, wenn die AGB gerade die Unentgeltlichkeit bestimmter Leistungen suggerieren.

Die ergänzende Auslegung ist somit **weiterhin zulässig**. Allerdings müssen bei den Inhalten der ergänzenden Auslegung die legitimen Erwartungen des Verbrauchers in Zukunft berücksichtigt werden. Wie sich aus Nr. 2 lit l des Anhangs der Klausel-RL ergibt, sind dabei Tagespreisklauseln mit Rücktrittsvorbehalt jedenfalls denkbar.

II. Klauselverbote in anderen Richtlinien

Viele der Verbraucherschutzrichtlinien machen **zwingende Vorgaben für die Aus-**   **390** **gestaltung von Verträgen**. Hier sind also zumeist nicht nur Abweichungen vom Gesetz in AGB verboten, sondern auch Vereinbarungen im **Individualvertrag** (vgl. Art. 7 Abs. 1 Verbrauchsgüterkauf-RL; Art. 12 Abs. 1 Fernabsatz-RL, zukünftig Art. 25 Abs. 1 Verbraucherrechte-RL; Art. 12 Abs. 1 Teilzeitnutzungsrechte-RL).

Anders ist es bei der (neuen) **Zahlungsverzugs-RL**. Diese enthält zwar grundsätzlich dispositives Recht, in Art. 7 Zahlungsverzugs-RL ist jedoch die Inhaltskontrolle von solchen Vertragsvereinbarungen vorgesehen, welche den Gläubiger grob benachteiligen. Art. 7 Abs. 2 enthält darüber hinaus die Fiktion, dass Vereinbarungen, die Verzugszinsen ausschließen, immer grob benachteiligend sind. Darin liegt also ein explizites Klauselverbot. Davon sind, im Unterschied zur Klausel-RL, alle, also auch individuelle, Vereinbarungen erfasst. Solange eine Umsetzung dieser Normen in das deutsche Recht nicht erfolgt ist, muss für die seltenen Fälle, in denen eine echte Individualvereinbarung inhaltlich unbillig ist, die Kontrolle analog § 307 BGB unter Einbeziehung des spezifischen Maßstabs des Art. 7 Zahlungsverzugs-RL erfolgen.

Zuletzt sei noch eine merkwürdige Diskussion erwähnt, die zu **Art. 6 Verbrauchsgü-**   **391** **terkauf-RL** (§ 477 BGB) geführt wird. Darin wurde nämlich vorgeschlagen, die Norm als eine Vorschrift zur Inhaltskontrolle von Klauseln zu verstehen.[139] Das passt aber überhaupt nicht, denn die Inhaltskontrolle würde ja zur Nichtigkeit von Klauseln – hier also zur Nichtigkeit einer Garantie – führen. Das wäre kontraproduktiv und ist auch in Art. 6 und § 477 Abs. 3 BGB gerade ausgeschlossen (dazu schon oben Rn. 295).

---

139   *Haar*, VuR 2004, S. 161.

Richtig ist aber, dass eine Inhaltskontrolle nötig ist, wenn eine vermeintliche „Garantie" in Wirklichkeit **deckungsgleich mit den gesetzlichen Gewährleistungsrechten** ist. In diesem Fall muss zumindest ausdrücklich darauf hingewiesen werden, dass die Garantie nicht über die gesetzlichen Rechte hinausgeht.[140] Wenn ein Unternehmer eine solche „Garantie" einräumt, ohne darauf hinzuweisen, dass sie nicht über das Gesetz hinausgeht, so handelt er wettbewerbswidrig, und die Klausel ist außerdem, im kollektiven Inhaltskontrollverfahren, zu verwerfen. Schließlich schuldet der Unternehmer auch Schadensersatz aus § 280 BGB, falls der Verbraucher durch das Vertrauen in die vermeintliche Garantie einen Schaden erleidet (zB weil er nicht bei einem anderen, billigeren Händler gekauft hat).

C. Besondere Vertragsarten im EU-Privatrecht

I. Einführung

392 Das EU-Privatrecht regelt **marktrelevante Problemschwerpunkte** und beschäftigt sich daher nicht zentral mit der Einführung oder Ausgestaltung bestimmter Verträge. Einige Richtlinien, wie die Verbraucherkredit-RL oder die Pauschalreise-RL beschäftigen sich aber mit ganz bestimmten Verträgen. Diese Verträge müssen nicht deckungsgleich mit im nationalen Recht bekannten Vertragstypen sein. Vereinzelt bestehen sogar Umsetzungsdefizite, die gerade darauf beruhen, dass der nationale Gesetzgeber sich nicht hinreichend mit dem Vertragsbegriff der jeweiligen Richtlinie auseinander gesetzt hat.

II. Der Verbraucherkreditvertrag

393 **Literaturhinweis:** *Welter*, Verbraucherkredit (§§ 491 bis 512 BGB), in: Gebauer/Wiedmann, Zivilrecht unter europäischem Einfluss, Kap. 12, S. 551.

> **Beispiel 16:** Existenzgründerin E hat bei Unternehmer U einen Kredit in Höhe von 20.000 Euro aufgenommen. Als selbstschuldnerische Bürgin konnte sie ihre beste Freundin, die B gewinnen, die derzeit noch studiert. Zudem hat ein Geschäftspartner der E (G), der sehr interessiert an ihrem neuen Laden ist, den Schuldbeitritt erklärt. Leider klappt es mit der Existenzgründung nicht. Zum Entsetzen der E werden die Bürgin B und der Beigetretene G in Anspruch genommen. B und G wollen sich nun darauf berufen, dass ihnen gegenüber die Pflicht zur Information über den effektiven Jahreszins nicht gewahrt worden ist. Sie meinen, sie müssten nach § 494 Abs. 2 S. 2 BGB nun nur den gesetzlichen Zinssatz bezahlen.

1. Entstehungsgeschichte und Ziele der Verbraucherkredit-RL

394 Die erste Verbraucherkredit-RL stammt von 1986 und war somit **eine der frühesten Richtlinien des Verbraucherschutzrechts.** Sie ließ die Verknüpfung von Rechtsangleichung, Verbraucherschutz und Binnenmarkt noch nicht deutlich erkennen. Ihr in

---

140 Gebauer/Wiedmann/*Leible*, Zivilrecht unter europäischem Einfluss, Kap. 10, Rn. 178; teils wird eine solche „Garantie" sogar für stets unzulässig gehalten, so Bamberger/Roth/*Faust*, BGB, § 477 Rn. 8.

der Präambel erklärtes Ziel war einfach der „Schutz" des Verbrauchers. Zugleich war das **Schutzniveau noch recht niedrig**. Nach jahrelangen Vorarbeiten ist die Richtlinie dann im Jahr 2008 durch eine **neue Verbraucherkredit-RL** ersetzt worden. Diese erhöht das Schutzniveau und stellt die Binnenmarktorientierung her.

Interessant an der Vorgeschichte dieser neuen Richtlinie ist vor allem, dass der Richtliniengeber zunächst einen sehr umstrittenen Grundsatz verfolgte, nämlich den „**Grundsatz der verantwortlichen Kreditvergabe**".[141] Der Kreditgeber soll dabei nur solche Kredite vergeben dürfen, deren Rückzahlung durch den Kunden realistisch und angemessen ist. Verstößt der Kreditgeber gegen entsprechende Prüf- und Beratungsfristen, kann ihm das Risiko für die Rückzahlung des Kredits überbürdet werden. Dem auf diesen Grundsatz gestützten Richtlinienentwurf wurde zum einen eine Überregulierung vorgeworfen, zum anderen wurde befürchtet, dass er den Zugang zahlungsschwacher Verbraucher zu Krediten enorm erschweren könnte.[142]   **395**

Wenngleich sich dieser Ansatz im Ganzen schließlich nicht durchsetzen konnte, sind doch einige Überreste in der Richtlinie enthalten. So sind die Mitgliedsstaaten nach Erwägungsgrund 26 gehalten, verantwortungsvolle Verfahren in allen Phasen der Kreditvergabe zu fördern. Außerdem verpflichtet etwa Art. 8 Verbraucherkredit-RL zu einer Kreditwürdigkeitsprüfung vor jedem Verbraucherkreditvertrag.[143]

2. Strategie der Vollharmonisierung

Die alte Verbraucherkredit-RL hatte einen so niedrigen Schutzstandard, dass viele Mitgliedstaaten darüber hinausgingen. So war der Rechtsvereinheitlichungseffekt gering, eine **grenzüberschreitende Kreditvergabe** blieb selten. Um wirklich einen Binnenmarkt für Verbraucherkredite zu befördern, hielt es die Kommission für nötig, in den Kernbereichen des Verbraucherkreditrechts eine vollständige Harmonisierung zu verlangen.[144] Zugleich werden den Mitgliedstaaten in vielen Bereichen **Sonderwege** ermöglicht. Das führt zu dem typischen Problem, dass bei jeder Einzelfrage überlegt werden muss, ob die Richtlinie hierfür eine Regelung enthält, und ob diese Regelung vollharmonisiert ist oder doch strengeres nationales Recht zulässt. In Deutschland unterfallen anders als nach der Richtlinie insbesondere auch Kredite für Beträge über 75.000 Euro dem vollen Verbraucherschutz. Das ist – wie auch der Erwägungsgrund 10 der Richtlinie zeigt – unproblematisch, weil die Richtlinie für diese Kredite „nicht gilt".[145]   **396**

---

141 Dazu ausführlich *Schürnbrand*, ZBB 2008, S. 383, 388 ff.
142 Vgl. dazu und zum Gegenvorschlag des Rechtsausschusses des Europaparlaments *Reifner*, VuR 2004, S. 85; *ders.*, VuR 2006, S. 121; Dauses/*Rott*, EU-Wirtschaftsrecht, Kap. H, Rn. 359, 383.
143 Umgesetzt wurde dies in § 18 Abs. 2 KWG; im Gegensatz zur spezielleren Kreditwürdigkeitsprüfung nach § 509 BGB, der sich nur auf entgeltliche Finanzierungshilfen bezieht, statuiert aber § 18 Abs. 2 KWG nur eine aufsichtsrechtliche, also keine zivilrechtlich sanktionierte und damit verbraucherschützende Pflicht; dazu auch *Schürnbrand*, ZBB 2008, S. 383, 388; *Bülow/Artz*, Verbraucherprivatrecht, Rn. 228d.
144 *Siems*, EuZW 2008, S. 454, 455.
145 Gebauer/Wiedmann/*Welter*, Zivilrecht unter europäischem Einfluss, Kap. 12 Rn. 30.

3.   Der Verbraucherkreditvertrag

a)   Begriff und erfasste Verträge

397   Die Verbraucherkredit-RL findet auf Kreditverträge zwischen einem Verbraucher und einem „Kreditgeber" Anwendung – auch hier hat man sich also nicht auf eine einheitliche Terminologie für alle Richtlinien eingelassen –, beide Begriffe werden in Art. 3 Verbraucherkredit-RL legal definiert.

Der Begriff **Kreditvertrag wird weit verstanden** und erfasst Zahlungsaufschübe, Darlehen und ähnliche Finanzierungshilfen in einer Höhe von 200 bis 75.000 Euro.[146] Wie bereits nach der alten Verbraucherkredit-RL sind zinsfreie Darlehen (Art. 2 Abs. 2 lit f) und Kredite zum Zweck des Grundstückserwerbs (Art. 2 Abs. 2 lit b) ausgenommen.[147] Des Weiteren sieht die Richtlinie nun auch eine Ausnahme für grundpfandrechtlich gesicherte Verträge vor (Art. 2 Abs. 2 lit a).

Leasingverträge erfasst die Richtlinie nur, wenn eine Erwerbsverpflichtung besteht (Art. 2 Abs. 2 lit d) – dies hat der deutsche Gesetzgeber mit § 506 Abs. 2 Nr. 3 BGB erweitert und alle Finanzierungsleasingverträge den Verbraucherkreditverträgen im Wesentlichen gleichgestellt, um möglichen Umgehungen der verbraucherschützenden Vorschriften entgegenzuwirken.[148] Auch dies ist im Hinblick auf die Vollharmonisierung unproblematisch, da die betreffenden Leasingverträge ja gerade aus dem (sachlichen) Geltungsbereich der Richtlinie herausgenommen sind.

398   Es ist daher ebenfalls mit dem Grundsatz der Vollharmonisierung vereinbar, dass das deutsche Recht in § 512 BGB den persönlichen Anwendungsbereich auch auf **Existenzgründer** erstreckt.[149]

> Im **Beispiel 16** (Rn. 393) gelten damit für den Vertrag zwischen E und U die §§ 491 bis 511. E musste daher gemäß § 492 Abs. 2 BGB iVm Art. 247 § 3 Abs. 1 EGBGB unter anderem über den effektiven Jahreszins informiert werden.

b)   Sonderproblem 1 – der Bürgschaftsvertrag

399   Schon in der Entscheidung Berliner Kindl musste der EuGH sich mit der Frage beschäftigen, ob auch ein Bürgschaftsvertrag von der Verbraucherkredit-RL erfasst wird. Der EuGH verneinte dies. Er begründete seine Auffassung damit, dass „die Richtlinie zum einen in der Liste der für den Kreditnehmer wesentlichen Bestimmungen des Kreditvertrags die Sicherheiten nennt und zum anderen keine ausdrückliche Bestimmung zur Regelung der Bürgschaft oder einer anderen Form der Sicherheitsleistung enthält." Das zeige, dass die Bürgschaft **bewusst vom Anwendungsbereich der Richtlinie ausgenommen** worden sei.

Die Richtlinie sei auch **nicht entsprechend** auf die Bürgschaft anzuwenden, da sie sich „praktisch ausschließlich auf die Unterrichtung des Hauptschuldners über den

---

146   Art. 2 Abs. 2 lit c Verbraucherkredit-RL erhöht somit den früheren Maximalbetrag von 20.000 Euro.
147   *Bülow/Artz*, Verbraucherprivatrecht, Rn. 226.
148   BT-Drucks. 16/11643, S. 92.
149   Zur besonderen Stellung von Existenzgründern bereits oben Rn. 205.

Umfang seiner Verpflichtung" beschränke und kaum Bestimmungen enthalte, „die den Bürgen sinnvoll schützen könnten – dieser will vor allem über die Zahlungsfähigkeit des Kreditnehmers informiert sein, um die Wahrscheinlichkeit seiner Inanspruchnahme beurteilen zu können".[150]

Dies ist auch angesichts der **Binnenmarktorientierung** nachvollziehbar. Die Informationspflichten und das Widerrufsrecht des Verbraucherkreditvertragsrechts sind für den Kreditnehmer sinnvoll, um nach eigener Marktanalyse eine rationale Entscheidung treffen bzw eine getroffene Entscheidung noch zeitnah korrigieren zu können. Die Entscheidung des Bürgen hingegen basiert nicht auf einer vergleichbaren Marktauswertung.[151]

Die Akzessorietät der Bürgschaft zum Kreditvertrag, die für den EuGH noch in der Entscheidung Dietzinger[152] besondere Bedeutung hatte, erklärte er hier ausdrücklich für unerheblich. **400**

> Folglich gilt im **Beispiel 16** (Rn. 393) die Informationspflicht aus § 492 Abs. 2 BGB nicht gegenüber der Bürgin B. Sie kann sich daher nicht darauf berufen, gemäß § 494 Abs. 2 S. 2 BGB nur den gesetzlichen Zinssatz zahlen zu müssen. Anders könnte es hingegen für den der Schuld beigetretenen G aussehen: Nach hM bewirkt ein Schuldbeitritt, dass der Beitretende nicht akzessorisch wie ein Bürge, sondern aus dem Kreditvertrag haftet.[153] Dies hat zur Folge, dass nun die Vorschriften des Verbraucherkreditrechts gelten und zwar unabhängig davon, ob der Beitretende selbst Verbraucher ist. Somit kann sich G – obwohl er als Geschäftspartner mit eigenem wirtschaftlichen Interesse kein Verbraucher ist – auf § 494 Abs. 2 S. 2 BGB berufen und muss nur den gesetzlichen Zinssatz zahlen. Die zu diesem letztlich unbefriedigenden Ergebnis führende hM wird inzwischen immer häufiger abgelehnt, da sie auf einem Verständnis des Schuldbeitritts beruht, welches dessen sichernden Charakter übergeht.[154] Nach der Gegenansicht könnte sich G nicht auf die Vorschriften des Verbraucherkreditrechts berufen und müsste genauso wie B den zwischen E und U vereinbarten Zinssatz entrichten.

c) Sonderproblem 2 – Abschluss des Kreditvertrags durch Vertreter

Ein weiteres Sonderproblem besteht, wenn der Verbraucher nicht persönlich den Kreditvertrag abschließt, sondern eine Zwischenperson – meist einen Anlageberater – zum Abschluss des Kreditvertrags bevollmächtigt. Hier sind die Rechtsfragen jedoch weitgehend ausdiskutiert. Klar ist, dass das Geschäft ein **Verbraucherkreditvertrag bleibt** (dazu schon Rn. 311). Für die in Deutschland gelegentlich diskutierte Frage, ob die Vollmacht selbst widerruflich ist, wenn sie an der Haustür gegeben wurde, gibt das Richtlinienrecht nichts her.[155] Ein solches Widerrufsrecht ließe sich – wenn überhaupt – wieder allenfalls aus dem nationalen Recht ableiten, da es auf über die Haustür-RL (künftig Verbraucherrechte-RL) hinausgehenden Schutzgedanken beruhen **401**

---

150 *EuGH* Slg. 2000, S. 1741 Rn. 23, 26 (Berliner Kindl).
151 Dazu auch *Madaus*, BKR 2008, S. 54.
152 *EuGH* Slg. 1998, S. 1199.
153 Nur Palandt/*Sprau*, BGB, Einf v § 765 Rn. 15; differenzierend Staudinger/*Noack*, § 427 Rn. 14 ff.
154 So etwa *Madaus*, BKR 2008, S. 54; *Bülow/Artz*, Verbraucherprivatrecht, Rn. 241 ff.; gegen die hM auch MünchKommBGB/*Habersack*, Vorbem zu §§ 765 ff. Rn. 12 ff.
155 Vgl. zu diesem Problem nur MünchKommBGB/*Masuch*, § 312 Rn. 31 (bejahend).

müsste (dazu soeben Rn. 397). Richtiger ist in diesen Fällen jedoch die oben aufgezeigte Lösung über einen Widerruf des Kreditvertrags als von der Bank an der Haustür vorbereitetes Geschäft (vgl. oben Rn. 316 ff.). Soweit es sich bei dem vom Vertreter für den Verbraucher abgeschlossenen Kreditvertrag um einen Verbraucherkreditvertrag gemäß § 491 BGB handelt, kann der Vertrag nach § 495 BGB ohnehin widerrufen werden.[156]

402 Problematisch war zudem lange Zeit, ob für die Erteilung einer Vollmacht zum Abschluss eines Verbraucherkreditvertrags die **Schriftform** erforderlich war. Die Frage war so drängend, dass der Gesetzgeber bereits im Rahmen der Schuldrechtsmodernisierung für Klarheit gesorgt hat. § 492 Abs. 4 BGB schreibt vor, dass die Vollmachtserteilung schriftlich erfolgen und bereits alle für den Kreditvertrag benötigten Informationen enthalten muss. Dadurch wird die Vertretung nahezu bedeutungslos, da der Verbraucher den Vertragsschluss ebenso gut gleich selbst vornehmen kann.[157]

Die Stellvertretung beim Abschluss des Verbraucherkreditvertrags ist als solche also nicht annähernd so problematisch, wie die oben behandelte (Rn. 318) Konstellation der Anlageberatung an der Haustür.

III. Der Verbrauchsgüterkaufvertrag

1. Entstehungsgeschichte und Ziele der Verbrauchsgüterkauf-RL

403 Die Verbrauchsgüterkauf-RL hat Kernbereiche des nationalen Schuldrechts verändert. Die mit der Richtlinie europaweit eingeführte zwingende zweijährige Gewährleistung für neu gekaufte Sachen hat auch auf den Rechtsalltag des Verbrauchers großen Einfluss. Das Ziel der Richtlinie, die Zuversicht und das Vertrauen des Verbrauchers zu stärken und ihn so zu vermehrtem Konsum anzuregen, dürfte wohl erreicht worden sein. Gesicherte Erkenntnisse über die Auswirkungen der Rechtsänderung auf die Warenpreise und das Konsumverhalten bestehen allerdings noch nicht.

Obwohl die Richtlinie mit dem Mängelhaftungsrecht im Kaufvertrag in einen zentralen Bereich des Privatrechts eingreift, zeigt sie zugleich deutliche **Zurückhaltung in ihrem Regelungsumfang**. Die Richtlinie erfasst den Anspruch auf Nachbesserung bzw -lieferung sowie Minderung und Rücktritt. **Schadensersatzansprüche** sind gänzlich **ausgeklammert**.

Die Richtlinie lehnt sich in den Grundzügen an das UN-Kaufrecht (CISG) an.[158] Bei der Auslegung kann daher – wiewohl mit ständiger Rücksicht auf die Besonderheiten des Verbrauchergeschäfts – mit auf das CISG gesehen werden.

---

156 Zu dieser Vorschrift kritisch etwa *Habersack*, BKR 2001, S. 72.
157 Bamberger/Roth/*Möller*/*Wendehorst*, BGB, § 492 Rn. 31.
158 KOM (1995) 520, S. 6, 13; für einen Blick in die Kommentierungen zum CISG daher auch *Staudenmayer*, ERPL 2001, S. 547, 553 Fn. 9.

2. Der Verbrauchsgüterkaufvertrag

Die Richtlinie erfasst alle Verträge, die zwischen einem Unternehmer und einem Ver-   **404**
braucher über ein Verbrauchsgut geschlossen werden. Dabei entspricht der Begriff
des Kaufvertrags im Sinne der Richtlinie nicht dem tradierten deutschen Verständnis
des Kaufvertrags. Er umfasst gemäß Art. 1 Abs. 4 Verbrauchsgüterkauf-RL vielmehr
auch „Verträge über die Lieferung herzustellender oder zu erzeugender Verbrauchs-
güter". Es kann sich also, in deutscher Terminologie, um einen **Kaufvertrag iSd
§ 433 BGB oder einen Werklieferungsvertrag iSd § 651 BGB** handeln. Dabei ist
die Richtlinie noch weiter als Art. 3 CISG und erfasst alle „auf die Warenherstellung
bezogenen Werkverträge",[159] nicht nur die, bei denen der Schwerpunkt letztlich doch
auf dem Verkauf des Materials liegt.[160]

IV. Der Pauschalreisevertrag

1. Ziele der Pauschalreise-RL

Bei der Schaffung eines Binnenmarkts drängt sich die Verbesserung der Bedingungen   **405**
für den **Tourismussektor**, der **typischerweise grenzüberschreitend** ist, geradezu
auf. Für die Pauschalreiseverträge sollten daher zum einen die Wettbewerbsbedingungen durch die Beseitigung ganz erheblicher Rechtsunterschiede verbessert werden. Zum anderen war es wichtig, einen hohen Schutzstandard für die Reisenden zu
erreichen.[161]

2. Der Pauschalreisevertrag

Das charakteristische Element des Pauschalreisevertrags besteht darin, dass ein Rei-   **406**
sender im Voraus **mehrere Reiseleistungen** bei einem Veranstalter oder Vermittler
bucht. Der Begriff des Pauschalreisevertrags hat den EuGH in der Entscheidung
Club-Tour beschäftigt.[162] Hier war die Frage zu beurteilen, ob auch eine nach den
Vorgaben des Verbrauchers organisierte Reise in den Anwendungsbereich der Richtlinie falle. Der EuGH bejahte dies. Zugleich entschied er, dass es für die „im Voraus
festgelegte Verbindung" iSd Art. 2 Nr. 1 Pauschalreise-RL ausreichte, wenn die einzelnen Reiseleistungen im Zeitpunkt des Vertragsschlusses zusammengefügt werden.

Dass **auch untypische Pauschalreisen** von der Richtlinie erfasst werden, hat der
EuGH in der Entscheidung Pammer/Alpenhof klargestellt: Es ging dabei um eine
Passage auf einem Frachtschiff, die wegen der enthaltenen Beförderungs- und Unter-
kunftsleistung ebenfalls mehrere Reiseleistungen umfasste.[163]

---

159 So Grundmann/Bianca/*Grundmann*, EU-Kaufrechts-Richtlinie, 2002, Einl. Rn. 26.
160 Ebenda Art. 1 Rn. 16.
161 Zur Entstehung Grabitz/Hilf/*Tonner*, Das Recht der EU, A 12, Vorbem Rn. 1, 10 ff.; *Grundmann*,
    Europäisches Schuldvertragsrecht, 1999, S. 604.
162 *EuGH* Slg. 2002, S. 4051.
163 *EuGH* NJW 2011, S. 505, 507.

Eine beachtliche Besonderheit der Richtlinie besteht darin, dass sie nicht nur für Verbraucherverträge gilt. In Art. 2 Pauschalreise-RL wird der „Veranstalter" als eine Person definiert, die regelmäßig Reisen organisiert, „Verbraucher" kann jeder Reisende sein.[164] Im Klartext bedeutet das, dass der **Geltungsbereich der Richtlinie personal nicht eingeschränkt** ist. Sie gilt für privat (zB vom Sportverein) organisierte Reisen ebenso wie für als Pauschalreisen gebuchte Geschäftsreisen.[165]

V. Der Zahlungsdienstevertrag

Literaturhinweis: *Köndgen*, Das neue Recht des Zahlungsverkehrs, JuS 2011, S. 481.

1. Ziele der Zahlungsdienste-RL

407 Die Zahlungsdienste-RL beruht auf der Überlegung, dass der Binnenmarkt nicht funktionieren kann, wenn es nicht möglich ist, schnell und preiswert Zahlungen in das Ausland vorzunehmen.[166]

Sie vereinheitlicht daher im Rahmen der **SEPA** (Single Euro Payment Area) die Vorschriften für Zahlungsdienste. Die Ausführungsfristen sind kurz, um eine **schnelle Abwicklung von Geschäften** zu sichern. Durch die Vereinheitlichung soll zugleich der Wettbewerb zwischen den Zahlungsdienstleistern verbessert werden. Um diese Ziele zu erreichen, sieht die Richtlinie eine Vollharmonisierung vor.

Die Richtlinie bezieht sich nur auf grenzüberschreitende, innereuropäische Zahlungsvorgänge. Der deutsche Gesetzgeber hat aber überzeugend die umgesetzten Regelungen auch auf innerdeutsche Zahlungsvorgänge und – mit gewissen Einschränkungen – solche mit Drittstaaten übertragen.

2. Der Zahlungsdienstevertrag

408 Der in den §§ 675f– 675i BGB umgesetzte Zahlungsdienstevertrag ist ein **neuer Vertragstyp**, der alle Arten von Zahlungsdiensten umfasst (so etwa die Überweisung, Kartenzahlungsvorgänge und Lastschriftverfahren). Das Verständnis des Rechtsvorgangs eines Zahlungsdienstes hat sich durch die EU-Richtlinien in Deutschland grundlegend verändert. Schon durch die alte Überweisungsrichtlinie (97/5/EG) hatte sich die Dogmatik des BGB deutlich geändert und der zunächst in § 676a BGB geregelte Überweisungsvertrag war in das deutsche Recht aufgenommen worden. Nunmehr ist die konstruktive Doppelung von Giro- und Überweisungsvertrag wieder aufgehoben worden und die Überweisung **nur noch eine bloße Weisung iSd § 665 BGB** im Rahmen eines Einzelzahlungsdienste- oder eines Zahlungsdiensterahmenvertrags.

---

164 Dazu auch *Bülow/Artz*, Verbraucherprivatrecht, Rn. 485.
165 Kritisch Gebauer/Wiedmann/*Tonner*, Zivilrecht unter europäischem Einfluss, Kap. 14 Rn. 13.
166 Einführend zur Richtlinie und dem deutschen Gesetzentwurf *Grundmann*, WM 2009, S. 1109 und S. 1157; zur deutschen Umsetzung auch *Bitter*, WM 2010, S. 1725 und S. 1773.

Die Richtlinie ist auf die Ausgestaltung von Verträgen zwischen Zahlungsdienstleis- **409**
tern (meist Banken, siehe genauer Art. 1 Zahlungsdienste-RL) und Verbrauchern ausgerichtet.[167] Allerdings hat der Richtliniengeber eine **neuartige Regelungstechnik**
gewählt. Die Richtlinie gilt danach zunächst für alle Verträge, also auch für Verträge
zwischen zwei Unternehmern. Nach Art. 30 Abs. 1 S. 2, Art. 51 Abs. 2 Zahlungsdienste-RL sind die wesentlichen Vorschriften in Unternehmerverträgen aber abdingbar. Besonders ist auch die Behandlung der „Kleinstunternehmer". Es bleibt nämlich
den Mitgliedstaaten überlassen, ob die Regelungen für diese zwingend oder abdingbar gelten sollen (Art. 30 Abs. 2, Art. 51 Abs. 3 Zahlungsdienste-RL). Obwohl die
Zahlungsdienste-RL somit letztlich auch Verbraucherschutz erreichen möchte, bietet
sie kein hohes Schutzniveau. Geschwindigkeit und Vereinfachung grenzüberschreitender Zahlungen sind vorrangig.[168] Wesentlich sind umfangreiche Informationspflichten, die Zahlungsdienstleister erfüllen müssen, um die Markttransparenz zu
erhöhen und so dem Verbraucher eine wirtschaftlich sinnvolle Entscheidung zu ermöglichen.[169]

VI. Der Teilzeitnutzungsrechtevertrag

1. Ziele der Teilzeitnutzungsrechte-RL

Die Teilzeitnutzungsrechteverträge, oft auch Timesharing-Verträge genannt, können **410**
beinahe symbolisch für den missbräuchlichen Vertrag als solchen stehen. Das Ziel
der Teilzeitnutzungsrechte-RL ist es dennoch nicht, diesen Vertragstypus abzuschaf-
fen. Vielmehr sieht man darin ein **wirtschaftliches Potential** und zwar insbesondere
im grenzüberschreitenden Bereich.[170]

Daher ist die Richtlinie darauf ausgerichtet, Regelungen zu setzen, um die missbräuchliche Ausnutzung des Teilzeitnutzungsrechtevertrags zu verhindern. Die **Erhöhung des Schutzniveaus für den Verbraucher** sollte also den Anreiz zum (insbesondere grenzüberschreitenden) Abschluss des entsprechenden Rechtsgeschäfts steigern. Sie enthält damit die dem EU-Recht typische Verknüpfung, dass ein hohes
Schutzniveau zu erhöhtem Konsum führen soll, in besonders deutlicher Form.

2. Der Teilzeitnutzungsrechtevertrag

Die neue Teilzeitnutzungs-RL erfasst nicht mehr nur klassische Teilzeitnutzungsver- **411**
träge, bei denen ein Verbraucher von einem Unternehmer das Recht kauft, in wieder-
holten Fällen für einen bestimmten Zeitraum in einer Immobilie zu wohnen (Art. 2
Abs. 1 lit a). Vielmehr sind auch weitere „langfristige Urlaubsprodukte" (zB Boote),
wechselnde Unterkünfte und sogar Unterkunftstauschsysteme einbezogen worden.[171]

---

167 Dazu insb Präambel Erwägung 20.
168 Dies kritisierend auch *Nobbe*, WM 2011, S. 961, 963 f., 968.
169 Umgesetzt wird Titel III der Richtlinie („Transparenz der Vertragsbedingungen und Informations-
     pflichten für Zahlungsdienste") in § 675d BGB iVm Art. 248 §§ 1-16 EGBGB.
170 Vgl. dem zustimmend Grabitz/Hilf/*Martinek*, Das Recht der EU, Band III, A 13, Rn. 2 ff.
171 Mit weiteren Beispielen die Begründung zum Umsetzungsgesetz, BT-Drucks. 17/2764, S. 16.

Um einen **möglichst weiten Anwendungsbereich** zu erfassen und Umgehungsmöglichkeiten auszuschließen, kommt es auf die rechtliche Ausgestaltung des Nutzungsrechts nicht an. Ganz gleich, ob der Erwerb schuldrechtlich, dinglich oder gesellschaftsrechtlich erfolgt, sind die entsprechenden Verträge von der Richtlinie erfasst.[172]

Bei der Umsetzung der Richtlinie kann man **nur kleinere Ungenauigkeiten** auffinden, die durch richtlinienkonforme Auslegung „behoben" werden können. Wenn zB die deutsche Umsetzung als Gegenleistung für die Einräumung des Teilzeitnutzungsrechts verlangt, dass ein „Gesamtpreis" zu zahlen ist – so dass die Leistung für die gesamte Vertragslaufzeit damit abgegolten wird, entspricht das nicht ganz der Richtlinie. Denn diese will auch Konstruktionen erfassen, bei welchen einmalige und nutzungsabhängige Zahlungen kombiniert werden.[173]

D. EU-Vorschriften zur vertraglichen Haftung

I. Übertragung des Rechtsfolgenbereichs in den Umsetzungsspielraum der Mitgliedstaaten

412 Nur wenige Richtlinien enthalten Vorgaben dazu, welche Rechtsfolgen sich an die Verletzung der vorgesehenen Pflichten durch den Unternehmer knüpfen.

In der Regel findet sich nur die Aussage, dass die Sanktionen für eine solche Verletzung „wirksam, verhältnismäßig und abschreckend" sein müssen – so zB Art. 23 Verbraucherkredit-RL; Art. 24 Verbraucherrechte-RL; Art. 15 S. 2 Gleichbehandlungs-RL (Rasse); Art. 14 S. 2 Gleichbehandlungs-RL (Geschlecht). Noch offener bleibt beispielsweise die Dienstleistungs-RL, die stets nur formuliert: „Die Mitgliedstaaten stellen sicher…" (Art. 20 ff. Dienstleistungs-RL). In Art. 7 Zahlungsverzugs-RL wird den Mitgliedstaaten zur Auswahl gestellt, missbräuchliche Vertragsklauseln entweder als **unwirksam** anzusehen oder **Schadensersatzansprüche** vorzusehen.

Unmittelbare Vorgaben machen die Richtlinien **nur vereinzelt**. Das gilt für die soeben erwähnte Zahlungsverzugs-RL, soweit es nicht um Informationen und Klauseln, sondern um die unpünktliche Zahlung selbst geht (dazu sogleich II.). Konkrete Haftungsregelungen enthält auch die Zahlungsdienste-RL. Sie sieht eine Haftung für zu Unrecht durchgeführte sowie für nicht oder fehlerhaft durchgeführte Dienste vor.

II. Haftung bei der Verletzung von Informationspflichten

1. Mögliche Folgen von Informationspflichtverletzungen

413 Geht es um die Verletzung von Informationspflichten, sind die Vorgaben besonders dünn. Angesichts der Offenheit der Richtlinien wundert es nicht, dass die Mittel zur Durchsetzung von Informationspflichtverletzungen in den Mitgliedstaaten **besonders**

---

172 Dazu auch Erwägungsgrund 5; zur deutschen Umsetzung MünchKommBGB/*Franzen*, § 481 Rn. 2 ff.
173 Wie hier *Franzen*, NZM 2011, S. 217, 219.

unterschiedlich sind. Sie reichen von Strafbewehrung auf der einen Seite bis zu der bloßen vom EuGH vorgegebenen (siehe Rn. 333.) Verlängerung der Widerrufsfrist auf der anderen Seite.[174]

Einen konkreteren Vorschlag für die Umsetzung enthält die Erwägung 25 der Präambel der Verbraucherkredit-RL. Dort wird den Mitgliedstaaten eingeräumt, den Kreditgeber, der dem Kunden fehlerhafte Informationen gibt, **an diese Informationen zu binden**. Das bedeutet, dass der Kreditgeber den Kredit zu den Bedingungen auszahlen müsste, die er angegeben hat. Ein jeweils verwandter Gedanke findet sich in Art. 2:207 Abs. 3 Acquis Principles, Art. 3:107 DCFR sowie Art. 25 Abs. 1 Machbarkeitsstudie (zu den Begriffen unten Anhang III). Für Verbraucherkreditverträge findet sich dieses überzeugende Instrument in der deutschen Umsetzung in spezifizierter Form wieder. So wird bei einer Falschangabe des effektiven Jahreszinses der geschuldete Zinssatz entsprechend gemindert (§ 494 Abs. 3 BGB), bei fehlenden Angaben über Kosten werden diese nicht geschuldet (§ 494 Abs. 4 BGB). **414**

Sanktionscharakter hat im Übrigen auch die unbegrenzte Widerrufsmöglichkeit, die nach der bereits mehrfach erwähnten Entscheidung Heininger des EuGH bei fehlender Belehrung bestehen soll. Der EuGH leitete dort aus der Haustür-RL ab, dass die Widerrufsfrist nicht vor Erteilung der Widerrufsbelehrung zu laufen beginnt.[175] **415**

Einen ähnlichen Gedanken könnte man anwenden, wenn der Verbraucher zwar von seinem Widerrufsrecht weiß, aber ihm andere notwendige Informationen nicht vollständig oder nicht verständlich mitgeteilt wurden. Er hätte dann so lange ein **Widerrufsrecht**, bis er diese **Informationen erhalten** hat. Das wäre eine in sich stimmige Lösung. Denn das Widerrufsrecht hat, wie gezeigt, den Zweck, dem Verbraucher die Sammlung und Verarbeitung von Informationen auch noch während eines gewissen Zeitraums nach dem Vertragsschluss zu ermöglichen. Solange der Unternehmer diese Informationen gar nicht zu Verfügung stellt, muss das Widerrufsrecht daher bestehen bleiben.

Im Folgenden ist noch zu überlegen, ob sich aus der Verletzung von Informationspflichten auch Schadensersatzansprüche ergeben können und ob solche ein geeignetes Instrument zur Sanktionierung von Informationspflichtverletzungen sind.

2. Informationspflichtverletzung als Pflichtverletzung iSd § 280 Abs. 1 BGB

Die erste Voraussetzung dafür, dass ein **Schadensersatzanspruch** bejaht werden könnte, wäre die Einordnung der Verletzung von Informationspflichten als Pflichtverletzung iSd § 280 Abs. 1 BGB. Ob Informationspflichten echte Vertragspflichten sind, war in Deutschland lange umstritten. Inzwischen hat aber der EuGH erkennen lassen, dass er in der Informationspflicht wirklich eine Vertragspflicht des Unternehmers sieht, deren (schuldhafte) Verletzung zu einem Schadensersatzanspruch führt.[176] **416**

---

174 Einen schnellen Überblick verschafft das Verbraucherrechtskompendium, S. 815 ff.
175 *EuGH* Slg. 2001, S. 9945, Rn. 45 (Heininger).
176 *EuGH* Slg. 2005, S. 9215 (Schulte); *EuGH* Slg. 2005, S. 9273 (Crailsheimer Volksbank).

Dem folgend geht auch der BGH seit Jahren davon aus, dass in einer unterlassenen Widerrufsbelehrung die Verletzung einer vorvertraglichen Pflicht liegt.[177] Ist diese Pflicht schuldhaft verletzt worden, kann ein Schadensersatzanspruch aus § 280 Abs. 1 BGB entstehen.

3. Kausal verursachter Schaden

417   Der Anspruch wird in der Praxis jedoch fast immer daran scheitern, dass es dem Verbraucher nicht möglich ist, einen kausal verursachten Schaden nachzuweisen.[178]

Das lässt sich besonders gut an der fehlenden Widerrufsbelehrung zeigen. Um die Kausalität der fehlenden Belehrung für seinen Schaden nachzuweisen, müsste der Verbraucher beweisen können, dass er den Vertrag widerrufen hätte, wenn er ordnungsgemäß belehrt worden wäre. Dafür spricht **keinesfalls ein Anscheinsbeweis**, denn der Widerruf ist insgesamt ein seltener Vorgang. Für die in Deutschland überwiegend betroffenen Fälle von unwirtschaftlichen Immobilienkäufen ist zu Recht aufgezeigt worden, dass dem Verbraucher die Nachteile seines Geschäfts in der Regel erst Monate oder Jahre später auffallen konnten.[179] Richtigerweise muss man wohl sagen, dass *nicht* der *Nachweis* der fehlenden Schadensfolge das Problem ist, sondern dass tatsächlich die Informationspflichtverletzung *keinen Schaden ausgelöst hat*.

Auch das Fehlen anderer Informationen führt nur selten dazu, dass dem Verbraucher ein Schaden entsteht. Anders kann es zum Beispiel sein, wenn der Verbraucher zwischen zwei Kreditangeboten wählt und aufgrund fehlerhafter Informationen zu dem teureren greift.

Damit lässt sich insgesamt feststellen, dass es zwar **richtig und begrüßenswert** ist, in der Verletzung wichtiger Informationspflichten aus dem Verbraucherschutzrecht zugleich eine echte Pflichtverletzung iSd § 280 Abs. 1 BGB zu sehen. Die Durchsetzbarkeit von Informationspflichten hat sich dadurch aber kaum erhöht.

4. Problematik der Rechtsdurchsetzung

a) Verbandsklage

418   Am Beispiel der Informationspflichten lässt sich besonders gut zeigen, dass im Bereich des Verbraucherschutzes ein weiteres strukturelles Defizit herrscht, soweit es um die individuelle, private Rechtsdurchsetzung geht. All die zusätzlichen Rechte des Verbrauchers haben den Nachteil, dass der Verbraucher diese nicht durchsetzen wird, weil er davon gar nichts erfährt. Sein **Informationsdefizit** schließt eine Rechtsverfolgung durch ihn selbst aus.

Daher muss insbesondere im Bereich der Rechtsdurchsetzung nach effektiveren Instrumenten gesucht werden. Ein bekanntes, auch im EU-Recht vorgesehenes Instrument ist die **Verbandsklage**, die durch Verbraucherverbände erhoben wird. Diese Klage kann nach § 2 UKlaG bei jeder Zuwiderhandlung gegen ein Verbraucher-

---

177   *BGH* NJW 2006, 2099; ausdrücklich NJW 2007, 357 (jeweils zu den Schrottimmobilien).
178   Lesenswerte Anmerkung *Geibel*, ZJS 2008, S. 409.
179   Wieder *BGH* NJW 2008, S. 1585; *BGH* EWiR 2008, S. 35.

schutzgesetz erhoben werden. Sie ist auf Unterlassung der Verletzung gerichtet. Wirklich effektiv ist diese Sanktion dennoch nicht, weil dem Unternehmer höchstens droht, dass er die Kosten des Verfahrens tragen muss.[180]

Insofern sind die Mittel zur Durchsetzung von Informationspflichten im Privatrecht **letztlich sehr begrenzt**. Man mag daher sogar hinterfragen, ob eine Umsetzung der Richtlinien durch diese privatrechtlichen Sanktionen überhaupt ausreicht.

b) Wettbewerbsrecht

Der Vorwurf der zu vorsichtigen Umsetzung kann aber wohl schon deshalb nicht **419** durchgreifen, weil die Erfüllung der Informationspflichten auch durch **parallele wettbewerbsrechtliche Instrumente** abgesichert ist. Eine Pflicht, gerade vertragsrechtliche Instrumente einzusetzen, besteht nicht. Als wettbewerbsrechtliche Sanktionen drohen Schadensersatz und Gewinnabschöpfung.[181] Es fällt auf, dass sich die Rechtsprechung zu den Informationspflichten schon derzeit ganz **überwiegend im Bereich des UWG** abspielt.[182] Eine gewisse Hürde kann dabei die Erheblichkeitsklausel in § 3 Abs. 1 UWG („spürbar") darstellen, welche der Verfolgbarkeit in Einzelfällen entgegenstehen kann. Jedoch wird bei einer Verletzung verbraucherschützender Informationspflichten, die den Tatbestand des § 4 Nr. 11 UWG erfüllen, die Wesentlichkeit eher großzügig bejaht. Außerdem greift § 5a UWG, der Art. 7 Lauterkeits-RL umsetzt und gerade auf das Unterlassen von Information ausgerichtet ist. In § 5a Abs. 3 Nr. 4 UWG ist die Nichtbelehrung über das Widerrufsrecht ausdrücklich benannt. Auch die Verletzung von sonstigen Informationspflichten durch Unterlassen wird zumindest dann generell als wesentlich im Sinne der Norm angesehen, wenn dadurch auf verbraucherschützenden Richtlinien beruhende Pflichten verletzt werden. Dieses Verständnis entspricht Art. 7 Abs. 5 Lauterkeits-RL, der genau auf die verbraucherschützenden vertraglichen Informationspflichten abzielt und deren Wesentlichkeit statuiert.[183]

Für die Durchsetzung von Informationspflichten wurden so insgesamt große Fortschritte erzielt.[184]

III. Haftung bei der Verletzung von Gleichbehandlungspflichten

Literaturhinweis: *Looschelders*, Diskriminierung und Schutz vor Diskriminierung im Privat- **420** recht, JZ 2012, S. 105.

Beispiel 17: Der afrikanisch-stämmige A möchte in der Diskothek D tanzen und Freunde treffen. Jedoch wird er vom Türsteher T abgewiesen, weil T meint, es seien schon zu viele Ausländer anwesend. Diese Entscheidung hat T aus eigenen Stücken getroffen, obwohl er bei seiner Einstellung darauf aufmerksam gemacht wurde, dass bei der Einlasskontrolle keine Diskriminierung erfolgen sollte.

---

180 *Hoffmann*, ZIP 2005, S. 829, 834 mwN.
181 *Hoffmann*, ZIP 2005, S. 829, 835 mwN.
182 Etwa *OLG Hamm* MMR 2009, S. 216; *LG Bochum* MMR 2009, S. 217; *OLG Hamburg* MMR 2011, S. 100; *BGH* WM 2012, S. 221; *OLG Hamm* MMR 2012, S. 29.
183 Im Einzelnen *Busch*, GPR 2008, S. 158, 162.
184 Dazu nur *Köhler/Bornkamm*, UWG, § 5a UWG Rn. 3 ff.

Die Haftung bei der Verletzung von Gleichbehandlungspflichten wirft nur scheinbar ganz andere Streitfragen auf. Denn auch hier ist es für den Verletzten oft überhaupt nicht nachweisbar, dass er einen Schaden erlitten hat. Dennoch wird die von den Richtlinien vorgegebene, wirksame und abschreckende Sanktionierung auch über die **Implementierung von Schadensersatzansprüchen** versucht (§ 21 Abs. 2 AGG). Der Gesetzgeber, der sich der Problematik bewusst war, hat dabei bestimmt, dass auch ein Nichtvermögensschaden „angemessen" ausgeglichen werden muss (§ 21 Abs. 2 S. 3 AGG).

421 Umstritten ist an der deutschen Umsetzung allerdings, dass der Schadensersatzanspruch in § 21 Abs. 2 S. 2 AGG ein (vermutetes) **Verschulden** voraussetzt. Dies ist jedenfalls kein direkter Verstoß gegen die Richtlinie, da diese nur verlangt, dass wirksame Maßnahmen gegen Benachteiligungen getroffen werden. Unter Bezugnahme auf die Draehmpaehl-Entscheidung des EuGH[185] wird das Verschuldenserfordernis jedoch als europarechtswidrig angesehen.[186] Allerdings ist es nicht sicher, ob die arbeitsrechtliche Rechtsprechung des EuGH auf das allgemeine Zivilrecht zu übertragen ist. Meist wird darauf verwiesen, dass die Exkulpation kaum gelingen wird, und, da andere, verschuldensunabhängige Ansprüche bestehen, insgesamt von einer Richtlinienkonformität der Umsetzung ausgegangen.[187]

422 Im **Beispiel 17** kann der A also grundsätzlich eine angemessene Entschädigung verlangen. Die Höhe zu bestimmen, ist den Gerichten überlassen, wobei sie den Hintergrund der Regelung (Richtlinie) berücksichtigen müssen, um die korrekte Umsetzung der Richtlinie zu gewährleisten. Es ist jedenfalls nicht korrekt, überhaupt keinen Ausgleich zuzusprechen.

423 Da hier nicht der D selbst sondern der T handelte, ist noch eine weitere, bisher nicht erwähnte Frage relevant. Es kommt nämlich darauf an, ob eine vertragliche Pflicht verletzt wurde oder ob es um eine außervertragliche Pflicht geht. Denn davon hängt ab, nach welchen Regeln D für das Verhalten des T einzustehen hat. Bei vertraglicher Einordnung würde § 278 BGB greifen. Bei außervertraglicher Einordnung griffe dagegen § 831 BGB und der D hätte die Möglichkeit, sich zu entlasten. Für eine außervertragliche Einordnung spricht, dass es sich aus deutscher Perspektive stets um eine Persönlichkeitsrechtsverletzung handelt.[188] Für eine vertragliche Betrachtung spricht es, dass eine große Nähe zum Vertragsrecht vorliegt. A wollte schließlich einen Vertrag mit D abschließen. Überzeugend ist daher vorgeschlagen worden, sowohl eine deliktische als auch eine vertragliche Haftung zu bejahen.[189]

---

185 *EuGH* Slg. 1997, S. 2195; das Urteil bezog sich auf das Verschuldenserfordernis des Schadensersatzanspruchs in § 611a BGB aF.
186 MünchKommBGB/*Thüsing*, § 21 AGG Rn. 45 ff.
187 So etwa *Kossak*, Rechtsfolgen eines Verstoßes gegen das Benachteiligungsverbot im allgemeinen Zivilrechtsverkehr, 2009, S. 185 ff. mwN; zur Entwurfsfassung des AGG bereits *Busche*, in: Leible/Schlachter, Diskriminierungsschutz durch Privatrecht, 2006, S. 159, 176.
188 *OLG Köln* NJW 2010, S. 1676.
189 *Kossak*, Rechtsfolgen eines Verstoßes gegen das Benachteiligungsverbot im allgemeinen Zivilrechtsverkehr, S. 76 f.

IV. Leistungsfristen und Verzug

1. Vorschriften zu Leistungsfristen und Verzug im EU-Privatrecht

In den Richtlinien finden sich einige Vorschriften über Liefer- und Zahlungsfristen. **424** So müssen Lieferungen nach Art. 7 Fernabsatz-RL (zukünftig Art. 18 Verbraucherrechte-RL) binnen 30 Tagen erfolgen.[190] In Deutschland setzte man diese Vorschrift nicht um, weil die Frist sehr lang erschien.[191]

Während die Fernabsatz-RL die weiteren Rechtsfolgen einer Überschreitung der Liefer- bzw Rückerstattungsfrist nicht regelte, sieht **Art. 18 Abs. 2 Verbraucherrechte-RL** nun vor, dass dem Verbraucher bei Überschreitung der Frist ein **Rücktrittsrecht** zusteht. Dafür muss der Verbraucher jedoch ähnlich wie in § 323 BGB zunächst eine Frist setzen. Die Gründe für die Entbehrlichkeit der Frist sind etwas anders gefasst als im BGB. Es gibt die Leistungsverweigerung des Verkäufers, die erkennbare Wichtigkeit des Liefertermins, und schließlich die Mitteilung des Verbrauchers „dass die Lieferung bis zu einem bestimmten Datum oder an einem bestimmten Tag wesentlich ist".

Die neue **Zahlungsdienste-RL** (dazu bereits oben Rn. 407) enthält – wie schon die **425** frühere Überweisungs-RL – präzise Fristen zur Ausführung von Geldtransfers. So muss nach Art. 69 Abs. 1 Zahlungsdienste-RL der Zahlungsdienstleister des Zahlenden sicherstellen, dass der Betrag spätestens am Ende des folgenden Geschäftstags dem Konto des Zahlungsdienstleisters des Empfängers gutgeschrieben ist. Es ist dann Aufgabe des Zahlungsdienstleisters des Zahlungsempfängers, den Betrag dem Empfängerkonto unverzüglich gutzuschreiben (Art. 69 Abs. 2, Art. 73 Zahlungsdienste-RL). Die Zahlungsdienste-RL verkürzt die Frist für Standardüberweisung damit erheblich, statuierte doch die alte Überweisungs-RL noch eine Ausführungsfrist von fünf Tagen.

Diese Neuregelung dient – der Zielsetzung der Richtlinie entsprechend – der **Verbesserung grenzüberschreitenden Kapitalverkehrs**, allerdings wird sie erst durch eine Vereinfachung der Prüfungspflichten der Geldinstitute ermöglicht und birgt daher für den Verbraucher ein neues Risiko (dazu noch unten Rn. 476).

Mit dem Verzug als solchem befasst sich die Zahlungsverzugs-RL.

2. Geltungsbereich und wesentliche Elemente der Zahlungsverzugs-RL

Die Zahlungsverzugs-RL gilt nur für den **Zahlungsverzug im Geschäftsverkehr**. **426** Die fehlende Zahlungsdisziplin und die stark abweichenden Möglichkeiten zur gerichtlichen Durchsetzung von Forderungen wurden als Hindernis für die Entwicklung

---

190 Zur Umsetzung *Kamanabrou*, WM 2000, S. 1417, 1425 f.
191 Das ist problematisch, weil es sich um zwingendes Recht handelt, das auch durch individuelle Vereinbarung nicht abbedungen werden darf. Zu beachten ist auch, dass Art. 7 Abs. 2 Fernabsatz-RL vorsieht, dass der Verbraucher bei fehlender Verfügbarkeit der Waren sogleich zu unterrichten ist und geleistete Zahlungen binnen dreißig Tagen zurückzuerstatten sind. Auch hier handelt es sich zwar um lange Fristen; ihre Einhaltung im deutschen Recht ist jedoch letztlich nicht gesichert; näher Grabitz/Hilf/*Micklitz*, Das Recht der EU, Band IV, A 3, Rn. 107; kritisch *Riesenhuber*, Europäisches Vertragsrecht, Rn. 858, der die Frist für zu lang hält.

des Binnenmarkts angesehen. Da die Richtlinie nicht wirkungsvoll genug war, wurde sie im Jahr 2011 mit einigen Ergänzungen neu gefasst.[192]

Die **drei Kernelemente** der Zahlungsverzugs-RL sind die automatisch eintretende Pflicht zur Zahlung von Zinsen ab dem Zahlungstermin sowie nunmehr auch zum pauschalierten Ersatz der Betreibungskosten (Art. 6 Abs. 1), die Möglichkeit der Vereinbarung eines Eigentumsvorbehalts (Art. 9) und die schnelle Erreichbarkeit eines gerichtlichen Vollstreckungstitels (Art. 10).

Um das Ziel der Beschleunigung des Zahlungsverkehrs nachhaltig zu sichern, wurden erstaunliche **Eingriffe in die Vertragsfreiheit** der Parteien vorgenommen. Die Parteien können verlängerte Zahlungsfristen nicht mehr frei vereinbaren. Bei Geschäften zwischen zwei privaten Unternehmern ist für eine Zahlungsfrist von über 60 Tagen nach Art. 3 Abs. 5 eine „ausdrückliche" – also nicht nur in AGB enthaltene[193] – Vereinbarung erforderlich (zur Inhaltskontrolle schon oben Rn. 390). Für öffentliche Stellen (Art. 2 Nr. 2) kann eine Ausdehnung der Frist auf über 60 Tage überhaupt nicht vereinbart werden (Art. 4 Abs. 3-6). Die Richtlinie hat an diesem Punkt viel Kritik erhalten. Interessanter ist aber vielleicht, sich zu überlegen, warum der Richtliniengeber so streng vorging. Die **öffentliche Hand** mit ihren großen Aufträgen ist gegenüber privaten Unternehmern sehr mächtig. So entwickelte sich gerade hier die „Gewohnheit", die Unternehmer monatelang auf die Bezahlung warten zu lassen. Dagegen möchte die Richtlinie vorgehen. Ob die privaten Unternehmer es wagen werden, ihre neuen Rechte auf Verzugszinsen und Schadensersatz gegen den für sie so wichtigen öffentlichen Partner auch durchzusetzen, ist eine andere Frage.

3. Umsetzung der Zahlungsverzugs-RL

a) Geringe Abweichung vom nationalen Recht

427   Einige wesentliche Vorgaben der Zahlungsverzugs-RL, so der Eigentumsvorbehalt (§ 449 BGB) und das Mahnverfahren (§§ 688 ff. ZPO) waren im deutschen Recht **ohnehin bereits enthalten**, so dass eine Umsetzung nicht erforderlich war.

Die deutsche Umsetzung weicht von der Richtlinie nur in einigen, letztlich wohl unbedenklichen Einzelheiten ab. Zunächst ist die Regelung **nicht auf den Geschäftsverkehr beschränkt**, sondern erfasst grundsätzlich auch Verbraucherverträge. Nicht umgesetzt wurden die in Art. 3 Abs. 3-5 Zahlungsverzugs-RL (aF, inzwischen Art. 7) vorgesehenen speziellen Inhaltskontrollvorschriften (dazu schon oben Rn. 390). Zwei weitere Einzelfragen seien erwähnt:

b) Der Begriff „verantwortlich"

428   Ein eventuelles inhaltliches Umsetzungsdefizit könnte sich dadurch ergeben, dass der in der Richtlinie verwendete Begriff **„Verantwortlichkeit"** nicht mit dem in

---

192 Zu den Neuerungen durch die bis März 2013 umzusetzende Richtlinie ausführlich *Oelsner*, EuZW 2011, S. 940.

193 Insoweit anders *Oelsner*, EuZW 2011, S. 940, 943, der nur konkludente Vereinbarungen ausgeschlossen wissen möchte.

Deutschland an seine Stelle gesetzten Begriff „**Verschulden**" übereinstimmt.[194]
Nach Art. 4 Abs. 1 lit b Zahlungsverzugs-RL entfällt die Verzinsungspflicht, wenn
der Schuldner nicht für die Verzögerung *verantwortlich* ist. Im deutschen Recht ist
der Eintritt des Verzugs – und damit auch die Pflicht zur Leistung von Zinsen – dagegen gemäß § 286 Abs. 4 BGB an das *Verschulden* gebunden. Beide Begriffe sind in
der Anlage **nicht identisch**. Dies wird allerdings selten relevant werden, weil es bei
Geldleistungen auch nach deutschem Recht ohnehin nicht auf das Verschulden im eigentlichen, subjektiven Sinne ankommen kann.[195] Unterschiede zwischen den Begriffen könnten sich aber bei einem Rechtsirrtum des Schuldners ergeben. Für diesen Irr-
tum mag der Schuldner verantwortlich sein, ohne dass ihn auch subjektiv ein Verschulden daran trifft.[196]

c) Verzugseintritt bei Banküberweisung

Das Urteil Telecom des EuGH erfordert eine wichtige Anpassung des deutschen 　**429**
Rechtsverständnisses.[197] Denn danach soll es gemäß Art. 3 Abs. 1 lit c Zahlungsverzugs-RL (alt)[198] für die Einhaltung der Zahlungsfrist bei einer Überweisung darauf ankommen, dass der Betrag dem Konto des Gläubigers **rechtzeitig gutgeschrieben** ist.
Erst dann habe er die Zahlung des Schuldners „erhalten" im Sinne der Richtlinie. Die
bislang überwiegende Ansicht in Deutschland nahm demgegenüber an, dass Geld-
schulden **qualifizierte Schickschulden** seien, so dass zur Verhinderung des Verzugs-
eintritts zum Zahlungstermin nur alles Erforderliche getan sein musste. Es reichte mit-
hin der Überweisungsauftrag aus.[199] Die Entscheidung des EuGH entspricht einer ohnehin vordringenden Auffassung, dass eine Geldschuld eine (**modifizierte**) **Bringschuld** ist.[200] Sie passt zudem zu den Zielen und Vorgaben der Zahlungsdienste-RL.

V. Mängelhaftung beim Warenkauf

1. Grundlagen

a) Bedeutung

Die Regelung der Mängelhaftung beim Verbrauchsgüterkauf (Rn. 403) muss zu den 　**430**
bedeutendsten Regelungen des EU-Privatrechts gerechnet werden. Die Verbrauchsgüterkauf-RL regelt die Mängelhaftung für Verträge über den Kauf neuer
oder gebrauchter körperlicher Gegenstände, die zwischen einem Unternehmer und
einem Verbraucher abgeschlossen werden. Die Umsetzung der Richtlinie über den

---

194 Dazu *Riesenhuber*, Europäisches Vertragsrecht, Rn. 717 f. (keine Übereinstimmung mit dem Ver-
　　　schulden); Dauner-Lieb/*Schulte-Nölke*, NK-BGB, Art. 3 Verzugs-RL Rn. 24 (Übereinstimmung mit
　　　Verschulden).
195 So *Riesenhuber*, Europäisches Vertragsrecht, Rn. 718.
196 Hierzu Gebauer/Wiedmann/*Schmidt-Kessel*, Zivilrecht unter europäischem Einfluss, Kap. 5 Rn. 40.
197 *EuGH* Slg. 2008, S. 1939.
198 Die neue Zahlungsverzugs-RL enthält in Art. 3 Abs. 1 lit b eine nahezu wortgleiche Vorschrift.
199 *Staudinger*, DNotZ 2009, S. 196, 199.
200 So auch *Staudinger*, DNotZ 2009, S. 196, 206; ebenfalls für die modifizierte Bringschuld eintretend
　　　Staudinger/*Bittner*, § 270 Rn. 3; *Gsell*, GPR 2008, S. 165, 169 ff.; dagegen *Schwab*, NJW 2011,
　　　S. 2833, 2834 ff.

Verbrauchsgüterkauf war der wohl wichtigste Auslöser dafür, dass es in Deutschland zur **Reform des Schuldrechts** kam. Dementsprechend erfolgte die Umsetzung grundsätzlich gründlich und umfassend. Dennoch häufen sich die in der Rechtsprechung auftretenden Zweifelsfragen in Bezug auf die Umsetzung von Einzelpunkten. Nachdem der BGH sich zunächst mehrfach die Konformität seiner eigenen Lösungen mit der Verbrauchsgüterkauf-RL selbst bestätigte,[201] hat er inzwischen **mehrfach Vorlagen zum EuGH** vorgenommen.[202]

Die folgenden Ausführungen sind darauf ausgerichtet, einige wichtige Anliegen der Richtlinie und eventuelle Schwachstellen bei deren Umsetzung aufzuzeigen.[203] Es kann dabei nicht um Vollständigkeit gehen, sondern mehr um ein symbolhaftes Aufzeigen einzelner, wiewohl zumeist eher bekannter und vieldiskutierter Beispiele. Einen Schwerpunkt bildet der Begriff der Vertragsmäßigkeit, weil hier die dem deutschen Recht neue, einseitig vom Verbraucher ausgehende Sichtweise besonders wesentlich ist.

b) Zentrale Regelungen

431 Die Richtlinie bestimmt die Haftung des Verkäufers für Mängel der Kaufsache beim Verbrauchsgüterkaufvertrag. Sie definiert dazu die „Vertragsmäßigkeit" der Ware (Art. 2) und legt die Rechtsfolgen der Vertragswidrigkeit fest (Art. 3). Bei „Vertragswidrigkeit" der Ware ist in Art. 3 Verbrauchsgüterkauf-RL zunächst ein **Nachbesserungs- oder Ersatzlieferungsrecht** vorgesehen. Scheidet diese Nacherfüllung aus oder schlägt sie fehl, so entsteht ein Recht auf Minderung oder „Vertragsauflösung". Ansprüche auf Schadensersatz sind vom Regelungsbereich der Richtlinie ausgenommen, richten sich also weiterhin nach nationalem Recht.

432 Die wesentlichen, gegenüber dem früheren nationalen Recht neuen Elemente der Richtlinie sind die **Haftungsdauer** und die gänzliche **Unabdingbarkeit der Haftung**. Die Neuregelung der Mängelhaftung hat Auswirkungen, die über die Einzelheiten der Haftungstatbestände hinausgehen.

So ist es durch die zwingende, zweijährige – bzw bei Gebrauchtwaren einjährige (Art. 7 Abs. 1) – Haftungsdauer sehr viel schwieriger geworden, festzustellen, ob eine Sache bei Gefahrübergang mangelhaft war. Das ist einerseits eine Beweisfrage. Dazu bestimmt Art. 5 Abs. 3 Verbrauchsgüterkauf-RL, dass von einer Vertragswidrigkeit, die binnen sechs Monaten nach Gefahrübergang auftritt, zu vermuten ist, dass sie schon bei Lieferung bestand. Der BGH hat zu **§ 476 BGB**, welcher Art. 5 Abs. 3

---

201 Etwa *BGH* NJW 2005, S. 1045 zu dem Verbraucher, der vortäuscht, ein Unternehmer zu sein – dazu kurz oben Rn. 270; besonders gewagt BGHZ 162, 219 sowie NJW 2006, 1195 (zur Selbstvornahme, ohne Erwähnung der Richtlinie) – dazu bereits oben Rn. 272; unproblematisch, da allenfalls über den Standard der Richtlinie hinausgehend dagegen *BGH* ZIP 2006, S. 1779 (zum Begriff der öffentlichen Versteigerung); NJW 2006, S. 2250 (zur Gewinnerzielungsabsicht im Unternehmerbegriff); sowie – sauber argumentierend – *BGH* NJW 2005, S. 3490 (zu § 476 BGB).

202 Zunächst *BGH* NJW 2006, S. 3200 – dazu näher unten Rn. 455; auch *BGH* NJW 2009, S. 1660 – dazu näher unten Rn. 464.

203 Zu weiteren Einzelheiten Gebauer/Wiedmann/*Leible*, Zivilrecht unter europäischem Einfluss, Kap. 10; *Doehner*, Die Schuldrechtsreform vor dem Hintergrund der Verbrauchsgüterkauf-Richtlinie, 2004. *Doehners* Ergebnisse sind allerdings dadurch mitgeprägt, dass er einige Vorschriften der Richtlinie für kompetenzwidrig und damit nichtig hält.

umsetzt, entschieden, dass dieser sich **allein auf den Zeitpunkt des Eintritts der Mangelhaftigkeit** beziehe. Dass die Kaufsache überhaupt einen Mangel hat (und nicht etwa normalen Gebrauchsverschleiß), muss der Käufer dagegen beweisen. Diese Entscheidung schränkt die Mängelhaftung stark ein, stimmt aber mit dem – vom Wortlaut her deutlicheren – Art. 5 Abs. 3 Verbrauchsgüterkauf-RL überein.[204] Genauer muss dagegen aufgepasst werden, wenn definiert wird, bei welchen Mängeln die Vermutung des § 476 BGB „mit der Art der Sache oder des Mangels nicht vereinbar" ist. Hier darf die Argumentation nicht aus dem Blickwinkel des Unternehmers heraus geführt werden.[205]

Aber neben der Beweisfrage wird auch die rechtliche Definition der Vertragsmäßigkeit an Bedeutung gewinnen. Die Präzisierung des Fehlerbegriffs, gerade bei gebrauchten Waren, bei denen nach altem Recht die Haftung in der Praxis eigentlich immer ausgeschlossen worden war, ist derzeit noch nicht abgeschlossen. Hier können nur einige spezifisch europäische Überlegungen angesprochen werden.

2. Die Vertragsmäßigkeit der Ware

a) Vorüberlegung

Die Richtlinie verwendet nicht die in Deutschland früher gängige Terminologie des „Fehlers", sondern beschreibt umgekehrt die **Vertragsmäßigkeit der Ware**. Die Bestimmung der Vertragsmäßigkeit macht besonders dann Probleme, wenn die Ware schon von vornherein nicht als neu und „völlig in Ordnung" verkauft wird, sondern wenn die Sache **bereits gebraucht** oder aus sonstigen Gründen **erkennbar mit Mängeln** behaftet ist.   **433**

Das zeigt folgendes Beispiel: Wenn ein 14 Jahre alter **Gebrauchtwagen** mit einem Kilometerstand von 180.000, der nur noch sechs Monate „TÜV" frei hat, zu einem Preis von 500 Euro verkauft wird, dann fragt sich, in welchen Fällen dieser alte Wagen vertragsgemäß im Rechtssinne ist. Denn das Gesetz kann ja keinesfalls verlangen, dass ein solcher Wagen „völlig in Ordnung" sein muss.[206]

Der **Grundsatz der berechtigten Erwartungen** prägt den Begriff der Vertragsmäßigkeit iSd Richtlinie entscheidend und kann zur Beantwortung der Frage viel beitragen.[207] Es kommt also nach dem europäischen Privatrecht darauf an, was der Käufer von dem Wagen noch erwarten konnte. Dass der Wagen beim Kauf bereits erhebliche Verschleißerscheinungen aufweist, ist selbstverständlich, der Käufer kann also „vernünftigerweise" nichts anderes erwarten. Darin liegt deshalb kein Mangel im Rechtssinn. Darf der Käufer aber bspw auch damit rechnen, dass der Wagen noch sechs Monate fahrbar bleiben wird?   **434**

---

204 Ua BGHZ 159, 215; NJW 2005, S. 3490; NJW 2006, S. 434; wie hier Dauner-Lieb/*Pfeiffer*, NK-BGB, Art. 5 Kauf-RL Rn. 6; iE auch MünchKommBGB/*Lorenz*, § 476 Rn. 4, der aber die Rechtsprechung des *BGH* kritisiert, iE aber die begrüßenswerte, überschießende Umsetzung der Verbrauchsgüterkauf-RL im deutschen Recht annimmt.

205 Das Eingreifen dieser Ausnahme lehnt der *BGH* für einen Mangel, den der Käufer verursacht haben *könnte* (verzogene Karosserie), daher vollkommen zu Recht ab, NJW 2005, S. 3490.

206 Normaler Verschleiß ist kein Mangel, *BGH* NJW 2006, S. 434.

207 Wie hier Grundmann/Bianca/*Bridge*, EU-Kaufrechtsrichtlinie, Art. 4 Rn. 25; auch *Schlechtriem*, JZ 1997, S. 441, 444, stellt darauf ab, worauf der Käufer vertrauen kann.

b) Erwartungen des Käufers bei Vereinbarungen

435 Bei den Vereinbarungen der Beschaffenheit interessieren insbesondere die „Tricks" der Verkäufer: Um die Haftung zu umgehen, werden Waren nicht selten als „Bastelware" oder als „Schrott" verkauft. Denkbar ist auch, dass sie neu sind, aber als „gebraucht" verkauft werden.[208] Man muss fragen ob das die Haftung wirklich komplett ausschließen kann, wenn doch beiden Parteien bewusst ist, dass es sich nicht wirklich um Bastelware oder Schrott handelt?[209] Teils ist behauptet worden, solche **„Negativvereinbarungen"** seien mit der Richtlinie überhaupt nicht vereinbar.[210] Das kann aber wohl nicht sein. Denn sonst könnten Waren mit bestimmten Defekten überhaupt nicht verkauft werden.[211] Jedoch müssen Negativbeschreibungen inhaltlich mit großer Vorsicht beobachtet werden. Vor allem müssen sie sich auf konkrete Mängel bzw Eigenschaften der Sache beziehen. Niemand wird bestreiten, dass es möglich ist, einen Gebrauchtwagen mit dem Zusatz „Bremsen defekt" oder „Karosserie mit Roststellen" zu verkaufen. Dieser Rahmen lässt sich auch aus dem Gesetz selbst, nämlich aus Art. 2 Abs. 3 Verbrauchsgüterkauf-RL bzw dem entsprechenden § 442 BGB entnehmen: Danach besteht ein Ausschluss der Haftung für die Mängel, die der Verbraucher kennt. Es ist also ohne weiteres möglich, den Verbraucher auf einen bestimmten Mangel hinzuweisen und damit die Haftung auszuschließen.

Wenn ein einige Jahre alter Wagen mit neuem TÜV und ohne erkennbare schwere Schäden zu einem aus Listen zu entnehmenden Preis als „Bastelwagen" angepriesen wird, dann muss konkret gefragt werden, wie diese Beschreibung wirkt. Sie hat nicht die Wirkung, dass der Verbraucher die (echten) Mängel nun kennt. Schon damit kann sie im Grunde auch gar **keine Beschaffenheitsvereinbarung** sein. Bei ernsthafter Betrachtung muss man sagen, dass die berechtigten und vernünftigen Erwartungen des Verbrauchers an den Wagen durch die (absurde) Bezeichnung als Bastelware nicht geschmälert sind. Jedenfalls bei Anwendung unionsrechtlicher Grundsätze nimmt diese Bezeichnung daher keinen grundsätzlichen Einfluss auf die Kenntnis des Verbrauchers von den Eigenschaften des Wagens und damit erst recht nicht auf die Haftung.[212] Aussagen in der Art von „wie besehen" oder auch „der gegenwärtige Zustand der Sache gilt als vereinbart" können also nicht dazu führen, dass alle irgendwie erkennbaren Mängel als vereinbart gelten.[213]

436 Was ganz genau der Käufer von der sogenannten „Bastel"-Ware – also von dem einige Jahre alten Wagen, der zum Listenpreis verkauft wird – noch erwarten darf, ist allerdings eine weitere klärungsbedürftige Frage.[214] Wenn hier konsequent davon ausgegangen wird, dass eine zu pauschale und außerdem offenkundig überzogene oder

---

208 BGHZ 170, 31; dazu *Poelzig* JuS 2008, 618 (Klausur).
209 Dagegen deutlich *BGH* ebenda; differenzierend für den Gebrauchtwagenhandel *Müller*, NJW 2003, S. 1975, 1976 ff.; *Stölting*, ZGS 2004, S. 96; *Schinkels*, ZGS 2004, S. 226.
210 *Staudenmayer*, NJW 1999, S. 2393; *Schlechtriem*, JZ 1997, S. 441, 444.
211 Wie hier die hA, vgl. nur Grundmann/Bianca/*Grundmann*, EU-Kaufrechts-Richtlinie, Art. 2 Rn. 9; *Lehmann*, JZ 2000, S. 280, 283.
212 So – auch ohne Rückgriff auf das EU-Privatrecht – *OLG Oldenburg* DAR 2004, S. 92.
213 Mit dem Beispiel „wie besehen" auch *Staudenmayer*, NJW 1999, S. 2393.
214 Zum Ganzen mit weiteren Beispielen, allerdings ohne Bezug zur Richtlinie, *Reinecke/Tiedtke*, Kaufrecht, Rn. 747 ff.

falsche Beschreibung der Waren keine Beschaffenheitsvereinbarung sein kann, kommt es auf die **allgemeine Definition der Vertragswidrigkeit** an.[215]

c) Exkurs: Der Begriff „vernünftigerweise"

Der Begriff „vernünftigerweise" ist ein Terminus, der dem deutschen Privatrecht **437** fremd ist, der im EU-Privatrecht jedoch gelegentlich vorkommt. Die Verbrauchsgüterkauf-RL verwendet bei der Bestimmung der Vertragsmäßigkeit der Ware in Art. 2 gleich zweimal den Ausdruck „vernünftigerweise". So sind Waren nach Art. 2 Abs. 2 lit d dann vertragsgemäß, wenn sie die Qualität aufweisen, die der Verbraucher *vernünftigerweise erwarten kann*. Und gemäß Art. 2 Abs. 3 Verbrauchsgüterkauf-RL besteht keine Vertragswidrigkeit, wenn der Verbraucher zum Zeitpunkt des Vertragsschlusses Kenntnis von der Vertragswidrigkeit hatte oder *vernünftigerweise* nicht in Unkenntnis darüber sein konnte. Der Gesetzgeber hat den Begriff „vernünftigerweise" bei der Schuldrechtsmodernisierung **ganz bewusst nicht in das BGB aufgenommen**.[216] Hier ist von Interesse, ob der Begriff eine eigenständige Bedeutung aufweist, die bei der Auslegung des nationalen Rechts beachtlich ist.

Dazu muss zunächst beachtet werden, dass die „Vernunft" als **zivilrechtlicher Begriff** **438** **in den europäischen Privatrechtsordnungen** und im internationalen Kaufrecht nicht unbekannt ist. In den Lando-Grundregeln findet sich sogar eine Art Definition des Begriffs. Art. 1:302 bestimmt, dass die Vernünftigkeit danach zu beurteilen ist, was Personen, die im Einklang mit den Geboten von Treu und Glauben handeln und sich in derselben Lage wie die Parteien befinden, als vernünftig betrachten würden. Dabei sind insbesondere auch der Zweck des Vertrags und die Umstände des Einzelfalls zu berücksichtigen. Es handelt sich also um einen beweglichen, an die Verkehrsauffassung gekoppelten Begriff. Setzt man anstelle der „Person" den Verbraucher, so kann diese weite Definition auch für die Verbrauchsgüterkauf-RL als Grundvorstellung dienen (vgl. zu den Lando-Grundregeln als Auslegungshilfe schon oben Rn. 105). Ähnlich bestimmt auch der Kommissionsvorschlag für ein Gemeinsames Europäisches Kaufrecht (CESL)[217] in Art. 5 Nr. 1, dass „vernünftig" „objektiv unter Berücksichtigung der Art und des Zwecks des Vertrags, der Umstände des Einzelfalls und der Gebräuche und Gepflogenheiten der jeweiligen Gewerbe oder Berufe zu bestimmen" ist.

Zur Ermittlung der Vernünftigkeit in Bezug auf den *Verbraucher* kann das eingesetzt werden, was ein durchschnittlicher – also ein intelligenter, aber entspannter[218] – Verbraucher in derselben Situation erwarten würde.

d) Erwartungen des Käufers und Vertragsmäßigkeit

Die Bedeutung der Käufererwartung, die in Art. 2 Abs. 2 lit d Verbrauchsgüterkauf- **439** RL gewissermaßen als Ergänzung zum Kriterium der „Üblichkeit" hinzugefügt ist, ist eher gering.[219] Sie besteht aber zumindest in den Fällen, in welchen es die „Üblich-

---

215 Der *BGH* meint pauschaler, mit einer Bezeichnung einer neuen Sache als gebraucht werde der Verbraucherschutz ausgehöhlt, BGHZ 170, 31.
216 BT-Drucks. 14/6040, S. 214, 236.
217 Dazu näher Rn. 576 ff.
218 Dazu oben Rn. 199.
219 Keine eigenständige Bedeutung nimmt Dauner-Lieb/*Büdenbender*, NK-BGB, § 434 Rn. 9 an; ähnlich BGHZ 181, 70.

keit" einer Ware nicht gibt, weil die Sache in ihrer Art einmalig ist.[220] Dazu reicht freilich nicht aus, dass es sich um eine Stückschuld handelt. Die Ware muss vielmehr so geartet sein, dass sie **keiner Vergleichsgruppe zugeordnet** werden kann. Das wird zunächst bei Gebrauchtwaren vorkommen. Bei Gebrauchtwaren ist im deutschen Recht auch schon vor der Schuldrechtsreform auf die berechtigten Erwartungen des Käufers abgestellt worden.[221]

440 Daneben gibt es auch die Fälle, in welchen der Käufer aus irgendwelchen, inner- oder außerhalb der Vertragsverhandlungen liegenden Gründen erhöhte Erwartungen an die Qualität der Waren hat. Die innerhalb dieser Fälle wichtigste Konstellation sind die vom Hersteller oder in der Werbung gegebenen Informationen. In dieser (nach früherem nationalen Recht nicht in vollem Umfang bekannten Fallgruppe) verkörpert sich der **Wechsel vom Prinzip des Vertrauensschutzes**, welches immer zugleich mit der Interessenabwägung kombiniert war, **zum Prinzip der legitimen Erwartungen**.

Da diese Fallgruppe im Gesetz ausdrücklich geregelt ist, treten Auslegungsprobleme hier nur bei Einzelfragen auf. Von Interesse ist zum Beispiel, inwieweit die Fallgruppe auf vergleichbare **außerhalb des Kaufvertrags liegende Ereignisse** ausgeweitet werden kann. Es war vorgeschlagen worden, den Tatbestand des § 434 BGB ausdrücklich auch auf Äußerungen aller anderen „Glieder der Absatzkette" auszudehnen.[222] Der Gesetzgeber ist diesen Weg nicht gegangen. Die vorliegende Fassung des § 434 Abs. 1 S. 2 Nr. 2 BGB unterscheidet sich deutlich von der entsprechenden Bestimmung in der Richtlinie. In Art. 2 lit d Verbrauchsgüterkauf-RL tragen die aufgezählten Regelfälle, die jeweils **Äußerungen Dritter** über die Qualität der Ware betreffen, klar den Charakter von Beispielen. Bei einer Auslegung im Sinne der legitimen Erwartungen des Verbrauchers können relevante Äußerungen von Zwischenhändlern o. ä. daher ebenfalls unter die Norm subsumiert werden. § 434 Abs. 1 S. 2 Nr. 2 BGB bezieht sich dagegen abschließend auf öffentliche Äußerungen des Verkäufers oder des Herstellers. Um eine richtlinienkonforme Auslegung zu gewährleisten, muss die Norm auf die betroffenen Fälle öffentlicher Äußerungen von Dritten, wie insbesondere von Zwischenhändlern, entsprechend angewendet werden.

Schließlich gibt es aber auch die Fälle, in welchen nicht öffentliche Werbung, sondern der **Verkäufer selbst** Erwartungen hinsichtlich der Sache geweckt hat. Dies kann wiederum zB durch (private) Werbung oder auch durch Vorgespräche geschehen, ohne dass zugleich eine Vereinbarung der Vertragsparteien über die Beschaffenheit der Sache angenommen werden kann.[223] Während diese Fallgruppe in Art. 2 Abs. 2 lit a Verbrauchsgüterkauf-RL ausdrücklich aufgenommen ist, fehlt sie im Kaufrecht des BGB ganz. Auch in diesen Fällen muss im Sinne der Richtlinie sowie der legitimen Erwartungen des Verbrauchers ein Mangel angenommen werden, wenn der Verbraucher nach den Äußerungen des Verkäufers vernünftigerweise mit einer bestimmten Qualität der Kaufsache rechnen konnte.[224]

---

220 Bamberger/Roth/*Faust*, BGB, § 434 Rn. 72.
221 Dazu mwN MünchKommBGB/*Westermann*, 3. Aufl., § 459 Rn. 13.
222 *Jorden/Lehmann*, JZ 2001, S. 952.
223 *Huber*, Festschrift Henrich, 2000, S. 297, 300; *Westermann*, NJW 2002, S. 241, 243.
224 Bamberger/Roth/*Faust*, BGB, § 434, Rn. 77 ff. (vgl. Überschrift).

e) Die Regelung des Art. 2 Abs. 3 Verbrauchsgüterkauf-RL (§ 442 BGB)

In Art. 2 Abs. 3 2. Alt. Verbrauchsgüterkauf-RL erhält der Begriff der Vernünftigkeit **441** eine entscheidende Bedeutung. Wenn der Käufer einen Mangel vernünftigerweise **hätte erkennen müssen**, entfallen die aus diesem Mangel abgeleiteten Leistungsstörungsrechte. Im nationalen Recht ist diese Norm nicht gesondert umgesetzt worden. Vielmehr gibt es in § 442 BGB die unverändert aus § 460 aF BGB übernommene Regelung, dass eine Haftung wegen solcher Mängel ausscheidet, die der Käufer kannte oder **grob fahrlässig nicht kannte**.[225]

Zunächst muss man bedenken, dass die Norm sehr an Bedeutung gewonnen hat. Denn früher wurde gerade dann, wenn Mängel sich aufdrängten oder dem Käufer auch wirklich bekannt waren, die Haftung ausgeschlossen. Nun ist jedoch auch für (beinahe) offenkundige Fehler ein eigentlicher Haftungsausschluss nicht mehr möglich. Möglich bleibt es allerdings, solche Fehler ausdrücklich offen zu legen und sie so von vornherein zu einem **Teil des vereinbarten Zustands** der Sache zu machen. Das wäre eine ganz konkrete, und daher wie soeben gezeigt zulässige negative Beschaffenheitsvereinbarung. Erfolgt keine ausdrückliche Offenlegung, ist der Fehler jedoch auch ohne Offenlegung offenkundig zu erkennen, so ist der Anwendungsbereich des § 442 BGB eröffnet: Auch wenn es an einer ausdrücklichen oder konkludenten Vereinbarung über den Zustand der Sache fehlt, hat der Käufer dennoch keinen Anspruch gegen den Verkäufer, wenn der Mangel augenfällig ist. Als Maßstab für diese „Augenfälligkeit" im Sinne des § 442 BGB (= § 460 BGB aF) stellt das deutsche Recht darauf ab, ob der Käufer den Mangel „grob fahrlässig verkannt" hat. Was das bedeutet, war in den Einzelheiten seit jeher streitig.[226]

Die Richtlinie ist anders formuliert. Hier soll es darauf ankommen, ob der Käufer den **442** Fehler „vernünftigerweise" hätte erkennen müssen. „Grob fahrlässig nicht kennen" muss also jetzt richtlinienkonform entweder als „vernünftigerweise kennen müssen" oder in noch verbraucherfreundlicherer Weise ausgelegt werden.[227]

Um dies tun zu können, muss man allerdings wissen, was **„vernünftigerweise kennen müssen"** überhaupt bedeutet. Das ist streitig. Teils ist angenommen worden, der Begriff „vernünftigerweise" ersetze lediglich den Begriff „fahrlässig".[228] Dann ist § 442 BGB, der auf *grobe* Fahrlässigkeit des Käufers abstellt, für den Käufer (Verbraucher) in jedem Fall günstiger als die Richtlinie.

Es wird jedoch auch die genau entgegengesetzte Auffassung vertreten.[229] Danach sind von dem Begriff „vernünftigerweise" in der Richtlinie nur solche Fälle erfasst, in denen der Verbraucher „gar nicht anders konnte, als die Vertragswidrigkeit wahrzunehmen".[230]

---

225 BT-Drucks. 14/6040, S. 236.
226 Dazu aufschlussreich *Fleischer*, Informationsasymmetrie im Vertragsrecht, S. 470 ff. und zum Maßstab der groben Fahrlässigkeit insbesondere S. 478 ff.
227 Beides gleichsetzend Grundmann/Bianca/*Grundmann*, EU-Kaufrechts-Richtlinie, Art. 2 Rn. 51 f.
228 *Ehmann/Rust*, JZ 1999, S. 853, 857.
229 *Staudenmayer*, NJW 1999, S. 2393, 2395; *Faber*, JBl. 1999, S. 413, 424 (mindestens so streng wie grobe Fahrlässigkeit); *Schwartze*, ZEuP 2000, S. 544, 562; *Micklitz*, EuZW 1999, S. 485, 491 f. (nicht vergleichbar, da objektiv).
230 *Staudenmayer*, NJW 1999, S. 2393, 2395; *Schwartze*, ZEuP 2000, S. 544, 562; in diese Richtung auch Bamberger/Roth/*Faust*, BGB, § 442 Rn. 18 ff., 21.

443   Zur Lösung des Meinungsstreits ist es sinnvoll, das **CISG** zu Rate zu ziehen, das der Richtlinie gerade auch in diesem Punkt als Vorbild gedient hat. Jedoch ist auch dort umstritten, ob das Kennenmüssen wie grobe Fahrlässigkeit oder noch enger zu verstehen ist. Dennoch lassen sich einige Schlüsse ziehen. Denn schon für das CISG, welches den Ausdruck „vernünftigerweise" in Art. 35 Abs. 3 CISG überhaupt nicht enthält, wird vertreten, dass die Unkenntnis wenigstens grob fahrlässig sein müsse. Teilweise wird sogar nur für geradezu ins Auge springende Mängel ein Haftungsausschluss angenommen.[231] Damit stünde es im Widerspruch, für den um den Ausdruck „vernünftigerweise" ergänzten Tatbestand des Art. 2 Abs. 3 2. Alt Verbrauchsgüterkauf-RL *weniger* als grobe Fahrlässigkeit zu verlangen.

Dieses Ergebnis bestätigt sich bei einer näheren Analyse der Richtlinie selbst. Aufschlussreich ist besonders die **Entstehungsgeschichte** der Norm. Der Einschub des Wörtchens „vernünftigerweise" beruht nämlich auf einem Kompromiss. Es war diskutiert worden, ob der Halbsatz, welcher bis dahin „oder hätte kennen müssen" hieß, ganz gestrichen werden sollte. Die Einigung, ihn unter Einfügung des Worts „vernünftigerweise" beizubehalten, konnte deshalb erzielt werden, weil man annahm, dass die praktische Bedeutung des Halbsatzes so ohnehin äußerst gering sein würde.[232]

444   Dennoch kann nun durch den Begriff „vernünftigerweise" nicht etwa einfach der Begriff der groben oder „gröbsten" Fahrlässigkeit gemeint sein. Vielmehr muss die europäische Herangehensweise berücksichtigt werden. Dann wird klar, dass es nicht auf individuelle subjektive Fahrlässigkeit, sondern auf einen verobjektivierten Maßstab ankommt. Es geht also um eine **objektive Offensichtlichkeit**.[233] Um den Maßstab genauer zu bestimmen, muss wiederum das europäische Verbraucherleitbild herangezogen werden. Was ein durchschnittlicher, intelligenter Verbraucher ohne besondere Sorgfalt einfach erkennen musste, dafür haftet der Verkäufer also nicht (vgl. dazu nochmals oben Rn. 440).

445   Es können also nur solche Mängel gemeint sein, die auch ohne besondere Aufmerksamkeit für den durchschnittlichen Käufer unverkennbar waren. Eine **Untersuchungspflicht** scheidet danach in jedem Falle aus.[234] Somit liegt ein Maßstab vor, der der groben Fahrlässigkeit insofern nahe kommt, als die Sorgfalt in gewissem Maße, aber nicht vollständig außer Acht gelassen werden darf. Zugleich unterscheidet der Maßstab sich vom Fahrlässigkeitsmaßstab, weil es auf die subjektive Sorgfaltsverletzung, wie sie für die Fahrlässigkeit gerade charakteristisch ist, nicht ankommt.

Dieser Maßstab ist nicht nur im Rahmen des § 442 BGB anzuwenden, sondern er muss auch beachtet werden, wenn der BGH bei der Auslegung des § 476 BGB – im Ansatz zu Recht – meint, dass die **Beweislastumkehr** nicht für solche Mängel gelte, die der Käufer bei der Übergabe der Sache habe erkennen können.[235]

---

231   *Von Caemmerer/Schlechtriem*, UN-Kaufrecht, Art. 35 Rn. 34 (ins Auge springend); Staudinger/*Magnus*, BGB, Art. 35 CISG Rn. 478 f. (grob fahrlässig).
232   So auch *Staudenmayer*, ERPL 2001, S. 547, 553; *Doehner*, Die Schuldrechtsreform vor dem Hintergrund der Verbrauchsgüterkauf-Richtlinie, 2004, S. 207.
233   Letzteren Ausdruck verwendet *Schwartze*, ZEuP 2000, S. 544, 562.
234   HA, nur Dauner-Lieb/*Pfeiffer*, NK-BGB, Art. 2 Kauf-RL, Rn. 24.
235   *BGH* NJW 2005, S. 3490, dazu schon soeben Rn. 432.

3. Weitere Einzelfragen zur Auslegung der Verbrauchsgüterkauf-RL

a) Der Beschaffenheitsbegriff

aa) Begriff der Beschaffenheit im nationalen Recht. Ein Streitpunkt im nationalen **446** Recht, der vor dem Hintergrund der Richtlinie gar nicht hätte auftauchen dürfen, ist die Frage, **welche auf eine Sache bezogenen Umstände** mit zu ihrer „Beschaffenheit" zu rechnen sind.[236] So wird vertreten, unter Beschaffenheit iSd § 434 Abs. 1 S. 1 BGB seien – anders als unter § 459 aF – nur noch die gleichsam physischen Eigenschaften der Kaufsache selbst zu verstehen.[237] Teilweise wird nur verlangt, dass die Beschaffenheit jedenfalls Bezug zu einer physischen Eigenschaft der Sache haben müsse. Dann ist etwa der Fall erfasst, in dem ein Gerät kompatibel mit einem anderen Gerät sein soll.[238] Ausgeschlossen ist dagegen der Fall, dass die Mieter des Kaufobjekts nicht zahlungsfähig sind. Schließlich gibt es die Auffassung, alle im Rahmen des Kaufvertrags getroffenen Abreden über die Leistungspflicht des Verkäufers sollten in den Beschaffenheitsbegriff einbezogen werden.[239]

Es ist nicht leicht, Argumente für die eine oder die andere Betrachtungsweise zu finden. Gelegentlich wird das Argument gebracht, dass Mängel, die außerhalb der Kaufsache liegen, nicht nachgebessert werden könnten. Daher passe das System des Gewährleistungsrechts nicht. Das schlägt jedoch nicht durch. Denn das Leistungsstörungsrecht sieht den Fall, dass die Nachbesserung unmöglich ist, ausdrücklich vor (§ 326 Abs. 5 BGB).[240] Wichtig ist aber die Tatsache, dass die **Einengung des Beschaffenheitsbegriffs** zum alten Recht überhaupt nur erfolgte, weil das Gewährleistungsrecht zu schwach erschien und ein Eingreifen der günstigeren Ansprüche aus culpa in contrahendo oder positiver Forderungsverletzung erreicht werden sollte. Diese Notwendigkeit besteht heute nicht mehr.[241]

Die Verbrauchsgüterkauf-RL lässt einen engen Beschaffenheitsbegriff nicht zu. **447** Schon der Wortlaut zeigt, dass ein **weiter Beschaffenheitsbegriff** gemeint ist.[242] Die Richtlinie verwendet nämlich überhaupt nicht den Begriff der „Vereinbarung einer Beschaffenheit", sondern die Sache muss **insgesamt vertragsgemäß** sein.[243] Die Richtlinie bestimmt weitergehend, die Sache müsse mit der Beschreibung des Verkäufers übereinstimmen. Auch bei zweckorientierter Betrachtung bestätigt sich dieses weite Verständnis: Da die Richtlinie an den berechtigten Erwartungen des Käufers ausgerichtet ist, muss angenommen werden, dass sie einen weiten Beschaffenheitsbegriff verfolgt. Wird dem Verbraucher versprochen, dass die Spülmaschine in seine Küche passt, so empfindet er es als Mangel, wenn dies nicht zutrifft.

---

236 Zum Streit *Berger*, JZ 2004, S. 276; knapp Palandt/*Putzo*, BGB, § 434 Rn. 10 ff.; *Tonner/Echtermeyer*, in: Kohte/Micklitz, Das neue Schuldrecht, § 434, Rn. 11 ff.
237 So *Grigoleit/Herresthal*, JZ 2003, S. 118, 124 ff.
238 Bamberger/Roth/*Faust*, BGB, § 434 Rn. 25; ähnlich auch *Tonner/Echtermeyer*, in: Kohte/Micklitz, Das neue Schuldrecht, § 434, Rn. 11 ff.; Erman/*Grunewald*, BGB, § 434 Rn. 10 (keine Erträge uä).
239 *Berger*, JZ 2004, S. 276, 278.
240 Ähnlich *Berger*, JZ 2004, S. 276, 279.
241 So auch Bamberger/Roth/*Faust*, BGB, § 434 Rn. 20; MünchKommBGB/*Westermann*, § 434 Rn. 9 f.
242 Auch Gebauer/Wiedmann/*Leible*, Kap. 10, Rn. 43.
243 Wie hier *Berger*, JZ 2004, S. 276, 278.

448 Fraglich ist allerdings, ob nach der Richtlinie auch solche Beschreibungen, die nicht auf physische Eigenschaften der Sache bezogen sind, zur Beschaffenheit gehören. Die Sache wäre dann nicht vertragsgemäß, wenn diese Beschreibungen nicht zuträfen, und die verschuldensunabhängigen Gewährleistungsrechte würden eingreifen. Zunächst ist zu erwähnen, dass solche über die physischen Eigenschaften hinaus gehenden Beschreibungen der Sache im Verbrauchsgüterkauf sehr selten sein werden. Denkbar ist vielleicht die Laufzeit einer Garantie bei einer gebraucht verkauften Sache. Da die Richtlinie keine ausdrückliche Regelung enthält, sollte zur Lösung der Streitfrage auch hier auf die legitimen Erwartungen des Käufers als der Richtlinie zugrunde liegendem Rechtsprinzip abgestellt werden. Es kommt dann darauf an, ob die betroffene Tatsache aus der Sicht des Käufers noch mit zu der Vertragsgemäßheit der Sache zu rechnen ist. Diese legitimen Erwartungen des Käufers werden **nicht auf physische Eigenschaften beschränkt** sein. Sie schließen umliegende Umstände, bspw eine versprochene Garantie nicht aus. Es kommt für die Definition des Beschaffenheitsbegriffs also auf die im konkreten Vertrag begründeten Erwartungen an.[244]

449 **bb) Beschreibung gleich Vereinbarung?** § 434 Abs. 1 S. 1 BGB stellt auf die „vereinbarte Beschaffenheit" ab, während es nach Art. 2 Abs. 2 lit a Verbrauchsgüterkauf-RL auf die vom Verkäufer gegebene **Beschreibung** ankommen soll. Dieser Wechsel von der einseitigen Beschreibung zur zweiseitig abgeschlossenen „Vereinbarung" scheint zunächst auf eine klare Abweichung der umsetzenden Norm von der Richtlinie hinzudeuten. Jedoch täuscht dies. Denn die Abweichung wird sich **kaum je zu Lasten des Verbrauchers** auswirken. Das gilt jedenfalls bei entsprechend weiter Auslegung des Begriffs der Vereinbarung.[245] Bei einer positiven Beschreibung der Ware durch den Verkäufer muss stets von einer konkludenten Annahme durch den Käufer ausgegangen werden.[246] Für etwaige öffentliche Äußerungen des Verkäufers, bei denen eine „Vereinbarung" ausscheidet, enthalten sowohl Art. 2 Abs. 2 lit d Verbrauchsgüterkauf-RL als auch § 434 Abs. 1 Nr. 2 S. 2 BGB eine zusätzliche Regelung. Teilweise wird die Bedeutung des Art. 2 Abs. 2 lit a der Richtlinie daher in dem Zwischenraum zwischen der öffentlichen Anpreisung durch den Verkäufer und der Erklärung mit Bindungswirkung gesehen.[247] Diese Fälle müssten in Deutschland dann durch entsprechend weite Auslegung zu einem richtlinienkonformen Ergebnis geführt werden.

Bei der negativen Eigenschaft der Sache, die der Verkäufer dem Käufer beschrieben hat,[248] ist für den Käufer günstig, dass das deutsche Recht erst dann auf die Beschreibung durch den Verkäufer abstellt, wenn diese vom Käufer auch akzeptiert worden ist. Auch hier muss allerdings in aller Regel von einer **konkludenten Annahme** ausgegangen werden, wenn der Käufer die Sache trotz der Negativbeschreibung erwirbt.

---

244 Wie hier MünchKommBGB/*Westermann*, § 434 Rn. 9; im Ergebnis auch *Berger*, JZ 2004, S. 276, 279; für eine Beschränkung auf physische Eigenschaften aber *Doehner*, Die Schuldrechtsreform vor dem Hintergrund der Verbrauchsgüterkauf-Richtlinie, 2004, S. 164 f.
245 Ein Restrisiko sieht (wohl zu Recht) *Tröger*, ZEuP 2003, S. 525, 529 ff.
246 So auch MünchKommBGB/*Westermann*, § 434 Rn. 7.
247 So Grundmann/Bianca/*Grundmann*, EU-Kaufrechts-Richtlinie, Art. 2 Rn. 21.
248 Zur Zulässigkeit einer solchen Negativvereinbarung oben Rn. 435.

b) Erfordernis der Fristsetzung durch den Verbraucher

Eine weitere Umsetzungsungenauigkeit besteht darin, dass das deutsche Recht in den §§ 437 Nr. 2, 323 Abs. 1 BGB das Recht zum Rücktritt davon abhängig macht, dass der Käufer dem Verkäufer eine angemessene Frist zur Nachbesserung **gesetzt** hat.[249] In Art. 3 Abs. 3 Verbrauchsgüterkauf-RL heißt es nämlich lediglich, dass die Nachbesserung innerhalb einer angemessenen Frist **erfolgen** muss. Der deutsche Gesetzgeber meinte, die Fristsetzung sei bereits aus rein praktischen Erwägungen erforderlich und benachteilige den Verbraucher nicht erheblich.[250] Diese Auffassung ist mit der Richtlinie nicht zu vereinbaren. Denn nicht nur der Wortlaut der Richtlinie kennt die Obliegenheit der Fristsetzung nicht, sondern auch ihr Zweck steht einer solchen entgegen. Der Verbraucher soll sich doch **entspannt und unaufmerksam** verhalten können! Die Notwendigkeit der Fristsetzung wird ihm aber häufig gar nicht bekannt sein.

Es muss danach reichen, wenn der Verbraucher die Sache dem Verkäufer unter Hinweis auf die Vertragswidrigkeit zurückgibt. Eine richtlinienkonforme Auslegung der §§ 440, 323 BGB muss also dazu führen, dass der Verbraucher keine Frist zu setzen braucht, sondern dass es genügt, wenn er die Beseitigung des Mangels verlangt und eine **angemessene Frist abwartet**.[251] Danach ist die Nachbesserung fehlgeschlagen.[252]

451 Noch weiter geht die Frage nach den Ansprüchen des Käufers, der die Reparatur versehentlich **selbst vornimmt**, weil er nicht weiß, dass er sie vom Verkäufer verlangen kann. Obwohl die Richtlinie Ansprüche auf Schadensersatz – oder auf die Auszahlung von ersparten Aufwendungen – gar nicht umfasst, muss auch hier die Perspektive des Verbrauchers eingenommen werden.

452 Der BGH hatte schließlich über den Fall zu entscheiden, dass in einem Verbrauchsgüterkaufvertrag die Haftung entgegen § 475 BGB ausgeschlossen war. Der Verbraucher ließ daraufhin die Ware selbst reparieren. Danach erfuhr von der Unwirksamkeit des Haftungsausschlusses und verlangte Ersatz der Reparaturkosten. Der BGH lehnte dies ab.[253] Er meinte, der Verbraucher sei durch die Nichtigkeit des Haftungsausschlusses ausreichend geschützt. Sie führe daher nur dazu, dass das dispositive Gesetzesrecht anwendbar bleibe, so dass sich an der Obliegenheit des Käufers, die Nacherfüllung zu verlangen, nichts ändere.

Obwohl das Urteil dogmatisch fehlerfrei ist,[254] erscheint es im Hinblick auf das im EU-Privatrecht so relevante **Verbrauchervertrauen** doch unbefriedigend. Zumindest aber hat der BGH eine Chance verstreichen lassen, durch Vorlage zum EuGH

---

249 Dauner-Lieb/*Pfeiffer*, NK-BGB, Art. 3 Kauf-RL, Rn. 14, 23; Bamberger/Roth/*Faust*, BGB, § 437 Rn. 17; *Doehner*, Die Schuldrechtsreform vor dem Hintergrund der Verbrauchsgüterkauf-Richtlinie, 2004, S. 248 f. Eine grundsätzliche Abschaffung des Vorrangs der Nacherfüllung wurde im Grünbuch Acquis, KOM (2006) 744, Anhang I, 5.7. erwogen, allerdings ist der Vorrang im Vorschlag für ein Gemeinsames Europäisches Kaufrecht (CESL) in Art. 111 nun doch beibehalten worden.

250 BT-Drucks. 14/6040, S. 222.

251 Ebenso MünchKommBGB/*Lorenz*, Vor § 474 Rn. 20.

252 Wie hier Gebauer/Wiedmann/*Leible*, Zivilrecht unter europäischem Einfluss, Kap. 10 Rn. 97.

253 *BGH* NJW 2011, S. 3435.

254 Vgl. *Witt*, NJW 2011, S. 3402, 3405; *Faust*, JuS 2011, S. 1121, 1123.

dessen Meinung zum Verständnis der Klausel-RL, der Verbrauchsgüterkauf-RL und des Verbrauchervertrauens zu erhalten.[255]

c) Minderung nach Nacherfüllung?

453 Nach §§ 437 Nr. 2, 441 BGB kann der Käufer den Kaufpreis mindern, statt vom Vertrag zurückzutreten. Da ein Rücktrittsrecht nach §§ 437 Nr. 2, 323 Abs. 1 BGB nur dann besteht, wenn zuvor eine Frist zur Nacherfüllung gesetzt wurde und erfolglos verstrichen ist, kann auch eine Minderung nur unter diesen Voraussetzungen erfolgen. Das bedeutet, dass die Minderung nach deutschem Recht nur dann zulässig ist, wenn **keine erfolgreiche Nacherfüllung** vorliegt. Zu Recht ist darauf aufmerksam gemacht worden, dass dies nicht den Vorgaben der Verbrauchsgüterkauf-RL entspricht.[256]

Zwar heißt es in Art. 3 Abs. 2 Verbrauchsgüterkauf-RL, der Verbraucher habe entweder einen Anspruch auf Nachbesserung bzw Ersatzlieferung *oder* auf angemessene Minderung. In Art. 3 Abs. 5 3. Spiegelstrich heißt es jedoch klar, dass der Verbraucher eine angemessene Minderung des Kaufpreises verlangen kann, wenn der Verkäufer nicht ohne erhebliche Unannehmlichkeiten für den Verbraucher Abhilfe geschaffen hat. Die Richtlinie sieht also für bestimmte Fälle eine **Kombination von Nacherfüllung und Minderung** vor.

454 Zweifelhaft ist, ob dies durch eine richtlinienkonforme Auslegung korrigiert werden kann.[257] Teilweise wurde versucht, das Recht zur Minderung durch einen Schadensersatzanspruch zu ersetzen. Dabei gibt es jedoch wenigstens zwei Probleme, die nicht ohne weiteres überwunden werden können. Ein Schadensersatzanspruch setzt nach deutschem Recht, anders als die Minderung „wegen erheblicher Unannehmlichkeiten" in der Richtlinie, Verschulden und einen Schaden voraus. Wenn man nun versuchen würde, das deutsche Recht richtlinienkonform fortzubilden, so würden die **Grenzen der richtlinienkonformen Rechtsfortbildung**, die oben ausführlich dargestellt wurden (Rn. 118 ff.) beachtlich. Der deutsche Gesetzgeber hat den Anspruch auf Minderung trotz erfolgreicher Nachbesserung bewusst nicht umgesetzt. In diesem Fall ist nach der herrschenden, auch hier vertretenen Ansicht eine richtlinienkonforme Rechtsfortbildung unzulässig.[258]

d) Wertersatz für die erfolgte Nutzung der Ware bei Ersatzlieferung

455 Nach §§ 439 Abs. 4, 346 Abs. 1, Abs. 2 S. 1 Nr. 1 BGB muss der Käufer, wenn er Ersatzlieferung verlangt, Wertersatz für eine bereits erfolgte Nutzung der vertragswidrigen Kaufsache leisten. Früher war diese Regelung auch auf Verbrauchsgüterkäufe anwendbar. Umstritten war dabei die Vereinbarkeit mit der Verbrauchsgüterkauf-RL.[259]

---

255 *Bach*, JZ 2012, S. 150, 152.
256 Bamberger/Roth/*Faust*, BGB, § 441, Rn. 20 ff.; Dauner-Lieb/*Pfeiffer*, NK-BGB, Art. 3 Kauf-RL, Rn. 20; *Ernst/Gsell*, ZIP 2000, S. 1410, 1417 f.; dagegen *Doehner*, Die Schuldrechtsreform vor dem Hintergrund der Verbrauchsgüterkauf-Richtlinie, 2004, S. 260.
257 Dagegen MünchKommBGB/*Westermann*, § 439 Rn 19.
258 Wie hier etwa MünchKommBGB/*Lorenz*, Vor § 474 Rn. 21; Bamberger/Roth/*Faust*, BGB, § 441 Rn. 29 ff.
259 Zum damaligen Meinungsstand MünchKommBGB/*Westermann*, 5. Aufl., § 439 Rn. 17 ff.

Schließlich vermag eine an das Verlangen einer Ersatzlieferung gekoppelte Wertersatzpflicht den Verbraucher von der Ausübung seiner Rechte abzuschrecken. Dadurch würde das **Gebot eines wirksamen Verbraucherschutzes** unterlaufen.

Im Jahr 2008 hat der EuGH in der Rechtssache Quelle wenig überraschend einen Verstoß gegen die Richtlinie festgestellt.[260]

Die heftige Debatte über die Grenzen der richtlinienkonformen Auslegung, die daraufhin entbrannte, wurde oben bereits geschildert.[261] Der Gesetzgeber handelte schnell und fügte bereits mit Wirkung vom 16.12.2008 einen **zweiten Satz in § 474 Abs. 2 BGB** ein, der nun ausdrücklich, wenn auch auf umständliche Art, bestimmt, dass bei Ersatzlieferung im Verbrauchsgüterkaufvertrag **kein Wertersatz** zu leisten ist. Dies gelingt, indem zwar weiterhin auf § 439 Abs. 4 BGB – und damit zugleich auf § 346 BGB – verwiesen wird, aber der Nutzungsersatz ausdrücklich ausgenommen wird.[262]

Für den Fall der Ersatzlieferung und die Nutzungen des Verbrauchers aus der mangelhaften Sache besteht daher heute kein Konflikt zwischen der Richtlinie und dem BGB mehr.

In dem anderen Fall der Rückabwicklung, nämlich beim Rücktritt, stellt sich das Parallelproblem übrigens nicht, obwohl man zunächst denken könnte, der Falle läge ganz gleich. Jedoch gibt es den Unterschied, dass der Verbraucher **seinerseits den Kaufpreis zurückerhält.** Erwägung 14 der Präambel der Verbrauchsgüterkauf-RL besagt, dass beim Rücktritt Abzüge von dem zurückzuzahlenden Kaufpreis gemacht werden dürfen, um die Nutzung abzugelten.[263]   **456**

Letzte Zweifel bleiben dennoch, weil der EuGH für die Rückabwicklung nach dem Widerruf – bei welcher der Verbraucher auch den Kaufpreis zurückerhält – einen -Nutzungsersatz ausgeschlossen hat (dazu oben Rn. 343). Es gibt kein tragfähiges Argument dafür, einen Verkäufer im Fall des Widerrufs schlechter zu stellen, als im Fall des Rücktritts wegen Vertragswidrigkeit. Genau dies geschieht jedoch durch die gegenwärtige Rechtsprechung.

e) Ersatzlieferung beim Stückkauf

Seit langem heftig umstritten ist schließlich die Frage, ob das Recht zur Ersatzlieferung auch beim Stückkauf bestehen kann, also beispielsweise bei Gebrauchtwaren.[264] Der BGH hat hierzu die Ansicht vertreten, es gebe auch bei der Stückschuld einen **Anspruch auf Ersatzlieferung**. Dieser sei nur dann unmöglich, wenn nach der individuellen vertraglichen Vereinbarung der Parteien der Vertragsgegenstand **wirklich auf eine konkrete Sache beschränkt** gewesen sei.[265] Bei gebrauchten Waren wird dies fast immer der Fall sein, weil der Käufer sich eine ganz bestimmte Sache mit allen ihren Vor- und Nachteilen aussucht.   **457**

---

260   *EuGH* Slg. 2008, S. 2713 (Quelle); zu diesem Urteil bereits oben Beispiel 6, Rn. 115.
261   *Faust,* JuS 2009, S. 274.
262   Gesetz vom 10.12.2008, BGBl. I, S. 2399; BT-Drucks. 16/10607, S. 5.
263   BGHZ 182, 241 Rn. 19; zur vergleichbaren Problematik beim Widerruf oben Rn. 339 ff.
264   *Bülow/Artz,* Verbraucherprivatrecht, Rn. 371.
265   *BGH* NJW 2006, S. 2839; ebenso MünchKommBGB/*Westermann,* § 439 Rn. 11.

Der BGH nahm in seiner Entscheidung nicht Bezug auf die Richtlinie. Das war auch nicht erforderlich, da der Käufer durch die Entscheidung allenfalls mehr Rechte erhalten hat, als es die Richtlinie vorsieht.

458 Dennoch sei kurz überlegt, ob die Richtlinie eine Aussage zum Anspruch auf Ersatzlieferung bei Stückschulden enthält. Dafür sprechen verschiedene Gründe. Zunächst enthält Art. 3 Abs. 2 keinerlei Einschränkungen bezüglich der Ersatzlieferung. Da für die Richtlinien allgemein eine verbraucherfreundliche, weite Auslegung vorzunehmen ist, kann eine Einschränkung auf die Gattungsschuld kaum durch Auslegung hinzugefügt werden. Außerdem gibt auch die Präambel einen recht deutlichen Hinweis. Dort heißt es nämlich, dass auf die Ersatzlieferung beim Kauf gebrauchter Güter *in der Regel* kein Anspruch bestehe. Eine solche Aussage lässt den Umkehrschluss zu, dass **grundsätzlich bei allen Gütern**, seien es Stückschulden oder Gebrauchtwaren, die Ersatzlieferung verlangt werden kann. Es muss dann im individuellen Fall untersucht werden, ob sie auch möglich ist.[266]

f) Die Regresskette bei Gebrauchtwaren

459 Ein weiterer Fall, in dem immer wieder untersucht wird, ob die Umsetzung hinter der Richtlinie zurückbleibt, und ob die nationale Norm richtlinienkonform ausgelegt werden kann oder muss, ist der in Art. 4 Verbrauchsgüterkauf-RL vorgesehene und in § 478 BGB umgesetzte **Rückgriff in der Lieferkette**.[267] Nach Art. 4 kann der dem Verbraucher gegenüber haftende Verkäufer auf den Hersteller der Ware oder auf einen früheren Verkäufer Rückgriff nehmen, soweit die Vertragswidrigkeit auf einem Tun oder Unterlassen dieser Personen beruht. Die Einzelheiten des Regresses bleiben ausdrücklich dem nationalen Recht überlassen. Durch § 478 BGB ist eine Regresskette vorgesehen, die vom Letztverkäufer über die Zwischenhändler bis zum Hersteller führt. Streitig ist, ob die in § 478 BGB ausdrücklich genannte Beschränkung des Anwendungsbereichs der Norm auf „neu hergestellte" Sachen mit der Richtlinie übereinstimmt. In Art. 4 Verbrauchsgüterkauf-RL ist nämlich keine entsprechende Einschränkung enthalten.[268]

460 Von Interesse ist hier zunächst, ob Art. 4 Verbrauchsgüterkauf-RL **gebrauchte Waren** wirklich mit erfasst. Da der Wortlaut der Norm keine Einschränkung enthält, erscheint das an sich eindeutig. Dennoch bestehen an diesem Verständnis ernsthafte Zweifel. Die Haftung in der Lieferantenkette ist nämlich ganz besonders darauf ausgerichtet, dass letztendlich der *Hersteller*, der den Mangel verursacht hat, auch dafür haften soll. Das ist bei gebrauchten Sachen nun nicht mehr vorstellbar, da bei diesen die Lieferkette *zum Hersteller* unterbrochen ist.

Die Regelung der Richtlinie geht allerdings noch weiter. Der Rückgriff soll danach immer dann möglich sein, wenn eine frühere Person in der Vertragskette die Ver-

---

266 Wie hier MünchKommBGB/*Lorenz*, Vor § 474 Rn. 17; Gebauer/Wiedmann/*Leible*, Zivilrecht unter europäischem Einfluss, Kap. 10 Rn. 88; umgekehrt aber Bamberger/Roth/*Faust*, BGB, § 439 Rn. 27 – dort wird erkennbar, dass es letztlich die Definition der Stückschuld ist, über die gestritten wird.

267 *Bülow/Artz*, Verbraucherprivatrecht, Rn. 429 ff.

268 *Jacobs*, JZ 2004, S. 225, 227; *Tröger*, AcP 204 (2004), S. 115, 123; *Schumacher*, Der Lieferantenregress gemäß §§ 478, 479 BGB, 2004, S. 101 ff.; *Ernst/Gsell*, ZIP 2001, S. 1389, 1402.

tragswidrigkeit durch ein Handeln oder Unterlassen verursacht hat. Nach der Richtlinie kann also der Verkäufer dann Rückgriff nehmen, wenn die Vertragswidrigkeit der Sache von einem früheren Glied in der Lieferkette verursacht worden ist. Lieferketten kann es bei gebrauchten Sachen, die professionell vermarktet werden, ebenfalls geben.[269] Allerdings wird es nicht häufig vorkommen, dass gerade ein Vorverkäufer die Vertragswidrigkeit der Sache verursacht hat. Falls jedoch ein solcher Fall eintritt, gibt es keinerlei Anlass, ihn aus dem Geltungsbereich des Art. 4 Verbrauchsgüterkauf-RL herauszunehmen.

Somit entspricht die vollständige Beschränkung auf Neuwaren, die § 478 BGB vorsieht, der Richtlinienvorgabe nicht.[270] Es muss daher überlegt werden, ob § 478 BGB richtlinienkonform ausgelegt oder fortgebildet werden kann. Da jedenfalls über den Wortlaut der Norm hinausgegangen werden muss, um die Beschränkung auf Gebrauchtwaren zu überwinden, würde eine schlichte Auslegung jedenfalls nicht helfen. In Betracht kommt nur eine **Rechtsfortbildung**. Wenn man nun die oben ausführlich diskutierten Grundsätze zur richtlinienkonformen Rechtsfortbildung anwendet, stellt man zunächst fest, dass der klare, vom Gesetzgeber bewusst gewählte Wortlaut überwunden werden müsste. Damit würde man aber die Grenze zwischen Legislative und Judikative durchbrechen (oben Rn. 119). § 478 BGB kann daher **nicht in erweiterter Auslegung auf gebrauchte Sachen angewendet** werden.[271] | **461**

Nun mag man überlegen, ob nicht bei gebrauchten Sachen die allgemeine kaufrechtliche Haftung genügt, die der Endverkäufer gegenüber seinem Lieferanten hat.[272] Die Richtlinie macht nämlich keine konkreten Vorgaben zur Ausgestaltung der Rechte in der Regresskette. Die allgemeinen Rechte können dem Endverkäufer jedoch nicht immer helfen. Ebenso wie bei Neuwaren kann es in einzelnen Fällen dazu kommen, dass die Rückgriffskette unterbrochen wird („**Regressfalle**"). Denkbar ist das zB wegen der Beweislastumkehr des § 476 BGB.[273] | **462**

Die fehlende Möglichkeit der richtlinienkonformen Auslegung des § 478 BGB bedeutet letztlich, dass einem von der Regressfalle betroffenen Gebrauchtwarenlieferanten ein **Staatshaftungsanspruch** zusteht (dazu Rn. 86).

g) Zwingende Geltung oder Abweichungen „zugunsten des Verbrauchers"?

Gerade an der Verbrauchsgüterkauf-RL lässt sich aufzeigen, dass die Möglichkeit zur selbstbestimmten Vertragsausgestaltung für den Verbraucher auch von Bedeutung sein kann. Wären die langen Mängelhaftungsfristen der Richtlinie, wie vielfach vorgeschlagen, durch Individualvereinbarung abdingbar,[274] so könnte der Verbraucher, der an einer langen Gewährleistung aus bestimmten Gründen nicht interessiert ist, auf | **463**

---

269 Anders die Einschätzung des Gesetzgebers, BT-Drucks. 14/6040, S. 248.
270 Wie hier Bamberger/Roth/*Faust*, BGB, § 478 Rn. 8, 9, der sich überzeugend vor allem auf Abs. 2 bezieht.
271 So Gebauer/Wiedmann/*Leible*, Kap. 10 Rn. 186; Bamberger/Roth/*Faust*, BGB, § 478 Rn. 8 f.; *Tröger*, AcP 204 (2004), S. 115, 123.
272 Dafür MünchKommBGB/*Lorenz*, § 478 Rn. 2.
273 Wie hier auch *Tröger*, AcP 204 (2004), S. 115, 123; Bamberger/Roth/*Faust*, BGB, § 478 Rn. 7.
274 Das erwägend *Canaris*, AcP 200 (2000), S. 273, 362 f.; noch weitergehend *Schwintowski*, der eine allgemeine Geltung des Günstigkeitsprinzips vorschlägt, EWS 2001, S. 201, 205 ff.

diese verzichten und so einen (wesentlich) **günstigeren Preis** erzielen. Viel verwendet wird das Beispiel des Automechanikers, der einen Gebrauchtwagen gern günstig übernehmen würde. Eine lange Gewährleistung kann aber auch unerwünscht sein, wenn etwa Schuhe, Kleider oder gar Kostüme nur für eine Party angeschafft werden, oder wenn ein Schlauchboot nach dem Urlaub ohnehin nicht mit nach Hause genommen werden soll. Teilweise wird daher behauptet, die Abdingbarkeit der Gewährleistungsrechte sei eine Modifikation der Richtlinie zugunsten des Verbrauchers.[275] Das deutsche Recht dürfe sie daher zulassen. Diese trickreiche Behauptung entspricht jedoch nicht der Sichtweise des EU-Rechts. Hier ist eindeutig die **ausnahmslos zwingende und damit den Rechtsverkehr vereinfachende Geltung der Gewährleistungsrechte** gemeint. Auch auf den ausdrücklichen Wunsch des Verbrauchers lässt sich die Haftung nicht ausschließen.

h) Umfang und Erfüllungsort der Nacherfüllung

464   **Literaturhinweis:** *Augenhofer/Appenzeller/Holm*, Nacherfüllungsort und Aus- und Einbaukosten, JuS 2011, S. 680.

> **Beispiel 18** – nach EuGH NJW 2011, S. 2269 (Weber/Putz): K kaufte sich in dem Kölner Fliesenmarkt V italienische Fliesen zum Preis von 2.000 Euro für sein Ferienhaus in der Eifel. Nachdem er sie dort selbst verlegt hatte, wurden schon nach wenigen Tagen Schäden an der Oberfläche der Fliesen festgestellt, die nur durch einen vollständigen Austausch beseitigt werden können. Die Beschädigungen sind auf Herstellungsfehler zurückzuführen, die V nicht zu vertreten hat. K verlangt nun von V im Wege der Nacherfüllung, dass dieser die schadhaften Fliesen im Ferienhaus ausbaut und durch neue ersetzt. V wendet ein, er sei doch kein Fliesenleger und müsse daher dem K höchstens neue Fliesen in Köln zur Verfügung stellen, überdies koste ihn ein Einbau insgesamt 6.000 Euro und sei daher mit unverhältnismäßigen Kosten verbunden.

465   **aa) Der Aus- und Wiedereinbau.**   Eine aufsehenerregende Entscheidung des EuGH war die Entscheidung vom 16.06.2011 in Sachen Weber/Putz zum Nacherfüllungsanspruch nach Art. 3 Abs. 2 und 3 Verbrauchsgüterkauf-RL, der in den §§ 437 Nr. 1, 439 Abs. 1 BGB umgesetzt ist.[276] Es ging wie im Beispiel um die Frage, ob ein Verkäufer im Rahmen der Nacherfüllung dazu verpflichtet sein kann, eine **mangelhafte Sache aus- und die neugelieferte mangelfreie Sache wieder einzubauen**. Diese Frage wird oft wichtig, weil ein Anspruch auf Ersatz der Ein- und Ausbaukosten zwar auch Teil der Schadensersatzansprüche aus §§ 437 Nr. 3, 280 Abs. 1 BGB sein könnte, dafür jedoch ein Verschulden des Verkäufers verlangt wird.

466   Im **Beispiel 18** ist V nicht der Hersteller der Fliesen, und er hat den Defekt der Fliesen auch nicht aus sonstigen Gründen zu vertreten.

Der BGH hatte bisher eine Pflicht zum Wiedereinbau – etwa im sog. Parkettstäbe-Fall, der dem EuGH nicht vorgelegt wurde – abgelehnt, da mit dem Nacherfüllungs-

---

275   Zu allem *Adomeit*, JZ 2003, S. 1053.
276   *EuGH*, NJW 2011, S. 2269.

anspruch nur eine **Wiederholung der ursprünglichen Pflichten** geschuldet sein
könne. Dazu gehöre aber nur die erneute Lieferung.[277]

Den sog. **Fliesen-Fall** hingegen legte der BGH dem EuGH vor,[278] der dies mit einer
Vorlage des AG Schorndorf verband und entgegen der Ansicht des Generalanwalts[279]
eine **verschuldensunabhängige Ein- und Ausbauverpflichtung** im Rahmen der
Nacherfüllung bejahte – unabhängig davon, ob ursprünglich eine Einbauverpflich-
tung bestand. Begründet wird dies maßgeblich mit dem Begriff der Unentgeltlichkeit
der Nacherfüllung in Art. 3 Abs. 2 Unterabs. 1 Verbrauchsgüterkauf-RL, der einen
wesentlichen Bestandteil eines wirksamen Verbraucherschutzes darstelle: Der Verbraucher dürfe nicht durch Kosten, die bei ordnungsgemäßer Vertragsdurchführung
nicht entstanden wären, davon abgehalten werden, seine Ansprüche geltend zu machen.[280] Zwar seien die Aus- und Einbaukosten nicht ausdrücklich in Art. 3 Abs. 4
der Richtlinie (umgesetzt in § 439 Abs. 2 BGB) aufgezählt, jedoch ergebe sich aus
dem Wort „insbesondere", dass die Aufzählung nicht abschließend zu verstehen
sei.[281]

Dieses Ergebnis sei nicht ungerecht, da die Interessen des Verkäufers durch die zweijährige Verjährungsfrist, die Möglichkeit der Verweigerung der Nacherfüllung
(Art. 3 Abs. 3, dazu unten) und schließlich durch Regressansprüche ausreichend berücksichtigt würden.[282]

> Obgleich sich der EuGH in der Entscheidung vornehmlich auf den Ersatz der *Kosten* für   **467**
> Ein- und Ausbau bezieht, ist im **Beispiel 18** angesichts dieser Rechtsprechung eine Pflicht
> des V zum Ausbau der alten und Einbau neuer, unbeschädigter Fliesen zu bejahen.

bb) Die Unverhältnismäßigkeit der Nacherfüllung. In der gleichen Entscheidung   **468**
widmete sich der EuGH auch der Frage nach der Unverhältnismäßigkeit der Nacherfüllung. Nach der Regelung des § 439 Abs. 3 S. 3 BGB kann der Verkäufer nicht nur
eine Art der Nacherfüllung verweigern, wenn sie im Verhältnis zur anderen unverhältnismäßig ist und kein Nachteil für den Käufer entstünde (**relative Unverhältnismäßigkeit**), sondern er kann die Nacherfüllung insgesamt auch dann ablehnen, wenn
diese für sich genommen unter Berücksichtigung des Wertes der Sache in mangelfrei-
em Zustand und der Bedeutung des Mangels unverhältnismäßig wäre (**absolute Unverhältnismäßigkeit**).

Da Art. 3 Abs. 3 Verbrauchsgüterkauf-RL in diesem Punkt allerdings ungenauer ist,
wollte der BGH die Richtlinienkonformität des deutschen Rechts feststellen lassen.

---

277 *BGH* NJW 2008, S. 2837; zu dieser damals überwiegenden Ansicht auch Gebauer/Wiedmann/*Leible*, Kap. 10 Rn. 85 mwN.
278 BGH NJW 2009, S. 1660.
279 Dazu *Lorenz*, NJW 2011, S. 2241, 2242.
280 *EuGH*, NJW 2011, S. 2269 Rn. 46 ff.
281 Insb Rn. 49 mit Verweis auf die Quelle-Entscheidung, dazu bereits Beispiel 6, Rn. 115.
282 *EuGH*, NJW 2011, S. 2269, Rn. 58.

469   Wie im **Beispiel 18** war im Fall des BGH die Nachbesserung unmöglich, sodass die Nachlieferung die einzig mögliche Art der Abhilfe darstellte. Allerdings führte die Nachlieferung angesichts einer angenommenen Aus- und Wiedereinbaupflicht zu Kosten, die den Wert der Kaufsache um ein Vielfaches überstiegen. V konnte hier also nach deutschem Recht die Nachlieferung wegen absoluter Unverhältnismäßigkeit gemäß § 439 Abs. 3 BGB verweigern.

470   Der EuGH jedoch verneint die Vereinbarkeit der deutschen Regelung mit der Verbrauchsgüterkauf-RL. Gerade Art. 3 Abs. 3 Unterabs. 2 spreche eindeutig dafür, dass **nur die relative Unverhältnismäßigkeit** relevant sein könne.[283] Es sei für einen wirksamen Verbraucherschutz essentiell, Nachlieferung und Nachbesserung gegenüber Vertragsauflösung und Minderung als primäre Abhilfen zu bevorzugen.[284] Um das Risiko für den Verkäufer zu begrenzen, sei es jedoch nicht ausgeschlossen, die Ersatzpflicht „angemessen" zu beschränken.[285]

471   Daher kann sich V im **Beispiel 18** nicht auf die (absolute) Unverhältnismäßigkeit der Nacherfüllung gemäß § 439 Abs. 3 BGB berufen.

Das Urteil des EuGH ist in der Literatur auf Kritik gestoßen: Beispielsweise sei die Entscheidung aufgrund **fehlender Folgenabschätzung** nicht verbraucherfreundlich, würde doch das erhöhte Risiko des Verkäufers letztlich auf den Kaufpreis aufgeschlagen.[286] Darüber hinaus sei das Urteil auch wenig dogmatisch und vermische Nacherfüllung und Schadensersatz, obwohl die Verbrauchsgüterkauf-RL letzteren gerade nicht regelt.[287] Nicht nur die vom EuGH bloß angedeutete Beschränkung des Kostenersatzes wird in der Praxis Umsetzungsprobleme mit sich bringen,[288] die zu einer neuen gesetzlichen Regelung führen dürften.[289]

472   **cc) Erfüllungsort der Nacherfüllung.**   Auch über den Erfüllungsort für die Nacherfüllungspflicht hatte der BGH im Jahr 2011 zu entscheiden.[290] Anders als bezüglich der Ein- und Ausbaukosten legte er die Frage leider *nicht* dem EuGH vor, sondern entschied sie selbst.

In dieser Entscheidung setzte sich der BGH umfangreich mit möglichen Nacherfüllungsorten auseinander – etwa dem aktuellen Belegenheitsort der Sache oder dem Erfüllungsort des Primäranspruchs –, kam jedoch schließlich zur **Anwendung des § 269 BGB**, so dass in erster Linie auf die Parteivereinbarung abzustellen sei. Insbesondere verlange die Verbrauchsgüterkauf-RL nicht, dass die Nacherfüllung immer am Belegenheitsort der Sache durchzuführen sei.[291] Zwar müssten nach Art. 3 Abs. 3 Unterabs. 4 Verbrauchsgüterkauf-RL erhebliche Unannehmlichkeiten für den Verbraucher vermieden werden, allerdings lasse der Begriff gewisse Wertungsspielräume, sodass dies im Rahmen des § 269 BGB ausreichend berücksichtigt werden kön-

---

283   AaO Rn. 68.
284   AaO Rn. 70 ff.
285   AaO Rn. 74 f.
286   *Lorenz*, NJW 2011, S. 2241, 2243.
287   Etwa *Gsell*, JZ 2011, S. 988, 995.
288   Dazu etwa *Ayad/Schnell*, BB 2011, S. 1938, 1939.
289   *Kaiser*, JZ 2011, S. 978, 987; *Lorenz*, NJW 2011, S. 2241, 2243 ff.
290   *BGH* NJW 2011, S. 2278, sog Faltanhänger-Fall.
291   *BGH* NJW 2011, S. 2278, 2281 f.

ne. Gerade angesichts der oben beschriebenen EuGH-Entscheidung ist dieses Urteil problematisch und es wird deutlich, dass der BGH einmal mehr versucht, deutsche Grundsätze zu bewahren. Er hat zumindest **zu Unrecht einen acte clair** angenommen.[292]

VI. Haftung bei Pauschalreisen

1. Die Haftungstatbestände

Die Pauschalreise-RL enthält **mehrere eigene Haftungstatbestände**. Nach Art. 4   **473** Abs. 6 hat der Verbraucher einen Anspruch auf Ersatz, wenn er entweder selbst wegen einer wesentlichen Änderung der Vertragsbestandteile durch den Unternehmer zurücktritt (Art. 4 Abs. 5) oder wenn der Veranstalter die Reise storniert. Nur in zwei Fällen darf der Veranstalter von der Reise zurücktreten, ohne dass ihn eine Ersatzpflicht trifft: Dies gilt gemäß Art. 4 Abs. 6 lit i unter bestimmten Voraussetzung bei dem Nichterreichen einer zuvor bekannten Mindestteilnehmerzahl und gemäß Art. 4 Abs. 6 lit ii, wenn die Stornierung durch höhere Gewalt begründet ist.

Nach Art. 4 Abs. 7 wird eine Entschädigungspflicht für die Nichterbringung von Reiseleistungen festgelegt und in Art. 5 ist die Ersatzpflicht für Schäden, die der Reisende erleidet, geregelt. Diese Schadensersatzpflicht entsteht grundsätzlich verschuldensunabhängig. In Art. 5 Abs. 2 werden jedoch bestimmte Tatbestände aufgelistet, in welchen der Reiseveranstalter bzw -vermittler die Möglichkeit hat, seine Haftung durch den Nachweis fehlenden Verschuldens auszuschließen.

2. Die Umsetzung der Haftungstatbestände

Die Umsetzung der Pauschalreise-RL in das deutsche Recht hält sich **weitgehend eng**   **474** **an die Richtlinienvorgaben** und geht nicht selten darüber hinaus. Einzelne Details der Pauschalreise-RL sind jedoch nicht gänzlich korrekt in das nationale Recht umgesetzt worden. Insbesondere gilt dies für die Möglichkeit des Veranstalters zum Rücktritt vom Reisevertrag. Die Richtlinie sanktioniert diesen Rücktritt wie soeben dargelegt grundsätzlich. Das nationale Recht lässt dagegen die Möglichkeit, dass der Veranstalter sich in seinen AGB weitere sanktionsfreie Rücktrittsgründe vorbehält.[293] Die richtlinienkonforme Auslegung des nationalen Rechts kann hier nur durch eine strenge AGB-Kontrolle erreicht werden.

Im deutschen Recht besteht gegenüber der Richtlinie außerdem eine **Benachteiligung des Reisenden** darin, dass der Reiseveranstalter sich nach § 651f Abs. 1 BGB – anders als in Art. 5 Abs. 2 Pauschalreise-RL angeordnet – in jedem Fall durch den Nachweis fehlenden Verschuldens von der Haftung befreien kann. Auch dies kann durch richtlinienkonforme Auslegung korrigiert werden.[294]

---

292   Zur Vereinbarkeit beider Entscheidungen *Kaiser*, JZ 2011, S. 978, 983 f.; ebenfalls die unterlassene Vorlage kritisierend *Faust*, JuS 2011, S. 748, 750; *Staudinger/Artz*, NJW 2011, S. 3121, 3123.
293   Kritisch dazu Grabitz/Hilf/*Tonner*, Das Recht der EU, Band III, A 12, Pauschalreise-RL Art. 4 Rn. 45 ff.
294   Wie hier Grabitz/Hilf/*Tonner*, Das Recht der EU, Band III, A 12, Art. 5 Rn. 20.

Als **echter Umsetzungsfehler** wird es angesehen, dass das deutsche Recht die in der Richtlinie vorgesehene Pflicht des Veranstalters, dem Reisenden im Falle höherer Gewalt Hilfe zu leisten, nicht enthält.[295]

3. Der Umfang der Ersatzpflicht

475 Wie schon oben dargelegt hat der EuGH entschieden, dass der Schadensersatzanspruch auch immaterielle Schäden und damit insbesondere auch **Ersatz für die entgangene Urlaubsfreude** umfasst.[296]

VII. Die Haftung im Zahlungsdienstevertrag

1. Haftung des Zahlungsinstituts

476 Die neue Zahlungsdienste-RL regelt die Haftung der Beteiligten genauer als frühere Richtlinien, ohne dabei ganz grundsätzliche Änderungen herbeizuführen.[297] Das Zahlungsinstitut haftet nach Art. 75 (umgesetzt in § 675y BGB) für die **nicht erfolgte oder fehlerhafte Ausführung** des Zahlungsauftrags. Diese Haftung ist als Garantiehaftung zunächst auf den Ersatz des abgebuchten Betrags gerichtet und trifft grundsätzlich das Zahlungsinstitut des Zahlenden, sofern dieses nicht nachweisen kann, dass der Betrag beim Empfängerinstitut eingegangen ist. Ansonsten haftet jener Zahlungsdienstleister dem Empfänger (Art. 75 Abs. 1).

Bemerkenswert ist, dass es für die ordnungsgemäße Ausführung einer Zahlung nach dem in § 675r BGB umgesetzten Art. 74 nur auf den vom Zahlenden angegebenen **Kundenidentifikator** ankommt: Dabei handelt es sich um eine Kombination aus Zahlen und Buchstaben, die den Zahlungsempfänger eindeutig erkennbar machen soll. Ein Namensabgleich, der eine doppelte Sicherheit bieten würde, ist nicht mehr vorgesehen.[298] Gibt der Zahlende also einen Kundenidentifikator an, der zwar einen, aber nicht den gewünschten Zahlungsempfänger bezeichnet, und zahlt die Bank an diesen anderen Empfänger, so scheidet eine Haftung der Bank aus (Art. 74 Abs. 2 und 3). Der Zahlende ist auf den umständlichen Weg verwiesen, den Betrag vom tatsächlichen Zahlungsempfänger zu kondizieren.[299] Das Ziel der **Beschleunigung und Vereinfachung des Zahlungsverkehrs** war dem Richtliniengeber hier wichtiger als die Sicherheit des Verbrauchers.

---

295 Wie hier Grabitz/Hilf/*Tonner*, Das Recht der EU, Band III, A 12, Art. 5 Rn. 21.
296 *EuGH* Slg. 2002, S. 2631 (Simone Leitner); näher schon oben Rn. 282.
297 *Grundmann*, WM 2011, S. 1109, 1115.
298 Definiert wird der Kundenidentifikator in Art. 4 Nr. 21 Zahlungsdienste-RL bzw in § 675r Abs. 2 BGB; kritisch *Nobbe*, WM 2011, S. 961, 964; *Bitter*, WM 2010, S. 1725, 1730.
299 Zu möglichen Änderungen der deutschen bereicherungsrechtlichen Dogmatik durch die Zahlungsdienste-RL *Grundmann*, WM 2011, S. 1109, 1116 f., ablehnend *Köndgen*, JuS 2011, S. 481, 489.

2. Haftung bei Kartenmissbrauch

Art. 61 Zahlungsdienste-RL normiert die Haftung des Zahlers bei **nicht autorisierter** **477**
Nutzung eines Zahlungsinstruments,[300] also etwa einer ec-Karte: Nach Abs. 1 trägt
der Zahler danach verschuldensunabhängig den Schaden, der dadurch entsteht, dass
eine abhandengekommene Karte verwendet wird. Dieser Schadensersatzanspruch ist
allerdings **auf 150 Euro** begrenzt und wird nur im Falle von vorsätzlichen oder grob
fahrlässigen Pflichtverletzungen[301] des Zahlers gemäß Art. 74 Abs. 2 auf alle Schäden ausgeweitet. Jedoch ist auch diese Haftung auf die Schäden begrenzt, die entstehen, *bevor* der Zahler seiner Pflicht zur Anzeige des Kartenverlustes nach Art. 56
Abs. 1 lit b nachkommt, es sei denn, er handelt in betrügerischer Absicht (Art. 74
Abs. 4). Diese in § 675v BGB umgesetzte Regelung ergänzt § 675u, wonach dem
Zahlungsdienstleister bei sonstigen unautorisierten Zahlungen kein Aufwendungser-
satzanspruch zusteht.

Als problematisch für das deutsche Recht könnte sich die **Beweislastverteilung** über **478**
die Frage der Autorisierung der Zahlung erweisen: Nach Art. 59 Abs. 2, umgesetzt
durch § 675w S. 3 BGB, reicht es zum Beweis der fehlenden Autorisierung „nicht
notwendigerweise" aus, dass der Zahlungsdienstleister den Zahlungsvorgang ordnungsgemäß nach Art. 59 Abs. 1 aufgezeichnet hat. Dies könnte jedoch im Widerspruch stehen zu der bisherigen Rechtsprechung zum Anscheinsbeweis für eine grob
fahrlässige Pflichtverletzung, wenn eine abhanden gekommene Karte mit der zugehö-
rigen PIN verwendet wird.[302] Eine Mindermeinung sieht unter Fortgeltung dieser
Rechtsprechung das Regulierungsziel der Richtlinie, nämlich das Vertrauen in den
elektronischen Zahlungsverkehr, gefährdet.[303] Allerdings überzeugt dies nicht,
schließlich führt die Figur des Anscheinsbeweises ja gerade nicht zu einer Umkehr
der Beweislast, sondern erlaubt weiterhin die freie Beweiswürdigung, sodass die bisherige Auffassung in den Grenzen des Art. 59 Abs. 2 verbleibt.[304]

E. EU-Vorschriften zur außervertraglichen Haftung

I. Produkthaftung

Literaturhinweis: *Schaub,* Europäische Produkthaftung: Wie weit reicht die Harmonisierung **479**
heute?, ZEuP 2011, S. 41.

Beispiel 19: Eine kleine, auswechselbare Dichtung an einer neuen Waschmaschine verursacht, dass immer wieder Wasser in die Steuerung der Maschine gelangt. Dadurch entsteht
schließlich ein Schaden an der gesamten Waschmaschine, dessen Behebung den Käufer K
600 Euro kostet. K erhebt Klage gegen den Verkäufer V. Der Amtsrichter meint, dass der

---

300 Der (weite) Begriff des Zahlungsinstruments ist in Art. 4 Nr. 23 Zahlungsdienste-RL legal definiert.
301 Zu den Pflichten gehören nach Art. 56 Abs. 2 insbesondere der sorgfältige Schutz der persönlichen
    Sicherheitsmerkmale.
302 Etwa *BGH* NJW 2004, S. 3623.
303 *Franck/Massari,* WM 2011, S. 1117, 1127.
304 Nur *Nobbe,* WM 2011, S. 961, 968 mwN, der auch zutreffend auf den deutschen Gesetzgeber ver-
    weist, der mit der Umsetzung des Art. 59 Zahlungsdienste-RL in § 675w BGB ausdrücklich keine
    Änderung der bisherigen Grundsätze erreichen wollte, vgl. BT-Drucks. 16/11643, S. 115.

für § 823 Abs. 1 BGB erforderliche Verschuldensnachweis nicht erbracht sei, und überlegt, ob K aus dem Produkthaftungsgesetz ein verschuldensunabhängiger Anspruch zusteht. Dabei fragt er sich insbesondere, ob es mit der Richtlinie zu vereinbaren ist, dass nach § 1 Abs. 1 S. 2 ProdHaftG „eine andere Sache" als das Produkt beschädigt worden sein muss, und dass in § 11 ProdHaftG eine Selbstbeteiligung von 500 Euro vorgesehen ist.

1. Die Produkthaftungs-RL

480 Wie oben (Rn. 164) bereits erwähnt, weist die Produkthaftungs-RL die Besonderheit auf, dass für sie das **Mindeststandardprinzip nicht gilt**. Die nationalen Rechtsordnungen dürfen also keine von der Richtlinie abweichenden Vorschriften beibehalten oder einführen.[305] Allerdings wird davon ausgegangen, dass das nationale Produkt- oder korrekter Produzentenhaftungsrecht, welches in Deutschland auf § 823 BGB gestützt ist, nicht von der Richtlinie abweiche, sondern – da es aus der deliktischen Haftung abgeleitet ist – gewissermaßen etwas ganz anderes sei.[306]

Bei den Einzelheiten ist jedoch die richtige und vollständige Umsetzung der Produkthaftungs-RL nicht in jedem Punkt ohne weiteres zu bejahen.

2. Für die Auslegung des nationalen Rechts wichtige Inhalte der Richtlinie

a) Fehler

481 Der Fehlerbegriff der Produkthaftungs-RL wurde oben bereits als deutliches Beispiel für die Ausrichtung der Richtlinien an den Erwartungen des Verbrauchers gewählt. Nach Art. 6 Produkthaftungs-RL ist ein Produkt fehlerhaft, wenn es nicht die Sicherheit bietet, die der Verbraucher **zu erwarten berechtigt** ist.

b) Haftungsausfüllende Kausalität

482 Die Kausalität bzw die Zurechnung von Schäden wird in der Richtlinie nicht ausdrücklich geregelt. Es ist daher streitig, ob für diese grundlegenden Fragen überhaupt eine „autonome" – also aus dem EU-Recht geschöpfte – Lösung gefunden werden muss. Teilweise wird angenommen, die Kausalität sei aus der Richtlinie bewusst komplett ausgeklammert und dem jeweiligen nationalen Recht überlassen worden.[307] Allerdings lässt die Rechtsprechung des EuGH eher die gegenteilige Auffassung erkennen. Der EuGH hat in der Entscheidung Veedfald recht deutlich ausgesprochen, dass die **Richtlinie insgesamt autonom auszulegen** sei.[308] Mit Bezug zu der Frage,

---

305 Ausdrücklich bestätigend *EuGH* Slg. 2002, S. 3901 Rn. 27 (Gonzáles/Sánchez); auch *EuGH* Slg. 2009 S. 11305 (Aventis Pasteur) – Verlängerung der 10-jährigen Verjährungsfrist in Art. 11 Produkthaftungs-RL durch das nationale Recht ist unzulässig.
306 So die Entscheidung *EuGH* Slg. 2006, S. 199 Rn. 38, 39 (Skov).
307 Vgl. zur Problematik der Kausalität *Micklitz*, VuR 2001, S. 41, 46 f.; für eine autonome Auslegung *v. Westphalen*, Produkthaftungshandbuch, Band 2, § 71 Rn. 36 ff., 41, wenn auch mit Vorsicht; für eine Anwendung nationalen Rechts *Schlechtriem*, VersR 1986, S. 1033 f.; beides mischend *Kullmann*/Pfister, Produzentenhaftung, Band I, 3602 A I 2.
308 *EuGH* Slg. 2001, S. 3569, insbesondere Rn. 27.

ob der Schaden an einem menschlichen Organ von der Richtlinie erfasst sei, sprach der EuGH aus, dass es zwar den nationalen Gerichten überlassen bleibe, als welche Schadensart sie den konkreten Schaden ansehen wollten; unzulässig aber sei es, den Ersatz dieses Schadens ganz auszuschließen.

Erfolgt eine solche autonome Auslegung der Produkthaftungs-RL, so muss sie sich auch hier an den Sicherheitserwartungen des Verbrauchers (bzw des Geschädigten) ausrichten. Gerade in der Produkthaftung bedeutet das, dass sie grundsätzlich geschädigtenfreundlich sein muss.[309]

c) Schadensbegriff

Die Produkthaftungs-RL enthält einige Normen, die sich auf den ersatzfähigen Schaden beziehen, spart aber andere grundlegende Fragen der Begründung eines Schadensersatzanspruchs aus.   **483**

Es fehlt eine Definition des Schadens. Es bleibt also offen, was überhaupt ein ersatzfähiger Schaden ist. Reicht entgangene Urlaubsfreude?[310] Sind Schockschäden erfasst? Gibt es womöglich sogar „punitive damages" (dazu schon oben Rn. 281)?

Wie oben dargestellt kennt das EU-Recht den Grundsatz, dass der entstandene Schaden **umfassend zu ersetzen** ist. Der EuGH hat zur Produkthaftungs-RL ausgesprochen, dass zwar für die Einzelheiten der Ersatzpflicht das Recht der Mitgliedstaaten anwendbar sei, dass aber der umfassende Ersatz der entstandenen Schäden von der Richtlinie zwingend vorgeschrieben sei. Die einzige Ausnahme hiervon sei der gemäß Art. 9 Produkthaftungs-RL dem Recht der Mitgliedstaaten anheim gestellte Ersatz für immaterielle Schäden.[311]

d) Umfang der Haftung

Art. 9 Produkthaftungs-RL enthält einige Regelungen, welche den Umfang der Haftung betreffen. Gerade bei der Umsetzung dieser Regelungen hatten viele Mitgliedstaaten, darunter auch Deutschland, Schwierigkeiten.   **484**

aa) Sich ausbreitende Sachschäden, wie Weiterfresserschäden. Nach Art. 9 lit b   **485** Produkthaftungs-RL, der den ersatzfähigen Sachschaden definiert, umfasst der Begriff des Schadens nicht die Beschädigung oder Zerstörung der Sache selbst (ebenso § 1 S. 2 ProdHaftG). Nur Schäden **an anderen Sachen** werden erfasst. Umstritten ist, ob und in welchem Umfang die Produkthaftungs-RL – und damit wiederum zugleich das ProdHaftG – Weiterfresserschäden erfasst.[312]

---

309   Andeutend *EuGH* ebenda.
310   Dazu *EuGH* Slg. 2002, S. 2631 (Simone Leitner).
311   *EuGH* Slg. 2001, S. 3569 (Veedfald) insbesondere Rn. 27; ebenso muss wohl auch die Entscheidung Slg. 2002, S. 3901 Rn. 28 f. (González Sánchez) verstanden werden.
312   Dagegen Kullmann/Pfister/*Kullmann*, Produzentenhaftung, Band I, 3602 A I 1 b). Anderer Ansicht aber *v. Westphalen*, Produkthaftungshandbuch, Band 2, § 72 Rn. 7 ff., 9, der meint, auch ein Teilprodukt könne fehlerhaft sein und dann das Gesamtprodukt als „andere" Sache beschädigen.

486   Weiterfresserschäden sind Schäden, die zunächst nur an einem abtrennbaren Teil des Produkts vorhanden sind, jedoch dazu führen, dass schließlich das Produkt insgesamt beschädigt wird, so wie es in dem obigen **Beispiel 19** (Rn. 479) beschrieben ist.[313]

Der Wortlaut des Art. 9 („einer anderen Sache als des fehlerhaften Produkts") sowie die im EU-Privatrecht notwendige Transparenz sprechen gegen die Einbeziehung der Weiterfresserschäden in die von der Richtlinie erfassten Schäden. Streitig ist auch, ob **mittelbare Folgeschäden**, die durch die Beschädigung der Sache eintreten, unter die Richtlinie fallen. Verneint man dies, so wie es der Wortlaut der Richtlinie nahe legt,[314] so muss auch das Produkthaftungsgesetz in diesem Punkt eng ausgelegt werden, weil das Mindeststandardgebot nicht gilt.

487   **bb) Selbstbeteiligung.**   Art. 9 lit b Produkthaftungs-RL enthält zudem den Einschub, dass ein Schaden bei der Beschädigung oder Zerstörung einer anderen Sache nur „bei einer Selbstbeteiligung von 500 Euro" vorliege. Dies ist in § 11 ProdHaftG so umgesetzt worden, dass der Geschädigte stets einen Eigenanteil von 500 Euro tragen muss.

488   Im **Beispiel 19** würde also das ProdHaftG auch aus diesem zweiten Grund dem K nichts nützen. Es wird jedoch diskutiert, ob Art. 9 lit b Produkthaftungs-RL als eine bloße Zugangsschwelle zum Rechtsschutz gemeint war. Das würde bedeuten, dass der Geschädigte immer dann keinen Eigenanteil zu tragen hätte – also vollen Ersatz bekäme –, wenn die Schwelle von 500 Euro einmal überschritten worden wäre.[315] In England wurde Art. 9 Produkthaftungs-RL dementsprechend verstanden und umgesetzt.[316] Während der Wortlaut der Richtlinie in Richtung des deutschen Textverständnisses deutet, ist es in der Rechtsprechung des EuGH ein wenig anders. Zwar hat er die Frage noch nicht ausdrücklich entschieden, (was sicherlich auf einer begrenzten praktischen Relevanz beruht,) er hat aber verschiedentlich die Verhinderung einer Klageflut wegen Kleinstschäden als Zweck der Selbstbeteiligung aufgezeigt.[317] Das deutet etwas darauf hin, dass der EuGH Art. 9 lit b Produkthaftungs-RL als bloße Zugangsschwelle verstehen könnte.

Würde es (anders als im Beispiel) für eine Gerichtsentscheidung auf diese Frage ankommen, so müssten die deutschen Gerichte ernstlich überlegen, ob eine Vorlage erfolgen sollte. Nur wenn sie von einem acte clair ausgehen wollten und begründen könnten, dass an der deutschen Lesart des Art. 9 Produkthaftungs-RL als echte Selbstbeteiligung keine Zweifel bestehen, könnte die Vorlage unterlassen werden.[318] Dieselben Fragen müsste der A sich auch wegen des Weiterfresserschadens stellen. Hier deutet aber in der Richtlinie wenig daraufhin, dass dieser erfasst sein könnte, so dass man leichter für einen acte clair argumentieren könnte.

---

313   Zur Rechtslage in Deutschland nur Palandt/*Sprau*, BGB, § 823 Rn. 177 f.
314   So bspw *v. Westphalen*, Produkthaftungshandbuch, Band 2, § 71, Rn. 28 ff., der meint, nur der unmittelbar an anderen Sachen entstandene Schaden sei zu ersetzen, nicht dagegen abgeleitete Vermögensschäden, wie Gewinnausfälle (dort auch zum Streitstand). Allerdings nimmt er fälschlich an, das ProdHaftG dürfe eine verbraucherfreundlichere Regelung treffen.
315   Zum Streitstand MünchKommBGB/*Wagner*, § 11 ProdHaftG Rn. 3.
316   Insb der britische Consumer Protection Act, PHI 1989, S. 18.
317   *EuGH* Slg. 2002, S. 3887 (Kommission/Griechenland) Rn. 30; nicht eindeutig auch *EuGH* Slg. 2001, S. 3569 Rn. 26 (Veedfald).
318   Dafür wohl MünchKommBGB/*Wagner*, § 11 ProdHaftG Rn. 3.

cc) Haftungshöchstgrenze. Ein **wirklicher Umsetzungsverstoß** erfolgt durch § 10   **489**
ProdhaftG. Die dort festgelegte allgemeine Haftungshöchstgrenze in Höhe von 85
Millionen Euro findet sich nämlich in der Richtlinie nicht wieder. Es herrscht weitgehend Einigkeit darüber, dass Art. 16 Abs. 1 Produkthaftungs-RL den Mitgliedstaaten
ausschließlich für „durch gleiche Artikel" verursachte **Serienschäden** das Recht einräumt, eine Haftungshöchstgrenze von 70 Millionen Euro vorzusehen. Der deutsche
Gesetzgeber hat diese Haftungshöchstgrenze bewusst auch auf die Fälle ausgedehnt,
in welchen der Schaden in einem einzelnen Haftungsfall diese Höhe überschreitet.
Würde ein so schwerer Produkthaftungsfall eintreten, dass diese Obergrenze tatsächlich überschritten wäre, müsste der Staat für einen eventuellen Haftungsausfall des
Geschädigten einstehen.[319]

II. Verantwortlichkeit des Diensteanbieters

1. Regelungsrahmen

In gewisser Weise sind Haftungsregelungen auch in der E-Commerce-RL enthalten.   **490**
Hier wird die Verantwortlichkeit des Anbieters von Diensten für die Inhalte der von
ihm übermittelten oder gespeicherten Seiten festgelegt. Allerdings findet sich in der
Richtlinie **keine allgemeine Haftungsgrundlage**, sondern es werden nur die Ausnahmen von der Haftung geregelt. Die Anforderungen an das Verhalten des Dienst-
anbieters werden in Abhängigkeit davon, wie eng die Verbindung zwischen dem
Diensteanbieter und den rechtswidrigen Informationen ist, herabgesetzt.

Für eigene Informationen gibt es keine Privilegierung. Die Haftung richtet sich also
uneingeschränkt nach dem nationalen Recht.

Keine Regelung besteht auch für Hyperlinks. Die Mitgliedstaaten können hier also eigene Regelungen treffen.[320]

2. Ausgestaltung der Regelung

Gemäß Art. 12 E-Commerce-RL haftet der Diensteanbieter bei reiner Durchleitung   **491**
von Informationen nicht für deren Inhalte. Gemäß Art. 13 haftet er auch bei Zwi-
schenspeicherung **(Caching)** nicht, soweit er dabei nicht eigene Pflichten verletzt.
Falls der Diensteanbieter positive Kenntnis von den rechtswidrigen Inhalten erlangt,
muss er die Informationen allerdings zügig löschen.

Beim sogenannten **Hosting**, also bei der Bereitstellung von Daten, die inhaltlich allein der Kunde bestimmt, zum Abruf,[321] haftet der Diensteanbieter gemäß Art. 14 E-
Commerce-RL nicht, soweit er keine Kenntnis von der rechtswidrigen Handlung oder
Information hat und sich „keiner Tatsachen oder Umstände" bewusst ist, aus denen
die rechtswidrige Tätigkeit oder Information offensichtlich wurde. Nur hingewiesen

---

319 Zur Staatshaftung oben Rn. 86. Wenn ein Anspruch aus allgemeinem Deliktsrecht besteht, wird der
      Produzent selbst haften müssen, weil das allgemeine Deliktsrecht keine Haftungshöchstgrenze kennt.
320 Nur *Freytag*, CR 2000, S. 600, 604; *Ott*, WRP 2006, S. 691.
321 Zum Begriff Spindler/Schuster/*Hoffmann*, Recht der elektronischen Medien, § 10 TMG Rn. 1.

sei auf die hier besonders **augenfällige Mischung von strafrechtlicher und privatrechtlicher Haftung** in einer Norm.

Zumeist wird angenommen, diese Vorschrift sei in § 10 TMG (früher § 11 TDG) zutreffend umgesetzt worden. § 10 Abs. 1 TMG sieht eine Schadensersatzhaftung bei
grob fahrlässiger Unkenntnis der rechtswidrigen Handlungen oder Informationen
vor.[322]

F. Sachenrecht

I. Allgemeines

492 Die Richtlinien berühren das Sachenrecht bisher nur an einzelnen Punkten. Dabei
treffen sie **keine substantiellen eigenständigen Regelungen**. Die Berührung ist vielmehr notwendig, um den jeweiligen Regelungszweck zu erreichen.

II. Unverlangt übersendete Ware

493 Wie oben dargelegt (Rn. 370), sind bei unverlangt übersendeten Waren im deutschen
Recht nach § 241a BGB auch sachenrechtliche Ansprüche, insbesondere der **Anspruch aus § 985 BGB ausgeschlossen**. Wie dort ebenfalls gezeigt, leitet sich diese
Form der Umsetzung nicht zwingend aus der Richtlinie ab. Die Richtlinie selbst enthält keine sachenrechtlichen Aussagen.

III. Teilzeitnutzungsrechte

494 Bei der Teilzeitnutzungsrechte-RL ist es gewissermaßen umgekehrt. Sie erfasst
grundsätzlich **auch unmittelbar sachenrechtliche Verträge** und enthält somit potentiell sachenrechtliche Aussagen. Im deutschen Recht wirken sich die Vorgaben der
Richtlinie **wegen des Trennungsprinzips jedoch nur auf der schuldrechtlichen
Ebene** aus.[323]

IV. Kulturgüterschutz

495 Einen sehr spezifischen Bereich betrifft die Kulturgüterschutz-RL. Sie schreibt vor,
dass nationale Kulturgüter, die rechtswidrig in einen anderen Mitgliedstaat verschafft
worden sind, vom Eigentümer bzw Besitzer zurückgebracht werden müssen. Damit
soll die Durchsetzbarkeit der nach Art. 36 AEUV ausdrücklich erlaubten nationalen
Gesetze zum Schutz der Kulturgüter unterstützt werden. So sollen die Gefahren, die

---

322 EuGH EuZW 2011, S. 754 mit Anm. Borges, EWiR 2011, S. 823; zu einem Unterlassungsanspruch
      BGH NJW 2012, S. 148.
323 Nur Grabitz/Hilf/*Martinek*, Das Recht der EU, Band III, A 13, Rn. 93, 94.

die Grenzöffnung für das **Kulturgut der Mitgliedstaaten** mit sich bringt, ausgeglichen werden.

Die Besonderheit des Herausgabeanspruchs der Kulturgüterschutz-RL besteht darin, dass es keinen Vertrauensschutz für den gutgläubigen Erwerber der Sache gibt. Das Kulturgut muss also in jedem Fall zurückgegeben werden. Deutschland hat sich geweigert, diese Vorgabe umzusetzen. In § 6 Nr. 1 Kulturgüterrückgabegesetz wird entgegen der Richtlinie verlangt, dass die Sache schon vor der Verbringung in das Ausland öffentlich als Kulturgut eingestuft gewesen sein muss.[324]

G. EU-Vorschriften zum anwendbaren Recht

Literaturhinweis: *Staudinger/Steinrötter*, Europäisches Internationales Privatrecht: Die   **496**
Rom-Verordnungen, JA 2011, S. 24.

> **Beispiel 20** – nach BGH EuZW 2012, S. 236: Unternehmerin U aus Dortmund vermietet Wohnmobile. Auf ihrer Homepage lässt sich mittels des Links „Wegbeschreibung" eine Straßenkarte anklicken. In dieser ist auch die Anfahrt aus der Grenzregion der Niederlande eingezeichnet. An mehreren Stellen findet sich zudem der Hinweis „Wij spreken Nederlands!".
>
> Verbraucher V aus Venlo erkundigte sich per E-Mail über bestimmte Einzelheiten und reservierte schließlich, indem er ein per Fax zugesandtes Formular unterschrieben an U zurücksandte, ein Wohnmobil. Anschließend begab er sich zu U, um die Anzahlung persönlich zu leisten. Den Vertrag über die Anmietung unterschrieb er bei Abholung einige Monate später. Wegen angeblicher technischer Defekte des Motors gab V das Wohnmobil erst zwei Wochen nach Ablauf der Mietzeit zurück.
>
> U entsteht dadurch ein Schaden, den sie von V ersetzt verlangt. V erinnert sich nun, dass er bei dem ersten Betreten des Geländes ausgerutscht war und sich den Arm so stark gestaucht hatte, dass er später zum Arzt gegangen war. Er rechnet nun mit den Behandlungskosten auf.
>
> U fragt, ob sie den V in Deutschland nach deutschem Recht verklagen kann.

I. Bedeutung des Kollisionsrechts im Binnenmarkt

1. Rechtsverfolgung und Durchsetzung im Binnenmarkt

Die Förderung des Binnenmarkts bezweckt letztlich, dass möglichst viele grenzüber-   **497**
schreitende Rechtsgeschäfte geschlossen werden. Dies hat notwendigerweise zur Folge, dass auch viele **grenzüberschreitende Rechtskonflikte** entstehen. Hat ein deutscher Unternehmer oder Verbraucher bei einem englischen Anbieter Tee bestellt und im Voraus dafür bezahlt, den Tee aber nie erhalten, stellen sich ihm viele Fragen. Wo muss er Klage erheben? Wird ihm ein Urteil aus Deutschland überhaupt nützen, wenn

---

324 Dies kritisierend auch *Mußgnug*, EuR 2000, S. 564, 585; *Fuchs*, IPRax 2000, S. 281, 283; verteidigend *von Preuschen*, EuR 2001, S. 324, 325, der meint, die Richtlinienvorgabe, dass ein Gegenstand noch bis zu dreißig Jahre nach der Verbringung in das Ausland zum Kulturgut erklärt werden könne, widerspreche selbst höherrangigen Vorgaben des EU-Rechts sowie der Rechtssicherheit, so dass die Richtlinie selbst nicht mit EU-Recht vereinbar sei.

er in England vollstrecken will? Und da in den Mitgliedstaaten der EU trotz der voranschreitenden Rechtsangleichung jeweils noch ein unterschiedliches Privatrecht gilt, muss auch bestimmt werden, welches Recht für den Streit überhaupt gilt. Deutsches oder englisches Recht?

Da sich diese Fragen nicht nur häufig stellen, sondern da sie auch unbedingt befriedigend beantwortet werden müssen, wenn der Binnenmarkt funktionieren soll, haben das **internationale Zivilverfahrensrecht und das Kollisionsrecht** eine sehr wichtige Aufgabe.

2. Europäisches Zivilverfahrensrecht

498   Das internationale Verfahrensrecht bestimmt dabei zunächst die **Zuständigkeit des Gerichts,** außerdem enthält es die Regeln für die **Anerkennung und Vollstreckung ausländischer Urteile.** Dabei ist es besonders hilfreich, wenn die Urteile aus einem Mitgliedstaat ohne große Hürden auch in einem anderen „gelten" und dort dann auch vollstreckt werden können. Die EU hat hier schon früh sehr viel erreicht. Das internationale Verfahrensrecht wurde bereits 1968 durch das **EuGVÜ** vereinheitlicht, das inzwischen längst von der **EuGVVO** abgelöst wurde. Als große Besonderheit darf man es ansehen, dass im Zivilverfahrensrecht der EU inzwischen bereits in mehreren Bereichen Vollstreckungstitel vorgesehen sind, aus denen **ohne zusätzliches Vollstreckungsverfahren in anderen Mitgliedstaaten** vollstreckt werden darf. Solche Titel können unter anderem nach der EU-TitelVO (unbestrittene Geldforderungen) nach der EU-Bagatell-VO (Geldforderungen unter 2000 Euro) und nach der EU-UnterhaltsVO beantragt werden. Sie sollen zukünftig auch in allgemeinen Zivilsachen eingeführt werden; eine entsprechende Reform der EuGVVO ist geplant.

Desweiteren müssen viele Fragen der grenzüberschreitenden **Zusammenarbeit der Behörden** geregelt sein, wie etwa für eine internationale Beweiserhebung (EU-BeweisVO) und für die Zustellung in das Ausland (EU-ZustellVO).[325]

499   Im **Beispiel 20** kann man schön sehen, dass die Zuständigkeit der eigenen Gerichte für die Parteien oft wichtiger ist als das anwendbare Recht. Die im Fall geltend gemachten Ansprüche werden wohl nach niederländischem und deutschem Recht ganz ähnlich beurteilt werden. Aber das Verfahren vor einem deutschen Gericht führen zu können, wäre für U eine große Erleichterung. Die Fragen des EU-Prozessrechts sollen hier nicht wirklich aufgegriffen werden. In dem Vorabentscheidungsverfahren, dem der Fall nachgebildet ist, bezog sich allerdings die vom BGH vorgelegte Frage auf die Auslegung des Art. 15 Abs. 1 lit c EuGVVO. Nach dieser Norm muss ein Verbraucher mit gewöhnlichem Aufenthalt in einem Mitgliedsstaat an seinem Wohnsitzstaat verklagt werden, wenn der Unternehmer seine Tätigkeit auf diesen Mitgliedsstaat ausgerichtet hat. Art. 15 EuGVVO verdrängt, wenn er eingreift, den Vertragsgerichtsstand nach Art. 5 Nr. 1 EuGVVO, der hier in der Tat eine Klage in Dortmund möglich machen würde. Da die hier maßgebliche Passage in Art. 15 Abs. 1 lit c EuGVVO wortgleich in Art. 6 Abs. 1 lit b Rom I-VO übernommen wurde, soll hier auf unten Rn. 509 verwiesen werden. Denn die Rom I-VO bestimmt das anwendbare Recht und wird unten näher vorgestellt.

---

325   Näher zum EU-Zivilverfahrensrecht, das nicht Gegenstand dieses Buchs ist, etwa *Schack,* IZVR; *Linke/Hau,* IZVR; *Adolphsen,* ZVR; Europäisches Zivilverfahrensrecht; *Hess,* Europäisches Zivilprozessrecht.

Es sei aber noch darauf hingewiesen, dass es ganz besonders streitig ist, welches Gericht für   **500**
eine im Prozess vorgebrachte Aufrechnung zuständig ist. Es wird häufig vertreten, dass für
die Gegenforderung ihrerseits eine internationale Zuständigkeit gegeben sein müsse. Im
vorliegenden Beispiel ist das zum Glück kein Problem, denn für die Forderung des V gegen
U besteht nach Art. 2 EuGVVO in jedem Fall eine Zuständigkeit in Dortmund. Art. 2 EuG-
VVO entspricht den deutschen §§ 12, 13 ZPO und bestimmt, dass die Gerichte am Wohn-
sitz des Beklagten allgemein zuständig sind.

3. Entwicklung des Kollisionsrechts und spezifische Schwierigkeiten

Das Kollisionsrecht bestimmt, das Recht welchen Staates anzuwenden ist, wenn ein   **501**
Vertrag oder ein sonstiger Rechtsvorgang Berührung mit mehreren Staaten aufweist.
Dabei wendet das angerufene Gericht jeweils **das in seinem eigenen Land geltende
Kollisionsrecht** (also die „lex fori") an. Wenn nun das Kollisionsrecht in allen Mitgliedstaaten ganz verschieden ist, dann ist das für einen bestimmten Sachverhalt (zB
ein Vertragsverhältnis) geltende Recht nicht sicher vorhersehbar, sondern es kommt
darauf an, in welchem Staat der Sachverhalt vor ein Gericht gerät.

Dass dies eine äußerst ungünstige Ausgangsposition für einen sicheren grenzüberschreitenden Geschäftsverkehr ist, wurde früh erkannt. Das Kollisionsrecht für Verträge wurde 1980 durch **Staatsvertrag**, nämlich durch das EVÜ[326], auch Römisches
Übereinkommen genannt, vereinheitlicht. In Deutschland ist das EVÜ in das EGBGB
eingearbeitet worden. Es trat erst zum 1.4.1991 (gegenüber einzelnen Mitgliedstaaten) in Kraft.

Die Bemühungen zur Vereinheitlichung weiterer Teile des Kollisionsrechts erhielten   **502**
erst durch den Amsterdamer Vertrag mit der Einführung der Rechtssetzungs-Kompe-
tenzen in Art. 61 lit c, 65 EG eine neue Grundlage (jetzt Art. 81 Abs. 2 lit c AEUV).
Auf dieser Kompetenzgrundlage basieren die so genannten „Rom-Verordnungen".

Zuerst trat am 11.1.2009 die **Rom II-VO** in Kraft, die das auf außervertragliche
Schuldverhältnisse anwendbare Recht bestimmt (näher Rn. 530). Am 17.12.2009 trat
dann auch die für vertragliche Schuldverhältnisse geltende **Rom I-VO** in Kraft, durch
welche das EVÜ – in vorsichtig weiterentwickelter Form – in eine Verordnung überführt wurde (näher sogleich Rn. 509). Die Verordnungen gelten unmittelbar in allen
Mitgliedstaaten außer in Dänemark.

Daneben liegen insbesondere im Bereich des **internationalen Familienrechts** neue   **503**
Verordnungen bzw Vorschläge vor. Das für Unterhaltsansprüche geltende Recht ist
nun in der EU-UnterhaltsVO[327] bestimmt. Bei dieser Verordnung lässt sich etwas beobachten, das von allgemeiner Bedeutung ist. Großbritannien beteiligt sich an der
EU-UnterhaltsVO nämlich nur, soweit sie verfahrensrechtlichen Inhalt hat. Das Un-

---

326 Römisches EWG-Übereinkommen über das auf vertragliche Schuldverhältnisse anzuwendende
Recht (EVÜ), vom 19.6.1980. Die in den Protokollen vorgesehene Auslegungszuständigkeit des
EuGH ist sogar erst am 1.8.2004 wirksam geworden.

327 Verordnung (EG) Nr. 4/2009 des Rates vom 18.12.2008 über die Zuständigkeit, das anwendbare
Recht, die Anerkennung und Vollstreckung von Entscheidungen und die Zusammenarbeit in Unter-
haltssachen.

terhaltskollisionsrecht gilt dort dagegen nicht.[328] Das hat seine Wurzel in einem **tiefen Misstrauen der Briten gegenüber der Anwendung ausländischen Rechts**. Sie ziehen ein System vor, in dem die Gerichte über eine Bejahung oder Ablehnung der gerichtlichen Zuständigkeit regulieren, welche Fälle vor die inländischen Gerichte gebracht werden dürfen. Ist die Zuständigkeit einmal bejaht, so soll dann (eigentlich) immer das eigene Recht angewandt werden. Genau das widerspräche allerdings dem wichtigsten Regelungsziel des EU-Kollisionsrechts, nämlich dafür zu sorgen, dass die Parteien eines Rechtsverhältnisses stets sicher vorhersehen können, welches Recht auf dieses anwendbar ist. Nach dem britischen System käme es auf die Zuständigkeit an, die aber typischerweise davon abhängt, welche Partei zuerst Klage erhebt.

504   Noch größere Konflikte traten im Bereich des **internationalen Ehescheidungsrechts** auf. Dort konnte überhaupt keine Einigkeit zwischen allen Mitgliedstaaten erreicht werden, so dass nun eine nur für einige Mitgliedstaaten (darunter Deutschland) geltende Verordnung („Rom III") erlassen wurde.[329] Hier lag es daran, dass manchen Mitgliedstaaten ihr eigenes materielles Scheidungsrecht so wichtig war, dass sie dessen Anwendbarkeit für ihre eigenen Staatsangehörigen unbedingt sicherstellen wollten.[330]

Mehr Erfolg hatte die EU-Erbrechts-VO („Rom IV"), die am 7.6.2012 vom Rat der Justizminister angenommen wurde.[331] Die Verordnung wird für alle Mitgliedstaaten außer Dänemark, Großbritannien und Irland gelten. Den Kern macht dabei die Regelung aus, dass das Erbrecht des Staates angewendet wird, in dem der Erblasser seinen letzten gewöhnlichen Aufenthalt hatte (Art. 16). Große Bedeutung kommt auch der Rechtswahl zu (Art. 17).

Für eine Verordnung über das internationale Ehegüterrecht liegt derzeit ein Vorschlag vor.[332]

4.   Regelungsziele und grundlegender Konflikt

a)   Kollisionsrecht und Binnenmarktverbesserung

505   So wie das gesamte Privatrecht der EU etwas andere Ziele hat als das Privatrecht der Mitgliedstaaten, bestehen auch bei den Regelungszielen des Kollisionsrechts von EU und Mitgliedstaaten Unterschiede.

---

328   Das beruht darauf, dass Großbritannien nicht an das HUntProt 2007 gebunden ist, auf welches Art. 15 EU-UnterhaltsVO verweist. So geht der Verweis ins Leere.

329   Verordnung (EU) Nr. 1259/2010 vom 20.12.2010 zur Durchführung einer Verstärkten Zusammenarbeit im Bereich des auf die Ehescheidung und Trennung ohne Auflösung des Ehebandes anzuwendenden Rechts.

330   So Schweden, welches ein sehr liberales Scheidungsrecht hat, und Irland, welches ein sehr strenges Scheidungsrecht hat.

331   Verordnung des europäischen Parlaments und des Rates über die Zuständigkeit, das anzuwendende Recht, die Anerkennung und die Vollstreckung von Entscheidungen und öffentlichen Urkunden in Erbsachen sowie zur Einführung eines Europäischen Nachlasszeunisses.

332   Vorschlag für eine Verordnung des Rates über die Zuständigkeit, das anzuwendende Recht, die Anerkennung und die Vollstreckung von Entscheidungen im Bereich des Ehegüterrechts, KOM (2011) 126.

Der grundlegende Unterschied besteht dabei auch hier darin, dass das Recht der EU immer auf die **Verbesserung des Binnenmarkts** ausgerichtet ist. Es wird sogleich zu zeigen sein, wie sich das auch auf die einzelnen Kollisionsnormen durchschlägt. Vorher sei aber noch eine Problematik aufgezeigt, die lange Zeit wirklich kontrovers diskutiert wurde: Kann es Aufgabe der EU sein, auch in Bereichen außerhalb des Wirtschaftsrechts, insbesondere im Familien- und Erbrecht Kollisionsnormen zu schaffen?

Die Frage hat heute keine praktische Relevanz mehr, weil es die ausdrückliche Kompetenzgrundlage in Art. 81 Abs. 2 lit c AEUV gibt. Aber sie bleibt theoretisch interessant. Die Antwort muss wohl „ja" heißen. Denn ein wesentlicher Bestandteil des Binnenmarkts ist die **Freizügigkeit der Arbeitnehmer**. Sobald eine Person, die sich frei in der EU bewegen möchte, eine Familie hat, stellen sich aber **familienrechtliche Fragen**, die oftmals eine größere Relevanz haben werden als etwa arbeitsrechtliche oder verbraucherschutzrechtliche Fragen. Würde etwa bei einem Umzug nach Italien plötzlich eine Ehescheidung massiv erschwert, würde womöglich das Sorgerecht des nicht verheirateten englischen Vaters in Deutschland erlöschen, würde das Erbrecht der Ehefrau bei einem Umzug nach Frankreich entfallen, so könnte all dies die Umzugsentscheidung massiv beeinflussen und manch einen Bürger der EU dazu bewegen, lieber in der Heimat zu bleiben.

b) Binnenmarktausrichtung der Kollisionsnormen

Durch die Ausrichtung auf den Binnenmarkt hat das Recht der EU auch bei der Bildung der konkreten Kollisionsregeln bestimmte, dem nationalen Recht fremde Ziele. Es wurde bereits angesprochen, dass ein ganz wesentliches Regelungsziel darin besteht, **Vorhersehbarkeit des anzuwendenden Rechts** zu erreichen. Für dieses Ziel ist es allerdings nicht nötig, dass die Kollisionsnormen irgendeinen besonderen Inhalt hätten. Sie müssen nur EU-weit einheitlich sein. Man kann sich leicht denken, dass es damit nicht sein Bewenden hat.

506

Um die Kollisionsnormen so auszugestalten, dass sie auch inhaltlich zur Förderung des Binnenmarkts taugen, lässt sich aber nicht ohne weiteres eine einheitliche Stoßrichtung finden. Vielmehr ist das EU-Kollisionsrecht von einem grundsätzlichen Konflikt geprägt, der dem generellen Interessenkonflikt von zwei an einem internationalen Rechtsverhältnis beteiligten Personen ähnelt (jeder möchte stets, dass sein eigenes Recht angewendet wird, was natürlich nicht möglich ist), aber auf allgemeineren marktorientierten Gedanken basiert. Auf der einen Seite steht die Idee des **Herkunftslandprinzips** bzw der **Grundsatz der gegenseitigen Anerkennung**. Beides beruht auf dem Gedanken, dass es für den grenzüberschreitenden Verkehr am besten ist, wenn jeder grenzüberschreitend Handelnde nur seiner eigenen Heimatrechtsordnung unterworfen ist. Nach dem Herkunftslandprinzip (näher unten Rn. 541) gilt etwa für Diensteanbieter im E-Commerce nur das Recht des Ortes, an dem der Anbieter niedergelassen ist. Diesem Herkunftslandprinzip steht jedoch oftmals der **Schutz des jeweils auf der anderen Seite des Rechtsverhältnisses** Stehenden entgegen. Dies kann zB der durch deliktisches Verhalten Geschädigte sein, dem nicht fremdes Recht übergestülpt werden soll, es kann aber insbesondere auch der den Binnenmarkt vertrauensvoll nutzende Verbraucher sein, dessen Schutz nicht eingeschränkt werden darf.

507

508   Im Kollisionsrecht für Verträge kann der Konflikt oft dadurch aufgelöst werden, dass man den Parteien zugesteht, das anwendbare **Recht selbst zu wählen**. Das funktioniert allerdings nur, wenn die Parteien überhaupt wissen, dass in internationalen Fällen unterschiedliche Rechtsordnungen gelten könnten und an eine solche Rechtswahl denken. Außerdem darf das Verhandlungsgleichgewicht zwischen den beiden Parteien nicht zu sehr gestört sein. Die EU-Verordnungen halten die Rechtswahl dennoch letztlich für das beste Instrument zur Bestimmung des anwendbaren Rechts. Selbst bei den außervertraglichen Schuldverhältnissen ist die Rechtswahl – wiewohl eingeschränkt (näher Rn. 534) – möglich.

Erfolgt keine Rechtswahl, muss das Gesetz aber eine Entscheidung zwischen den gegenläufigen Interessen treffen. Die Mühen, die dies bereitet, kann man beispielhaft an der Norm über die Produkthaftung erkennen (Art. 5 Rom II-VO).

II.   Die Rom I-VO

1.   Grundsätzliches

509   Die Überführung des EVÜ in die Rom I-VO[333] verlief sehr mühsam. Sie ist, im Wesentlichen, schließlich am 17.12.2009 in Kraft getreten. Viele der schon zum EVÜ umstrittenen Fragen blieben dabei ungeklärt.

Eines ihrer großen Ziele bestand darin, endlich eine **Zuständigkeit des EuGH** für die Auslegung zu erreichen. Gerade im Bereich des Kollisionsrechts ist ein einheitliches Verständnis auch im Detail besonders wichtig, da man sonst schon durch kleine Unterschiede bei der Normanwendung zum gerade gegenteiligen Ergebnis gelangen kann – nämlich zur Anwendung eines anderen nationalen Rechts. Diese Zuständigkeit des EuGH war allerdings schließlich bereits zuvor durch das Inkrafttreten der Protokolle zum EVÜ erreicht worden (siehe bereits Rn. 501).

Ein weiteres wichtiges Ziel, das allerdings nicht vollständig erreicht werden konnte (dazu Rn. 502), bestand darin, die **Unübersichtlichkeit des Kollisionsrechts** – neben dem EVÜ fanden sich insbesondere in den Richtlinien viele kollisionsrechtliche Regelungen – zu beseitigen.

Die Rom I-VO ist auch gegenüber Nichtmitgliedstaaten anwendbar. Wie Art. 2 Rom I-VO ausdrücklich sagt, kann sie auch zur Anwendbarkeit von Drittstaatenrecht führen.

2.   Sachlicher Anwendungsbereich

a)   Allgemeines

510   Nach Art. 1 Abs. 1 erfasst die Rom I-VO **vertragliche Schuldverhältnisse in Zivil- und Handelssachen**. Art. 1 Abs. 2 Rom I-VO enthält aber eine recht stattliche Liste von Ausnahmen. Dabei handelt es sich teilweise um Rechtsfragen, die ungeregelt

---

333   Verordnung (EG) Nr. 593/2008 des Europäischen Parlaments und des Rates vom 17.6.2008 über das auf vertragliche Schuldverhältnisse anzuwendende Recht (Rom I).

blieben, weil eine Einigung nicht zu erzielen war, überwiegend aber um Rechtsfragen, die in anderen Rechtsakten behandelt sind.

b) Culpa in contrahendo

Ein aus deutscher Sicht besonders wesentliches Beispiel für letzteres findet sich in Art. 1 lit i Rom I-VO. Danach werden Schuldverhältnisse, die aus Verhandlungen vor Abschluss eines Vertrags entstanden sind (also die Fälle der cic nach § 311 BGB), von der Rom I-VO **nicht erfasst**. Sie werden in der EU stattdessen **deliktisch qualifiziert** und fallen, anders als man es in Deutschland annehmen würde, unter Art. 12 Rom II-VO. Leider ist die Sache aber viel komplizierter, als sie auf den ersten Blick aussieht.

511

In Deutschland ist das Institut der cic nämlich deutlich weiter als in Art. 12 Rom II-VO. Es existieren Fallgruppen der cic, die in Art. 12 Rom II-VO nicht genannt sind, weil sie im Recht der EU sowieso als deliktisch eingeordnet werden. Das ist so, wenn in der Vertragsanbahnungsphase Rechtsgüter verletzt werden, wie im Gemüseblatt-Fall. Statt Art. 12 Rom II-VO greifen dann Art. 4 ff. Rom II-VO ein. Das zeigt auch Erwägungsgrund 30 der Präambel. Wenn dagegen besondere Aufklärungspflichten verletzt werden, die ein bestimmter Vertragstyp statuiert, dann soll Art. 12 Rom II-VO nach wohl hA in Deutschland ebenfalls nicht eingreifen, weil diese Tatbestände so eng mit einem Vertrag verbunden seien, dass sie doch vertraglich zu qualifizieren seien.[334] Aus deutscher Sicht sind diese Tatbestände **vollkommen eindeutig vertraglicher Art**. Dennoch überzeugt die hA nicht. Selbst wenn der Wortlaut des Art. 12 Rom II-VO, der von Ansprüchen „aus Verhandlungen vor Abschluss eines Vertrags" spricht, eine solche enge Auslegung noch tragen würde, entspricht sie dessen Intention nicht.[335] Der EuGH hat in einer Entscheidung zum EuGVÜ zumindest den Fall abgebrochener Vertragsverhandlungen als deliktisch eingeordnet.[336] Und er hat zuletzt sehr deutlich gesagt, dass er die verfahrensrechtlichen und die kollisionsrechtlichen Verordnungen einheitlich auslegt. Im Ergebnis macht die **deliktische Einordnung auch überhaupt keine Probleme**, denn nach Art. 12 Abs. 1 Rom II-VO kann das Vertragsstatut angewendet werden.

512

Im **Beispiel 20** (Rn. 496) will V geltend machen, dass er auf dem Gelände der U ausgerutscht sei. Das ist ein Beispiel für eine Haftung aus cic, die im IPR der EU eindeutig deliktisch zu qualifizieren ist. Damit ist zunächst klar, dass die Rom II-VO eingreift. Fraglich ist allerdings noch, ob die spezielle Regelung in Art. 12 Rom II-VO oder die generelle deliktische Anknüpfungsregel in Art. 4 Rom II-VO anzuwenden ist. Der Wortlaut des Art. 12 Rom II-VO iVm Erwägung 30 der Präambel ergibt die eindeutige Antwort, dass Art. 4 Rom II-VO angewendet werden muss. Denn es handelt sich nicht um einen „aus Verhandlungen vor Abschluss eines Vertrags" entstandenen Schaden. Damit kommt es auf den Ort des Schadenseintritts an. Mit „Schadenseintritt" ist in der Rom II-VO die primäre Rechtsgutverletzung gemeint, die hier in Dortmund eintrat. Es ist somit deutsches Recht anzuwenden.

513

---

334 Gebauer/Wiedmann/*Gebauer*, Zivilrecht unter europäischem Einfluss, Kap. 27 Rn. 42; Bamberger/Roth/*Spickhoff*, BGB, Art. 12 Rom II-VO Rn. 4.
335 Wie hier Gebauer/Wiedmann/*Staudinger*, Zivilrecht unter europäischem Einfluss, Kap. 38 Rn. 66.
336 *EuGH* Slg. 2002, S. 7357 (Tacconi); dagegen für das EVÜ *Mankowski*, IPRax 2003, S. 127.

c) Weitere Abgrenzungsfragen zur Rom II-VO

514 Nicht nur für die cic, sondern ganz allgemein gilt, dass Abgrenzungsfragen autonom zu betrachten sind. Das macht jedoch oft große Schwierigkeiten. Denn die Beurteilung von Rechtsverhältnissen fällt in den Mitgliedstaaten sehr uneinheitlich aus und spezifische Auslegungsgrundlagen für das EU-Recht bestehen nicht.

Zu Recht ist darauf aufmerksam gemacht worden, dass auch bei Ansprüchen aus einem **Vertrag mit Schutzwirkung für Dritte** viel dafür spricht, die Rom II-VO anzuwenden und die Ansprüche damit – anders als in Deutschland – dem Deliktsrecht zuzuordnen.[337]

515 Ein unglücklicher Fall sind die **Gewinnzusagen nach § 661a BGB**. Hier ist zwar klar, dass ein Anspruch aus einer einseitigen und dazu noch nicht ernst gemeinten Gewinnzusage kein Anspruch aus Vertrag sein kann. Insofern ist die im deutschen BGB vorgenommene Einordnung des Anspruchs bei den besonderen Verträgen zumindest nicht unanfechtbar. Diese Einordnung erscheint mit der deutschen Dogmatik, die ja wie gerade gezeigt zB die cic vertraglich versteht, zwar vereinbar. Der Sanktionscharakter der Norm hat jedoch dazu geführt, dass ausgerechnet in Deutschland nicht selten vertreten wird, die Norm trage deliktischen Charakter.[338] Wo die Einordnung im europäischen Kollisionsrecht erfolgen soll, ist fast noch schwieriger zu beantworten. Für die EuGVVO besteht nämlich eine eher **unerfreuliche Rechtsprechung des EuGH**, die an sich dringend einer Neuorientierung bedürfte. Danach kommt es auf die genaue Ausgestaltung der Gewinnzusage an. Ist es nicht zu einer Bestellung gekommen (man spricht von einer „isolierten" Gewinnzusage), ist die Gewinnzusage zwar nicht unter Art. 15 EuGVVO zu subsumieren, so dass nicht der besondere Verbrauchergerichtsstand gilt, aber sie wird doch als vertraglich im Sinne des Art. 5 Nr. 1 EuGVVO angesehen.[339] Überlegt man zweckorientiert, so wäre es eigentlich einzig vernünftig, solche Gewinnzusagen gerade als **Verbrauchergeschäft** einzuordnen. Nur so würde man problemlos den Schutz des Verbrauchers bei der internationalen Zuständigkeit und beim anwendbaren Recht erreichen. Letztlich gelangt man nach der gegenwärtigen Rechtsprechung des EuGH zu überhaupt keiner einheitlichen Einordnung. Für isolierte Gewinnzusagen wird der verfahrensrechtlichen Rechtsprechung des EuGH folgend wohl überwiegend die Anwendung der Rom II-VO befürwortet.[340]

516 Streitig ist auch die Behandlung des **Bereicherungsrechts**. Darüber kann man zuerst ganz überrascht sein, denn in Art. 10 Rom II-VO gibt es eine klare Regelung zum Bereicherungsrecht. Diese berücksichtigt auch die Nähe mancher bereicherungsrechtlicher Ansprüche zu einem Vertrag und verweist für diese auf die Rom I-VO (Art. 10 Abs. 1 Rom II-VO). Nun bestimmt aber Art. 12 Abs. 1 lit e Rom I-VO, dass die Rom I-VO auch die Folgen der Nichtigkeit von Verträgen regelt. Die hA sieht Art. 12

---

337 So insbesondere *Dutta*, IPRax 2009, S. 294.
338 BGHZ 165, 172; so auch MünchKommBGB/*Seiler*, § 661a Rn. 4 zugleich mit einer knappen Zusammenfassung des Meinungsstands.
339 *EuGH* Slg. 2005, S. 481 (Engler); Slg. 2009, S. 3961 (Ilsinger).
340 Bamberger/Roth/*Spickhoff*, BGB, Art. 6 Rom I-VO Rn. 10; vorsichtig in Richtung Verbrauchervertrag tendierend dagegen Schulze/*Staudinger*, BGB, Art. 6 Rom I-VO Rn. 6 mwN.

Abs. 1 lit e Rom I-VO als lex specialis an und greift daher bei bereicherungsrechtlichen Ansprüchen, die auf der Nichtigkeit von Verträgen beruhen, gar nicht auf Art. 10 Abs. 1 Rom II-VO zurück, sondern wendet direkt die Rom I-VO an.[341] Zum Glück ergeben sich daraus im Ergebnis keine Unterschiede.

d) Ausgenommene Rechtsfragen

Es gibt auch Rechtsfragen, die nicht in die Rom I-VO aufgenommen worden sind, obwohl sie in keiner parallelen Verordnung geregelt sind. Art. 1 Rom I-VO enthält einen Katalog von Ausnahmen, der allerdings zum Teil nur klarstellende Funktion hat. So ist es etwa bei den Fragen der **Geschäftsfähigkeit** von natürlichen Personen. Diese werden traditionell nicht vertraglich, sondern persönlich („Personalstatut") angeknüpft. | 517

Interessant ist aber die Ausnahme für die **Stellvertretung**, die in Art. 1 lit g Rom I-VO bestimmt ist. Für die Stellvertretung hatte man im Vorschlag noch einen Regelungsversuch unternommen (Art. 7), der aber viel kritisiert wurde und sich nicht durchsetzen konnte.

Für die nun normierte Ausnahme ist wiederum eine exakte Deutung der Norm nötig, um zu bestimmen, welche Rechtsfragen wirklich ausgenommen sind, und welche so eng mit dem Vertragsrecht zusammengehören, dass sie mit unter Art. 3 ff. Rom I-VO fallen. Die Verträge, die ein Vertreter für den Vertretenen abschließt, unterfallen der Rom I-VO. Der Vertrag, der zwischen dem Vertreter und dem Vertretenen besteht, also der Vertrag auf dem die Vertretungsmacht beruht, unterfällt auch der Rom I-VO. Die Stellvertretung als solche fällt jedoch nicht unter die Rom I-VO, sondern es gilt weiterhin das autonome nationale Kollisionsrecht, welches allerdings in Deutschland ebenfalls keine Regelung zur Stellvertretung enthält.

3. Wichtige Kollisionstatbestände

a) Vorrang der Rechtswahl

Die Parteiautonomie – also die **Rechtswahlfreiheit** – wurde in der Rom I-VO an vorderste Stelle gesetzt (Art. 3 Rom I-VO). Ein Vertrag unterliegt also dem Recht, welches die Parteien gewählt haben. Als die Rom I-VO entstand, war viel diskutiert worden, ob man den Parteien ermöglichen sollte, auch **„nichtstaatliches" Recht**, also zB Normkataloge wie die UNIDROIT- oder die Lando-Grundregeln als solche zum auf den Vertrag anzuwendenden Recht zu wählen. Damit hätte man diese Normkataloge stärken können. Die Rom I-VO hat aber letztlich diese Möglichkeit *nicht* eingeräumt. Die Parteien müssen also für eine Rechtswahl iSd Art. 3 Rom I-VO das Recht eines Staats wählen. | 518

Für die Wirkung der Rechtswahl gelten Einschränkungen. Hat der Vertrag keine Auslandsbeziehung, so kann nicht mit einer Rechtswahl zwingendes nationales Recht „abgewählt" werden (Art. 3 Abs. 3 Rom I-VO). Parallel gilt, dass **zwingendes Recht** | 519

---

341 Schulze/*Dörner*, BGB, Art. 10 Rom II-VO Rn. 2; Bamberger/Roth/*Spickhoff*, BGB, Art. 10 Rom II-VO Rn. 6.

der EU nicht abgewählt werden kann, wenn der Vertrag keinen Bezug zu einem Staat außerhalb der EU hat (Art. 3 Abs. 4 Rom I-VO). Weitere Einschränkungen finden sich in den Regelungen zu den besonderen Verträgen, wie den Verbraucher- oder Arbeitsverträgen.

b) Allgemeine Anknüpfungsregeln

520 Die gesetzlichen Anknüpfungsregeln, die für den Fall greifen, dass eine wirksame Rechtswahl nicht erfolgt ist, sind in Art. 4 Rom I-VO enthalten. Hier findet sich zunächst eine Liste für verschiedene Vertragsarten, die auf dem vertrauten Grundsatz aufbaut, dass im Allgemeinen das Recht angewendet wird, dass **am gewöhnlichen Aufenthalt der Partei gilt, die die charakteristische Leistung erbringt** (beim Kauf also der Verkäufer, der die Ware liefert, vgl. Art. 4 Abs. 1 lit a Rom I-VO; allgemein Art. 4 Abs. 2 Rom I-VO).

In Abs. 3 ist eine sogenannte Ausweichklausel aufgenommen worden. Sie bestimmt, dass die Regeln der Abs. 1 und 2 übergangen werden müssen, wenn der Vertrag eine „offensichtlich engere" Verbindung zu einem anderen Staat aufweist.[342]

c) Verbraucherverträge

521 Für Verbraucherverträge bringt Art. 6 Rom I-VO eine **Sonderregelung**. Beim kollisionsrechtlichen Verbraucherschutz zeigt sich der Gegensatz zwischen den Interessen des Unternehmers und des Verbrauchers besonders deutlich. Für den Unternehmer ist es sehr aufwändig, mit dem für ihn im Voraus nicht erkennbaren, völlig beliebigen Heimatrecht des Verbrauchers konfrontiert zu sein. Der Verbraucher bedarf jedoch gerade hier des Schutzes, denn er soll ja insbesondere grenzüberschreitend konsumieren. Damit er dies vertrauensvoll tun kann, sollte er **möglichst wenig fremden Normen** ausgesetzt sein.

Es gibt mehrere Möglichkeiten, den Verbraucher bei grenzüberschreitenden Rechtsgeschäften zu schützen. Denkbar wäre es etwa gewesen, dem Verbraucher im grenzüberschreitenden Verkehr nur das in den Richtlinien festgelegte Recht zu sichern, nicht aber verbraucherfreundlicheres Heimatrecht. So ähnlich wurde es auch in der 1. Option des Grünbuchs vorgeschlagen.[343] Das wäre für den Unternehmer eigentlich gut zu bewältigen. Der Verbraucher würde aber möglicherweise nicht hinreichend Vertrauen fassen.

Eine umfassendere Lösung wäre es gewesen, für Verbraucherverträge immer das Recht des gewöhnlichen Aufenthalts des Verbrauchers gelten zu lassen. Das allerdings wäre für den Unternehmer ein wirklich harter Brocken gewesen. Man muss bedenken, dass er ja das Heimatland des Verbrauchers vor Vertragsschluss oft gar nicht erfährt.

---

342 Vgl. zu den Schwierigkeiten, die die Ausweichklausel in Art. 4 Abs. 5 EVÜ bereitet, aber *Mankowski*, IPRax 2003, S. 464, der darauf hinweist, dass die allgemeine Ausweichklausel gegenwärtig gerne dazu verwendet wird, dem nationalen Kollisionsrecht durch das Hintertürchen zur Geltung zu verhelfen.

343 Zum Ganzen aufschlussreich *Roth*, Festschrift Sonnenberger, 2004, S. 591, 599 ff.; Stellungnahme des Max-Planck-Instituts, RabelsZ 68 (2004), S. 1, 48 ff.

Deshalb wurde in Art. 6 Abs. 1 Rom I-VO schließlich eine **merkwürdig komplizier-** **522** **te Regelung** eingeführt. Danach gilt das Recht des Staats, in dem der Verbraucher seinen gewöhnlichen Aufenthalt hat nur dann, wenn der Unternehmer entweder **seine berufliche oder gewerbliche Tätigkeit in diesem Staat ausübt**, oder zumindest seine Tätigkeit auf irgendeine Weise **auf diesen Staat „ausgerichtet"** hat. So wird erhebliche Rücksicht auf die Belange des Unternehmers genommen. Mit dieser Lösung scheinen daher eher die Belange des Unternehmers als die des Verbrauchers angemessen berücksichtigt zu sein.[344] Obwohl das Kriterium des „Ausrichtens" aus Art. 15 EuGVVO übernommen wurde, ist noch nicht wirklich geklärt, was genau es bedeutet.[345] Es gibt aber viele eindeutige Fälle. So ist es, wenn gezielt Werbung in dem entsprechenden Staat gemacht wird.

Im **Beispiel 20** (Rn. 496) geht es um die Frage, wann eine Internetseite auf den Wohnsitz- **523** staat des Verbrauchers ausgerichtet ist. Das OLG Köln hatte im Wohnmobilfall ein „Ausrichten" abgelehnt. Das ist kaum nachvollziehbar. Denn sowohl die Verwendung der Hinweise darauf, dass Niederländisch gesprochen wird, als auch die Straßenkarte zeigen, dass der Händler gezielt Kunden aus den Niederlanden ansprechen wollte. Der BGH hat dem EuGH daher auch eine andere Frage vorgelegt: Er will wissen, ob die Norm auf Verträge beschränkt sei, bei welchen der Vertragsschluss letztlich im Fernabsatz erfolge.[346] Das ist eine bekannte Streitfrage, die verneint werden sollte, um nicht den Verbraucherschutz bei Internetkäufen zu schwächen. Man muss bedenken, dass ja gezielte *Werbung* jedenfalls ausreicht und eine Internetseite solche immer enthält.[347]

Wenn die komplizierte Regelung des Art. 6 Abs. 1 Rom I-VO nicht greift, bleibt es **524** nach Abs. 3 bei den **allgemeinen Regeln**, also greifen Art. 4 Rom I-VO sowie Art. 3 Rom I-VO (Rechtswahl). Letzteres ist beachtlich: Nach Art. 6 Abs. 2 Rom I-VO ist die Rechtswahl beschränkt. Die zwingenden Normen des Verbraucherschutzes, die im Aufenthaltsstaat des Verbrauchers gelten, dürfen nicht abbedungen werden. Auch diese Einschränkung greift aber ihrem klaren Wortlaut nach nur für die in Abs. 1 beschriebene Konstellation, also nur, wenn der Unternehmer sein Tun auf den Aufenthaltsstaat des Verbrauchers ausgerichtet hat.

Durch diese sehr zurückhaltende Regelung kommt es, dass Art. 6 Rom-I-VO nicht vollständig die zersplitterten Kollisionsnormen aus den Richtlinien ersetzt. Denn diese sichern dem Verbraucher den Standard der Richtlinien typischerweise zwingend zu, ohne dass es auf die zusätzlichen Kriterien des Art. 6 Abs. 1 Rom I-VO ankommt. Immerhin werden diese unwichtiger, weil oft doch schon Art. 6 Rom-I-VO zur Anwendung des dem Verbraucher günstigeren Rechts führt. In Deutschland sind diese Restnormen nun in Art. 46 EGBGB zusammengefasst umgesetzt (dazu auch noch unten Rn. 537).

---

344 Näher *Rühl*, GPR 2006, S. 196, 198, die aber im Ergebnis von einem „angemessenen Ausgleich" spricht.
345 Zum Begriff des „Ausrichtens" Palandt/*Thorn*, BGB, Art. 6 Rom I-VO Rn. 6; MünchKommBGB/*Martiny*, Art. 6 Rom I-VO Rn. 33 f.; Staudinger/*Magnus*, BGB, Art. 6 Rom I-VO Rn. 112 ff.
346 *BGH* EuZW 2012, S. 236; ablehnend in der Vorinstanz *OLG Köln* NZM 2010, S. 495 ff. Die Vorlage bezog sich auf den insoweit wortgleichen Art. 15 EuGVVO.
347 Rauscher/*Heiderhoff*, EUZVR/EUIPR, Art. 6 Rom I-VO Rn. 30 ff.

d) Eingriffsnormen

525 Nach Art. 9 Rom I-VO gibt es auch Normen, die trotz einer kollisionsrechtlichen Verweisung auf ausländisches Recht oder einer Rechtswahl anwendbar bleiben, die sogenannten Eingriffsnormen. Es handelt sich um Normen, welche so bedeutsam sind, dass sie nicht nur für nationale, sondern **auch für internationale Rechtsgeschäfte zwingend gelten** sollen. Art. 9 Rom I-VO überlässt die Entscheidung darüber, welche Normen solchermaßen international zwingend sind, den jeweils betroffenen Staaten. Es wird aber in jedem Fall verlangt, dass die Norm von dem Staat als entscheidend für die Wahrung des „öffentlichen Interesses, insbesondere seiner politischen, sozialen oder wirtschaftlichen Organisation" angesehen wird. Indem die Zahl der Eingriffsnormen gering gehalten wird, soll eine Erschwerung des grenzüberschreitenden Geschäftsverkehrs verhindert werden. Man erkennt hier Ansätze vom **Herkunftslandprinzip**, denn ein zu weites Verständnis von nationalem Ordnungsrecht könnte leicht Importeure behindern.[348]

526 Früher war die Diskussion darüber, ob **Normen des Verbraucherschutzrechts** Eingriffsnormen sein können und somit über das Maß des Verbraucherkollisionsrechts (also Art. 6 Rom I-VO) hinaus zwingend anwendbar sein können, sehr breit geführt worden.[349] Das lag daran, dass es empfindliche Lücken im kollisionsrechtlichen Verbraucherschutz gab, die unbedingt geschlossen werden mussten. Im ersten Moment ist man überrascht, wenn man feststellt, dass diese Diskussion nicht beendet ist. Grund dafür ist die oben beschriebene, enge Fassung des Art. 6 Rom I-VO, der meist nicht als ausschließliche Sonderregelung verstanden wird.[350] Allerdings scheitert eine Anwendung des Art. 9 Rom I-VO nach hA zumindest meistens an der Voraussetzung des „öffentlichen Interesses". Verbraucherschutzrecht hat in erster Linie eine **individuelle Schutzrichtung**, kann aber auch öffentliche Interessen betreffen.[351] Das gilt gerade für das Interesse der EU, Verbrauchervertrauen aufzubauen. Geht es nur um individuellen Schutz, so kann man in extremen Fällen, die sich aber kaum innerhalb des Binnenmarkts vorstellen lassen, auch Art. 21 Rom I-VO (ordre public) heranziehen.

e) Verkehrsschutz vor Minderjährigenschutz

527 Eine Regelung, die besonders interessant ist, wenn man sich mit Rechtsprinzipien und Grundgedanken beschäftigen möchte, findet sich in Art. 13 Rom I-VO. Danach kann sich eine Person nicht darauf berufen, dass sie nach ihrem Heimatrecht geschäftsunfähig oder beschränkt geschäftsfähig ist, wenn der Vertrag einem anderen Recht unterliegt. Anders ist es nur, wenn der Vertragspartner bei Vertragsschluss diese Geschäftsunfähigkeit kannte oder fahrlässig nicht kannte. Hinzukommen muss allerdings, dass sich bei Vertragsschluss beide Personen in demselben Staat befunden haben. Hiervon sind vor allem Minderjährige betroffen.

---

348 Nur *Bitterich*, GPR 2006, S. 161.
349 *Hoffmann/Primaczenko*, IPRax 2007, S. 173.
350 Nachdrücklich weiterhin Schulze/*Staudinger*, BGB, Art. 9 Rom I-VO Rn. 6.
351 Differenzierend Palandt/*Thorn*, BGB, Art. 9 EGBGB Rn. 8.

Mit dieser Regelung geht die Rom I-VO **genau umgekehrt vor wie das deutsche Recht**, das in den §§ 104 ff. BGB den Minderjährigenschutz über den Verkehrsschutz setzt und eine Gutgläubigkeit des Vertragspartners bis auf die geringe Ausnahme in § 109 Abs. 2 BGB nicht berücksichtigt. Die Regelung wurde aus Art. 11 EVÜ übernommen, obwohl sie in Deutschland sehr kritisch beurteilt wurde.[352] Sie hat einen relativ engen Anwendungsbereich – dafür zeigt sie besonders deutlich die **Stoßrichtung des EU-Privatrechts**. Die Vereinfachung des grenzüberschreitenden Geschäftsverkehrs wird hier wichtiger genommen, als der Schutz einer für den Binnenmarkt nicht allzu wichtigen – allerdings an sich besonders schutzwürdigen – Personengruppe.

f) Weitere Rechtsfragen

In der Rom I-VO finden sich schließlich Kollisionsnormen für einige weitere Rechtsfragen, wie **Abtretung, Aufrechnung** und **Gesamtschuld**. Wie schwierig es ist, hier präzise das anwendbare Recht zu bestimmen, zeigt vor allem Art. 14 Rom I-VO, der für die Abtretung gilt. Bei einer Abtretung sind notwendigerweise mindestens drei Personen betroffen, deren Interessen miteinander vereinbart werden müssen. Um den Schutz des Schuldners zu erreichen, ist in Art. 14 Abs. 2 Rom I-VO bestimmt, dass sich alle die Rechte des Schuldners betreffenden Rechtsfragen nach dem Recht richten sollen, welches auch für die Forderung gilt. Schwierigere Fragen, wie etwa danach, welches Recht Konflikte bei mehrfachen Abtretungen regelt, sind aber nicht gelöst.

528

Im **Beispiel 20** (Rn. 496) kommt es schließlich zu einer Aufrechnung und es muss geprüft werden, welches Recht für die Voraussetzungen und Folgen der Aufrechnung gilt. Nach Art. 17 Rom I-VO gilt für die Aufrechnung das Recht der Hauptforderung (Passivforderung). Da die Hauptforderung (Schadensersatz wegen der verspäteten Rückgabe des Wohnmobils) nach hier vertretener Auffassung niederländischem Recht unterliegt, richten sich Zulässigkeit und Wirksamkeit der Aufrechnung also ebenfalls nach niederländischem Recht.

529

III. Die Rom II-VO und ihre Lücken

1. Grundsätzliches

Die Verabschiedung der Rom II-VO[353] erfolgte letztlich sogar fast ein Jahr vor der Rom I-VO, nämlich am 11.7.2007. Sie trat am 11.1.2009 in Kraft.

530

Auf den ersten Blick kommt einem das außervertragliche Recht gar nicht allzu marktrelevant vor. Man muss aber bedenken, dass sich die Marktakteure **in einem freien Binnenmarkt auch frei bewegen**. Daher treffen sie vermehrt aufeinander und es kann folglich zu Unfällen oder sonstigen Haftungskonstellationen kommen.

---

352 MünchKommBGB/*Spellenberg*, Art. 12 EGBGB Rn. 17 ff.
353 Verordnung (EG) Nr. 864/2007 des Europäischen Parlaments und des Rates über das auf außervertragliche Schuldverhältnisse anzuwendende Recht (Rom II).

2.   Internationaler und sachlicher Anwendungsbereich

531   Die Rom II-VO gilt unabhängig davon, ob der Sachverhalt einen Bezug zu einem Mitgliedstaat hat. Sollte ein deutsches Gericht zuständig sein, obwohl eine solche Verbindung nicht besteht (zB infolge einer Gerichtsstandvereinbarung), so wendet es für die kollisionsrechtlichen Fragen also trotzdem die Rom II-VO an. Art. 3 Rom II-VO stellt klar, dass auch ein Recht zur Anwendung kommen kann, das nicht das Recht eines Mitgliedsstaats ist.

Die Rom II-VO erfasst „außervertragliche Schuldverhältnisse". Zur teilweise problematischen Abgrenzung von außervertraglichen und vertraglichen Schuldverhältnissen soeben Rn. 511 ff.

Auch in der Rom II-VO sind einige Komplexe ausgenommen worden, weil die Einigung auf eine Regelung zu schwierig erschien. Das gilt besonders für die **Persönlichkeitsrechtsverletzungen**. Diese – das sind insbesondere die Pressedelikte – sind zurzeit noch ganz aus dem Anwendungsbereich ausgeschlossen und einer späteren Regelung vorbehalten.

3.   Die wesentlichen Anknüpfungstatbestände

a)   Der allgemeine Deliktstatbestand

532   Im Deliktsrecht ist es zunächst sehr einfach, eine Anknüpfungsregel zu bestimmen. Da man im IPR immer den Ort sucht, zu dem die engste Verbindung besteht, ist es nur natürlich, den **Tatort** zu wählen. Auch Art. 4 Rom II-VO bestimmt die Tatortanknüpfung als Ausgangspunkt.

Schon bei etwas näherem Hinsehen tritt aber ein Problem auf: Es ist nämlich nicht bei allen Delikten einfach zu bestimmen, wo der Tatort anzusiedeln ist. Als Bilderbuchfall kann man sich den Täter vorstellen, der in Staat A Gift in einen Fluss einleitet. Durch das vergiftete Wasser treten in Staat B und C Schäden ein. Gleich in Art. 4 Abs. 1 Rom II-VO wird diese Frage geklärt, indem eine Anknüpfung an den Ort bestimmt wird, **an dem der Schaden eintritt** (der „Erfolgsort"). Abs. 2 und Abs. 3 enthalten zwei wichtige Ausnahmen: Verdrängt wird das Tatortprinzip zum einen bei einem **gemeinsamen gewöhnlichen Aufenthaltsort** von Schädiger und Geschädigtem, zum anderen bei einer **sonstigen engeren Verbindung** des Sachverhalts zu einem anderen Staat.

b)   Produkthaftung als deliktischer Sondertatbestand

533   Die Produkthaftung ist für den Binnenmarkt besonders interessant. Sowohl der Schutz des Verbrauchers, der durch das Produkt geschädigt wird, als auch der Schutz des Unternehmers, der ein schadhaftes Produkt hergestellt hat, stellen relevante Interessen dar. Letzteres mag überraschen. Aber man muss daran denken, dass es um Gefährdungshaftung geht.

Die betroffenen Produkthaftungsfälle sind zugleich immer **Distanzdelikte**, weil das Produkt in einem Staat hergestellt wurde und dann in einem anderen Staat den Schaden verursacht hat.[354] Noch über das soeben schon Dargestellte hinaus gibt es unterschiedliche Anknüpfungsmöglichkeiten, die vom Ort der Produktion über den Ort der Vermarktung bis zum Ort des Schadenseintritts reichen.

Bei der Normentwicklung mussten die spezifisch unionsrechtlichen Ziele eingebracht werden. Der Schutz des Verbrauchers spricht für eine Anknüpfung an dessen gewöhnlichen Aufenthalt. Der Schutz des Unternehmers dagegen für eine Anknüpfung am Herkunftsort des Herstellers. Ähnlich wie in Art. 6 Rom I-VO wurde auch hier versucht, einen **Kompromiss** zwischen beiden zu finden. Das Ergebnis findet sich nun in Art. 5 Rom II-VO.

c) Rechtswahl beim Delikt

Es wird viel diskutiert, wie weit die Rechtswahlfreiheit im Deliktsrecht gehen kann. **534** Nach Art. 14 Rom II-VO kann sie nun **im Allgemeinen nur nachträglich** erfolgen. Im Unternehmerverhältnis (B2B) ist jedoch auch eine Rechtswahl im Voraus zulässig. Das ist eine überzeugende Lösung. Nur auf den ersten Blick erscheint es besorgniserregend, dass derjenige, der deliktische Handlungen vornehmen wird, bereits im Voraus das Recht wählen darf, welches später für seine Haftung gelten wird. Fälle, in welchen die Rechtswahl für deliktische Ansprüche im Voraus vorgenommen wird, sind jedoch in der Regel überhaupt nicht missbräuchlicher Art. Vielmehr entstehen deliktische Ansprüche häufig innerhalb bestehender Vertragsbeziehungen. Sie liegen dann sogar oftmals **parallel mit vertraglichen Ansprüchen**. Es ist dann praktisch, dass für alle Ansprüche ein einziges Recht gilt. Es entspricht der allgemeinen Idee vom Vorrang der Parteiautonomie, dass dies ein von den Parteien gewähltes Recht sein kann.[355] Für den Fall, dass in solchen Konstellationen keine Rechtswahl vorliegt, sieht Art. 4 Abs. 3 Rom II-VO übrigens eine Ausweichklausel vor. Danach wird das Recht angewendet, welches für die vertragliche Beziehung gilt.

d) Die Anknüpfung sonstiger außervertraglicher Schuldverhältnisse

Die Anknüpfung der sonstigen außervertraglichen Schuldverhältnisse nimmt in der **535** Rom II-VO eher geringen Raum ein. In den Art. 10 und 11 Rom II-VO wird versucht, diese möglichst akzessorisch zu zwischen den Parteien schon bestehenden Rechtsverhältnissen anzuknüpfen.

Die **ungerechtfertigte Bereicherung** ist in Art. 10 Rom II-VO geregelt. Die Problematik der Abgrenzung zu Art. 12 lit e Rom I-VO wurde oben bereits erörtert. Aus deutscher Sicht ist es interessant, dass die Tatbestände, welche die Rom II-VO als „ungerechtfertigte Bereicherung" einordnet, zunächst weitgehend in zwei Gruppen eingeteilt werden: Solche, die – in einem uns nicht vertrauten Sprachgebrauch – „vertraglicher" Art sind (wie die Leistungskondiktion) und solche die „deliktischer" Art sind (wie die Eingriffskondiktion).

---

354 *OLG Düsseldorf* NJW 1980, S. 533; *OLG Köln* VersR 1993, S. 110; *OLG Köln* NJW 2004, S. 521.
355 Auch *Schaub*, RabelsZ 66 (2002), S. 18, die meint, die Grundfreiheiten verlangten sogar die Möglichkeit der anfänglichen Rechtswahl.

Nur wenn beides verneint werden muss, wie zum Beispiel bei einer „abgeirrten" Leistung, greift Art. 10 Abs. 3 Rom II-VO, welcher auf das Recht des Staats abstellt, in dem die Bereicherung eingetreten ist.

536   Bei der Regelung über die **GoA** in Art. 11 Rom II-VO muss man sich klar machen, dass es sich bei dieser um eine gar nicht allgemein verbreitete Konstruktion handelt. Für den Fall, dass keine vertragliche Beziehung zwischen den Parteien besteht und auch nicht beide denselben Aufenthaltsstaat haben, soll auf den Ort der Geschäftsführung abgestellt werden. Diese Regel ist wohl allgemein akzeptiert, aber die Norm enthält keine Regelung für den Fall, dass Handlungsort und Erfolgsort auseinanderfallen, obwohl dies bei der internationalen GoA – ebenso wie bei der internationalen unerlaubten Handlung – gerade eine wichtige Frage ist. Die hA stellt auf den Erfolgsort ab.[356]

IV. Kollisionsrecht im sekundären EU-Recht

1. Allgemeines

537   In vielen Richtlinien finden sich Normen, die den internationalen Anwendungsbereich der jeweiligen Richtlinie selbst bestimmen.[357] Erst in den allerjüngsten Richtlinien – vor allem in der Verbraucherrechte-RL – wurde diese Regelungstechnik geändert und es erfolgt **nur noch ein kurzer Verweis auf die Rom I-VO**. Diese Normen kann man als Kollisionsrecht im weiteren Sinne einordnen, denn jedenfalls machen diese Normen Aussagen zu dem auf den grenzüberschreitenden Sachverhalt anzuwendenden Recht. Sie gelten neben der Rom-I-VO weiter und sind in Deutschland alle gesammelt in Art. 46b EGBGB umgesetzt. Insbesondere Art. 6 Rom I-VO und Art. 46b EGBGB haben nun einen sich überschneidenden Anwendungsbereich. Dabei ist Art. 46b EGBGB im Grunde sehr eng. Denn die aus den Richtlinien stammenden Vorschriften gelten ausnahmslos nur, wenn eine Rechtswahl erfolgt ist. Es muss zudem das Recht eines Nicht-Mitgliedstaats gewählt worden sein. Anders ausgedrückt greifen die Vorschriften nur, wenn die Parteien versucht haben, die Richtlinie abzuwählen.

Liegt eine solche Rechtswahl vor, so kann Art. 46b EGBGB allerdings **inhaltlich über die Rom I-VO hinausgehen**. Denn er ist grundsätzlich für alle Vertragsarten anwendbar, während Art. 6 Abs. 4 Rom I-VO einige Verträge ausnimmt. Art. 6 Rom I-VO gilt außerdem wie gezeigt nur dann, wenn der Unternehmer seine Tätigkeit im Aufenthaltsstaat des Verbrauchers ausübt oder dorthin „ausrichtet". Voraussetzung für ein Eingreifen des Art. 46b EGBGB ist dagegen nur „ein enger Zusammenhang" zu einem Mitgliedstaat der EU. Schließlich gilt Art. 46b EGBGB auch gegenüber Dänemark.

---

356   Nur Palandt/*Thorn*, BGB, Art. 11 Rom II-VO Rn. 8.
357   So Art. 6 Abs. 2 Klausel-RL; Art. 9 Abs. 2 Teilzeitnutzungsrechte-RL; Art. 12 Kulturgüterschutz-RL; Art. 12 Abs. 2 Fernabsatz-RL; Art. 7 Abs. 2 Verbrauchsgüterkauf-RL; Art. 3 Abs. 4, 12 Abs. 2 und 16 FAF-RL; Art. 3 E-Commerce-RL.

2. Der Günstigkeitsgrundsatz

Das klassische Problem, welches im Bereich des Art. 46b EGBGB diskutiert wird, ist die Frage, ob ein Günstigkeitsgrundsatz gelten soll. Das würde bedeuten, dass für den Verbrauchervertrag zunächst das durch Rechtswahl gewählte Recht anzuwenden wäre. Nur die konkreten Verbraucherschutzregelungen, die **für den Verbraucher inhaltlich günstiger** wären als das gewählte Recht, würden **zusätzlich eingreifen**.[358] Die deutsche Umsetzung geht nicht so vor. Art. 46b EGBGB bestimmt, dass im Falle der Rechtswahl das Verbraucherschutzrecht des Staates gilt, mit dem der Vertrag eine enge Verbindung aufweist.[359] Das widerspricht nicht den Richtlinien.[360] Wenn es dort regelmäßig heißt, die Mitgliedstaaten müssten dafür Sorge tragen, dass der Verbraucher den von der Richtlinie vorgesehenen Schutz durch Rechtswahl nicht verliert, so wird dies durch die Anwendung des Rechts jeden anderen Mitgliedstaats gewährleistet.[361] Problematisch ist dies nur, wenn der Mitgliedstaat, zu welchem der Vertrag eine enge Verbindung aufweist, die Richtlinie nicht korrekt umgesetzt hat. Hier sollte entsprechend dem Zweck der kollisionsrechtlichen Bestimmung vorgegangen und das Recht des Forumstaats angewendet werden.[362]

538

V. Allgemeine Grundsätze

1. Grundfreiheiten und anzuwendendes Recht

Bisher wurden die geschriebenen Regelungen des IPR und einzelne daraus entstehende Anwendungsprobleme vorgestellt. In der EU gibt es aber auch eine große, nicht auf einzelne Normen bezogene Diskussion, die das anwendbare Recht betrifft. Von grundsätzlichster Bedeutung sind das **Herkunftsland- bzw das Anerkennungsprinzip**. Dahinter verbirgt sich ein unmittelbarer Bezug zu den Grundsätzen des Binnenmarkts. Schon oben (Rn. 505) war gezeigt worden, dass die Freizügigkeit der EU-Bürger beeinträchtigt sein kann, wenn das Kollisionsrecht für jede Grenzüberschreitung einen Statutenwechsel bedeutet. Das ist besonders in Bezug auf den Namen aufgefallen und der EuGH hat, wie gezeigt, entschieden, dass eine Person einen Namen, der in einem Mitgliedstaat bereits erworben wurde, bei einer Aufenthaltsverlegung in einen anderen Mitgliedstaat nicht mehr verlieren darf.

539

Man spricht üblicherweise vom „Anerkennungsprinzip", weil ein einmal in einem Mitgliedstaat rechtmäßig geführter Name in allen anderen Mitgliedstaaten „anerkannt" werden muss.

540

---

358 Dafür insbesondere Schulte-Nölke/Schulze/*Leible*, Europäische Rechtsangleichung und nationale Privatrechte, S. 353, 364.

359 Nur Palandt/*Thorn*, BGB, Art. 46b EGBGB Rn. 5.

360 Wie hier *Paefgen*, ZEuP 2003, S. 266, 279 noch zu Art. 29a EGBGB; aA Ferrari/*Staudinger*, Internationales Vertragsrecht, Art. 46b EGBGB Rn. 39; MünchKommBGB/*Martiny*, Art. 46b EGBGB Rn. 15, 79 ff.

361 Wie hier auch Lando/Magnus/Novak-Stief/*Staudenmayer*, Angleichung des materiellen und des internationalen Privatrechts in der EU, 2003, S. 57, 65 f.

362 Wie hier auch Grabitz/Hilf/*Pfeiffer*, Das Recht der EU, Band II, A 5 Art. 6 Rn. 42.

Auch im Gesellschaftsrecht gilt der Grundsatz der gegenseitigen Anerkennung. Das bedeutet, dass eine in einem Mitgliedstaat wirksam gegründete Gesellschaft in den anderen Mitgliedstaaten anerkannt werden muss, wenn sie ihren Sitz dorthin verlegt.[363] Früher galt dagegen die **Sitztheorie**, die alle eine Gesellschaft betreffenden Rechtsfragen dem Recht des Orts unterwirft, an dem sie ihren Sitz hat. Bei einer Verlegung des Sitzes in einen anderen Mitgliedstaat wechselt danach das Statut der Gesellschaft. Das machte Sitzverlegungen schwierig, für bestimmte Gesellschaftsformen auch unmöglich. Heute wird die **Gründungstheorie** angewendet: Das Statut, welches die Gesellschaft bei ihrer Gründung hat, bleibt danach auch bei einer Sitzverlegung erhalten.[364] Der klassische Beispielsfall ist die englische „Limited", die sich in England recht einfach gründen lässt und die früher nicht die Möglichkeit hatte, ihren tatsächlichen Sitz nach Deutschland zu verlegen. Wegen der Niederlassungsfreiheit muss ein solcher Umzug heute aber möglich sein. Die Niederlassungsfreiheit der ausländischen Gesellschaft hat sich schließlich in der Weise gegenüber dem klassischen nationalen Kollisionsrecht durchgesetzt, dass nunmehr im Kollisionsrecht regelmäßig die Gründungstheorie angewendet wird, wenn eine in einem anderen Mitgliedstaat gegründete Gesellschaft ihren tatsächlichen Sitz nach Deutschland verlegt.[365]

541 Solche Konflikte zwischen einem im klassischen Kollisionsrecht abgebildeten staatlichen Ordnungsinteresse und den Grundfreiheiten treten nicht nur beim Umzug von Personen und Gesellschaften auf. Beim grenzüberschreitenden Anbieten von Dienstleistungen können ebenfalls behindernde Effekte eintreten.

Im Bereich des **E-Commerce** wird dies besonders relevant, weil der Betreiber einer Internetseite, die von einem Mitgliedstaat aus in alle anderen Mitgliedstaaten wirken kann, bei einfacher Anwendung des klassischen Kollisionsrechts unter Umständen einer unüberschaubaren Zahl von Vorschriften aus den unterschiedlichsten Rechtsordnungen unterliegen würde. In Art. 3 E-Commerce-RL ist daher bestimmt, dass der Anbieter von Internetdiensten **nur dem Recht des Mitgliedstaats unterworfen ist, in welchem er seinen Sitz hat.** Auch wenn er seine Dienste in einem anderen Mitgliedstaat anbietet, reicht es also aus, wenn seine Tätigkeit dem Recht entspricht, welches am Sitzort gilt. Anders ausgedrückt soll eine in einem Mitgliedstaat rechtmäßig begonnene Tätigkeit auch grenzüberschreitend ausgeübt werden können.[366] Man spricht im E-Commerce üblicherweise vom „Herkunftslandprinzip".

Das Herkunftslandprinzip ist mit den Grundfreiheiten besonders gut vereinbar. Die Idee, dass die Anbieter von Waren und Dienstleistungen jeweils nur die in ihrem Heimatstaat geltenden Normen befolgen müssen, ist ein bedeutender Baustein beim Ausbau des Binnenmarkts. Denn eine solche Regelung erleichtert die grenzüberschreitende Geschäftstätigkeit sehr.

---

363 *EuGH* Slg. 2002, S. 9919 (Überseering); Slg. 2003, S. 10159 (Inspire Art); zur dadurch entfachten Diskussion zusammenfassend *Kieninger*, ZEuP 2004, S. 685.

364 Zu allem Bamberger/Roth/*Mäsch*, BGB, Art. 12 EGBGB, Anhang II, Rn. 55; *Kropholler*, IPR, § 55 I; MünchKommGmbHG/*Weller*, Einleitung Rn. 320 ff.

365 BGHZ 154, 185; *BGH* NJW 2005, S. 1648; Bamberger/Roth/*Mäsch*, BGB, Art. 12 EGBGB Anhang II, Rn. 57; dazu rechtspolitisch Eidenmüller/*Rehm*, Ausländische Kapitalgesellschaften, § 2 Rn. 87 ff.

366 Ähnlich *Reich/Micklitz*, Europäisches Verbraucherrecht, S. 137; Dauses/*Micklitz*, EU-Wirtschaftsrecht, H V Rn. 211.

Allerdings können sich das Herkunftslandprinzip und das Anerkennungsprinzip nicht uneingeschränkt durchsetzen, denn andere Bausteine, wie staatliche Ordnungsinteressen, das Vertrauen des Verbrauchers und die Produktsicherheit im Allgemeinen sind gegenläufige, ebenfalls sehr wichtige Grundsätze.

2. Begriffsverwendung

Man kann darüber spekulieren, ob es grundlegende Unterscheidungskriterien zwischen dem Herkunftslandprinzip und dem Anerkennungsprinzip gibt. Während das Herkunftslandprinzip eher aus dem **Bereich der Rechtssetzung** kommt, wurde das Anerkennungsprinzip vom **EuGH** geschaffen. Auch kann man sagen, dass mit dem Anerkennungsprinzip ein Grundsatz übernommen wurde, der bei ausländischen Urteilen schon längst allgemeine Gültigkeit hat: So wie ausländische Urteile werden danach auch andere Rechtsakte, zB behördliche Genehmigungen oder Eintragungen, nicht wiederholt, sondern – nach einer mehr oder weniger strengen Überprüfung – mit allen ihren Wirkungen auch im Inland anerkannt. Das Anerkennungsprinzip aber kann noch weiter gehen und **auch auf Rechtslagen**, bei denen gar keine staatliche Beteiligung erfolgt, erstreckt werden (zB auf das Bestehen eines elterlichen Sorgerechts).

542

Vielleicht lässt sich schließlich sagen, dass bei einer Anerkennung ausländischer Rechtslagen eher die Idee mitklingt, dass es sich jeweils um einen **aktiven, auch noch bestimmten Kontrollkriterien unterliegenden, Vorgang** handelt, während eine Geltung des Herkunftslandprinzips schlicht bestimmt, dass für einen Rechtsvorgang das Recht des Herkunftsstaats gilt. Diese Betrachtungsweise kann man im Dienstleistungsrecht beobachten. Dort wurde das Anerkennungsprinzip an die Stelle des Herkunftslandprinzips gesetzt (auch Rn. 548). Damit wurden die Ängste der Betroffenen vor einem niedrigen Sicherheitsstandard ausländischer Dienstleistungsanbieter gemindert, weil die Anerkennung von bestimmten Voraussetzungen abhängig gemacht werden darf.

All diese Unterschiede mögen nachvollziehbar sein, dem gegenwärtigen Sprachgebrauch werden sie aber meist nicht konsequent zugrunde gelegt. Herkunftslandprinzip und Anerkennungsprinzip werden vielmehr **häufig synonym** verwendet. Allerdings sind in unterschiedlichen Rechtsgebieten unterschiedliche Begriffe üblicher. So wird im E-Commerce der Begriff Herkunftslandprinzip verwendet, dagegen spricht man im internationalen Familienrecht wie auch im Gesellschaftsrecht meist vom Prinzip der gegenseitigen Anerkennung.

3. Konflikt zwischen Herkunftsland-/Anerkennungsprinzip und Kollisionsregeln

Sowohl für das Herkunftslandprinzip als auch für das Anerkennungsprinzip ist umstritten, in welchem Verhältnis sie zum Kollisionsrecht stehen. Fest steht, dass sie letztlich die Bestimmung des auf einen grenzüberschreitenden Sachverhalt anzuwendenden Rechts erreichen wollen. Denn das Herkunftslandprinzip sagt aus, dass auf einen Rechtsvorgang keine Vorschriften angewendet werden sollen, die über das Recht des Mitgliedstaats, in welchem der Agierende seinen gewöhnlichen Aufenthalt

543

oder seinen Sitzort hat, hinausgehen. Das Anerkennungsprinzip gebietet, einen in einem Mitgliedstaat erlangten Status anzuerkennen, was letztlich aber bedeutet, dass er nach den dort geltenden Regeln zu beurteilen ist.

Dennoch bilden das Herkunftsland- und das Anerkennungsprinzip nach richtiger Ansicht **kein Kollisionsrecht**. Zwar dürfen die Mitgliedstaaten die Vorgaben der Prinzipien in ihr Kollisionsrecht integrieren, so wie es im Gesellschaftsrecht geschehen ist (Rn. 540). Sie dürfen aber auch das traditionelle Kollisionsrecht anwenden und lediglich Korrekturen vornehmen, wo sonst tatsächlich für den Betroffenen strengere Regeln zu beachten wären. Das hat der EuGH inzwischen für die E-Commerce-RL ausdrücklich ausgesprochen.[367] Es wird aber auch für das Anerkennungsprinzip im Namensrecht so angenommen.[368]

Überlegt worden ist auch, ob eine Rechtswahl dem Herkunftslandprinzip generell vorgeht. Hierzu enthält die E-Commerce-RL eine Regelung. Nach Art. 3 Abs. 3 iVm dem Anhang der E-Commerce-RL geht die Freiheit der Rechtswahl dem Herkunftslandprinzip vor.

Das entspricht dem Zweck des Herkunftsland- sowie des Anerkennungsprinzips. Diese sollen den grenzüberschreitend agierenden EU-Bürger vor dem **ungewollten Eingreifen fremder Rechtsordnungen** schützen. Möchte eine Person aber freiwillig vertraglich eine bestimmte Rechtsordnung wählen, so besteht kein Grund, ihr dies zu verweigern.

4. Kritik

544 Ein großer Nachteil des Anerkennungs- und des Herkunftslandprinzips liegt darin, dass diese ein **willkürliches Element** haben. Der Grundsatz, dass das Recht des Staats Anwendung findet, mit dem der Sachverhalt die engste Verbindung aufweist, wird beinahe völlig aufgegeben. Es kann außerdem von den Betroffenen mit etwas Geschick selbst bestimmt werden, welcher Rechtsordnung sie einen rechtlichen Vorgang unterstellen.

Am meisten wurde diese Problematik im Gesellschaftsrecht offenbar: Nachdem der EuGH die Mitgliedstaaten verpflichtet hat, ausländische Gesellschaften bei Zuzug ins Inland anzuerkennen, begann ein regelrechtes – meist auf die Limited gerichtetes – Gesellschaftsrechts-Shopping. Aber auch im Namensrecht gibt es bereits ein solches Namens-Shopping.

Als eine weitere nachteilige Wirkung wird vielfach genannt, dass die beiden Prinzipien zu einem besonders niedrigen Rechtsstandard führen (das sogenannte **race to the bottom**), da sich eine Vielzahl von Anbietern bewusst dort niederlassen werde, wo das Wettbewerbsrecht wenig ausgeprägt sei.[369] Diese Gefahr kann zwar eingedämmt werden, indem viele Einschränkungen für die Geltung des Herkunftsland- und des

---

367 *EuGH* EuZW 2011, S. 962, 965 (eDateAdvertising).
368 *Mansel*, IPRax 2011, S. 342.
369 Zur Kritik *Mankowski*, IPRax 2004, S. 385; Staudinger/*Fezer/Kroos*, EGBGB, Internationales Wirtschaftsrecht, Rn. 598 mwN.

Anerkennungsprinzips vorgesehen werden. Letztlich werden aber weitere Maßnahmen, wie eine weitere Vereinheitlichung des materiellen Gesellschaftsrechts oder die Einführung der Rechtswahlfreiheit, erforderlich sein, um Schieflagen zu verhindern.[370]

5. Herkunftslandprinzip und schützenswerte Interessen

a) Allgemeines

Um ein race to the bottom und Verletzungen von staatlichen oder privaten Interessen **545**
zu vermeiden, werden bei der Geltung des Herkunftslandprinzips und des Anerkennungsprinzips **Grenzen** gesetzt. Geschriebene Einschränkungen finden sich dort, wo die Prinzipien kodifiziert sind, so wie in der E-Commerce-RL und der Dienstleistungs-RL. Dort wo Herkunftsland- und Anerkennungsprinzip ungeschrieben gelten, sind sie aber auch eingeschränkt. Das ergibt sich schon daraus, dass ja die Grundfreiheiten, aus denen die Prinzipien sich ableiten, ebenfalls nicht ohne Einschränkungen gelten. Im Gesellschaftsrecht zB hat der EuGH den Schutz der Interessen der Gläubiger, der Minderheitsgesellschafter, der Arbeitnehmer oder auch des Fiskus als mögliche Rechtfertigungsgründe für die Einschränkung der Niederlassungsfreiheit angesehen (zum Namensrecht schon oben Beispiel 3 Rn. 41).[371]

b) E-Commerce-RL

aa) In der Richtlinie vorgesehene Einschränkungen. Die E-Commerce-RL beugt **546**
den geschriebenen Gefahren vor, indem sie viele Ausnahmen macht. So sind gemäß dem Anhang das Urheberrecht, das Recht des Immobilienerwerbs und das Recht des „Spamming" ausgenommen. Letztlich darf das Herkunftslandprinzip anerkanntermaßen nicht dazu führen, dass **berechtigte Interessen von Dritten beeinträchtigt** werden.[372] Insbesondere der Verbraucherschutz steht dem Herkunftslandprinzip diametral entgegen. Denn danach ist es erwünscht, dass der Schutzstandard des Heimatstaats des Verbrauchers gilt (dazu schon soeben Rn. 544). Im Bereich des E-Commerce hat sich der Verbraucherschutz gegenüber dem wettbewerbsorientierten Herkunftslandprinzip durchgesetzt. Nach Art. 3 Abs. 3 E-Commerce-RL iVm dem Anhang 6. Spiegelstrich gilt es nicht für „vertragliche Schuldverhältnisse in Bezug auf Verbraucherverträge" und gemäß Art. 3 Abs. 4 lit a, lit i, 4. Spiegelstrich dürfen die Mitgliedstaaten es zum Schutz der Verbraucher durchbrechen.

bb) Umsetzung des Herkunftslandprinzips für den E-Commerce in § 3 TMG. In **547**
Deutschland war das Herkunftslandprinzip für den E-Commerce von Anfang an skeptisch beurteilt worden.[373] Da das deutsche Wettbewerbsrecht eher streng ist, wurden Nachteile für die in Deutschland ansässigen Anbieter befürchtet. Diese Skepsis hat den Prozess der Umsetzung sehr geprägt. Schließlich wurde das Herkunftslandprinzip in § 4 TDG (jetzt § 3 TMG) in umstrittener Art und Weise umgesetzt.

---

370 *Großerichter*, Festschrift Sonnenberger, 2004, S. 369, 379 ff.; *Roth*, IPRax 2003, S. 117; Staudinger/
 Fezer/Kroos, EGBGB, Internationales Wirtschaftsrecht, Rn. 598.
371 *EuGH* Slg. 2002, S. 9919 Rn. 92 (Überseering).
372 *Borges*, Verträge im elektronischen Geschäftsverkehr, 2003, S. 885 ff.
373 Positiv aber *Grundmann*, RabelsZ 67 (2003), S. 246.

Fraglich ist schon die **Reichweite** des Herkunftslandprinzips in § 3 TMG. Das beruht auf der missverständlichen Ausdrucksweise schon in der Richtlinie selbst. Wie gezeigt ist das Herkunftslandprinzip des Art. 3 E-Commerce-RL für Verträge zwischen einem Verbraucher und einem Diensteanbieter nicht anwendbar. Streitig ist aber, wie weit dieses Privileg reicht. Die Formulierung des Anhangs legt nahe, dass die Ausnahme weit zu verstehen ist. Es ist also die Vertragsanbahnungsphase ebenso umfasst, wie die Verletzung vertraglicher Nebenpflichten. Anders ausgedrückt wird das gesamte Schuldverhältnis zwischen Diensteanbieter und Verbraucher nach der Rom I-VO und der Rom II-VO beurteilt und nicht nach dem Herkunftslandprinzip.[374] Nach anderer Ansicht sind nur solche Verträge von dem Herkunftslandprinzip ausgeschlossen, für die spezifische Verbraucherschutzregelungen bestehen, insbesondere also Fernabsatzverträge.[375]

c) Dienstleistungs-RL

548   Bei der Dienstleistungs-RL ist die Einführung des Herkunftslandprinzips **gescheitert**. Es stieß auf unüberwindliche politische Widerstände, obwohl schon der Entwurf der Richtlinie, der es noch enthielt, Sonderregelungen vorsah.[376] Dennoch blieben – insbesondere in Deutschland – übergroße Vorbehalte.[377] In der nun geltenden Richtlinie ist das Herkunftslandprinzip nicht mehr erkennbar. Es wurde durch den **Grundsatz der gegenseitigen Anerkennung** ersetzt. Nach Art. 16 Dienstleistungs-RL dürfen die Mitgliedstaaten die Aufnahme oder Ausübung einer Dienstleistungstätigkeit nicht von Anforderungen abhängig machen, die gegen Nicht-Diskriminierung, Erforderlichkeit oder Verhältnismäßigkeit verstoßen. Damit wird im Grunde nur das wiederholt, was sich aus dem AEUV ohnehin bereits ergibt. Gemäß Art. 3 Abs. 2 Dienstleistungs-RL gehen die Rom I-VO und die Rom II-VO in jedem Fall vor.

Wahrscheinlich ist es richtig, dass das Herkunftslandprinzip in der Dienstleistungs-RL gestoppt wurde. Wenn man sich aber überlegt, wie sehr hier politisch gekämpft wurde und wie groß die Ängste vor der Konkurrenz mit Diensteanbietern aus anderen Mitgliedstaaten waren, sieht man gut, wie viele Binnenmarkthindernisse doch noch bestehen.

6.   Herkunftslandprinzip und Drittstaaten

549   Im Verhältnis zu Drittstaaten gilt das Herkunftslandprinzip nur einseitig. Das bedeutet, dass das Herkunftslandprinzip zwar anwendbar ist, wenn ein Unternehmen mit Sitz in einem Mitgliedstaat seine Dienste in einem Drittland anbietet; dagegen wird die Rechtmäßigkeit von in Drittstaaten vorgenommenen Handlungen nicht anerkannt. Denn das Herkunftslandsprinzip dient der **Verwirklichung der Grundfreiheiten**. Die Grundfreiheiten sollen und können nur innerhalb der Union gelten. Eine Ausdeh-

---

374   MünchKommBGB/*Martiny*, § 3 TMG Rn. 45.
375   So, mit vorbildlicher gemeinschaftsrechtsautonomer Auslegung *Ruess*, Die E-Commerce-Richtlinie und das deutsche Wettbewerbsrecht, 2002, S. 47 ff.
376   Begründung zum Vorschlag, KOM (2004) 2, S. 10; zum Entwurf auch *Basedow*, EuZW 2004, S. 423.
377   Mit einer Beschreibung Staudinger/*Fezer/Kroos*, EGBGB, Internationales Wirtschaftsrecht, Rn. 575.

nung über die Grenzen des Binnenmarkts hinaus wäre fatal, weil dort nicht zugleich für einen einheitlich hohen Rechtsstandard gesorgt ist.

Auch darin liegt ein großer Nachteil des Herkunftslandprinzips, denn es führt so notwendig zu einem sogenannten gespaltenen IPR: Soweit es um einen innergemeinschaftlichen Vorgang geht, ist das Heimatrecht anzuwenden, sobald aber ein Drittstaat betroffen ist, müssen andere Regeln gelten.[378]

7. Zusammenfassung

Das Herkunftsland- und das Anerkennungsprinzip machen somit gegenwärtig noch große Schwierigkeiten. Als das Kollisionsrecht ersetzende Regeln sind sie nicht brauchbar. Da beide Prinzipien aber dem Gedanken des freien Binnenmarkts entsprechen, können sie auch nicht einfach komplett abgelehnt oder gar ignoriert werden. Richtigerweise müssen sie als **aus den Grundfreiheiten folgendes, übergeordnetes Gebot** verstanden werden.

550

Die Aussage des Herkunftslandprinzips muss auch bei der Rechtssetzung im Bereich des Kollisionsrechts stets gedanklich einbezogen und, wo dies möglich ist, auch berücksichtigt werden.

---

378   Auch *Mankowski*, IPRax 2004, S. 385, 391.

237

§ 7 Die Zukunft des EU-Privatrechts – Entstehung eines europäischen Vertragsgesetzbuchs?

A. Überblick

I. Eingrenzung

551 Seit Jahren gibt es in der EU vielfältige Projekte, die auf eine weitere Vereinheitlichung des Privatrechts gerichtet sind. Hierbei gibt es zum einen Projekte und Legislativakte der Organe der EU, zum anderen auch private Initiativen, die meist von Wissenschaftlern angeführt werden. Hier sollen nur die auf das Vertragsrecht gerichteten, von den Organen der EU betriebenen Maßnahmen näher vorgestellt werden.

Bei diesen „offiziellen" Projekten der EU lassen sich inzwischen zwei unterschiedliche Ansätze unterscheiden. Erstens gibt es Arbeiten, die auf eine **schrittweise Weiterentwicklung** des bestehenden EU-Privatrechts durch die Neuschaffung oder Verbesserung von Richtlinien ausgerichtet sind. Dieser Prozess ist gerade mit dem teilweisen Scheitern der Verbraucherrechte-RL eher etwas ins Stocken geraten (dazu unten Rn. 573). Zweitens wird die Schaffung eines europäischen „Privatgesetzbuchs" aus einem Guss verfolgt. Dieses weit größere Projekt hat sich gegenwärtig in den Mittelpunkt der Aufmerksamkeit geschoben: Im Oktober 2011 wurde der Entwurf für ein **Common European Sales Law (CESL)** vorgestellt. Nach den ehrgeizigen Plänen der Kommission soll es im Januar 2013 verabschiedet werden. Es umfasst zwar nur einen kleinen Ausschnitt aus dem Regelungsbereich eines gesamten Privatrechts. Aber es wird so kritisch und genau beobachtet, weil es der erste reale Schritt auf dem Weg zu einer Privatrechtsvereinheitlichung werden könnte (dazu näher unten Rn. 576).

Bevor diese Vorgänge gründlich geschildert werden, sollen im Folgenden ganz kurz einige wenige private Projekte vorgestellt werden (II.). Außerdem muss zumindest erwähnt werden, dass es auch außerhalb des Vertragsrechts nicht wenige Vereinheitlichungsbemühungen gibt (III.).

II. Private Arbeitsgruppen und Projekte im Bereich des Vertragsrechts

552 Die Rechtsvereinheitlichung des Privatrechts in der EU hat eine große Faszination. Entsprechend gab und gibt es viele Projekte und Arbeitsgruppen, die sich im weiteren Sinne mit der Rechtsvereinheitlichung in Europa befassen. Am bekanntesten ist die nach ihrem früheren Vorsitzenden benannte **Lando-Kommission**, die seit 1980 an der Herausarbeitung europäischer Grundsätze des Rechts gearbeitet und diese mittlerweile vollständig veröffentlicht hat. Diese Grundsätze sollen in erster Linie als vereinheitlichte, von den Parteien **wählbare „Grundregeln"** dienen (Art. 1.101). Sie verstehen sich selbst aber zugleich durchaus auch als **Vorarbeit zur Kodifizierung des Europäischen Schuldvertragsrechts**. Sie sind auch in der Tat eine wichtige Ori-

238

entierungshilfe für die Möglichkeiten und denkbaren Inhalte eines einheitlichen Rechts in der EU.

Seitdem haben weitere Gruppen die Arbeit am Projekt Gesamtkodifikation aufge- **553** nommen.[1] Am bedeutendsten sind wohl:

- Die Gruppe um **von Bar**, nämlich die Study Group on a European Civil Code, welche die Arbeit der Lando-Gruppe gewissermaßen weiterführt. Sie will auf der Basis von sehr gründlicher Rechtsvergleichung Grundregeln für weitere (also über das von den Lando-Grundregeln erfasste Vertragsrecht hinausgehende) Rechtsbereiche aufstellen.[2] Die Gruppe ist unterteilt in verschiedene Arbeits- bzw Projektgruppen, die jeweils besondere Rechtsgebiete untersuchen. Die Gruppe beteiligte sich seit 2005 wesentlich an den Arbeiten zum Entwurf des Referenzrahmens (DCFR).
- Die Gruppe um **Gandolfi**, nämlich die Academy of European Private Lawyers. Diese (auch „Pavia-Gruppe" genannt) hat bereits einen eigenen Vorentwurf für ein europäisches Privatrecht veröffentlicht.[3] Es handelt sich hierbei anders als bei den Lando-Grundregeln wirklich um den Versuch, ein einheitliches *Gesetz* zu schaffen.
- Die Gruppe um **Bussani** mit dem Common Core of European Private Law Project (Trento Gruppe) hat die Besonderheit, dass wirklich nur das herausgearbeitet werden soll, was den existierenden Privatrechten in der EU bereits innewohnt.
- Die von **Hesselink** geführte Social Justice Group, die vor allem deshalb erwähnt sein soll, weil sie eine eher ungewöhnliche Frage stellt. Sie erforscht, ob bei der Schaffung des EU-Privatrechts die „richtige" Balance zwischen Privatautonomie der Akteure und sozialer Gerechtigkeit durch Stärkung der schwächeren Partei gewährleistet wird. Aus der klassischen Sichtweise des deutschen Privatrechts setzt sie den Stellenwert des sozialen Schutzgedankens zu hoch an.

III. Öffentliche und private Projekte im Bereich der Rechtsvereinheitlichung auf weiteren Gebieten des Privatrechts

Auch über den Rahmen des eigentlichen europäischen Vertragsrechts hinaus wird an **554** der Vereinheitlichung des Privatrechts gearbeitet.

Mit dem Deliktsrecht befasst sich neben der zur „Study Group on a European Civil Code" gehörigen Osnabrücker Gruppe auch die 1992 gegründete Tilburg-Gruppe um **Jaap Spier** (genannt „The European Group on Tort Law"). Sie hat bereits Grundsätze des europäischen Deliktsrechts veröffentlicht.[4]

---

1 Eine ausführlichere Beschreibung der Gruppen findet sich etwa bei *Metzger*, Extra legem, intra ius, 2009, S. 223 ff.
2 Umfassende Informationen auf der Homepage der Gruppe unter http://www.sgecc.net sowie *McGuire*, ZfRV 2006, S. 163.
3 Dazu *Sonnenberger*, RIW 2001, S. 409; der deutsche Text ist abgedruckt in *Schulze/Zimmermann*, Basistexte.
4 Die „Principles of European Tort Law", abzurufen unter http://www.egtl.org/Principles/index; zu den deliktsrechtlichen Arbeiten im Überblick *Jansen*, RabelsZ 2006, S. 732.

Einen wesentlichen Arbeitsbereich machten lange auch die **Kreditsicherheiten** aus. Vor einigen Jahren sind die Bemühungen hier allerdings ins Stocken geraten. Es gibt aber den Plan zur Einführung eines 28. Regimes (zum Begriff Anhang III) im Bereich der Immobiliarsicherheiten.[5] Das ist ein Weg, der beschritten wurde, nachdem sich eine Angleichung der bestehenden Sicherheitsrechte in den Mitgliedstaaten als aussichtslos erwiesen hatte.

555 Viele Aktivitäten gibt es auch im Familienrecht. Die **Commission on European Family Law (CEFL)** arbeitet dabei in dem Bewusstsein, dass die Vereinheitlichung des Familienrechts als Ganzes derzeit nicht realistisch ist.[6] Sie hat dennoch bereits Prinzipien des europäischen Scheidungs- und nachehelichen Unterhaltsrechts veröffentlicht und arbeitet an Prinzipien der elterlichen Sorge.[7]

Auch die EU-Kommission hat sich bereits an einer Vereinheitlichung familienrechtlicher Fragen versucht. Hier sind im Familienrecht vor allem kollisionsrechtliche Regelungen verabschiedet worden. Zwischen Deutschland und Frankreich wurde aber ein **eigener deutsch-französischer Güterstand** vereinbart, den deutsch-französische Ehepaare wählen können.

Die EU-Erbrechts-VO enthält ebenfalls vor allem kollisions- und verfahrensrechtliche Regeln.

Bedeutung behalten schließlich auch über den Bereich der EU hinausgehende internationale Projekte, wie insbesondere die UNIDROIT-Grundregeln der internationalen Handelsverträge.[8]

B. Entwicklung eines europäischen Vertragsgesetzbuchs

I. Überblick

556 Die Arbeiten an einem europäischen Vertragsgesetzbuch sind für den Außenstehenden nicht leicht zu durchschauen. Das hat verschiedene Gründe. Zum einen sind die Vorgänge naturgemäß komplex. Zum anderen wird aber auch **nicht geradlinig vorgegangen**. Das liegt daran, dass nicht nur die Mitgliedstaaten, sondern auch die einzelnen Organe der EU nicht immer darin einig sind, welche Ziele auf welchem Weg erreicht werden sollen. Schlimmer noch: Auch die einzelnen Generaldirektionen der Kommission, insbesondere die Generaldirektion Binnenmarkt und die Generaldirektion Gesundheit und Verbraucherschutz, arbeiten nicht vollkommen Hand in Hand. Man darf aber auch nicht vergessen, dass es hier in hohem Maße um **politische Vor-**

---

5 Grünbuch über Hypothekarkredite, KOM (2005) 327; Grünbuch zur Finanzdienstleistungspolitik (2005 – 2010), KOM (2005) 177; Weißbuch über die Integration der EU-Hypothekarkreditmärkte, KOM (2007) 807.
6 Siehe die Seite http://ceflonline.net/.
7 Zur Arbeit der Gruppe *Boele-Woelki/Martiny*, ZEuP 2006, S. 6; inhaltlich *Boele-Woelki*, RabelsZ 73 (2009), S. 241.
8 Geschaffen wurden diese vom International Institute for the Unification of Private Law, Rom.

gänge geht. Politisches Kalkül dominiert manch einen Entwicklungsschritt, den man ohne Berücksichtigung von taktischen Hintergedanken kaum verstehen könnte. Ein typisches Vorgehen hierbei besteht darin, besonders vielen Gruppierungen das Gefühl zu geben, sie seien mit ihren Arbeiten und Ideen in den Entwicklungsprozess integriert. Andererseits kann man sich immer wieder des Eindrucks nicht erwehren, dass oftmals bewusst unauffällig gearbeitet wird, um auch auf diese Art etwaigen politischen Widerstand zu vermeiden.

II. Die Entwicklungen bis zur Fertigstellung des Verbraucher-Acquis und des Referenzrahmens (DCFR)

1. Anfänge

Schon 1989 erfolgte eine **erste Entschließung des Europäischen Parlaments**, in welcher dieses darauf drängte, dass die Organe der Gemeinschaft mit den erforderlichen Vorbereitungsaufgaben zur Ausarbeitung eines einheitlichen Europäischen Gesetzbuchs für das Privatrecht beginnen sollten.[9] 1994 folgte eine wenig beachtete weitere Entschließung des Parlaments, in welcher die Kommission aufgefordert wird, zur Vorarbeit an einem solchen Gesetzbuch einen aus Wissenschaftlern bestehenden Ausschuss einzusetzen.[10] Eine Reaktion erfolgte nicht.[11] 1999 jedoch begann intensive Bewegung.[12] Insbesondere hat, was als ausschlaggebend einzuschätzen ist, der Europäische Rat von Tampere zu einer Untersuchung über den Nutzen eines Vertragsgesetzbuchs aufgefordert.[13] Darauf reagierte die Kommission. In einer **Mitteilung an den Rat und das Europäische Parlament** hat sie im Juli 2001 zwei Fragen vorgelegt.[14] Erstens sollte grundlegend, aber auch praxisorientiert, die Bedeutung des einheitlichen Rechts für den Binnenmarkt, also insbesondere für den grenzüberschreitenden Handel festgestellt werden. Damit sollten wohl zugleich die an der aus Art. 95 Abs. 1 EG (jetzt Art. 114 AEUV) abgeleiteten Kompetenz (dazu oben Rn. 23 ff.) geäußerten Zweifel zerstreut werden.[15] Zweitens wurde, was im vorliegenden Rahmen von außerordentlichem Interesse ist, die Bedeutung der Einheitlichkeit der (nationalen) Rechtsordnungen erörtert. Damit war insbesondere das Verhältnis des EU-Rechts zum nationalen Recht angesprochen, aber auch das Verhältnis der Richtlinien untereinander.

557

---

9 ABl. EG 1989 C 158 S. 400.

10 ABl. EG 1994 C 205 S. 518 f. Dazu näher *Tilmann*, ZEuP 1995, S. 534, 539 f.

11 Näher *Grundmann*, JZ 1996, S. 274, 286, der schon damals darauf hinwies, dass die ablehnende Tendenz kippen könne, wenn das durch die traditionelle, kleinteilige Rechtsangleichung geschaffene Recht zu komplex werde.

12 Näheres bei *Schmid*, JZ 2001, S. 674.

13 SI. (1999) 800 Punkt 39; zur Bedeutung der Schlussfolgerungen des Rats *Staudenmayer*, EuZW 2001, S. 485, 486.

14 Mitteilung der Kommission an den Rat und das Europäische Parlament zum Europäischen Vertragsrecht, KOM (2001) 398; näher sogleich Rn. 559.

15 In Reaktion auf die Tabakwerbe-Entscheidung, in welcher der *EuGH* konkrete Auswirkungen auf den Handel verlangte (dazu oben Rn. 17). Wie hier auch die Einschätzung *Schulte-Nölkes*, JZ 2001, S. 917, 918.

558   Zu dieser Mitteilung hinzu kam im Herbst 2001 eine **Resolution des europäischen Parlaments**, die inhaltlich noch weiter ging als die Mitteilung der Kommission: Nach der Resolution sollten die Vorarbeiten für ein europäisches Gesetzbuch sofort beginnen und ab 2010 sollte an einem Vertragsgesetzbuch gearbeitet werden. Bei der Bewertung dieser parlamentarischen Resolution muss zwar beachtet werden, dass deren Bedeutung geringer ist als die der Aktivitäten der Kommission und natürlich des Rats, aber immerhin sind die dort genannten Ziele in der Rückschau gar nicht so sehr verfehlt worden.

2.   Die erste Mitteilung der Kommission

559   Die erste Mitteilung der Kommission von Juli 2001 hat zentrale Bedeutung. Die Kommission hatte sicherlich bereits klar das Ziel der Schaffung eines Zivilgesetzbuchs vor Augen. Äußerlich jedoch trug die Mitteilung den Charakter einer neutralen Befragung, wie sie für den gesamten Prozess dann typisch blieben. **Vier Optionen** für die Fortentwicklung des EU-Privatrechts wurden damals zur Diskussion gestellt.

560   Die erste Option bestand darin, weder gesetzgeberisch noch wissenschaftlich tätig zu werden, und die **Weiterentwicklung des Rechts dem Markt** zu überlassen.

Für die zweite Option wird oft der zusammenfassende Begriff **„restatements"** verwendet. Auch bei dieser zweiten Option sollte es keinerlei gesetzgeberische Tätigkeit geben. Hier wurde vorgeschlagen, dass Sammlungen von Grundregeln geschaffen werden sollten, auf welche sich Vertragspartner beziehen können. Solche Sammlungen würden keinerlei Verbindlichkeit mit sich bringen. Sie wären auch als von den Parteien wählbarer Kodex nicht unbedingt geeignet. Denn einmal abgesehen davon, dass derzeit nur eine staatliche Rechtsordnung als Ganze gewählt werden kann, werden nicht unbedingt vollständige und detaillierte Regelungen angestrebt. Die Besonderheit solcher restatements sah die Kommission wohl eher darin, dass eine groß angelegte Studie in internationaler Zusammenarbeit durchgeführt werden könnte und die Ergebnisse allgemein zugänglich aufbereitet würden. An dieser Studie könnten sich dann private Parteien bei der Vertragsgestaltung orientieren und nationale Gesetzgeber könnten sie als Orientierungshilfe bei Neukodifikationen verwenden. Die bereits existierenden UNIDROIT-Prinzipien sind ein Beispiel für einen (wiewohl sehr komprimierten und strukturierten) Katalog von Grundregeln, der zu dieser zweiten Option passen würde.

561   Die dritte Option dagegen sah **verbindliche Rechtssetzung** vor. Hier wurde vorgeschlagen, das bisher bereits geltende europäische Privatrecht weiter zu entwickeln. Dabei sollte die bisherige Form der Rechtssetzung beibehalten werden. Gemeint waren hier also die Setzung weiterer Richtlinien und eventuell Verordnungen zu einzelnen Rechtsfragen. Widersprüche zwischen existierenden Richtlinien sollten ausgeräumt und Lücken geschlossen werden.

Von der vierten Option hätte man nun den Vorschlag der Schaffung eines europäischen Zivilgesetzbuchs erwartet. Jedoch blieb auch diese vierte und letzte Option noch deutlich vorsichtiger.

Zwar sollte es hier eindeutig um einen **neuen, umfassenden Rechtsakt** gehen. Jedoch ließ diese vierte Option verschiedene Modelle offen. Insbesondere wurde offen gelassen, ob das neue Instrument (so wird es bezeichnet) **neben** die nationalen Rechtsordnungen treten oder diese **ersetzen** sollte. Für den (von Anfang an wohl für wahrscheinlicher gehaltenen) Fall, dass das neue europäische Privatrecht neben die geltenden nationalen Zivilgesetzbücher treten sollte, wurde die Frage gestellt, ob das europäische Instrument von den Vertragsschließenden **wählbar oder abwählbar** sein sollte – sogenannte opt-in oder opt-out Lösung.[16]

Zu diesen vier Optionen sollten Politik, Wirtschaft, Wissenschaft und Rechtspraxis Stellung nehmen. Die Anzahl der Stellungnahmen war mit 160 Stellungnahmen insgesamt recht niedrig. Die meisten der Stellungnahmen kamen aus Deutschland sowie, deutlich dahinter, aus Großbritannien. Aus Spanien, Italien und Frankreich kamen immerhin jeweils noch mehr als fünf Stellungnahmen. Inhaltlich waren die Stellungnahmen erwartungsgemäß sehr unterschiedlich. Einheitlich ließ sich jedoch immerhin ablesen, dass allgemein eine **Fortentwicklung des europäischen Privatrechts gewünscht** wurde. Ein europäisches Vertragsgesetzbuch, nach dem ja auch im Grunde nur verschlüsselt gefragt worden war, fand jedoch **nur sehr vereinzelte Zustimmung**. 562

3. Die zweite Mitteilung der Kommission: Der Aktionsplan zur Weiterentwicklung des europäischen Privatrechts vom 12.2.2003[17] und die Gründung des „Joint Network on European Private Law"

Der am 12.2.2003 veröffentlichte Aktionsplan erfolgte gemeinsam durch die Kommissare für Gesundheit und Verbraucherschutz, Justiz und Inneres, Binnenmarkt und Unternehmen. Er ist im Ton zwar vorsichtig, was als Reaktion auf die oft kritischen Stellungnahmen zur ersten Mitteilung verstanden werden kann. Letztlich hatte der Aktionsplan aber nicht nur für die Auslegung des europäischen Privatrechts und die Fortentwicklung der Richtlinien, sondern auch für die Gesamtkodifikation weitreichende Bedeutung. Weiterverfolgt wurden zum einen die nicht-gesetzgeberischen Maßnahmen, wie die Selbstregulierung und die Schaffung von Klauselkatalogen für grenzüberschreitende Verträge (Rn. 52 des Aktionsplans). Darauf sei hier nicht näher eingegangen. Es wurden aber nun auch die geplanten gesetzgeberischen Maßnahmen näher umrissen. Dabei wurde deutlich eine **Kombination von zwei Ansätzen** befürwortet: Die Richtlinien sollten kohärenter, der gemeinschaftliche Besitzstand (Acquis communautaire) also klarer und einfacher werden (Rn. 54 ff. des Aktionsplans) und zugleich sollte an einem Vertragsgesetzbuch gearbeitet werden. Es wurde nun bereits von einem „optionalen" Instrument, also vereinfacht gesagt von einem von den Parteien wählbaren Normkatalog gesprochen. 563

---

16 In diesem Punkt ging das Parlament mit seiner Entschließung deutlich weiter. Es hatte nicht nur einen fixen Zeitplan formuliert, sondern es sieht als Endpunkt ganz klar den einheitlichen Kodex und zwar in der Form einer Verordnung mit opt-in Möglichkeit für alle Mitgliedstaaten.

17 Mitteilung der Kommission an das Europäische Parlament und den Rat – Ein Kohärentes Europäisches Vertragsrecht – Ein Aktionsplan, KOM (2003) 68; dazu insbesondere *Staudenmayer*, ZEuP 2003, S. 828.

Als sofortiges Projekt wurde die **Erstellung eines Referenzrahmens** (Common Frame of Reference – CFR) durch eine Expertengruppe veranlasst (Rn. 59 ff. des Aktionsplans). Darin sollten gemeinsame Grundsätze und Begriffe im Bereich des europäischen Vertragsrechts festgelegt werden. Neben vertragsrechtlichen Fragen sollten auch Regelungen für Kreditsicherheiten und ungerechtfertigte Bereicherung enthalten sein.

564 Das Parlament reagierte auf diesen Aktionsplan mit einer in der Tendenz enttäuschten und auf mehr Tempo drängenden erneuten Entschließung. Darin wurde der Schwerpunkt letztlich jedoch ebenfalls auf den Referenzrahmen gelegt.[18]

Eine Entschließung des Rats zum europäischen Vertragsrecht erfolgte am 22. September 2003.[19] Der Rat begrüßte hierin die Erarbeitung eines Referenzrahmens, drängte zugleich aber, ebenso wie das Parlament, auf eine rechtsetzende Lösung.

Im Mai 2005 nahm das **Joint Network on European Private Law** (Anhang III) die Arbeit am Referenzrahmen auf. Dabei wollte die Kommission aber kein rein wissenschaftliches Ergebnis erhalten, sondern sie schrieb von Anfang an die Einbeziehung der betroffenen Praktiker vor.

4. Die dritte Mitteilung der Kommission vom 11.10.2004

565 In einer erneuten Mitteilung konkretisierte die Kommission ihre Pläne noch weiter.[20] Insbesondere wurden **neue Fragenkataloge** ausgearbeitet. Außerdem wurde die umfassende Funktion des gemeinsamen Referenzrahmens verdeutlicht. Der Referenzrahmen sollte als Kodifizierungsvorlage dienen, auf deren Basis die Kommission – letztlich selbsttätig – die Verbesserung des EU-Rechts vornehmen *und* das „optionale Instrument" (zum Begriff Anhang III) ausarbeiten wollte.

Der erste der neuen Fragenkataloge betrifft die Verbesserung des bestehenden EU-Rechts. Am Anfang stehen ganz allgemeine, jedoch sehr wichtige Fragen: So soll untersucht werden, welcher **Grad von Verbraucherschutz** notwendig ist, um das Verbrauchervertrauen zu optimieren und auch Wettbewerbsverzerrungen zu beseitigen. Im weiteren Verlauf finden sich dann auch die zu erwartenden **konkreteren Fragen**, etwa nach der Länge von Widerrufsfristen.

Auch für das optionale Instrument wurde ein neuer, konkretisierter Fragenkatalog erstellt. Spannend ist hier die Frage nach dem übergeordneten politischen Ziel. In Hinsicht auf die Rechtsform, die Rechtsgrundlage und die Entscheidung zwischen einem opt-in und einem opt-out Modell wurden weiterhin keine konkreten Vorgaben gemacht. Die Kommission deutete jedoch an, dass sie ein in seinen Einzelbestandteilen dispositives Recht bevorzugte, welches von den Parteien gewählt und zugleich modifiziert werden könne (unverbindliches opt-in Instrument – Anhang II, S. 18 ff. der Mitteilung). Für dieses wurde die Rechtsform der Verordnung favorisiert.

---

18 Entschließung des Europäischen Parlaments zu der Mitteilung der Kommission an das Europäische Parlament und den Rat über ein kohärenteres europäisches Vertragsrecht: ein Aktionsplan, KOM (2003) 68 – 2003/2093(INI).

19 ABl. EG 2003, C 246.

20 Mitteilung der Kommission an das europäische Parlament und den Rat, Europäisches Vertragsrecht und Überarbeitung des gemeinschaftlichen Besitzstandes – weiteres Vorgehen, KOM (2004) 651.

5. „Erster jährlicher Fortschrittsbericht zum europäischen Vertragsrecht und zur Überprüfung des gemeinschaftlichen Besitzstands" der Kommission – vom 23.9.2005 und die Reaktionen von Parlament und Rat

Im ersten Fortschrittsbericht schränkte die Kommission den ursprünglichen, breiten **566** Auftrag, der für die Erstellung des Referenzrahmens vergeben wurde, noch nicht ein. Es wurden sogar **einige inhaltliche Vorgaben** gemacht, die überraschten. So sollte die Vertragsfreiheit unbedingt gesichert und nur in begründeten Fällen eingeschränkt werden. Zudem wurde die Notwendigkeit der Kohärenz betont.

Allerdings rückte die Überarbeitung des Besitzstands im Verbraucherschutz in der Wichtigkeit deutlich nach vorn. Auch die Arbeiten am Referenzrahmen sollten darauf abgestimmt werden. Die Kommission kündigte an, sie wolle „klare Prioritäten bei denjenigen Fragen setzen, die für den Besitzstand auf dem Gebiet des Verbrauchervertragsrechts und des sonstigen Vertragsrechts relevant" seien.

Die Kommission erläuterte nun, dass es **zwei wesentliche Strategien** für eine Überarbeitung des „Besitzstands im Verbraucherschutz" gebe. Der **vertikale Ansatz** sei auf Überarbeitung der geltenden Richtlinien gerichtet. Bei dem **horizontalen Ansatz** werden eine oder mehrere Rahmenrichtlinien mit möglichst einheitlichen Vorgaben erlassen.[21]

Das Parlament reagierte skeptisch. Es sprach sich Anfang 2006 noch einmal nachdrücklich für die schnelle Vereinheitlichung des Privatrechts in der EU aus und verlangte vor allem, mehr in den Prozess der Verabschiedung einbezogen zu werden.[22]

Der Rat dagegen schien desinteressiert, für ihn hatte offenbar Weiterentwicklung des Privatrechts in dieser Zeit keinerlei Priorität. Es wurde nur angemerkt, dass die „Qualität des bestehenden und künftigen EU-Rechts durch Maßnahmen der Konsolidierung, Kodifizierung und Rationalisierung geltender Rechtsakte und durch die Entwicklung eines gemeinsamen Bezugsrahmens" noch verbessert werden könne.[23]

6. Zweiter Fortschrittsbericht der Kommission zum Gemeinsamen Referenzrahmen vom 25.7.2007

Der zweite Fortschrittsbericht der Kommission zum Referenzrahmen ging nicht zim **567** perlich mit den beteiligten Wissenschaftlern um.[24] In arroganter Manier wurden die Arbeiten abgewertet. So hieß es nun, die im Zusammenhang mit dem CFR gewonnenen relevanten Erkenntnisse könnten „ggf. bei der Überprüfung des gemeinschaftlichen Besitzstands im Verbraucherschutz mit berücksichtigt werden." Der CFR sei als praktisches „Instrumentarium" (**„toolbox"**) oder Handbuch für die Kommission und den EU-Gesetzgeber auf dem Gebiet des Vertragsrechts gedacht. Die Kommission wolle „sehr sorgfältig auswählen", welche Teile des Entwurfs einer gemeinschaftli-

---

21 KOM (2005) 456.
22 Entschließung des Europäischen Parlaments zum Europäischen Vertragsrecht und zur Überarbeitung des gemeinschaftlichen Besitzstands: weiteres Vorgehen (2005/2022(INI), P6_TA(2006) S. 109.
23 Ratsdok. 14292/04 vom 5.11.2004 – Anhang: Haager Programm, 3.4.4.
24 KOM (2007) 447.

chen Rechtsetzung entsprächen. Eine im Fortschrittsbericht abgedruckte Grafik (S. 14) zeigt, wie gering die Kommission die Bedeutung der wissenschaftlichen Vorarbeiten bewertete.

III. Acquis-Sammlung und Referenzrahmen

1. Die Herausarbeitung des Verbraucher-Acquis

568 Die Acquis-Gruppe unter der Leitung von Schulte-Nölke hatte sich schon im Jahr 2002, also vor der eigentlichen Beauftragung im Rahmen des hier geschilderten Prozesses gegründet. Ihr Ziel war von Anfang an, den **privatrechtlichen „Acquis communautaire"** – also den gemeinschaftlichen Besitzstand an geltendem Privatrecht – herauszuarbeiten.[25] Dabei ging es weniger um eine Überarbeitung, als um eine systematische, vollständige Sammlung. Die Gruppe legte zum Abschluss ihrer Arbeiten einen analytischen Gesamttext, das „EG-Verbraucherrechtskompendium", vor (http://ec.europa.eu/consumers/rights/cons_acquis_en.htm#comp) und legte eine Datenbank an (http://www.eu-consumer-law.org), über welche die Umsetzungsgesetze der Mitgliedstaaten sowie die Rechtsprechung dazu abrufbar sind. Dabei beschränkte sich die Gruppe auf acht wesentliche verbraucherschützende Richtlinien. Insgesamt ist damit eine großartige Arbeitshilfe für die Kommission, die Praxis und die Wissenschaft geschaffen worden.

2. Die Erarbeitung des Referenzrahmens

569 Die Arbeiten am Referenzrahmen verliefen technisch ganz anders. Hier war nicht eine einzelne, übersichtliche Einzelgruppe am Werk, sondern die Kommission hat ein sogenanntes Exzellenznetzwerk (**Joint Network on European Private Law**) beauftragt, welches aus mehreren Forschergruppen zusammengesetzt ist und außerdem Praktiker beteiligt.[26] Die Arbeiten begannen in einem sehr weiten Rahmen. Es fanden Workshops zu Rechtsfragen wie den Personalsicherheiten, der ungerechtfertigten Bereicherung und der GoA statt. Erst später verengte sich entsprechend der geschilderten Korrekturen durch die Kommission der Arbeitsbereich. Zuletzt wurden die Arbeiten **auf einen vertragsrechtsnahen Bereich beschränkt**.

Die gesamte Arbeit litt stark darunter, dass die **Kommission in ihren Vorgaben unklar** war. Die Bezeichnung als „toolbox" regte den Ehrgeiz der Beteiligten sicher kaum an. Es ist nachvollziehbar, dass ernsthaft arbeitende Gruppen, wie die von Bar-Gruppe, über solche Aussagen eine hohe Frustration empfinden.[27]

Das Netzwerk hat im Jahr 2008 dennoch einen **beeindruckenden Vorschlag für den Referenzrahmen** (DCFR) vorgelegt.[28] Die Vollversion des circa 6500 Seiten umfas-

---

25 Zu dieser im Jahr 2002 von *Schulze* und *Schulte-Nölke* gegründeten Gruppe einführend *Schulte-Nölke*, ZGS 2002, S. 261.

26 Siehe die Seite http://www.copecl.org/ mit einer genauen Auflistung aller Beteiligten.

27 Nicht unpassend zitiert daher *Kenny*, ELR 2003, S. 538, einen angeblichen Ausspruch Bismarcks: „Mögen Sie Würstchen und Gesetze? Dann schauen Sie nie zu, wie sie gemacht werden."; zu den konkreten Problemen bei der Erarbeitung der Prinzipien *McGuire*, ZfRV 2006, S. 163.

28 Zugänglich unter http://ec.europa.eu/justice/contract/files/european-private-law_en.pdf.

senden Werks erschien 2009.[29] Sie wurde sogleich vielfach, und oft kritisch, analysiert. Es ist leicht erkennbar, dass angesichts der kurzen Zeit und der großen Zahl der Beteiligten sowie der unklaren Vorgaben nicht „der große Entwurf" vorgelegt werden konnte, den man sich für das Projekt „ein europäisches Vertragsrecht" gewünscht hätte.

IV. Die weiteren Schritte der Organe der EU in Hinblick auf die Sammlung und Überarbeitung des Acquis sowie auf das europäische Vertragsrecht

1. Überblick

Es fällt schon auf den ersten Blick auf, dass es nicht funktionieren kann, eine Verbraucherrechte-RL und ein europäisches Vertragsrecht für Verbraucher **zeitgleich, aber unabhängig voneinander** einzuführen. Dennoch ist genau daran in den Jahren 2008-2011 gearbeitet worden. Beide Projekte sind nicht nur eine gewisse Zeit lang vorangetrieben worden, sondern sie wurden zu einem (für das Vertragsrecht im Moment noch vorläufigen) Abschluss gebracht.

570

2. Verwertung der Acquis-Sammlung – Erarbeitung der Verbraucherrechte-RL

a) Das Grünbuch „Die Überprüfung des gemeinschaftlichen Besitzstands im Verbraucherschutz" vom 8.2.2007

Ein Grünbuch trägt einen anderen Charakter als eine Mitteilung. Die Generaldirektion für Gesundheit und Verbraucherschutz der Kommission strebte nach der Fertigstellung der Überprüfung des bestehenden Acquis nun den Gesetzgebungsprozess an.[30] Das Grünbuch favorisierte dabei eine **Mischung aus zwei Optionen**: Es sollte eine **Rahmenrichtlinie** geschaffen werden, in der wesentliche Begriffe und offene Rechtsfragen geklärt werden sollten, und es sollten auch die **einzelnen Richtlinien nach Bedarf überarbeitet** werden. Das Grünbuch nannte außerdem bereits denkbare Inhalte einer Rahmenrichtlinie. Dazu gehörten der Verbraucherbegriff, der Maßstab der Klauselkontrolle, die Länge der Widerrufsfrist und die Folgen der Verletzung von Informationspflichten. Zusätzlich wurden viele Probleme der Verbrauchsgüterkauf-RL aufgegriffen, wie Fragen der Reichweite (Stichwort Software, Tiere), der Beweislast und des Verhältnisses der unterschiedlichen Rechte des Käufers zueinander.

571

b) Die Verbraucherrechte-RL

Der erste Vorschlag für eine Verbraucherrechte-RL ist vom 8.10.2008.[31] Es sollten insgesamt vier Richtlinien, nämlich die Haustür-RL, die Fernabsatz-RL, die Klausel-RL und die Verbrauchsgüterkauf-RL überarbeitet und kohärenter gemacht werden. Eine Anpassung an die Lauterkeits-RL war ebenfalls angestrebt.

572

---

29 Draft Common Frame of Reference (DCFR), Full Edition Principles, Definitions and Model Rules of European Private Law, Study Group on a European Civil Code/Research Group on EC Private Law (Acquis Group), 2009.
30 KOM (2006) 744.
31 KOM (2008) 614.

Danach setzte ein **unüberschaubarer Prozess** ein, der zu einer Abbremsung und schließlich weitgehenden Aufgabe der Pläne führte. Die Kritik kam dabei nicht nur aus den Mitgliedstaaten, die sich einer Vollharmonisierung breiter Teile des Verbrauchervertragsrechts widersetzten, sondern auch von Seiten derjenigen, die am DCFR arbeiteten oder zumindest am Projekt des europäischen Vertragsrechts interessiert waren. Denn aus ihrer Sicht war es **geradezu zerstörerisch**, parallel zu den Arbeiten mit einer Richtlinie in großem Stil Fakten zu schaffen.[32]

573 Das Ende der Entwicklung kam trotz allem überraschend: Die Richtlinie wurde nämlich weder fallengelassen (womit zuletzt zu rechnen gewesen war) noch in ihrer Entwurfsform realisiert (das war politisch völlig ausgeschlossen). Vielmehr kursierte ab Juni 2011 ein **beinahe bis zur Unkenntlichkeit reduzierter Entwurf** des Parlaments und des Rats, der nur noch die Überarbeitung der Haustür- und der Fernabsatz-RL vorsah. Die Inhalte brauchen hier nicht zusammengefasst werden, da sie im Hauptteil des Buchs bereits eingearbeitet sind (vgl. kurz auch Anhang I Nr. XX). Dieser Entwurf wurde vom Parlament am 23.6.2011 verabschiedet und vom Rat am 10.10.2011, also einen Tag vor der Vorlage eines Vorschlags für ein europäisches Vertragsrecht beschlossen. Wenige Tage später, nämlich am 25.10.2011, wurde die Verbraucherrechte-RL offiziell veröffentlicht.[33]

3. Verwertung des Referenzrahmens – das CESL als optionales Instrument

Literaturhinweis: *Eidenmüller/Jansen/Kieninger/Wagner/Zimmermann*, Der Vorschlag für eine Verordnung über ein Gemeinsames Europäisches Kaufrecht, JZ 2012, S. 269 ff.

a) Grünbuch zu den Optionen für die Einführung eines Europäischen Vertragsrechts für Verbraucher und Unternehmen vom 1.7.2010

574 Während die Verbraucherrechte-RL in Ungnade gefallen war, wurden unter der neuen Zuständigkeit der Justizkommissarin Viviane Reding plötzlich die Arbeiten am europäischen Vertragsrecht mit abenteuerlicher Geschwindigkeit vorangetrieben. Dabei überschnitten sich die Handlungsschritte so sehr, dass auch für Außenstehende erkennbar wurde, dass sie **nur dem Schein nach aufeinander aufbauten**. Das europäische Vertragsrecht bekam einen wichtigen Rang in der politischen Strategie.

Als die Kommission im Juli 2010 das Grünbuch vorlegte, war längst (nämlich am 26.4.2010) eine kleine Gruppe von Experten ausgewählt worden, die unter dem Namen **„Machbarkeitsstudie"** binnen eines Jahres ein „Optionales Instrument" aus dem DCFR „basteln" sollte (dazu sogleich b).

Das Grünbuch, welches ankündigte, dass die „Stärkung des Binnenmarkts durch die Entwicklung eines Europäischen Vertragsrechts" erreicht werden solle, sah **sieben Optionen** für ein mögliches Vertragsrechtsinstrument vor und bat erneut um Stellungnahmen aus Wissenschaft und Praxis.[34]

---

[32] Nur *Grigoleit*, AcP 210 (2010), S. 408 ff.
[33] ABl. EG 2011, L 304, 64 ff.
[34] KOM (2010) 348; eine umfassende Stellungnahme dazu findet sich in RabelsZ 75 (2011), S. 371.

Diese sieben Optionen sind aus heutiger Sicht nicht mehr wichtig, weil man davon ausgehen muss, dass sie nur zum Schein vorgestellt wurden. Trotzdem ist es interessant, sich anzusehen, wie das zu diesem Zeitpunkt bereits in Arbeit befindliche Instrument „geschickt" auf dem mittleren Platz positioniert wurde. Option 4 war nämlich die „Verordnung zur Einführung eines fakultativen europäischen Vertragsrechtsinstruments". Die Plätze danach umfassten noch: Richtlinie über ein Europäisches Vertragsrecht (Option 5), Verordnung zur Einführung eines Europäischen Vertragsrechts (Option 6) sowie Verordnung zur Einführung eines Europäisches Zivilrechtsgesetzbuchs (Option 7).

b) Veröffentlichung der Machbarkeitsstudie

Zur Unterstützung der Kommission wurde eine kleine Gruppe von Wissenschaftlern   **575** beauftragt, aus dem Referenzrahmen ein optionales Instrument zu kondensieren. Der Name „Machbarkeitsstudie" kann dabei wirklich nur damit erklärt werden, dass man **Aufmerksamkeit vermeiden** wollte. Es ist kritisiert worden, dass die Kommission die Wissenschaftler nicht neutral ausgewählt habe. Tatsächlich aber zeigt die Auswahl der kleinen Zahl von mit der Kommission eng zusammenarbeitenden Wissenschaftlern, dass hier nicht mehr eine unabhängige fachliche Einschätzung, sondern eine Zuarbeit im engen Sinne gewünscht war.[35] Die Zeit war ohnehin so knapp, dass gründliche Diskussion und Konzeption ausschieden.

Es ist mit Bitterkeit darauf aufmerksam gemacht worden, dass die Machbarkeitsstudie bereits drei Monate nach dem Ende der Konsultationsfrist erschien, und kaum Zeit gewesen sein dürfte, die teils engagierten Beiträge wirklich zu würdigen.[36]

Eine wirkliche, beständige Textform der Machbarkeitsstudie gibt es nicht. Der eingesetzte Ausschuss hat bis zuletzt **immer wieder kleine Veränderungen** vorgenommen. Insofern war auch die letzte Konsultation, die nach der Veröffentlichung des allerersten Entwurfs der Machbarkeitsstudie am 3.5.2011 durchgeführt wurde, und zeitlich auf den viel zu kurzen Zeitraum bis zum 1.7.2011 beschränkt war, kaum ernst zu nehmen.

c) Veröffentlichung des Entwurfs über ein Gemeinsames Europäisches Kaufrecht

Am 11.10.2011 wurde der Vorschlag für eine Verordnung des Europäischen Parla-   **576** ments und des Rates über ein **Gemeinsames Europäisches Kaufrecht** (abgekürzt **CESL** oder deutsch auch GEK) vorgelegt.[37] Gleichzeitig wurden für jeden Mitgliedstaat „Infoblätter" veröffentlicht[38] und in einer Mitteilung der Kommission über „ein gemeinsames europäisches Kaufrecht zur Erleichterung grenzübergreifender Geschäfte im Binnenmarkt" wurde das geplante weitere Vorgehen erläutert.[39]

---

35 Nur *Jansen*, Revision des Verbraucher-acquis?, 2012, S. 8.
36 *Eidenmüller/Jansen/Kieninger/Wagner/Zimmermann*, JZ 2012, S. 269, 271.
37 KOM (2011) 635.
38 http://ec.europa.eu/justice/contract/files/common_sales_law/sales_law_germany_de.pdf.
39 Mitteilung der Kommission an das Europäische Parlament, den Rat, den Europäischen Wirtschafts- und Sozialausschuss und den Ausschuss der Regionen – Ein gemeinsames europäisches Kaufrecht zur Erleichterung grenzübergreifender Geschäfte im Binnenmarkt, KOM (2011) 636.

Gerade einmal fünf Monate lagen zwischen der Veröffentlichung eines ersten Entwurfs der Machbarkeitsstudie und der Veröffentlichung des optionalen Instruments der Kommission. Es verwundert nicht, dass gleich viele **Flüchtigkeitsfehler** im CESL aufgezeigt wurden.

577 Gewählt wurde letztlich die kleinste der zuvor diskutierten Alternative. Das CESL gilt **nur für grenzüberschreitende Verträge**, und es gilt nur, wenn es von den Parteien **gewählt** wird (opt-in). Tritt es in Kraft, was von der Kommission schon für Anfang 2013 vorgesehen ist, so können dann also bei grenzüberschreitenden Kaufverträgen die Parteien das CESL für ihren Vertrag auswählen. Dabei enthält das CESL auf der einen Seite viele verbraucherschützende Regelungen, die als Neuheit nicht nur gegenüber Verbrauchern, sondern auch gegenüber den „kleinen und mittleren" Unternehmen zwingend gelten.[40] Auf der anderen Seite gibt es teils auch ein gegenüber den Richtlinien vermindertes Schutzniveau.

578 Es ist viel darüber gesprochen worden, warum die Parteien dies tun sollten, und wie das CESL ausgestaltet sein müsste, damit Unternehmer und Verbraucher ein Interesse an seiner Wahl haben könnten (dazu auch noch gleich Rn. 585 f.). Im jetzigen Vorschlag für das CESL ist diese Diskussion nicht erkennbar reflektiert. Aber auch die rechtstechnischen Probleme sind bisher ungelöst. Zumindest soweit das CESL Regeln enthält, die den Verbraucher gegenüber seinem Wohnsitzrecht benachteiligen, wird er aber durch Art. 6 Rom I-VO geschützt (oben Rn. 521).

Insgesamt herrscht derzeit **lebhafter Widerstand auf allen Ebenen**. Ein schönes Beispiel aus dem nichtwissenschaftlichen Bereich bildet die Stellungnahme der Bundeszentrale des deutschen Verbraucherschutzverbands „Keine zivilrechtlichen Abenteuer zum Schaden der Verbraucherinnen und Verbraucher".[41]

C. Bewertung der Entwicklungen und Blick in die Zukunft

I.   Handlungsbedarf

579 Es gibt viele Argumente, die für eine Weiterentwicklung des EU-Privatrechts sprechen. Ein ganz pragmatisches Argument besteht schon darin, dass die gegenwärtige Rechtslage erhebliche Nachteile aufweist. Dazu gehört nicht nur der bereits erwähnte Umstand, dass sie sich durch immer neue Richtlinien ständig ändert. Durch die an Politiken geknüpfte, auf die Regelung von Einzelfragen gerichtete Rechtssetzung mittels Richtlinien ist auch ein **unübersichtlicher und wenig zugänglicher Rechtszustand** eingetreten. Inhaltlich folgt aus diesem begrenzten Ansatz, dass die Richtlinien oft zu einseitig an einem einfachen Ziel orientiert und zu wenig dogmatisch fundiert sind. Wie oben (Rn. 180) dargelegt, vermischten sich zudem lange Jahre hindurch öffentlich-rechtliche, wettbewerbsrechtliche und vertragsrechtliche Fragen, ohne dass ein Bewusstsein dafür bestand.

---

40   Kritisch *Eidenmüller/Jansen/Kieninger/Wagner/Zimmermann*, JZ 2012, S. 269, 270.
41   http://www.vzbv.de/cps/rde/xbcr/vzbv/EU-Kaufrecht-Stellungnahme-vzbv-2011.pdf.

Diese Nachteile der geltenden Rechtslage hätten sich durch eine durchdachte Verbraucherrechte-RL verbessern lassen können. Diese Chance ist vorerst vertan. Nun sollte also das Europäische Vertragsrecht als zweite Chance gut genutzt werden. Die gegenwärtige Hetze und die Beschränkung auf ein optionales 28. Regime lassen allerdings befürchten, dass es **eher zu weiterer Konfusion als zu Glättung** kommen wird.

II. Kompetenz der EU für den Erlass eines einheitlichen Kaufrechts

Derzeit wird auch darum gestritten, ob die EU überhaupt die Kompetenz für den Erlass eines optionalen Instruments hat.[42] Der Vorschlag gibt **Art. 114 AEUV** als Kompetenzgrundlage an. Nach der hier vertretenen Auffassung (oben Rn. 23 ff.) ist das unter dem Aspekt der Binnenmarktbezogenheit möglich. Denn es kommt dafür nicht darauf an, ob nachweislich Marktverbesserungen erzielt werden, sondern ob diese **ernstlich und realistisch angestrebt** sind. Das lässt sich bejahen, wobei von Bar überzeugend ausgesprochen hat, dass ein Projekt wie das Vertragsgesetzbuch nicht zu ökonomisch betrachtet werden darf. Es ist daneben ein **politisches (nämlich die EU stärkendes) und kulturelles Projekt.**[43] Nun ist allerdings eingewendet worden, das CESL wirke nicht rechtsangleichend.[44] Auch dem kann nur begegnet werden, indem Art. 114 AEUV weit verstanden wird. Das CESL vereinheitlicht nämlich zwar als 28. Regime (zum Begriff Anhang III) zunächst nicht unmittelbar Normen der Mitgliedstaaten. Aber es ist doch darauf ausgerichtet, für die Vertragsschließenden ein einheitliches Recht zu schaffen. Zudem ist es, was vielleicht im Moment aus politischen Gründen nicht gern gesagt wird, als Schritt auf dem Weg zu einer wirklichen Vereinheitlichung zu verstehen.

580

III. Inhaltliche Überlegungen

1. Allgemeines

Die Vereinheitlichung des europäischen Vertragsrechts begegnet vielen Bedenken. Zum Teil sind sie rein praktischer Art. Schon die gegenwärtige Rechtssituation in der EU ist davon geprägt, dass sich das Recht unentwegt ändert. Ein solcher **Zustand des sich ändernden Rechts** ist für die Marktakteure die wohl ungünstigste denkbare Lage. Sie führt zu ständigen Informations- und Beratungskosten und kann überhaupt nur in Kauf genommen werden, sofern sie als vorübergehender Zustand auf dem Weg zu einem deutlich verbesserten Recht nötig ist. Bedenkt man dies, so ist eine schleichende Rechtsangleichung nicht vorteilhaft. Zugleich wird aber die schlagartige Einführung eines einheitlichen Vertragsrechts für ganz Europa für gänzlich unrealistisch gehalten. Hier fehlen sowohl der politische Wille als auch die faktische Durchführbarkeit.

581

---

42 Dagegen etwa *Roth*, EWS 2012, S. 12; rechtspolitisch kritisch *Basedow*, EuZW 2012, 1.
43 *Von Bar*, Festschrift Jayme, 2004, S. 1217, 1222.
44 *Roth*, EWS 2012, S. 12, 17.

582 Es gibt aber auch inhaltliche Bedenken, die immer wieder vorgebracht werden. So ist nicht nachweisbar, ob das einheitliche Recht den Markt wirklich spürbar beleben würde. Oft wird auch angenommen, dass der **Wettbewerb der unterschiedlichen Rechtsordnungen** für die Qualität des Rechts wichtig sei. Schließlich wird gelegentlich aufgezeigt, dass die kulturelle Identität der Nationen eng mit dem nationalen Recht verknüpft sei.

583 Angesichts dieser Schwierigkeiten möchte man es für ratsam halten, den Prozess der Rechtsangleichung einzustellen. Jedoch würde damit die **Wichtigkeit der wirtschaftspolitischen Ziele**, die mit der EU erreicht werden sollen, verkannt. Ein einheitliches Vertragsrecht würde nicht nur den grenzüberschreitenden Rechtsverkehr von sämtlichen durch Rechtsunterschiede verursachten Transaktionskosten befreien.[45] Und es wäre nicht nur ein Schritt nach vorn bei dem so wichtigen Aufbau des Vertrauens des Verbrauchers in die ausländischen Rechtsordnungen, sondern es hätte – vielleicht sogar vor allem – eine **große symbolische Bedeutung** für die enge Verbundenheit zwischen den Mitgliedstaaten und ihren Bürgern. Es ist sehr auffällig, dass Viviane Reding, die Vizepräsidentin der Kommission und Kommissarin für Justiz, Grundrechte und Bürgerschaft, das CESL in ihren Reden auch als einen Weg aus der Krise beschreibt.

Schaut man zurück auf die rechtlichen Regelungen, die ein europäisches Vertragsrecht enthalten könnte, so wäre zumindest die Chance gegeben, es so auszugestalten, wie es den Zielen und Rechtsgrundsätzen der EU entspricht.

584 Wenn wirklich ein europäisches Vertragsgesetzbuch geschaffen werden soll, dann überzeugt allerdings das Vorgehen der Kommission nicht. Zum einen ist das langsame Vorgehen mit dem Zwischenschritt des optionalen Instruments und nun sogar des optionalen, nur für grenzüberschreitende Verträge geltenden CESL nicht zielführend. Insbesondere erscheint es fraglich, ob der Kodex in der Praxis überhaupt gewählt werden wird (dazu noch sogleich Rn. 586). Für das CISG, welches sogar ein opt-out Modell verwendet (es gilt also, wenn es nicht abgewählt wird), zeigt die Erfahrung, dass die Parteien eher reserviert sind. Außerdem sind ständige Änderungen der Rechtslage, wie bereits angesprochen, für den Markt sehr schädlich. Berücksichtigt man das, dann ist neben der durch den Zwischenschritt erreichten Langsamkeit umgekehrt auch die Schnelligkeit zu kritisieren, mit der die Kommission seit 2010 handelt. Denn gleich der erste Wurf muss **von höchster Qualität sein**, wenn ständige Änderungen vermieden werden sollen.

Insofern sollte man das optionale Instrument zumindest als Anreiz verstehen, das neue Instrument wirklich attraktiv auszugestalten. Das ist ohnehin unbedingt vonnöten, wenn es für einen zukünftigen Erfolg auf die Akzeptanz durch die Bürger angewiesen ist.

Entscheidend für die langsamen Schritte war aber natürlich erneut einzig das politische Kalkül. Nur durch die Ausgestaltung des europäischen Vertragsgesetzbuchs als

---

45 Unter den Transaktionskosten leiden freilich mit Abstand nicht alle grenzüberschreitend tätigen Unternehmen. Als Hauptleidtragende werden die kleinen und mittleren Unternehmen eingeschätzt, welche sich einen ausländischen Markt erst neu erschließen wollen.

wählbares Recht besteht eine Chance darauf, dass sich die rechtspolitischen Bedenken der Mitgliedstaaten zunächst beruhigen.

2. Die Bewertung des CESL

Wenn man zum Abschluss nun den Blick auf die Inhalte des CESL lenkt, und überlegt, ob es gelungen ist, dann kann man natürlich viele Seiten mit Wünschen und Kritik füllen.

585

Zurzeit scheint die Entscheidung nicht recht getroffen, ob eine weitere Erhöhung des Verbraucherschutzniveaus gewollt ist oder nicht. Das hat seinen Grund unter anderem darin, dass vielfach befürchtet wird, dass eine Wahllösung nicht funktionieren kann, wenn das **Verbraucherschutzniveau in dem Instrument zu hoch** ist. Man nimmt an, dass die Unternehmer die Wahl des CESL den Verbrauchern dann gar nicht erst anbieten werden. Jedoch muss das nicht zwingend der Fall sein. Auch jetzt schon bieten viele Unternehmen dem Verbraucher oft sehr günstige Vertragsbedingungen (zB weit über das gesetzliche Widerrufsrecht hinausgehende Rückgaberechte) an, um damit die Verbraucher für sich zu gewinnen. Allerdings sind dies wohl vor allem die ganz großen Unternehmen, die nicht unbedingt weitere Vorteile erlangen sollten.

Jedenfalls aber würde man das CESL den Verbrauchern in der EU kaum offiziell anpreisen können, wenn sie bei seiner Wahl Rechtsverluste erlitten.

Daher muss eine Ausgestaltung gefunden werden, die **sowohl dem Verbraucher als auch dem Unternehmer Vorteile** bringt. Zuletzt ist vielfach vorgeschlagen worden, die **Vertragsfreiheit** des Verbrauchers wieder mehr zu betonen. Das kann, wenn es umsichtig geschieht, tatsächlich funktionieren, ohne dass das Verbrauchervertrauen beeinträchtigt wird. Im Gegenteil können für den Verbraucher noch zusätzliche Vorteile entstehen.

Gerade das CESL würde sich dafür eignen, erste Schritte in eine solche Richtung auszuprobieren. Es ist ein Testinstrument. Das sei hier nur an einem einzigen Beispiel dargestellt, nämlich am **Widerrufsrecht im Fernabsatz**.[46] Es erscheint tatsächlich unbedenklich, dieses Widerrufsrecht optional auszugestalten. Der Verbraucher kann dann also bei Abschluss des Vertrags ein Kästchen ankreuzen oder anklicken, welches ihn deutlich darauf hinweist, dass er mit dem Anklicken auf ein gesetzlich bestehendes Widerrufsrecht verzichtet und damit keine Möglichkeit zur Rückgabe von mangelfreien Waren hat.

586

Natürlich muss man hier vorsichtig sein. Zunächst muss man fragen, ob der Verbraucher bei einem Widerrufsrecht in der Lage ist, seine rechtliche Situation (mit Widerrufsrecht oder ohne Widerrufsrecht) einzuschätzen und somit überhaupt eine freie Entscheidung treffen kann. Das muss man für solche Verträge ablehnen, die in einer Überrumplungssituation geschlossen werden. Vorsicht ist auch bei den Verträgen geboten, die aufgrund ihrer komplexen, weitreichenden Wirkungen widerruflich sind, wie Verbraucherkreditverträge.

---

46 *Eidenmüller*, AcP 210 (2010), S. 67 ff.; *Wagner*, ZEuP 2010, S. 273 ff. (in Hinblick auf die Wahl zwischen mehreren Gewährleistungsrechten); *Jansen*, Revision des Verbraucher-acquis?, 2012, S. 40 ff.

Bei Verträgen, die im Fernabsatz geschlossen werden, ist jedoch für einen informierten Kunden davon auszugehen, dass er sein Widerrufsrecht richtig einschätzen kann und eine **freie Entscheidung** darüber zu treffen vermag, ob er es braucht oder nicht. Wer etwa Kleidung im Internet bestellt, weiß, dass das Widerrufsrecht wichtig ist, um die Möglichkeit zu haben, die Kleidung anzuprobieren. Will der Kunde für einen geringen Preisnachlass das Risiko eingehen, die Kleidung ohne Widerrufsrecht zu bestellen, muss man ihm, dem mündigen Bürger, diese Möglichkeit belassen. Ein Indiz dafür, dass Kunden das Widerrufsrecht einschätzen können (und wertschätzen), findet sich darin, dass viele Händler freiwillig Widerrufsrechte oder verlängerte Widerrufsfristen einräumen. Damit können die Unternehmer nur deshalb einen Kaufanreiz setzen, weil die Kunden diese Vertragsbedingung begreifen und bevorzugt auswählen.[47]

Das **Verbrauchervertrauen** wird durch die Einräumung einer solchen Option nicht gefährdet, da der Kunde ja bewusst seine eigenen Rechte einschränkt. Einzig ein Bedenken bleibt: Es werden wieder gerade am ehesten die großen Unternehmen sein, die von einer solchen Möglichkeit profitieren könnten.

---

[47] So auch *Eidenmüller*, AcP 210 (2010), S. 67 ff., 76, dort sogar mit der Erwägung, ob besonders geschickte Verbraucher ein Optionsmodell ausnutzen könnten – was allerdings kaum lohnend sein wird (S. 79).

Anhang I
Die wichtigsten privatrechtlichen Richtlinien (chronologisch)

I. **Richtlinie 85/374/EWG des Rates vom 25. Juli 1985 zur Angleichung der Rechts- und Verwaltungsvorschriften der Mitgliedstaaten über die Haftung für fehlerhafte Produkte = Produkthaftungs-RL – ABl. EG 1985, L 210/29; Richtlinie 1999/34/EG des Europäischen Parlaments und des Rates vom 10. Mai 1999 zur Änderung der Richtlinie 85/374/EWG des Rates zur Angleichung der Rechts- und Verwaltungsvorschriften der Mitgliedstaaten über die Haftung für fehlerhafte Produkte – ABl. EG 1999, L 141/20**

1. Anwendungsbereich

Die Produkthaftungs-RL regelt die Ersatzpflicht des Herstellers für Schäden, die durch Tod oder Körperverletzung sowie zum Teil auch durch Sachbeschädigung eingetreten sind, und die durch den Fehler eines Produkts verursacht worden sind.

2. Regelungsziele

Bei der Produkthaftungs-RL wird die oft aufgezeigte Janusköpfigkeit der Richtlinien besonders deutlich. Zum einen sollen die Wettbewerbsbedingungen für die Hersteller durch Vereinheitlichung der Rechtslage verbessert werden. Zum anderen soll ein hoher Schutzstandard für die Verbraucher eingeführt werden.

3. Wichtigste Inhalte

Art. 1 bestimmt die Verursacherhaftung des Herstellers. Auf ein Verschulden kommt es somit nicht an. Dabei gilt der Importeur ebenfalls als Hersteller und auch der Lieferant haftet wie ein Hersteller, wenn der Hersteller unbekannt ist.

4. Entscheidungen des EuGH

EuGH Slg. 2001, S. 3569 (Veedfald) – Inverkehrbringen iSd Richtlinie ist weit zu verstehen – Ersatz materiellen Schadens darf nicht beschränkt werden – Ersatz immateriellen Schadens bleibt dem Recht der Mitgliedstaaten überlassen.

II. **Richtlinie 85/577/EWG des Rates vom 20. Dezember 1985 betreffend den Verbraucherschutz im Falle von außerhalb von Geschäftsräumen geschlossenen Verträgen = Haustür-RL – ABl. EG 1985, L 372/31 (wird durch die Verbraucherrechte-RL abgelöst)**

1. Anwendungsbereich

Die Haustür-RL erfasst Verbraucherverträge über die Lieferung von Waren oder die Erbringung von Dienstleistungen, die auf einem vom Unternehmer organisierten Ausflug, an der Haustür oder am Arbeitsplatz des Verbrauchers abgeschlossen werden. Gemäß Art. 1 Abs. 3

muss dabei der Verbraucher – anders als im deutschen Recht – die bindende Willenserklärung unmittelbar an der Haustür abgegeben haben. Ausgenommen sind gem. Art. 3 ua Immobiliargeschäfte, Versicherungsverträge, Verträge über Haushaltsgegenstände des täglichen Bedarfs sowie über die regelmäßige Lieferung von Lebensmitteln.

2. Regelungsziele

Die Haustür-RL war die erste Richtlinie aus dem Bereich des Verbrauchervertragsrechts. Sie wurde 1985 verabschiedet, beruht allerdings auf Plänen aus dem Jahr 1975.[1] Sie zielt noch nicht auf das Vertrauen des Verbrauchers in grenzüberschreitende Rechtsgeschäfte ab, sondern will den Verbraucher vor Überrumpelung an der Haustür schützen.

Die Richtlinie ist in noch sehr floskelhafter Weise auf Art. 100 EWGV gestützt. Sie enthält ausdrücklich das Mindeststandardprinzip.

3. Wichtigste Regelungen

Die wichtigste Regelung ist das in Art. 5 enthaltene Widerrufsrecht.

4. Entscheidungen des EuGH

a) EuGH Slg. 1989, S. 1235 (Buet): Das in Frankreich geltende (über die Richtlinie hinausgehende) Verbot von bestimmten Haustürgeschäften ist mit dem EGV vereinbar.

b) EuGH Slg. 1991, S. 1206 (di Pinto): Wenn ein Gewerbetreibender „an der Haustür" sein Gewerbe an einen Unternehmer verkauft, so greift die Richtlinie mangels Verbrauchervertrags nicht ein.

c) EuGH Slg. 1998, S. 1199 (Dietzinger): Die Bürgschaft an der Haustür fällt nicht in den Anwendungsbereich der Richtlinie, sie kann nur dann ausnahmsweise erfasst sein, wenn der Kreditvertrag selbst in einer Haustürsituation abgeschlossen wurde.

d) EuGH Slg. 2001, S. 9945 (Heininger): Der Abschluss eines Realkreditvertrags an der Haustür fällt in den Anwendungsbereich der Richtlinie. Wenn der Verbraucher nicht über sein Widerrufsrecht belehrt wurde, besteht es unbefristet.

e) EuGH Slg. 2005, S. 9215 (Schulte); Slg. 2005, S. 9273 (Crailsheimer Volksbank): 1. Das Widerrufsrecht besteht auch, wenn ein Unternehmer, der eine dritte Person zum Abschluss des Vertrags eingeschaltet hat, nicht wissen konnte, dass dieser Dritte in einer Haustürsituation handelte. 2. Die Mitgliedstaaten müssen dafür sorgen, dass der Verbraucher Ersatz für den Schaden erhält, den er dadurch erleidet, dass der Unternehmer ihn nicht über sein Widerrufsrecht belehrt hat.

f) EuGH Slg. 2006, S. 2093 (A-Punkt Schmuckhandels GmbH): Mitgliedstaaten dürfen Haustürgeschäfte (hier: Vertrieb von Schmuck) verbieten, sofern alle betroffenen Wirtschaftsteilnehmer gleichbehandelt und der Marktzugang für Erzeugnisse aus anderen Mitgliedstaaten nicht unverhältnismäßig erschwert wird.

---

[1] Entschließung des Rates vom 14.4.1975 betreffend ein erstes Programm der Europäischen Wirtschaftsgemeinschaft für eine Politik zum Schutz und zur Unterrichtung der Verbraucher, ABl. EG 1975, C 92 S. 1.

g) EuGH Slg. 2008, S. 2383 (Hamilton/Volksbank Filder eG): Der nationale Gesetzgeber kann für den Fall der fehlerhaften Widerrufsbelehrung vorsehen, dass die Widerrufsfrist einen Monat nach vollständiger Erbringung der Leistungen aus einem langfristigen Darlehensvertrag endet.

h) EuGH Slg. 2010, S. 2947 (Friz): Der Beitritt zu einem geschlossenen Immobilienfonds in Form einer Personengesellschaft fällt in den Anwendungsbereich der Richtlinie, wenn der Zweck des Beitritts vorrangig darin liegt, Kapital anzulegen. Allerdings entspricht es der Richtlinie, wenn der Verbraucher nur sein Auseinandersetzungsguthaben geltend machen kann, selbst wenn darin erhebliche Verluste liegen.

III. Richtlinie 86/653/EWG des Rates vom 18. Dezember 1986 zur Koordinierung der Rechtsvorschriften der Mitgliedstaaten betreffend die selbstständigen Handelsvertreter = Handelsvertreter-RL – ABl. EG 1986, L 382/17

1. Anwendungsbereich

Die Handelsvertreter-RL erfasst die Verträge, bei denen ein selbstständiger Handelsvertreter entgeltlich für einen Unternehmer den Verkauf oder Ankauf von Waren vermittelt oder abschließt.

2. Regelungsziele

Die Richtlinie soll die Bedingungen des Handelsvertretervertrags angleichen, damit insbesondere der Abschluss grenzüberschreitender Handelsvertreterverträge erleichtert wird.

3. Wichtigste Regelungen

Art. 3 und Art. 4 enthalten wesentliche Inhalte eines jeden Handelsvertretervertrags. Die Wirksamkeit des Vertrags darf zudem nicht an besondere Voraussetzungen (wie eine Registereintragung) geknüpft sein. Der Anspruch des Handelsvertreters auf Provision wird in Art. 6-12 geregelt. Bei fehlender Vereinbarung wird der Anspruch nach Üblichkeit bzw Angemessenheit festgesetzt.

IV. Richtlinie 90/314/EWG des Rates vom 13. Juni 1990 über Pauschalreisen = Pauschalreise-RL – ABl. EG 1990, L 158/59

1. Anwendungsbereich

Die Pauschalreise-RL erfasst Reiseverträge zwischen einem Reiseveranstalter und einem Verbraucher, bei denen mehr als eine Reiseleistung gebucht wird.

2. Regelungsziele

Der Verbraucherschutz bei Pauschalreisen soll erhöht werden, um die Verbraucher anzuregen, auch grenzüberschreitend Reisen zu buchen. Auf diese Art soll der Fremdenverkehr gefördert und die Dienstleistungsfreiheit verbessert werden.

3. Wichtigste Regelungen

Gemäß Art. 3 müssen die Reiseleistungen vollständig und klar beschrieben werden. Art. 4 enthält zusätzliche Informationspflichten sowie die grundlegenden Rechte und Pflichten der Parteien. So hat der Verbraucher im Fall seiner Verhinderung das Recht, einen anderen Reisenden zu benennen. Im Fall der Nichterfüllung und des Schadenseintritts haftet der Veranstalter bzw der Vermittler (Art. 4, 5).

4. Entscheidungen des EuGH

a) EuGH Slg. 2002, S. 2631 (Simone Leitner): Bejahung der Pflicht zum Ersatz des immateriellen Schadens.

b) EuGH Slg. 2002, S. 4051 (Club-Tour): Die Richtlinie umfasst auch nach den Vorgaben des Verbrauchers zusammengestellte Reisen.

c) EuGH Urt. v. 16.2.2012, C-134/11 (Blödel-Pawlik): Die Insolvenzversicherung, die nach Art. 7 abgeschlossen sein muss, greift auch durch, wenn die Zahlungsunfähigkeit des Reiseveranstalters auf Betrugsabsicht begründet ist.

V. Richtlinie 93/7/EWG des Rates vom 15. März 1993 über die Rückgabe von unrechtmäßig aus dem Hoheitsgebiet eines Mitgliedstaats verbrachten Kulturgütern = Kulturgüter-RL – ABl. EG 1993, L 74/74, geändert durch Richtlinie 96/100/EG des Europäischen Parlaments und des Rates vom 17. Februar 1997 sowie durch Richtlinie 2001/38/ EG des Europäischen Parlaments und des Rates vom 5. Juni 2001

1. Anwendungsbereich

Die Kulturgüter-RL regelt die Rückgabe von unrechtmäßig aus einem Mitgliedstaat in einen anderen Mitgliedstaat verbrachten Kulturgütern.

2. Regelungsziele

Durch die Öffnung der Binnenmarktgrenzen besteht eine erhöhte Gefahr, dass Kulturgüter illegal in einen anderen Mitgliedstaat verbracht werden. Gemäß Art. 36 AEUV dürfen die Mitgliedstaaten Gesetze zum Schutz ihrer Kulturgüter beibehalten oder schaffen. Damit diese auch durchsetzbar sind, müssen die Zusammenarbeit der Behörden bei den Nachforschungen sowie die schnelle und einfache Rückführung der Kulturgüter vorgesehen sein.

3. Wichtigste Regelungen

Wer die tatsächliche Sachherrschaft über das illegal aus einem anderen Mitgliedstaat exportierte Kulturgut hat, muss dies gem. Art. 5 ohne Rücksicht auf Gutgläubigkeit zurückbringen. Der ersuchende Mitgliedstaat trägt die Kosten der Rückführung und muss den Eigentümer der Sache entschädigen, sofern dieser beim Erwerb mit der „erforderlichen Sorgfalt" vorgegangen ist (Art. 9, 10).

VI. Richtlinie 93/13/EWG des Rates vom 5. April 1993 über missbräuchliche Klauseln in Verbraucherverträgen = Klausel-RL – ABl. EG 1993, L 95/29

1. Anwendungsbereich

Die Klausel-RL sieht eine Inhalts- und Transparenzkontrolle für alle nicht im Einzelnen ausgehandelten Klauseln, die in Verbraucherverträgen verwendet werden, vor.

2. Regelungsziele

Der Verbraucher soll gemäß der Präambel vor missbräuchlichen Klauseln in Verträgen geschützt werden, da diese ihn insbesondere davon abhalten könnten, Waren direkt in anderen Mitgliedstaaten zu erwerben.

3. Wichtigste Regelungen

Im Mittelpunkt steht die Inhaltskontrolle nach Art. 3. Die bedeutsamste Veränderung gegenüber dem deutschen Recht ist die Transparenzkontrolle aller Klauseln. Der Klauselbegriff ist weiter als der ursprüngliche deutsche Begriff der AGB. Jede nicht mit dem Verbraucher einzeln ausgehandelte Klausel unterliegt der Inhaltskontrolle.

4. Entscheidungen des EuGH

a) EuGH Slg. 2000, S. 4941 (Océano): Das Gericht prüft die Missbräuchlichkeit einer Gerichtsstandsklausel von Amts wegen bei der Prüfung seiner Zuständigkeit (1. LS). Eine Klausel, welche bestimmt, dass die Gerichte am Niederlassungsort des Unternehmers ausschließlich zuständig sind, ist missbräuchlich (Erwägung 24).

b) EuGH Slg. 2001, S. 9049 (Cape): Der Verbraucherbegriff der Richtlinie umfasst nur natürliche Personen.

c) EuGH Slg. 2002, S. 10875 (Cofidis): Wenn das nationale Recht Ausschlussfristen für die Berufung auf die Missbräuchlichkeit einer Klausel vorsieht, ist die Richtlinie nicht effektiv umgesetzt.

d) EuGH Slg. 2004, S. 3403 (Freiburger Kommunalbauten): Das nationale Gericht ist für die Entscheidung darüber zuständig, ob eine Klausel im Einzelfall missbräuchlich ist.

e) EuGH Slg. 2006, S. 10421 (Mostaza Claro): Wenn eine Schiedsvereinbarung eine missbräuchliche Klausel enthält, muss der Schiedsspruch auch dann aufgehoben werden, wenn der Verbraucher diese Nichtigkeit nicht im Schiedsverfahren, sondern erst im Verfahren der Aufhebungsklage eingewandt hat.

f) EuGH Slg. 2009, S. 4713 (Pannon): Das nationale Gericht muss von Amts wegen Prüfung, ob eine Gerichtsstandsklausel missbräuchlich ist. Das bedeutet (versteckt) zugleich, dass der EuGH sich von Océano abwendet, wo es so aussah, als seien (zumindest manche) Gerichtsstandsklauseln in jedem Fall treuwidrig und nichtig.

g) EuGH Rs. C-137/08 – Urt. vom 9.11.2010 (VB Pénzügyi Lízing): Das nationale Gericht muss von Amts wegen Untersuchungsmaßnahmen durchführen, um festzustellen, ob eine Gerichtsstandsklausel in den Anwendungsbereich der Richtlinie fällt.

VII. Richtlinie 97/7/EG des Europäischen Parlaments und des Rates vom 20. Mai 1997 über den Verbraucherschutz bei Vertragsabschlüssen im Fernabsatz = Fernabsatz-RL – ABl. EG 1997, L 144/19 (wird von Verbraucherrechte-RL abgelöst)

1. Anwendungsbereich

Die Fernabsatz-RL erfasst Verträge, die unter ausschließlicher Nutzung von Fernkommunikationsmitteln (zB Brief, Katalog, Telefon, Hörfunk, Fernsehen, Fax, Internet) im Rahmen eines vom Lieferer organisierten Vertriebs- oder Dienstleistungssystems abgeschlossen worden sind.

Ausgenommen sind insbesondere Verträge über Finanzdienstleistungen sowie Immobilien und Versteigerungen. Weitgehend eingeschränkt ist die Geltung der Richtlinie unter anderem für Geschäfte über Lebensmittel, Unterbringung und Beförderung.

2. Regelungsziele

Der Fernabsatz eignet sich besonders gut für die grenzüberschreitende Vermarktung. Gemäß der Präambel soll der grenzüberschreitende Fernabsatz durch die Richtlinie gefördert werden. Jedoch wird dieses Ziel auf indirektem Wege verfolgt. Das Vertrauen des Verbrauchers in den Fernabsatz soll verbessert werden, indem der Missbrauch des Fernabsatzes erschwert und einheitliche, verbraucherfreundliche Regelungen aufgestellt werden.

3. Wichtigste Regelungen

Die Fernabsatz-RL vereint einige Regelungen, die in Deutschland an ganz verschiedenen Stellen aufzufinden sind. Zunächst enthält sie Informationspflichten, Regeln zum Vertragsschluss und ein Widerrufsrecht für den normalen Fernabsatzvertrag.

Dazu kommt die Regelung über unverlangt zugesandte Waren sowie eine Regelung über die Erstattung von Zahlungen, die aufgrund betrügerischer Verwendung von Kreditkarten geleistet wurden.

4. Entscheidungen des EuGH

a) EuGH Slg. 2005, S. 1947 (easyCar): Bei im Fernabsatz geschlossenen Automietverträgen besteht kein Widerrufsrecht, weil es sich um eine Dienstleistung im Bereich Beförderung gemäß Art. 3 Abs. 2 2. Spiegelstrich der Richtlinie handelt.

b) EuGH Slg. 2009, S. 7315 (Messner): Nach Art. 6 Abs. 1 S. 2, Abs. 2 darf von dem Verbraucher nur Wertersatz für die Nutzung der Sache verlangt werden, wenn er diese auf eine mit Treu und Glauben unvereinbare Art und Weise benutzt hat.

c) EuGH Slg. 2010, S. 3047 (Heine): Nach Art. 6 Abs. 1 Unterabs. 1 S. 2, Abs. 2 dürfen dem Verbraucher im Fall des Widerrufs nicht die Kosten der Zusendung der Ware auferlegt werden.

d) EuGH Urt. v. 5.7.2012 Rs. C-49/11 (Content Services): Es genügt nicht den Erfordernissen des Art. 5, wenn die erforderlichen Informationen auf einer Internetseite zur Verfügung gestellt werden, die der Kunde durch Anklicken eines Hyperlinks abrufen kann, der ihm bei Vertragsabschluss gezeigt worden ist.

VIII. Richtlinie 1999/44/EG des Europäischen Parlaments und des Rates vom 25. Mai 1999 zu bestimmten Aspekten des Verbrauchsgüterkaufs und der Garantien für Verbrauchsgüter = Verbrauchsgüterkauf-RL – ABl. EG 1999, L 171/12

1. Anwendungsbereich

Die Verbrauchsgüterkauf-RL erfasst Kauf- und Werklieferungsverträge, die zwischen einem Verbraucher und einem Unternehmer geschlossen werden. Ausgenommen sind nur die Verträge, die im Rahmen der Zwangsvollstreckung abgeschlossen werden sowie Verträge über die Lieferung von Strom, Wasser und Gas (Art. 1).

2. Regelungsziele

Die Präambel der Richtlinie trennt zwei Aspekte. Zum einen sollen Wettbewerbsverzerrungen beseitigt werden, die durch ein unterschiedliches Kaufrecht eintreten könnten. Zum anderen und wohl vorrangig ist aber das Ziel, den grenzüberschreitenden Konsum für den Verbraucher attraktiver zu machen. Daher sollen die Anforderungen an die Qualität der Ware sowie die Rechte, die sich bei nicht vertragsmäßiger Ware ergeben, angeglichen werden.

3. Wichtigste Regelungen

Die Verbrauchsgüterkauf-RL definiert umfassend die sogenannte „Vertragsmäßigkeit" der Ware. Sie bestimmt die Haftung des Verkäufers für Mängel der Ware, ausgenommen ist jedoch die Pflicht zur Leistung von Schadensersatz; sie regelt den Regress des Verkäufers gegenüber dem Hersteller. Schließlich enthält sie Vorschriften über Garantien.

4. Entscheidungen des EuGH

a) EuGH Slg. 2008, S. 2685 (Quelle): Ein Verkäufer, der ein vertragswidriges Verbrauchsgut geliefert hat, kann vom Verbraucher keinen Wertersatz für die Nutzung des vertragswidrigen Verbrauchsguts bis zu dessen Austausch durch ein neues Verbrauchsgut verlangen.

b) EuGH NJW 2011, S. 2269 (Weber): Bei Ersatzlieferung für ein eingebautes Verbrauchsgut ist der Verkäufer nach Art. 3 Abs. 2 und 3 verpflichtet, entweder selbst den Ausbau und Einbau vorzunehmen oder die Kosten dafür zu tragen. Der Kostenerstattungsanspruch kann auf einen angemessenen Betrag beschränkt werden.

IX. Richtlinie 1999/93/EG des Europäischen Parlaments und des Rates vom 13. Dezember 1999 über gemeinschaftliche Rahmenbedingungen für elektronische Signaturen = Signatur-RL – ABl. EG 2000, L 13/12

1. Anwendungsbereich

Die Richtlinie betrifft die Anforderungen an im elektronischen Geschäftsverkehr verwendete Signaturen und setzt die Pflichten der Zertifizierungsdienste fest.

2. Regelungsziele

Im weiteren Sinne ist die Signatur-RL auf die Förderung des elektronischen Geschäftsverkehrs ausgerichtet. Die Signatur-RL will die Verbreitung der für den E-Commerce unentbehrlichen elektronischen Signaturen erhöhen. Dazu werden zum einen ihre Wirkungen einheitlich festgelegt, zum anderen wird die Vermarktung der Signaturverfahren vereinheitlicht und vereinfacht geregelt.

3. Wichtigste Regelungen

Die Signatur-RL verpflichtet zum einen die Mitgliedstaaten dazu, „sichere" elektronische Signaturen in ihren Rechtswirkungen mit der eigenhändigen Unterschrift gleichzustellen und diese im Gerichtsverfahren in gleicher Weise wie die eigenhändige Unterschrift als Beweismittel zuzulassen (Art. 5).

Zum anderen regelt sie die Anforderungen an die Anbieter von Zertifizierungsdiensten. Diese sollen nicht der behördlichen Überwachung unterliegen. Sie haften für die Richtigkeit der Angaben des Zertifikats, soweit sie nicht nachweisen können, dass sie kein Verschulden trifft (Art. 6). Nach Art. 4 gilt das Herkunftslandprinzip.

X. Richtlinie 2000/31/EG des Europäischen Parlaments und des Rates vom 8. Juni 2000 über bestimmte rechtliche Aspekte der Dienste der Informationsgesellschaft, insbesondere des elektronischen Geschäftsverkehrs, im Binnenmarkt = E-Commerce-RL – ABl. EG 2000, L 178/1

1. Anwendungsbereich

Die E-Commerce-RL gilt für alle auf elektronischem Wege abgeschlossenen Rechtsgeschäfte, bei denen auf einer Seite ein geschäftsmäßig tätiger Diensteanbieter steht. Ob der Kunde Verbraucher oder Unternehmer ist, ist nicht entscheidend.

2. Regelungsziele

Die E-Commerce-RL ist keine Verbraucherschutzrichtlinie. Sie will vielmehr gezielt den elektronischen Geschäftsverkehr, der besonders oft grenzüberschreitend stattfindet, und daher sehr binnenmarktrelevant ist, fördern. Sie will der Weiterentwicklung der Dienste der Informationsgesellschaft insbesondere durch die Beseitigung von Hindernissen dienen, stellt aber auch bestimmte Informations- und Haftungsstandards auf.

3. Wichtigste Inhalte

Die E-Commerce-RL hat verschiedene Regelungskomplexe. Zentral sind die Befreiung der Diensteanbieter von der Zulassungspflicht (Art. 4) und die Anordnung des Herkunftslandprinzips (Art. 3). Dem Diensteanbieter werden erhebliche Informationspflichten auferlegt (Art. 5, 6 und 10). Außerdem sind einige Fragen zum Vertragsschluss im Internet geregelt (Art. 9-11) und schließlich wird die Haftung des Diensteanbieters für eigene und fremde Inhalte bestimmt (Art. 12-15).

4. Entscheidungen des EuGH

a) EuGH Slg. 2008, S. 7841 (Bundesverband der Verbraucherzentralen): Gemäß Art. 5 Abs. 1 lit c ist der Diensteanbieter verpflichtet, neben seiner elektronischen Adresse weitere Informationen zur Verfügung zu stellen, die eine schnelle Kontaktaufnahme und eine unmittelbare und effiziente Kommunikation ermöglichen.

b) EuGH Rs. C-292/10, Urt. v. 15. März 2012 („G"): Art. 3 Abs. 1 und 2 findet keine Anwendung, wenn der Ort der Niederlassung des Diensteanbieters unbekannt ist.

XI. Gleichbehandlungs-Richtlinien:

Richtlinie 2000/43/EG des Rates vom 29. Juni 2000 zur Anwendung des Gleichbehandlungs-grundsatzes ohne Unterschied der Rasse oder der ethnischen Herkunft – ABl. EG 2000, L 180/22 = **Gleichbehandlungs-RL (Rasse)**

Richtlinie 2004/113/EG des Rates vom 13. Dezember 2004 zur Verwirklichung des Grundsatzes der Gleichbehandlung von Männern und Frauen – ABl. EG 2004, L 373/37 = **Gleichbehandlungs-RL (Geschlecht)**

Richtlinie 2000/78/EG des Rates vom 27. November 2000 zur Festlegung eines allgemeinen Rahmens für die Verwirklichung der Gleichbehandlung in Beschäftigung und Beruf – ABl. EG 2000, L 303/16 = **Gleichbehandlungsrahmen-RL**

Richtlinie 2006/54/EG des Europäischen Parlaments und des Rates vom 5. Juli 2006 zur Verwirklichung des Grundsatzes der Chancengleichheit und Gleichbehandlung von Männern und Frauen in Arbeits- und Beschäftigungsfragen (Neufassung) – ABl. EG 2006, L 204/23 = **Gleichbehandlungs-RL (Beruf)**

1. Anwendungsbereich

Während die frühen Gleichbehandlungs-Richtlinien zunächst auf das Arbeitsrecht beschränkt waren, erfassen die neuen Gleichbehandlungs-Richtlinien (Rasse und Geschlecht) alle Verträge über Güter und Dienstleistungen, die der Öffentlichkeit zur Verfügung stehen. Dazu gehören insbesondere Versicherungen, aber auch Wohnraum und Lebensmittel sowie bei der Gleichbehandlungs-RL (Rasse) auch der Beruf.

2. Regelungsziele

Die Gleichbehandlung aller Menschen beim Zugang zum Beruf aber auch zu allen Gütern der Grundversorgung ist eines der wichtigsten Ziele der Europäischen Union. Mit den Gleichbehandlungs-Richtlinien wird die Durchsetzung dieses Ziels verfolgt.

3. Wichtigste Regelungen

Aus privatrechtlicher Sicht ist es sehr bedeutsam, dass auch private Vertragsschließende nach der Richtlinie ihren Vertragspartner nicht mehr frei wählen dürfen, sondern dass sie die Diskriminierung nach Rasse und Herkunft sowie nach Geschlecht vermeiden müssen. Darin wird in Deutschland vielfach eine erhebliche Beschränkung der Privatautonomie gesehen.

XII. Richtlinie 2002/65/EG des Europäischen Parlaments und des Rates über den Fernabsatz von Finanzdienstleistungen an Verbraucher und zur Änderung der Richtlinie 90/619/EWG des Rates und der Richtlinien 97/7/EG und 98/27/EG = FAF-RL – ABl. EG 2002, L 271/16

1. Anwendungsbereich

Die FAF-RL erfasst alle im Wege des Fernabsatzes geschlossenen Verträge, bei denen ein Unternehmer („Anbieter" iSd Art. 2 lit c FAF-RL) für einen Verbraucher eine Finanzdienstleistung erbringt. Der Begriff der Finanzdienstleistung ist in Art. 2 lit b FAF-RL definiert und denkbar weit. Erfasst sind Bankdienstleistungen, Dienstleistungen aus dem Bereich der Kreditgewährung einschließlich deren Vermittlung (vgl. Erwägung 19 der Präambel), Versicherungen, Geldanlagegeschäfte und vieles mehr.

2. Regelungsziele

Die Richtlinie zeigt sowohl in ihrem Anwendungsbereich als auch in ihren Zielen starke Parallelen zur Fernabsatz-RL. Sie entstand jedoch in dem Bewusstsein, dass sich Finanzdienstleistungen besonders gut für den Fernabsatz eignen und dass im Bereich der Finanzdienstleistungen die Förderung eines grenzüberschreitenden Markts besonders nötig ist. Die Richtlinie zielt daher in erster Linie auf die Förderung des Fernabsatzes von Finanzdienstleistungen durch einheitliche Regelungen ab. Dabei berücksichtigt sie zugleich den Schutz des Verbrauchers bei im Fernabsatz geschlossenen Finanzdienstleistungsverträgen. Die FAF-RL lässt strengere nationale Vorschriften nicht zu (Erwägung 13 der Präambel).

3. Wichtigste Regelungen

In Art. 3-5 sind die Informationspflichten des Anbieters geregelt. Die wichtigste Regelung ist das Widerrufsrecht in Art. 6. Die Frist beträgt 14 Tage, bzw bei Altersversorgung und Versicherungen ausnahmsweise 30 Tage. Ist eine Finanzdienstleistung vor dem Widerruf bereits erbracht, so kann nach Art. 7 eine angemessene Entgeltpflicht bestehen.

XIII. Richtlinie 2002/92/EG des Europäischen Parlaments und des Rates vom 9. Dezember 2002 über Versicherungsvermittlung = Versicherungsvermittlungs-RL– ABl. EG 2003, L 9/3

1. Anwendungsbereich

Die Richtlinie enthält das Recht der (vor allem) hauptberuflichen Versicherungs- und Rückversicherungsvermittler.

2. Ziele der Richtlinie

Gegenstand der Richtlinie ist die Vereinheitlichung des Rechts der Versicherungsvermittler. Dadurch soll die Dienstleistungsfreiheit und die Niederlassungsfreiheit für diese Berufsgruppe erreicht werden.

3. Wichtigste Regelungen

Die Richtlinie enthält zum einen ein Herkunftslandprinzip für Versicherungsvermittler, welches bewirken soll, dass jeder in einem Mitgliedstaat ordnungsgemäß registrierte Versicherungsvermittler in der gesamten Gemeinschaft tätig werden kann, zum anderen ist auch ein Mindestsockel an Pflichten festgelegt, die der Versicherungsvermittler gegenüber dem Verbraucher hat.

XIV. Richtlinie 2005/29/EG des Europäischen Parlaments und des Rates vom 11. Mai 2005 über unlautere Geschäftspraktiken im binnenmarktinternen Geschäftsverkehr zwischen Unternehmen und Verbrauchern = Lauterkeits-RL – ABl. EG 2005, L 149/22

1. Anwendungsbereich

Umfasst wird jede „Geschäftspraxis" und damit im Grunde jedes Verhalten, das eine geschäftliche Entscheidung eines Verbrauchers in Bezug auf Produkte beeinflussen kann. Dabei geht es nicht um vertragliche Regelungen, sondern um die wettbewerbsrechtliche Sanktionierung von Fehlverhalten.

2. Regelungsziele

Die Richtlinie verfolgt eine Vollharmonisierung. Damit will sie zwei Ziele erreichen. Zum einen soll der Schutz des Verbrauchers in der ganzen EU gesichert werden. Zum anderen soll aber auch erreicht werden, dass die Unternehmer sich auf eine einheitliche Rechtslage in allen Mitgliedstaaten verlassen können und keine besonderen Ausgaben dafür machen müssen, ihre Vermarktungsstrategien jeweils an das Landesrecht anzupassen.

3. Wichtigste Regelungen

Nach Art. 5 sind unlautere Geschäftspraktiken verboten. Dazu gehören vor allem die irreführenden Handlungen und Unterlassungen (Art. 7 und 8) sowie die aggressiven und belästigenden Handlungen. Art. 11 überlässt die Wahl der Mittel bei der Bekämpfung der verbotenen Geschäftspraktiken den Mitgliedstaaten.

XV. Richtlinie 2006/123/EG des Europäischen Parlaments und des Rates vom 12. Dezember 2006 über Dienstleistungen im Binnenmarkt = Dienstleistungs-RL – ABl. EG 2006, L 376/36

1. Anwendungsbereich

Die Richtlinie gilt für innerhalb der EU im wirtschaftlichen Interesse erbrachte Dienstleistungen. Dabei sind größere Sektoren, wie etwa das gesamte Gesundheitswesen und die Finanzdienstleistungen ausgenommen.

2. Ziele der Richtlinie

Die Niederlassungsfreiheit für die Anbieter von Diensten und die Freiheit, in anderen Mitgliedstaaten ohne Niederlassung Dienste anzubieten, soll gewährleistet werden. Dazu werden administrative Voraussetzungen herabgesetzt und einheitliche Zulassungsstandards gesetzt.

3. Wichtigste Regelungen

Nach Art. 16 müssen die Mitgliedstaaten die Dienstleistungsfreiheit gewähren. Sie dürfen die Genehmigung zur Erbringung von Dienstleistungen nur noch von bestimmten Gründen abhängig machen. Dazu gehören insbesondere die öffentliche Ordnung, Sicherheit und Gesundheit.

XVI. Richtlinie 2007/64/EG des Europäischen Parlaments und des Rates vom 13. November 2007 über Zahlungsdienste im Binnenmarkt, zur Änderung der Richtlinien 97/7/EG, 2002/65/EG, 2005/60/EG und 2006/48/EG sowie zur Aufhebung der Richtlinie 97/5/EG = Zahlungsdienste-RL – ABl. EU 2007, L 319/1

1. Anwendungsbereich

Die Richtlinie fasst verschiedene typische Bankdienstleistungen als „Zahlungsdienste" zusammen. In Hinblick auf diese regelt sie zum einen die Anforderungen an die Diensteanbieter, um dadurch den Wettbewerb innerhalb der EU zu verbessern. Zum anderen regelt sie die Ausgestaltung der Verträge zwischen Zahlungsdiensteanbietern und Nutzern. Sie gilt nicht nur für grenzüberschreitende, sondern auch für innerstaatliche Zahlungsvorgänge, die in Euro oder einer anderen Währung eines Mitgliedstaats der EU durchzuführen sind, wenn sowohl der Zahlungsdienstleister des Zahlers wie auch des Zahlungsempfängers in der EU ansässig ist (Art. 2).

2. Regelungsziele

Hauptziel der Richtlinie ist die Schaffung eines funktionierenden Binnenmarkts für Zahlungsdienste. Es soll gewährleistet werden, dass einheitliche Informationspflichten für Zahlungsdienstleister sowie die Rechte und Pflichten von Zahlungsdienstnutzern und Zahlungsdienstleistern festgelegt werden. Das Lastschriftverfahren wird EU-weit harmonisiert, Überweisungen werden weiter beschleunigt. Die Richtlinie will den einheitlichen Euro-Zahlungsraum (Single Euro Payment Area – SEPA) stärken.

3. Wichtigste Regelungen

Für das allgemeine Vertragsrecht sind die Titel III und IV bedeutsam. Dort findet man die Regeln für die Ausgestaltung der Verträge über Zahlungsvorgänge, insbesondere die Informationspflichten (Titel III) und die Vertragsbedingungen, wie Haftungs- und Erstattungspflichten (Titel IV).

XVII. Richtlinie 2008/48/EG des Europäischen Parlaments und des Rates vom 23. April 2008 über Verbraucherkreditverträge und zur Aufhebung der Richtlinie 87/102/EWG des Rates = Verbraucherkredit-RL – ABl. EU 2008, L 133/66

1. Anwendungsbereich

Erfasst sind entgeltliche Kredite und Zahlungsaufschübe in der Höhe zwischen 200 und 75.000 Euro, die einem Verbraucher von einem Kreditgeber gewährt werden. Bestimmte Kredite, wie grundpfandrechtlich gesicherte Kredite oder kurzfristige Zahlungshilfen, sind ausgenommen.

2. Regelungsziele

Die alte Verbraucherkredit-RL war sehr lückenhaft. Sie konnte weder zur Entstehung eines grenzüberschreitenden Wettbewerbs bei Krediten beitragen, noch brachte sie ein ausreichend hohes Verbraucherschutzniveau. Nun wurde das Schutzniveau angehoben und zugleich versucht, die Vergleichbarkeit von Angeboten zu verbessern (etwa durch das Formular „Europäische Standardinformationen für Verbraucherkredite").

3. Wichtigste Regelungen

Neben der Einführung eines Widerrufsrechts (Art. 14), welches es allerdings in Deutschland ohnehin bereits gab, sind die folgenden Punkte zentral:

Die – gegenüber den ursprünglichen Plänen allerdings stark zurückgenommene – Kreditwürdigkeitsprüfung (Art. 8; die Informationspflichten (Art. 10 ff.); die Regelung über verbundene Geschäfte (Art. 15) und schließlich die Regelung zur Rückzahlung vor Fälligkeit (Art. 16), welche nun stets möglich sein soll, wobei die Höhe der Vorfälligkeitsentschädigung (im Regelfall) auf 1 % des zu früh zurückgezahlten Betrags begrenzt ist.

4. Entscheidungen des EuGH (teilweise zur alten RL)

a) EuGH Slg. 2000, S. 1741 (Berliner Kindl): Die Verbraucherkredit-RL findet auf Bürgschaftsverträge keine Anwendung.

b) EuGH Slg. 2004, S. 2157 (Cofinoga): Bei Verlängerung eines Kreditvertrags zu unveränderten Bedingungen entsteht keine erneute Informationspflicht.

c) EuGH Rs. C-76/10 – Urt. v. 16.10.2010 (Pohotovosť): Ist der effektive Jahreszins entgegen der Richtlinie nicht angegeben, so muss das nationale Gericht von Amts wegen untersuchen, ob ein Verstoß gegen die Klausel-RL (Transparenzgebot) besteht.

XVIII. Richtlinie 2008/122/EG des Europäischen Parlaments und des Rates vom 14. Januar 2009 über den Schutz der Verbraucher im Hinblick auf bestimmte Aspekte von Teilzeitnutzungsverträgen, Verträgen über langfristige Urlaubsprodukte sowie Wiederverkaufs- und Tauschverträgen = Teilzeitnutzungsrechte-RL – ABl. EU 2009, L 33/10

1.   Anwendungsbereich

Die Richtlinie versucht, alle Verträge mit einer Laufzeit von über einem Jahr zu erfassen, die in den Bereich des Timesharings im weiten Sinne gefasst werden können, einschließlich der darauf gerichteten Vermittlungsverträge (Art. 2). Timesharing bedeutet letztlich, dass ein (mehrfaches) Wohnrecht, anders als bei der Miete, zumindest teilweise durch eine Einmalzahlung erworben wird.

2.   Regelungsziele

Das Timesharing ist aus EU-Sicht interessant, weil es grenzüberschreitend vermarktet wird und ein recht hohes Handelsvolumen aufweist. Zugleich ist es in hohem Maße missbrauchsanfällig, weil der Kunde das Verhältnis von Leistung und Gegenleistung sehr schlecht einschätzen kann. Schon 1994 wurde es durch die Richtlinie 94/47/EG geregelt, deren Anwendungsbereich nun erweitert werden musste, um Umgehungen zu verhindern.

3.   Wichtigste Regelungen

Sowohl die Informationspflichten (Art. 3 ff.) als auch das damit korrelierende Widerrufsrecht für den Verbraucher (Art. 6 ff.) sind zur Eindämmung des Missbrauchs des Timesharings notwendig. Die Richtlinie verbietet zudem Anzahlungen innerhalb der Widerrufsfrist (Art. 9), schreibt für langfristige Verträge verpflichtend die Ratenzahlung vor (Art. 10) und kennt eine umfassende Durchgriffswirkung bei Vertragsbeendigung (Art. 11).

XIX. Richtlinie 2011/7/EU des Europäischen Parlaments und des Rates vom 16. Februar 2011 zur Bekämpfung von Zahlungsverzug im Geschäftsverkehr (Neufassung der Richtlinie 2000/35/EG) = Zahlungsverzugs-RL – ABl. EG 2011, L 48/1

1.   Anwendungsbereich

Die Zahlungsverzugs-RL regelt die Zahlungsfristen und die Folgen verspäteter Zahlung bei Ansprüchen aus gegenseitigen Verträgen, bei denen beide Vertragsparteien Unternehmer oder „öffentliche Stellen" sind.

2.   Regelungsziele

Bei grenzüberschreitenden Verträgen (bei denen die Rechtsverfolgung besonders aufwändig ist) ist die Zahlungsmoral besonders schlecht. Oft bezahlen die Schuldner nur mit großer Verzögerung für die erhaltene Leistung. Das führt zu hohen Beitreibungskosten für die Unternehmen, ja oftmals sogar zu Insolvenzen und beeinträchtigt den Handel im Binnenmarkt insgesamt sehr. Schon die erste Zahlungsverzugs-RL versuchte, diesen Missstand zu beheben. Die Neufassung soll nun durch noch straffere Regelungen mehr Erfolg bringen.

3. Wichtigste Regelungen

Art. 3 und 4 legen Zahlungsfristen fest, nach deren Ablauf Verzugszinsen fällig werden. Hierbei darf die in der Regel 30-tägige Frist in Verträgen zwischen zwei Unternehmern nur unter bestimmten Voraussetzungen (Art. 3 Abs. 5) und in Verträgen zwischen einem Unternehmer und einer öffentlichen Stelle überhaupt nicht (Art. 4 Abs. 6) auf über 60 Tage verlängert werden. Art. 9 verlangt die Möglichkeit des grenzüberschreitend wirksamen Eigentumsvorbehalts und Art. 10 schreibt ein verkürztes gerichtliches oder behördliches Beitreibungsverfahren vor (in Deutschland das ohnehin bereits bestehende Mahnverfahren nach §§ 688 ff. ZPO).

4. Entscheidungen des EuGH (zur alten RL)

a) EuGH Slg. 2005, S. 1937 (QDQ Media SA): Besteht nach nationalem Recht keine Möglichkeit, die Kosten für die Einschaltung eines Rechtsanwalts im gerichtlichen Verfahren zur Beitreibung einer Schuld einzubeziehen, so kann die Richtlinie als solche nicht als Grundlage für eine derartige Möglichkeit dienen.

b) EuGH Slg. 2008, S. 1923 (Telecom): Bei einer Zahlung durch Banküberweisung muss der geschuldete Betrag dem Konto des Gläubigers rechtzeitig gutgeschrieben sein, wenn das Entstehen von Verzugszinsen vermieden oder beendet werden soll.

XX. Richtlinie 2011/83/EU des Europäischen Parlaments und des Rates vom 25. Oktober 2011 über die Rechte der Verbraucher, zur Abänderung der Richtlinie 93/13/EWG des Rates und der Richtlinie 1999/44/EG des Europäischen Parlaments und des Rates sowie zur Aufhebung der Richtlinie 85/577/EWG des Rates und der Richtlinie 97/7/EG des Europäischen Parlaments und des Rates = Verbraucherrechte-RL – ABl. EU, L 304/64

1. Anwendungsbereich

Die Richtlinie erfasst hauptsächlich Fernabsatz- und Haustürverträge zwischen einem Unternehmer und einem Verbraucher und vereinheitlicht für diese die Informationspflichten und das Widerrufsrecht. Die Richtlinie muss bis zum 13.6.2014 umgesetzt werden.

2. Regelungsziele

Die Verbraucherrechte-RL wurde mit dem großen Ziel der Vereinheitlichung des Verbraucher-Acquis in Angriff genommen. Neben den beiden nun erfassten Richtlinien (Haustür-RL und Fernabsatz-RL) sollten auch die Klausel-RL und die Verbrauchsgüterkauf-RL einbezogen werden. Aus politischen Gründen wurde sie nun eng realisiert und zielt vor allem noch auf eine genauere Ausgestaltung von Informationspflichten und Widerrufsfolgen ab.

3. Wichtigste Regelungen

Am wichtigsten ist die Vereinheitlichung der Widerrufsrechte für Haustür- und Fernabsatzgeschäfte und die genauere Ausgestaltung der Widerrufsfolgen in den Art. 9 ff.

Ob auch Art. 5 Abs. 1 eine erhebliche Bedeutung erlangen wird, kann noch nicht sicher gesagt werden. Danach muss der Unternehmer den Verbraucher (auch) bei sonstigen Verträgen über die wesentlichen Eigenschaften der Waren informieren, „soweit es angemessen" ist.

Anhang II
Die wichtigsten privatrechtlichen Verordnungen

    I. Verordnung (EWG) Nr. 295/91 des Rates vom 4. Februar 1991 über eine gemeinsame Regelung für ein System von Ausgleichsleistungen bei Nichtbeförderung im Linienflugverkehr.

    II. Verordnung (EG) Nr. 2027/97 des Rates vom 9. Oktober 1997 über die Haftung von Luftfahrtunternehmen bei Unfällen, ABl. EG 1997, L 285/1, geändert durch Verordnung (EG) Nr. 889/2002 des Europäischen Parlaments und des Rates vom 13. Mai 2002 zur Änderung der Verordnung (EG) Nr. 2027/97 des Rates über die Haftung von Luftfahrtunternehmen bei Unfällen, ABl. 2002 EG, L 140/2.

    III. Verordnung (EG) Nr. 2560/2001 des Europäischen Parlaments und des Rates vom 19. Dezember 2001 über grenzüberschreitende Zahlungen in Euro.

    IV. Verordnung (EG) Nr. 261/2004 des Europäischen Parlaments und des Rates über eine gemeinsame Regelung für Ausgleichs- und Betreuungsleistungen für Fluggäste im Falle der Nichtbeförderung und bei Annullierung oder großer Verspätung von Flügen vom 11. Februar 2004 und zur Aufhebung der Verordnung (EWG) Nr. 295/91, ABl. EU 2004, L 46/1.

    V. Verordnung (EG) Nr. 864/2007 des Europäischen Parlaments und des Rates vom 11. Juli 2007 über das auf außervertragliche Schuldverhältnisse anzuwendende Recht (Rom II), ABl. EU 2007, L 199/40.

    VI. Verordnung (EG) Nr. 861/2007 des Europäischen Parlaments und des Rates vom 11. Juli 2007 zur Einführung eines europäischen Verfahrens für geringfügige Forderungen, ABl. EU 2007, L 199/1.

    VII. Verordnung (EG) Nr. 1371/2007 vom 23.10.2007 über Rechte und Pflichten der Fahrgäste im Eisenbahnverkehr, ABl. EU 2007, L 315/14 (FahrgastrechteVO).

    VIII. Verordnung (EG) Nr. 593/2008 des Europäischen Parlaments und des Rates über das auf vertragliche Schuldverhältnis anzuwendende Recht (Rom I), ABl. EU 2008, L 177/6.

    IX. Verordnung (EG) Nr. 924/2009 des Europäischen Parlaments und des Rates vom 16. September 2009 über grenzüberschreitende Zahlungen in der Gemeinschaft und zur Aufhebung der Verordnung (EG) Nr. 2560/2001, ABl. EU 2009, L 266/11.

    X. Verordnung (EU) Nr. 1259/2010 des Rates vom 20. Dezember 2010 zur Durchführung einer verstärkten Zusammenarbeit im Bereich des auf die Ehescheidung und Trennung ohne Auflösung des Ehebandes anzuwendenden Rechts, ABl. EU 2010, L 343/10.

    XI. Verordnung des Europäischen Parlaments und des Rates über die Zuständigkeit, das anzuwendende Recht, die Anerkennung und die Vollstreckung von Entscheidungen und öffentlichen Urkunden in Erbsachen sowie zur Einführung eines Europäischen Nachlasszeugnisses (noch nicht im ABl. EU).

Anhang III
Einige Schlüsselbegriffe aus dem Prozess der Entstehung eines EU-Vertragsrechts

Acquis communautaire (Verbraucher-Acquis)

Es handelt sich im Grunde einfach um eine Sammlung aller existenten Verbraucherschutzregelungen („Besitzstand" – zu finden unter http://www.eu-consumer-law.org/). Der Begriff wird vor allem benutzt, wenn es um eine Systematisierung der bisher wenig homogenen Einzelregelungen geht („Revision des Acquis"). Gegenwärtig befindet sich die Revision des Acquis in einer gewissen Krise.

Verbraucherrechte-RL

(Siehe Anhang I, Nr. XX.)

DCFR, CFR (Gemeinsamer Referenzrahmen, Common Frame of Reference)

Dieser wurde von der Kommission in Auftrag gegeben, ohne dass das damit angestrebte Ziel je völlig geklärt wurde. Meist wurde gesagt, er solle – als eine wissenschaftlich erarbeitete Sammlung von Normvorschlägen – der Kommission später bei der Ausarbeitung des optionalen Instruments (→) helfen. Während die Kommission nach einem anfänglich breit erscheinenden Auftrag an die Wissenschaft bald eine Konzentration auf zentrale Fragen der Verbraucherverträge verlangte, wurde der DCFR in einer breiten Form zu Ende gebracht. Er erfasst auch Fragen des allgemeinen Schuldrechts (wie Abtretung und Aufrechnung), des außervertraglichen besonderen Schuldrechts (wie Delikt und Bereicherung) und schließlich des Sachenrechts (Eigentumsübergang und Sicherheiten).

Die Erstellung des DCFR wurde von der Study Group (→) und der Acquis Group (→) gemeinsam geleitet. Die „outline edition" des DCFR ist im Netz zugänglich unter http://ec.europa.eu/justice/contract/files/european-private-law_en.pdf. Das Gesamtwerk von über 6000 Seiten ist 2009 erschienen und nur in Buchform erhältlich.

Joint Network on European Private Law, Study Group on a European Civil Code, Acquis Group

Bei dem Joint Network on European Private Law handelt es sich um die Gesamtheit der mit der Erstellung des CFR beauftragten Wissenschaftler. Die Leitung übernahmen die 1998 aus der Lando Group hervorgegangene Study Group und die zugleich mit der Sammlung des Verbraucherbesitzstands beauftragte Acquis Group (gegründet 2002), aber es wurden noch weitere Netzwerke und Gruppen einbezogen, siehe http://www.copecl.org/.

Toolbox

Einige Jahre lang kündigte die Kommission an, man wolle den DCFR (→) wie eine Art Werkzeugkasten für die Normsetzung verwenden.

Optionales Instrument (28. Regime)

Seit 2006 wird der von Hans Schulte-Nölke geprägte Begriff „Optionales Instrument" verwendet, wenn die Schaffung eines einheitlichen Vertragsrechts beschrieben werden soll, das erst anwendbar wird, wenn die Parteien es für ihren Vertrag wählen. Da das „Optionale Instrument" neben die Privatrechtsordnungen der 27 Mitgliedstaaten treten würde, nennt man es teilweise auch „28. Regime". Der jetzt vorgelegte Entwurf für ein europäisches Kaufrecht (CESL) (→) entspricht diesem Modell.

Machbarkeitsstudie (Feasibility Study)

Im April 2010 wurde eine verkleinerte Expertengruppe beauftragt, die „Machbarkeit" des optionalen Instruments zu prüfen. Im Grunde kondensierte sie dazu den DCFR (→) und machte einen eigenen Vorschlag für ein optionales Instrument (→), welches als Basis für den Entwurf des CESL (→) diente. Die Machbarkeitsstudie ist kein offizielles Dokument, aber eine der Fassungen kann im Internet unter http://ec.europa.eu/justice/contract/files/feasibility-study_en.pdf eingesehen werden.

CESL (GEK)

Am 11.10.2011 veröffentlichte die Kommission ihren Vorschlag für ein „Gemeinsames Europäisches Kaufrecht" (KOM (2011) 635). Dabei täuscht der Name etwas. Vorgeschlagen wird ein „optionales Instrument" (28. Regime) (→), welches nur für grenzüberschreitende Kaufverträge von den Parteien gewählt werden kann.

Stichwortverzeichnis

Die Zahlen verweisen auf Randnummern. Zahlen in Klammern beziehen sich auf die Gliederung des Anhangs.

276